03
JLPT/JPT 시험 대비 가능!

JLPT/JPT 대비 테스트와 N3·N2 추가 기출한자로 일본어 시험에 대비하세요.

04
상용한자 1026자 [쓰기노트] 제공!

별도의 교재 구입 없이 함께 제공되는 쓰기노트로 한자를 쓰면서 익히세요.

일본어 교육 **1위** 해커스일본어

한경비즈니스 선정 2020 한국브랜드선호도 교육(온·오프라인 일본어) 부문 1위

해커스JLPT
착한 0원반
수강료

* [0원] 교재비 환급대상 제외/제세공과금 본인부담/미션달성시
* 페이지 내 유의사항 필수 확인

해커스 어학연구소만의 자신 있는 합격 전략!
해커스 JLPT N3~N1 교재 제공

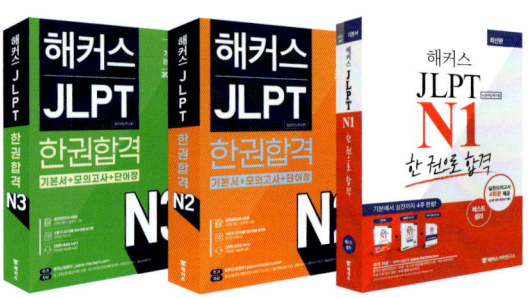

성적 or 출석 달성 시	기초일본어부터	미션 실패 시 무조건	일본어 학습자료
수강료 100% 환급	**JLPT 강의까지 무제한**	**수강 기간 연장**	**무료 제공**

총 360일 수강!

* 교재비 환급대상 제외/제세공과금 본인부담/미션달성시
* [출석] 수강기간 180일 중 120일 연속 출석
* 페이지 내 유의사항 필수 확인

* 페이지 내 유의사항 필수 확인

* PDF

일본어 교육 1위 해커스일본어
japan.Hackers.com

JLPT
N3/N2/N1
착한 0원반 ▶

단단한 일본어 한자의 벽을 단숨에 격파할
해커스일본어

학습을 위한 추가 혜택

 **단어·예문 MP3**

해커스일본어(japan.Hackers.com) 접속 후 로그인 ▶
상단의 [교재/MP3 → MP3/자료]를 클릭하세요.

해커스일본어 [MP3/자료]
바로가기 ▲

· 상용한자 암기장 [PDF]
· 한자 쓰기 연습장 [PDF]
· 복습 퀴즈&추가 문제 [PDF]
· 모바일용 암기 카드 [PDF]

해커스일본어(japan.Hackers.com) 접속 후 로그인 ▶
상단의 [교재/MP3 → MP3/자료]를 클릭하세요.

해커스일본어 [MP3/자료]
바로가기 ▲

 **일본어 문법/어휘 무료 동영상강의**

해커스일본어(japan.Hackers.com) 접속 ▶
[무료강의/자료] ▶ [무료강의]를 클릭하세요.

해커스일본어 [무료강의]
바로가기 ▲

 **상용한자 암기 영상**

해커스일본어 [유튜브]
바로가기 ▲

일본어 문자/어휘 실력을 더 빠르게 완성하고 싶다면?
일본어 교육 1위 해커스와 인강으로 만나요!

해커스일본어 단과/종합 인강 **30%** 할인쿠폰

EA02-KF9D-K85A-3000

*쿠폰 유효기간: 쿠폰 등록 후 30일

[이용 방법]
해커스일본어 사이트(japan.Hackers.com) 접속 후 로그인 ▶
메인 우측 하단 [쿠폰&수강권 등록]에서 쿠폰번호 등록 후 강의 결제 시 사용 가능

* 본 쿠폰은 ID당 1회에 한해 등록 가능합니다.
* 이 외 쿠폰과 관련된 문의는 해커스 고객센터(02-537-5000)로 연락 바랍니다.

쿠폰 등록 바로가기 ▶

* 한경비즈니스 선정 2020 한국브랜드선호도 교육(온·오프라인 일본어) 부문 1위

"무작정 외우자니 뇌 활동이 정지된 건지 잘 안 외워지네요."

"한자는 왜 '됐어! 외웠다!' 하고 뒤돌면 까먹을까요..."

"N2 공부하려고 하는데 단기간으로 한자를 잘 외울 수 있는 방법이 없을까요?"

이런 고민을 해결해 줄
해커스 일본어 상용한자 1026⁺가
특별한 이유!

01
줄줄이 쉽게 외워지는 한자!

같은 주제, 비슷한 모양의 한자를 한데 모아 줄줄이 쉽게 외우세요.

02
3회독 30일 학습플랜으로 완벽한 한자 학습!

해커스만의 3회독 30일 학습플랜으로 한자를 빠르고 확실하게 익히세요.

해커스
일본어 상용한자 1026⁺

해커스 어학연구소

목차 p.2 | 일본어 한자, 이것만은 알고 시작하자! p.4

해커스 교재만의 구성과 특징 p.6 | 3회독 30일 학습 플랜 p.8

DAY 01	초등학교 1학년 한자 ①	10
DAY 02	초등학교 1학년 한자 ②	24
DAY 03	초등학교 2학년 한자 ①	38
DAY 04	초등학교 2학년 한자 ②	52
DAY 05	초등학교 2학년 한자 ③	64
DAY 06	초등학교 2학년 한자 ④	76

• JLPT / JPT 대비 테스트 ①

DAY 07	초등학교 3학년 한자 ①	90
DAY 08	초등학교 3학년 한자 ②	102
DAY 09	초등학교 3학년 한자 ③	114
DAY 10	초등학교 3학년 한자 ④	126
DAY 11	초등학교 3학년 한자 ⑤	138
DAY 12	초등학교 3학년 한자 ⑥	150

• JLPT / JPT 대비 테스트 ②

DAY 13	초등학교 4학년 한자 ①	162
DAY 14	초등학교 4학년 한자 ②	174
DAY 15	초등학교 4학년 한자 ③	186
DAY 16	초등학교 4학년 한자 ④	196
DAY 17	초등학교 4학년 한자 ⑤	206
DAY 18	초등학교 4학년 한자 ⑥	216

• JLPT / JPT 대비 테스트 ③

해커스 일본어 상용한자 1026+

DAY 19 초등학교 5학년 한자 ① 228
DAY 20 초등학교 5학년 한자 ② 238
DAY 21 초등학교 5학년 한자 ③ 248
DAY 22 초등학교 5학년 한자 ④ 258
DAY 23 초등학교 5학년 한자 ⑤ 268
DAY 24 초등학교 5학년 한자 ⑥ 278

• JLPT / JPT 대비 테스트 ④

DAY 25 초등학교 6학년 한자 ① 290
DAY 26 초등학교 6학년 한자 ② 300
DAY 27 초등학교 6학년 한자 ③ 310
DAY 28 초등학교 6학년 한자 ④ 320
DAY 29 초등학교 6학년 한자 ⑤ 330
DAY 30 초등학교 6학년 한자 ⑥ 340

• JLPT / JPT 대비 테스트 ⑤

해커스만의 특별 부록
- JLPT/JPT 대비 테스트 정답&해석 352
- JLPT N3·N2 추가 기출한자 178 355
- 가나다순으로 바로 찾는 상용한자 1026 363
- [책 속의 책] 쓰기노트

무료 학습 자료
- 교재 MP3
- DAY별 상용한자 추가 문제 PDF
- DAY별 상용한자 암기장 PDF
- 모바일용 상용한자 암기 카드 PDF
- 한자 쓰기 연습장 PDF
- 상용한자 암기 동영상 (유튜브 「해커스 일본어」 채널)

모든 MP3와 학습자료는 해커스일본어 사이트(japan.Hackers.com)에서 무료로 다운받으실 수 있습니다.

일본어 한자, 이것만은 알고 시작하자!

◻ 일본어 상용한자란?

상용한자는 일본의 문부과학성이 지정한 법령·공용문서·신문·잡지·방송 등 일반 사회생활에서 사용하는 현대 일본의 한자의 기준이 되는 한자 2136자를 말해요. 이 중, 1026자는 일본의 초등학생이 6년 동안 반드시 학습해야 하는 교육 한자이고, 1110자는 중학교 이후에 배우는 한자로 지정되어 있어요.

• 일본 초등학교 학년별 학습 한자 개수

1학년	80개	4학년	202개
2학년	160개	5학년	193개
3학년	200개	6학년	191개

◻ 일본어는 한자 읽는 방법이 두 가지! 훈독 VS 음독

일본어 한자를 읽는 방식에는 훈독(訓読み)과 음독(音読み) 두 가지가 있어요. 훈독은 한자의 훈, 즉 뜻을 읽는 방법이고, 음독은 한자의 음, 즉 소리를 읽는 방법이에요. 훈독은 순수 일본어 발음에서 유래하였으며, 음독은 중국어 한자 발음에서 유래했어요. 한자에 따라서는 훈독이나 음독 중 하나가 없는 경우도 있답니다.

한자	우리말		일본어
手	손 (뜻)	훈독	て (손을 가리키는 순수 일본어 발음)
	수 (소리)	음독	しゅ (手의 중국어 한자 발음 shǒu)
雨	비 (뜻)	훈독	あめ (비를 가리키는 순수 일본어 발음)
	우 (소리)	음독	う (雨의 중국어 한자 발음 yǔ)

◻ 일본어의 발음 변환

일본어는 앞이나 뒤에 오는 한자의 발음에 따라 발음이 변하기도 해요. 이렇게 발음이 변하는 단어들은 학습할 때는 입으로 여러 번 읽으면서 입에 붙도록 익히는 것이 중요해요.

① **촉음화** : 앞 한자의 발음이 き·く·ち·つ로 끝날 때, 뒤에 오는 한자의 발음이 か·さ·た·は행으로 시작하면 き·く·ち·つ가 촉음으로 변해요.

き·く + か행	がく(学) + こう(校) = がっこう(学校, 학교)
ち·つ + か·さ·た행	いち(一) + かい(回) = いっかい(一回, 일 회)
ち·つ + は행	しゅつ(出) + はつ(発) = しゅっぱつ(出発, 출발)
	* ち·つ 뒤에 は행이 오는 경우에는 は행이 반탁음으로 변해요.

② **연탁** : 앞 한자의 발음에 따라 뒤 한자의 첫 발음이 탁음으로 변하기도 해요.

        て(手) + かみ(紙) = て**が**み(手紙, 편지)

        よ(夜) + そら(空) = よ**ぞ**ら(夜空, 밤하늘)

③ **연성** : 뒤 한자의 발음이 あ・や・わ행으로 시작할 때 앞 한자의 발음이 ん・ち・つ로 끝나면 あ・や・わ행이 な・ま・た행으로 변해요.

        はん(反) + おう(応) = はん**の**う(反応, 반응)

        いん(因) + えん(縁) = いん**ね**ん(因縁, 인연)

🟦 오독을 방지하는 **오쿠리가나**

일본어로 '들어가다'는 はいる, '넣다'는 いれる인데 한자로는 둘 다 入(들 입)로 표기해요. 때문에 자칫 한자를 잘못 읽을 수도 있는데, 이를 방지하기 위해 일부 글자를 한자 뒤로 보내 入る, 入れる와 같이 표기해요. 이 때 한자 뒤로 보낸(送る, 보내다) 가나(仮名, 글자)를 오쿠리가나(送り仮名)라고 해요.

오쿠리가나는 훈독으로 읽는 동사, い형용사, な형용사, 부사 일부에 있고, 품사별로 다음과 같은 규칙이 있어요.

동사	1그룹 동사	활용 어미 한 개를 오쿠리가나로 해요. 休む(쉬다), 学ぶ(배우다) * 단, 오독의 우려가 있을 때는 어미 앞 한 개까지 오쿠리가나로 하는 경우도 있어요. 下げる(내리다) - 下がる(내려가다)
	2그룹 동사	(い단/え단)る를 오쿠리가나로 해요. 見る(보다), 降りる(내리다), 食べる(먹다)
	3그룹 동사	来る(오다) * 참고로 する(하다)는 한자로 안 써요.
い형용사		활용 어미 い 또는 종지형이 しい인 경우 しい를 오쿠리가나로 해요. 早い(빠르다), 正しい(옳다)
な형용사		어간의 か, やか, らか를 오쿠리가나로 해요. 静か(조용함), 和やか(화목함), 朗らか(명랑함)
부사		마지막 음절 한 개를 오쿠리가나로 해요. 必ず(반드시), 予め(미리)

해커스 교재만의 구성과 특징

표제 한자 학습

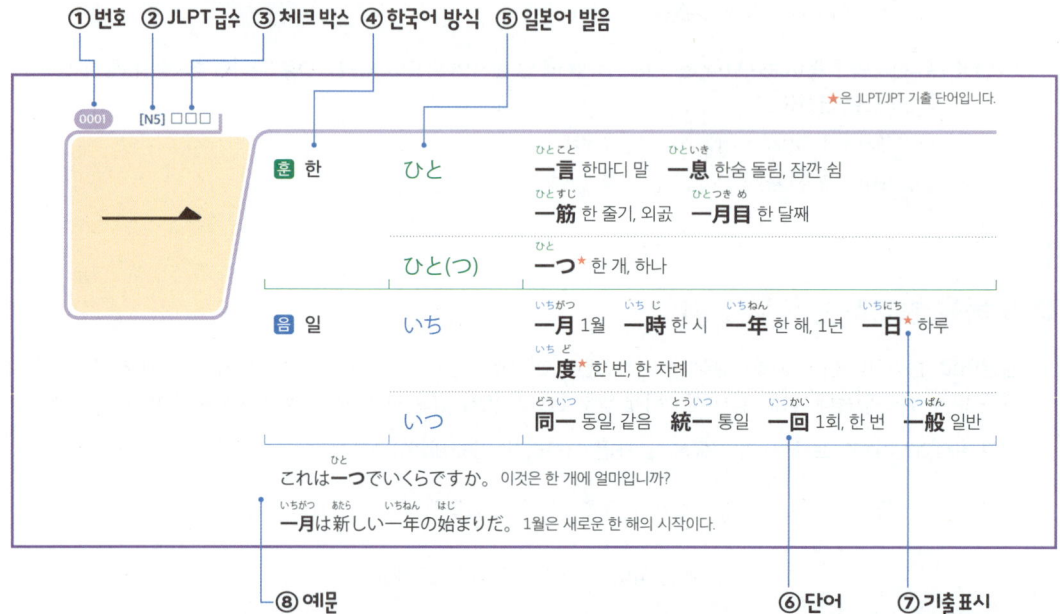

① 번호　　　　1번부터 1026번까지 한자 번호입니다. 자신이 지금 한자를 몇 개째 공부하고 있는지 알 수 있습니다.

② JLPT 급수　 표제 한자의 수준에 해당하는 JLPT 급수입니다. 응시하고자 하는 급수에 해당하는 한자를 우선적으로 학습할 수 있습니다.

③ 체크 박스　 자신이 해당 한자를 공부한 횟수를 체크할 수 있습니다.

④ 한국어 방식　표제 한자를 우리말 한국어로 읽는 방식입니다.

⑤ 일본어 발음　표제 한자에 해당하는 일본어 발음입니다. 일본에서 자주 쓰이는 발음 순서대로 수록하여 중요한 발음부터 학습할 수 있도록 하였습니다.

⑥ 단어　　　　해당 발음의 한자를 포함한 단어입니다. 일본 문부과학성 지정 단어 및 JLPT/JPT 기출 단어를 가장 자주 쓰이는 단어 순서로 수록하여 중요한 단어부터 학습할 수 있습니다.

⑦ 기출표시　　JLPT/JPT 기출 단어에는 별도의 표시를 하여, 집중적으로 JLPT/JPT 시험 대비를 할 수 있습니다.

⑧ 예문　　　　표제 한자의 대표 훈독/음독이 사용된 단어를 활용하여, JLPT/JPT 출제 경향을 반영한 예문, 일상생활에서 자주 사용하는 예문을 수록하였습니다.

추가 학습

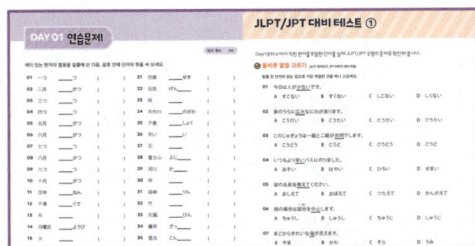

연습문제, JLPT/JPT 대비 테스트

'연습문제'를 통해 매일매일 학습한 내용을 잘 외웠는지 확인해 볼 수 있도록 하였으며, 여섯 개 DAY 마다 JLPT의 한자읽기와 표기 문제, JPT의 파트5 문제와 동일한 형태의 'JLPT/JPT 대비 테스트'를 수록하여 실제 시험에 대비할 수 있도록 하였습니다.

JLPT N3·N2 추가 기출한자 178

상용한자 1026자 이외에 JLPT N3와 N2 문자·어휘 과목에 출제된 178자의 한자와 기출 단어를 수록하여 JLPT N3·N2 시험까지도 대비할 수 있도록 하였습니다.

가나다순으로 바로 찾는 상용한자 1026

각 한자를 우리말 음독 기준으로 가나다순으로 정렬하여 해당 한자가 수록된 페이지를 쉽게 찾을 수 있도록 하였습니다. 또한, 해당 한자의 일본어 발음도 함께 수록하여 한자가 수록된 페이지로 가지 않고도 일본어 발음을 확인할 수 있습니다.

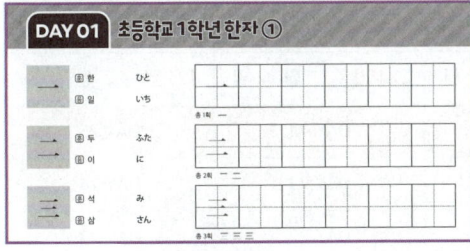

쓰기노트 [책 속의 책]

교재에 수록된 상용한자 1026자를 획순에 따라 직접 써 보면서 학습할 수 있습니다.

각종 학습용/복습용/분할 MP3

각 DAY의 첫 페이지부터 맨 마지막 한자까지 한 번에 쭉 듣고 따라 읽을 수 있는 학습용 MP3, 단어와 예문을 일본어 발음만 들으면서 복습할 수 있는 복습용 MP3, 학습하고 싶은 한자만 반복 청취 할 수 있는 분할 MP3까지 모두 제공합니다. 모든 음원은 교재의 QR코드를 찍어 언제 어디서든 간편하게 들을 수 있습니다.

3회독 30일 학습 플랜

◆ 스스로 공부할 날짜를 쓰고, 계획에 맞춰 공부해 보세요.
◆ 60일 동안 천천히 꼼꼼하게 한자를 학습하고 싶으시면 하루 분량을 2일에 나누어 학습하세요.

| 1회독 |
| 2회독 |
| 3회독 |

[1일] 월 일	[2일] 월 일	[3일] 월 일	[4일] 월 일	[5일] 월 일
[1회독] DAY 1	DAY 2	DAY 3	DAY 4	DAY 5
	[2회독] DAY 1	DAY 2	DAY 3	DAY 4
		[3회독] DAY 1	DAY 2	DAY 3
[6일] 월 일	**[7일] 월 일**	**[8일] 월 일**	**[9일] 월 일**	**[10일] 월 일**
DAY 6	DAY 7	DAY 8	DAY 9	DAY 10
DAY 5	DAY 6	DAY 7	DAY 8	DAY 9
DAY 4	DAY 5	DAY 6	DAY 7	DAY 8
[11일] 월 일	**[12일] 월 일**	**[13일] 월 일**	**[14일] 월 일**	**[15일] 월 일**
DAY 11	DAY 12	DAY 13	DAY 14	DAY 15
DAY 10	DAY 11	DAY 12	DAY 13	DAY 14
DAY 9	DAY 10	DAY 11	DAY 12	DAY 13
[16일] 월 일	**[17일] 월 일**	**[18일] 월 일**	**[19일] 월 일**	**[20일] 월 일**
DAY 16	DAY 17	DAY 18	DAY 19	DAY 20
DAY 15	DAY 16	DAY 17	DAY 18	DAY 19
DAY 14	DAY 15	DAY 16	DAY 17	DAY 18
[21일] 월 일	**[22일] 월 일**	**[23일] 월 일**	**[24일] 월 일**	**[25일] 월 일**
DAY 21	DAY 22	DAY 23	DAY 24	DAY 25
DAY 20	DAY 21	DAY 22	DAY 23	DAY 24
DAY 19	DAY 20	DAY 21	DAY 22	DAY 23
[26일] 월 일	**[27일] 월 일**	**[28일] 월 일**	**[29일] 월 일**	**[30일] 월 일**
DAY 26	DAY 27	DAY 28	DAY 29	DAY 30
DAY 25	DAY 26	DAY 27	DAY 28	DAY 29~30
DAY 24	DAY 25	DAY 26	DAY 27	DAY 28~30

회독 단계별 학습 방법

◆ **1회독!**
- 학습용 MP3(일본어, 한국어 버전)를 활용하여 각 DAY의 첫 페이지부터 맨 마지막 한자까지 한 번에 쭉 듣고 따라 읽습니다.
- 한자별 분할 MP3를 활용하여 각 한자의 훈독과 훈독 단어, 음독과 음독 단어, 예문을 세 번씩 따라 읽으며 집중 학습합니다.
- <쓰기노트>로 각 한자를 직접 쓰면서 한자의 발음과 모양을 익힙니다.
- 연습문제를 풀고 틀린 한자를 복습합니다.

◆ **2회독!**
- 복습용 MP3(일본어, 일본어 버전)를 활용하여 각 DAY의 첫 페이지부터 맨 마지막 한자까지 한 번에 쭉 듣고 따라 읽습니다. 이때 잘 익혀지지 않은 한자에 표시를 해둡니다.
- 한자별 분할 MP3를 활용하여 잘 익혀지지 않은 한자만 두세 번 더 반복하여 따라 읽습니다.
- 여섯 개 DAY를 끝낼 때마다 JLPT/JPT 대비 테스트를 풀고 틀린 문제에 포함된 한자를 한 번 더 복습합니다.

◆ **3회독!**
- 복습용 MP3(일본어, 일본어 버전)를 활용하여 각 DAY의 첫 페이지부터 맨 마지막 한자까지 한 번에 쭉 듣고 따라 읽습니다.
- 여전히 잘 익혀지지 않은 한자는 한자별 분할 MP3를 활용하여 한 번 더 학습합니다.
- <쓰기노트>의 획순을 보며 한자 쓰기 연습장을 활용하여 한자를 5회 이상 쓰면서 훈독/음독을 발음합니다.

한자 학습 TIP

- 학습한 내용을 자기 전, 학습 일주일 후, 한 달 후에 한 번씩 빠르게 훑어보는 복습 시간을 가지면 한자를 더 오래 기억할 수 있습니다.
- 일본어 전문 성우가 녹음한 <MP3>로 단어와 예문을 듣고 따라 읽으면 확실히 암기할 수 있을 뿐만 아니라 듣기 실력까지 향상시킬 수 있습니다. 단어 및 예문 MP3는 QR코드로 바로 접속하거나, 해커스일본어 홈페이지에서 무료로 다운로드하실 수 있습니다.
- 한자를 쓰면서 익힐 때는 별책 부록으로 제공되는 <쓰기노트>와 <한자 쓰기 연습장 PDF>를 무료로 활용해 보세요.

☞ 교재 MP3·<한자 쓰기 연습장 PDF> 무료 다운로드 : [해커스일본어(japan.Hackers.com) 접속] → [교재/MP3] → [MP3/자료]

DAY 01

일본 문부과학성 지정
초등학교 1학년 한자 ①

오늘은 일본 문부과학성이 지정한 일본 초등학교 1학년 학습 한자 80개 중 40개를 익혀볼 거예요. 먼저 오늘 배울 한자 40개의 훈독과 음독을 일본어로 한 번씩 따라 읽은 후 본격적인 학습을 시작해 보아요.

🎧 해커스 일본어상용한자1026_Day01.mp3

一	二	三	四	五	六	七	八
한 일 ひと いち	두 이 ふた に	석 삼 み さん	넉 사 よし	다섯 오 いつ ご	여섯 육 む ろく	일곱 칠 なな しち	여덟 팔 や はち

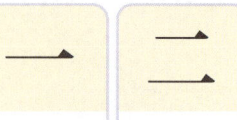

九	十	百	千	年	月	火	水
아홉 구 ここの く	열 십 とお じゅう	일백 백 ー ひゃく	일천 천 ち せん	해 년 とし ねん	달 월 つき げつ	불 화 ひ か	물 수 みず すい

木	金	土	日	空	気	雨	天
나무 목 き もく	쇠 금 かね きん	흙 토 つち ど	날 일 ひ にち	빌 공 そら くう	기운 기 ー き	비 우 あめ う	하늘 천 あま てん

夕	早	石	山	川	林	森	竹
저녁 석 ゆう せき	이를 조 はや(い) そう	돌 석 いし せき	메 산 やま さん	내 천 かわ せん	수풀 림 はやし りん	수풀 삼 もり しん	대 죽 たけ ちく

花	草	虫	犬	貝	白	青	赤
꽃 화 はな か	풀 초 くさ そう	벌레 충 むし ちゅう	개 견 いぬ けん	조개 패 かい ー	흰 백 しろ はく	푸를 청 あお せい	붉을 적 あか せき

★은 JLPT/JPT 기출 단어입니다.

0001 [N5] ☐☐☐ 一

훈 한	ひと	ひとこと 一言 한마디 말　ひといき 一息 한숨 돌림, 잠깐 쉼 ひとすじ 一筋 한 줄기, 외곬　ひとつきめ 一月目 한 달째
	ひと(つ)	ひと 一つ* 한 개, 하나
음 일	いち	いちがつ 一月 1월　いちじ 一時 한 시　いちねん 一年 한 해, 1년　いちにち 一日* 하루 いちど 一度* 한 번, 한 차례
	いつ	どういつ 同一 동일, 같음　とういつ 統一 통일　いっかい 一回 1회, 한 번　いっぱん 一般 일반

ひと
これは一つでいくらですか。 이것은 한 개에 얼마입니까?
いちがつ　あたら　いちねん　はじ
一月は新しい一年の始まりだ。 1월은 새로운 한 해의 시작이다.

0002 [N5] ☐☐☐ 二

훈 두	ふた	ふた え 二重 쌍꺼풀
	ふた(つ)	ふた 二つ 두 개, 둘
음 이	に	にがつ 二月 2월　にじ 二時 두 시　にかい 二回 2회　にど 二度* 두 번 にとうぶん 二等分* 이등분, 둘로 나눔

ふた
これを二つください。 이것을 두 개 주세요.
ふたり　にがつ　けっこん
あの二人は二月に結婚する。 저 두 사람은 2월에 결혼한다.

0003 [N5] ☐☐☐ 三

훈 석	み	みっか 三日 3일, 사흘　みかづき 三日月 초승달
	みっ(つ)	みっ 三つ* 세 개, 셋
	み(つ)	み ご 三つ子 세쌍둥이
음 삼	さん	さんがつ 三月 3월　さんにん 三人 세 사람　さんじ 三時 세 시　さんかくけい 三角形* 삼각형 さいさん 再三 재삼, 여러 번

みっ　た
このチョコ、三つ食べてもいい? 이 초콜릿, 세 개 먹어도 돼?
さくら　さんがつ
桜がさく三月になった。 벚꽃이 피는 3월이 됐다.

★은 JLPT/JPT 기출 단어입니다.

0004 [N5] 四

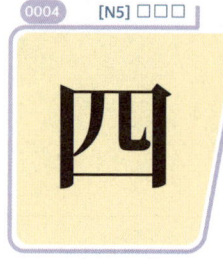

훈 넉	よ	四日 4일, 나흘　四人 네 사람　四時 네 시　四年 4년
	よっ(つ)	四つ 네 개, 넷
	よ(つ)	四つ角 네 모퉁이, 사거리
	よん	四回 네 번　四歳 네 살
음 사	し	四月 4월　四季 사계, 사계절　四角 사각, 사각형
		四国★ 시코쿠 (지명)

葉が四つあるクローバーを見つけた。 잎이 네 개 있는 클로버를 발견했다.
日本は四月に新しい学期が始まる。 일본은 4월에 새로운 학기가 시작된다.

0005 [N5] 五

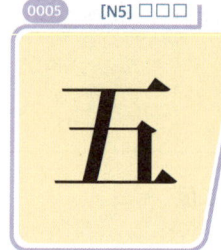

훈 다섯	いつ	五日 5일, 닷새
	いつ(つ)	五つ 다섯 개, 다섯
음 오	ご	五月 5월　五人 다섯 명　五分★ 5분　五時 다섯 시
		五年 5년

財布に百円玉を五つ入れた。 지갑에 백 엔짜리 동전을 다섯 개 넣었다.
五月五日は「こどもの日」だ。 5월 5일은 '어린이날'이다.

0006 [N5] 六

훈 여섯	む	六月目 육 개월째
	むい	六日 6일, 엿새
	むっ(つ)	六つ 여섯 개, 여섯
	む(つ)	六つ切り 육 등분
음 육	ろく	六月 6월　六人 여섯 명　六時 여섯 시　六本★ 여섯 자루

ケーキを切って六つに分けた。 케이크를 잘라서 여섯 개로 나누었다.
六月になって雨の日が多くなった。 6월이 되어 비 오는 날이 많아졌다.

★은 JLPT/JPT 기출 단어입니다.

0007 [N5] ☐☐☐

七

훈 일곱	なな	なな せん えん **七千円**★ 7천 엔
	なな(つ)	なな **七つ** 일곱 개, 일곱
	なの	なの か **七日** 7일, 이레
음 칠	しち	しち がつ　　　しち にん　　　しち じ **七月** 7월　**七人** 일곱 명　**七時** 일곱 시 しち ご さん **七五三** 시치고산 (아이들의 성장을 축하하는 행사)

いち ど　　 なな　　　　　あじ　　　 たの
一度に**七つ**の味が楽しめるセットです。 한 번에 일곱 개의 맛을 즐길 수 있는 세트입니다.

しち がつ まつ　　　　 なつ やす
七月末から夏休みだ。 7월 말부터 여름 방학이다.

0008 [N5] ☐☐☐

八

훈 여덟	や	や お や **八百屋** 채소 가게
	やっ(つ)	やっ **八つ** 여덟 개, 여덟
	や(つ)	や あ **八つ当たり** (아무에게나) 무턱대고 분풀이함
	よう	よう か **八日** 8일, 여드레
음 팔	はち	はち がつ　　　はち にん　　　はち じ **八月** 8월　**八人** 여덟 명　**八時** 여덟 시 はっ ぽう **八方** 팔방, 여기저기

やっ　　 も　　　 き
ボールを**八つ**持って来てください。 공을 여덟 개 가져와 주세요.

はち がつ　 りょ こう　 い
八月に旅行に行きませんか。 8월에 여행을 가지 않겠습니까?

0009 [N5] ☐☐☐

九

훈 아홉	ここの	ここの か　　　　　　　　　ここの え **九日** 9일, 아흐레　**九重** 아홉 겹
	ここの(つ)	ここの **九つ** 아홉 개, 아홉
음 구	く	く がつ　　　く じ **九月** 9월　**九時** 아홉 시
	きゅう	きゅう にん　　　　　　　きゅう まん えん **九人** 아홉 명　**九万円**★ 9만 엔

　　　　ここの　　　　　　　　　　　なら
たなに**九つ**のグラスが並んでいる。 선반에 아홉 개의 유리컵이 늘어서 있다.

く がつ ここの か　　わたし　　 たんじょう び
九月 九日は私の誕生日だ。 9월 9일은 내 생일이다.

★은 JLPT/JPT 기출 단어입니다.

0010 [N5] ☐☐☐

훈 열	とお	とお 十 열, 열 살	とおか 十日 10일, 열흘
	と	じゅうにん と いろ 十人十色 십인십색, 각인각색	
음 십	じゅう	じゅうがつ 十月 10월 じゅうにん 十人 열 명 じゅう じ 十時 10시 じゅうぶん 十分★ 충분	
		じゅう じ か 十字架 십자가 じゅっ こ 十個 10개	
	じっ	じっぷん 十分 십분 じっかい 十回 10회	

らいげつ とおか う
来月の十日にテストを受ける。 다음 달 10일에 시험을 친다.
じゅうがつ がくえんさい おこな
十月に学園祭が行われる。 10월에 학교 축제가 행해진다.

0011 [N5] ☐☐☐

훈 일백	—		
음 백	ひゃく	ひゃくねん 百年 백 년 ひゃくにん 百人★ 백 명 ひゃくえん 百円 백 엔 ひゃっ こ 百個 백 개	
		ひゃっ か てん 百貨店 백화점	

いえ ひゃくねん まえ た
あの家は百年も前に建てられたそうだ。 저 집은 백 년도 전에 지어졌다고 한다.
ひゃっこ はい
かごにあめが百個入っています。 바구니에 사탕이 백 개 들어 있습니다.

0012 [N5] ☐☐☐

훈 일천	ち	ち ぐさ 千草 갖가지 풀 ち ぢ 千々に 가지각색으로, 여러 가지로	
		ち ぎ 千切る 잘라 떼다, 잘게 찢다 ち よ 千代 영원	
음 천	せん	せんねん 千年 천 년 せんにん 千人 천 명 せんえん 千円★ 천 엔	
		せん さ ばんべつ 千差万別 천차만별	

にわ ちぐさ は
庭に千草が生えている。 정원에 갖가지 풀이 자라 있다.
せんねん い き み
千年も生きている木を見た。 천 년이나 살아 있는 나무를 봤다.

0013 [N5] ☐☐☐

훈 해	とし	とし 年★ 해, 나이 としうえ 年上 손윗사람, 연장자 としよ 年寄り 늙은이	
		とし ご 年子 연년생 (한 살 터울의 형제자매)	
음 년(연)	ねん	らいねん 来年★ 내년 きょねん 去年★ 작년, 지난 해 ねんまつ 年末 연말	
		ねんだい 年代 연대 ほうねん 豊年 풍년	

ことし とし
今年もいい年になりますように。 올해도 좋은 해가 되길 바랍니다.
わたし らいねん はたち
私は来年で二十歳になります。 저는 내년에 스무 살이 됩니다.

★은 JLPT/JPT 기출 단어입니다.

0014 [N5] ☐☐☐

훈	달	つき	<ruby>月<rt>つき</rt></ruby> 달, 달빛　<ruby>月見<rt>つきみ</rt></ruby> 달 구경　<ruby>月日<rt>つきひ</rt></ruby> 월일, 날짜, 세월 <ruby>五月<rt>さつき</rt></ruby> 음력 5월
음	월	げつ	<ruby>月曜日<rt>げつようび</rt></ruby>* 월요일　<ruby>今月<rt>こんげつ</rt></ruby>* 이번 달　<ruby>来月<rt>らいげつ</rt></ruby>* 다음 달 <ruby>先月<rt>せんげつ</rt></ruby>* 지난달　<ruby>月末<rt>げつまつ</rt></ruby> 월말
		がつ	<ruby>九月<rt>くがつ</rt></ruby> 9월　<ruby>正月<rt>しょうがつ</rt></ruby>* 정월, 설

いっしょに<ruby>月<rt>つき</rt></ruby>を<ruby>見<rt>み</rt></ruby>に<ruby>行<rt>い</rt></ruby>きませんか。 같이 달을 보러 가지 않을래요?
<ruby>月曜日<rt>げつようび</rt></ruby>はなんだかやる<ruby>気<rt>き</rt></ruby>が<ruby>出<rt>で</rt></ruby>ない。 월요일은 어쩐지 의욕이 생기지 않는다.

0015 [N5] ☐☐☐

火

훈	불	ひ	<ruby>火<rt>ひ</rt></ruby>* 불　<ruby>火花<rt>ひばな</rt></ruby> 불똥, 불꽃　<ruby>炭火<rt>すみび</rt></ruby> 숯불　<ruby>花火<rt>はなび</rt></ruby> 불꽃놀이
		ほ	<ruby>火影<rt>ほかげ</rt></ruby> 불빛, 불빛에 비치는 그림자
음	화	か	<ruby>火曜日<rt>かようび</rt></ruby>* 화요일　<ruby>火事<rt>かじ</rt></ruby>* 화재　<ruby>消火器<rt>しょうかき</rt></ruby>* 소화기 <ruby>発火<rt>はっか</rt></ruby> 발화　<ruby>火山<rt>かざん</rt></ruby> 화산

ガスストーブに<ruby>火<rt>ひ</rt></ruby>をつけた。 가스 스토브에 불을 붙였다.
<ruby>火曜日<rt>かようび</rt></ruby>は<ruby>家族<rt>かぞく</rt></ruby>と<ruby>外食<rt>がいしょく</rt></ruby>をする。 화요일은 가족과 외식을 한다.

0016 [N5] ☐☐☐

훈	물	みず	<ruby>水<rt>みず</rt></ruby>* 물　<ruby>水色<rt>みずいろ</rt></ruby> 엷은 남빛, 옥색　<ruby>水浴び<rt>みずあび</rt></ruby> 물을 뒤집어 씀
음	수	すい	<ruby>水曜日<rt>すいようび</rt></ruby>* 수요일　<ruby>水道<rt>すいどう</rt></ruby>* 수도　<ruby>水泳<rt>すいえい</rt></ruby>* 수영 <ruby>水分<rt>すいぶん</rt></ruby> 수분, 물기　<ruby>水族館<rt>すいぞくかん</rt></ruby>* 수족관

<ruby>冷<rt>つめ</rt></ruby>たい<ruby>水<rt>みず</rt></ruby>が<ruby>飲<rt>の</rt></ruby>みたい。 시원한 물이 마시고 싶다.
<ruby>今週<rt>こんしゅう</rt></ruby>の<ruby>水曜日<rt>すいようび</rt></ruby>は<ruby>何<rt>なん</rt></ruby>の<ruby>予定<rt>よてい</rt></ruby>もありません。 이번 주 수요일은 아무 예정도 없습니다.

0017 [N5] ☐☐☐

훈	나무	き	<ruby>木<rt>き</rt></ruby>* 나무　<ruby>庭木<rt>にわき</rt></ruby>* 정원수　<ruby>並木<rt>なみき</rt></ruby> 가로수
		こ	<ruby>木陰<rt>こかげ</rt></ruby> 나무 그늘　<ruby>木の葉<rt>このは</rt></ruby> 나뭇잎
음	목	もく	<ruby>木曜日<rt>もくようび</rt></ruby>* 목요일　<ruby>木材<rt>もくざい</rt></ruby>* 목재　<ruby>木造<rt>もくぞう</rt></ruby> 목조
		ぼく	<ruby>大木<rt>たいぼく</rt></ruby> 대목, 큰 나무　<ruby>土木<rt>どぼく</rt></ruby> 토목

<ruby>木<rt>き</rt></ruby>の<ruby>下<rt>した</rt></ruby>でお<ruby>弁当<rt>べんとう</rt></ruby>を<ruby>食<rt>た</rt></ruby>べた。 나무 아래에서 도시락을 먹었다.
<ruby>来週<rt>らいしゅう</rt></ruby>の<ruby>木曜日<rt>もくようび</rt></ruby>から<ruby>二学期<rt>にがっき</rt></ruby>が<ruby>始<rt>はじ</rt></ruby>まる。 다음 주 목요일부터 2학기가 시작된다.

★은 JLPT/JPT 기출 단어입니다.

0018 [N5] ☐☐☐

훈 쇠	かね	お金* 돈　金持ち 부자　針金 철사
	かな	金物 철물　金具 쇠 장식　金縛り 꼼짝 못 하게 묶음
음 금	きん	金曜日* 금요일　金属 금속　料金* 요금　現金* 현금
		金庫 금고
	こん	金色 금빛, 황금빛　黄金 황금

友達にお金を借りた。 친구에게 돈을 빌렸다.
金曜日にはよく飲み会をする。 금요일에는 자주 회식을 한다.

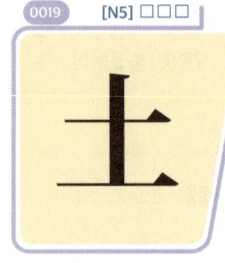

0019 [N5] ☐☐☐

훈 흙	つち	土* 흙, 땅　土ぼこり 흙먼지
음 토	ど	土曜日* 토요일　土木 토목　国土 국토
		粘土 점토, 찰흙　土台 토대
	と	土地* 토지

土からミミズが出てきた。 흙에서 지렁이가 나왔다.
土曜日はアルバイトがあって忙しい。 토요일은 아르바이트가 있어서 바쁘다.

0020 [N5] ☐☐☐

훈 날	ひ	日 날, 날씨　朝日 아침 해　日帰り 당일치기
		何曜日 무슨 요일
	か	三日 3일, 사흘　十日 10일, 열흘
음 일	にち	日曜日 일요일　毎日* 매일　日時 일시, 시일
		日光 일광, 햇빛
	じつ	平日 평일　休日 휴일　翌日* 다음날　連日 연일
		後日* 후일, 뒷날

今日はいい日になりそうだ。 오늘은 좋은 날이 될 것 같다.
日曜日だけはゆっくり休みたい。 일요일 만큼은 푹 쉬고 싶다.

★은 JLPT/JPT 기출 단어입니다.

0021 [N4] ☐☐☐

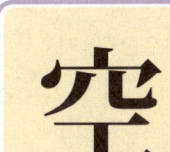

훈	빌/하늘	そら	空★ 하늘　空色 하늘색　青空 푸른 하늘
		から	空 빔, 허공　空っぽ 텅 빔
		あ(く)	空く 비다　空き巣 빈 둥지, 빈집　空き缶 빈 깡통
		あ(ける)	空ける 비우다
음	공	くう	空席★ 빈자리, 공석　空間 공간　空港★ 공항 空想 공상, 상상　上空 상공, 하늘

空に大きな雲がうかんでいる。 하늘에 커다란 구름이 떠 있다.
今日は会議室に空席が多い。 오늘은 회의실에 빈자리가 많다.

0022 [N5] ☐☐☐

훈	기운	—	
음	기	き	元気★ 기운, 활기참　気分★ 기분, 분위기　空気★ 공기 気体 기체　気持ち★ 마음, 기분
		け	気配 기척, 낌새　火の気 화기, 불씨

元気を出してください。 기운 내 주세요.
後ろから人の気配を感じた。 뒤쪽에서 사람의 기척을 느꼈다.

0023 [N5] ☐☐☐

훈	비	あめ	雨★ 비　大雨★ 큰비
		あま	雨雲 비구름　雨水 빗물　雨具 우비
음	우	う	豪雨 호우　梅雨 장마　雨量 우량, 강수량　降雨 강우

雨の日はあまり出かけたくない。 비 오는 날은 그다지 나가고 싶지 않다.
ゲリラ豪雨の発生が増えている。 게릴라 호우의 발생이 늘고 있다.

★은 JLPT/JPT 기출 단어입니다.

0024 [N4]

훈	하늘	あま	天の川 은하수, 은하　天下り 강림, 상부의 일방적인 지시
		あめ	天地 하늘땅, 전세계, 우주
음	천	てん	天気* 날씨　雨天 우천, 비 오는 날　天然 천연 天地 천지　天国 천국

テレビで見た**天の川**はとてもうつくしかった。 텔레비전에서 본 은하수는 무척 아름다웠다.
天気がいいから外へ出かけよう。 날씨가 좋으니까 밖으로 나가자.

0025 [N4]

| 훈 | 저녁 | ゆう | 夕食* 저녁 식사　夕方* 해질녘, 저녁때　夕日 석양
夕べ 저녁때　夕ご飯 저녁밥 |
| 음 | 석 | せき | 今夕 오늘 저녁　一朝一夕 일조일석, 짧은 시일 |

夕食はオムライスにしませんか。 저녁 식사는 오므라이스로 하지 않겠습니까?
今夕は祭りに行くつもりだ。 오늘 저녁은 축제에 갈 생각이다.

0026 [N4]

早

훈	이를	はや(い)	早い* 빠르다, 이르다　早寝* 일찍 잠　素早い 재빠르다
		はや(まる)	早まる 빨라지다
		はや(める)	早める 예정보다 이르게 하다　早めに* 빨리, 일찌감치
음	조	そう	早退* 조퇴　早期 조기　早朝 조조　早々に 부랴부랴
		さっ	早速 즉시　早急* 조급

ぐずぐずしていないで**早く**起きなさい。 꾸물대지 말고 빨리 일어나세요.
頭が痛くて学校を**早退**した。 머리가 아파서 학교를 조퇴했다.

★은 JLPT/JPT 기출 단어입니다.

0027 [N3] ☐☐☐

훈	돌	いし	石★ 돌　小石 작은 돌　石段 돌계단
음	석	せき	岩石 암석　化石 화석　石材 석재　宝石 보석 石像 석상
		しゃく	磁石 자석
		こく	石高 쌀의 수확량

子供が川に石を投げた。 아이가 강에 돌을 던졌다.
地下の岩石がとけてマグマになる。 지하의 암석이 녹아서 마그마가 된다.

0028 [N5] ☐☐☐

훈	메	やま	山★ 산　山登り 등산　山道★ 산길
음	산	さん	富士山 후지산　山脈 산맥
		ざん	高山 고산, 높은 산　火山 화산

山は下りる時がとくに危ない。 산은 내려올 때가 특히 위험하다.
いつか富士山に登ってみたい。 언젠가 후지산에 올라가 보고 싶다.

0029 [N5] ☐☐☐

훈	내	かわ	川★ 강, 하천　川上 강의 상류　川下 강의 하류 川岸 강가, 강기슭　小川 작은 시내 川原 바닥이 드러난 강변
음	천	せん	河川 하천　山川 산천, 산과 강

昨日川で水遊びをした。 어제 강에서 물놀이를 했다.
東から西へ河川が流れている。 동쪽에서 서쪽으로 하천이 흐르고 있다.

0030 [N4] ☐☐☐

훈	수풀	はやし	林★ 숲, 수풀　松林 송림, 솔밭
음	림(임)	りん	山林 산림, 산과 숲, 산 속의 숲　林業 임업

学校のうらに林がある。 학교 뒤에 숲이 있다.
近くの山林で火災が発生した。 근처 산림에서 화재가 발생했다.

0031 [N4] □□□

훈	수풀	もり	森* 숲
음	삼	しん	森林 삼림, 숲　森閑 고요함

私は森でキャンプするのが好きだ。 나는 숲에서 캠핑하는 것을 좋아한다.
森林を守るために何ができるだろう。 삼림을 지키기 위해서 무엇을 할 수 있을까?

0032 [N2] □□□

훈	대	たけ	竹* 대나무　竹の子 죽순　竹やぶ 대숲, 대밭
음	죽	ちく	竹林 대나무 숲, 죽림 竹馬 죽마 (말타기놀이를 할 때 끌고 다니는 막대기) 竹馬の友 죽마지우, 소꿉친구　爆竹 폭죽

このはしは竹で作られた。 이 젓가락은 대나무로 만들어졌다.
竹林に竹の子をとりに行った。 대나무 숲으로 죽순을 따러 갔다.

0033 [N4] □□□

훈	꽃	はな	花* 꽃　花束* 꽃다발　花見 꽃구경, 벚꽃놀이 花火 불꽃
음	화	か	花瓶* 꽃병　花壇* 화단, 꽃밭　花粉 꽃가루　花弁 꽃잎

いとこの卒業式に花を買って行った。 사촌의 졸업식에 꽃을 사 갔다.
もらった花を花瓶に生けた。 받은 꽃을 꽃병에 꽂았다.

0034 [N3] □□□

훈	풀	くさ	草 풀　草花* 화초　草木 초목, 풀과 나무　草色 초록빛
음	초	そう	雑草 잡초　牧草 목초　草案 초안

羊が草を食べている。 양이 풀을 먹고 있다.
先週雑草を抜いたのにまた生えてきた。 지난 주에 잡초를 뽑았는데 또 자라났다.

★은 JLPT/JPT 기출 단어입니다.

0035 [N3] ☐☐☐

훈	벌레	むし	虫 벌레　虫歯★ 충치　毛虫 모충, 송충이　水虫 무좀
음	충	ちゅう	昆虫 곤충　幼虫 유충　害虫 해충　殺虫剤 살충제

私は昔から虫がきらいだった。 나는 옛날부터 벌레를 싫어했다.
子供のころ、よく昆虫を採集した。 어릴 적, 자주 곤충을 채집했다.

0036 [N4] ☐☐☐

훈	개	いぬ	犬★ 개, 앞잡이, 끄나풀　子犬 강아지　野良犬 들개
음	견	けん	愛犬 반려견, 애견　野犬 야견, 들개　犬歯 송곳니
			名犬 명견

小さな犬を飼っています。 작은 개를 기르고 있습니다.
愛犬を連れて散歩に行った。 반려견을 데리고 산책하러 갔다.

0037 [N3] ☐☐☐

훈	조개	かい	貝★ 조개　貝殻★ 조개껍데기　貝細工 조개 세공
			魚貝類 어패류　ほら貝 소라고동
음	패	—	

貝の中に真珠が入っていた。 조개 안에 진주가 들어 있었다.
貝殻でネックレスを作った。 조개껍데기로 목걸이를 만들었다.

0038 [N5] ☐☐☐

훈	흰	しろ	白★ 백, 흰색　真っ白 새하얌
		しろ(い)	白い 하얗다, 희다　面白い★ 재미있다
		しら	白む 희게 보이다, 새벽이 되어 밝아지다　白雪 흰 눈
음	백	はく	白紙 백지　告白 고백　紅白 홍백, 붉은색과 흰색
			明白 명백
		びゃく	黒白 흑백

クリスマスに白い雪が降った。 크리스마스에 하얀 눈이 내렸다.
テストがむずかしくて白紙で出した。 시험이 어려워서 백지로 냈다.

★은 JLPT/JPT 기출 단어입니다.

0039 [N4] ☐☐☐

훈	푸를	あお	青★ 파란색, 파랑　青空 푸른 하늘　青信号 파란불, 청신호 青ざめる 새파래지다
		あお(い)	青い★ 파랗다, 푸르다　青さ 푸름
음	청	せい	青春 청춘　青年 청년　青少年 청소년
		しょう	緑青 녹청 (구리 표면에 녹이 슬어 생기는 물질)

カモメが青い海の上を飛んでいる。 갈매기가 파란 바다 위를 날고 있다.
私は名古屋で青春を過ごしました。 저는 나고야에서 청춘을 보냈습니다.

0040 [N4] ☐☐☐

훈	붉을	あか	赤★ 빨강　赤信号 빨간불, 적신호　赤ちゃん★ 아기
		あか(い)	赤い★ 붉다, 빨갛다
		あか(らむ)	赤らむ 불그스름해지다, 붉어지다
		あか(らめる)	赤らめる 붉히다
음	적	せき	赤道 적도　赤外線 적외선　赤飯 팥밥
		しゃく	赤銅 적동 (검붉은 광택이 나는 구릿빛)

はずかしくて顔が赤くなった。 부끄러워서 얼굴이 붉어졌다.
この国は赤道が通っている。 이 나라는 적도가 지나고 있다.

※ 책 속의 책 <쓰기노트>(p.2)로 각 한자를 획순에 따라 직접 써 보세요.

DAY 01 연습문제

맞은 개수: /40

색이 있는 한자의 발음을 밑줄에 쓴 다음, 괄호 안에 단어의 뜻을 써 보세요.

01	一つ	＿＿つ	( )		21	空席	＿＿せき	( )
02	二月	＿＿がつ	( )		22	元気	げん＿＿	( )
03	三つ	＿＿つ	( )		23	雨	＿＿	( )
04	四つ	＿＿つ	( )		24	天の川	＿＿のがわ	( )
05	五月	＿＿がつ	( )		25	夕食	＿＿しょく	( )
06	六月	＿＿がつ	( )		26	早い	＿＿い	( )
07	七つ	＿＿つ	( )		27	石	＿＿	( )
08	八月	＿＿がつ	( )		28	富士山	ふじ＿＿	( )
09	九つ	＿＿つ	( )		29	河川	か＿＿	( )
10	十月	＿＿がつ	( )		30	林	＿＿	( )
11	百年	＿＿ねん	( )		31	森林	＿＿りん	( )
12	千草	＿＿ぐさ	( )		32	竹	＿＿	( )
13	年	＿＿	( )		33	花瓶	＿＿びん	( )
14	月曜日	＿＿ようび	( )		34	雑草	ざっ＿＿	( )
15	火	＿＿	( )		35	昆虫	こん＿＿	( )
16	水曜日	＿＿ようび	( )		36	犬	＿＿	( )
17	木曜日	＿＿ようび	( )		37	貝	＿＿	( )
18	お金	お＿＿	( )		38	白紙	＿＿し	( )
19	土	＿＿	( )		39	青春	＿＿しゅん	( )
20	日曜日	＿＿ようび	( )		40	赤い	＿＿い	( )

정답 01 ひとつ 한 개, 하나　02 にがつ 2월　03 みっつ 세 개, 셋　04 よっつ 네 개, 넷　05 ごがつ 5월　06 ろくがつ 6월　07 ななつ 일곱 개, 일곱
08 はちがつ 8월　09 ここのつ 아홉 개, 아홉　10 じゅうがつ 10월　11 ひゃくねん 백 년　12 ちぐさ 갖가지 풀　13 とし 해, 나이
14 げつようび 월요일　15 ひ 불　16 すいようび 수요일　17 もくようび 목요일　18 おかね 돈　19 つち 흙, 땅　20 にちようび 일요일
21 くうせき 빈자리, 공석　22 げんき 기운, 활기참　23 あめ 비　24 あまのがわ 은하수, 은하　25 ゆうしょく 저녁 식사　26 はやい 빠르다, 이르다
27 いし 돌　28 ふじさん 후지산　29 かせん 하천　30 はやし 숲, 수풀　31 しんりん 삼림, 숲　32 たけ 대나무　33 かびん 꽃병　34 ざっそう 잡초
35 こんちゅう 곤충　36 いぬ 개, 앞잡이, 끄나풀　37 かい 조개　38 はくし 백지　39 せいしゅん 청춘　40 あかい 붉다, 빨갛다

DAY 02 초등학교 1학년 한자 ②

일본 문부과학성 지정

오늘은 일본 문부과학성이 지정한 일본 초등학교 1학년 학습 한자 80개 중 40개를 익혀볼 거예요. 먼저 오늘 배울 한자 40개의 훈독과 음독을 일본어로 한 번씩 따라 읽은 후 본격적인 학습을 시작해 보아요.

해커스 일본어상용한자1026_Day02.mp3

大	小	左	右	名	上	中	下
클 대 おお だい (훈독/음독)	작을 소 ちい(さい) しょう	왼 좌 ひだり さ	오른쪽 우 みぎ う	이름 명 な めい	윗 상 うえ じょう	가운데 중 なか ちゅう	아래 하 した か

手	足	口	目	見	耳	音	立
손 수 て しゅ	발 족 あし そく	입 구 くち く	눈 목 め もく	볼 견 み(る) けん	귀 이 みみ じ	소리 음 おと おん	설 립 た(つ) りつ

出	入	人	力	男	女	子	王
날 출 で(る) しゅつ	들 입 はい(る) にゅう	사람 인 ひと にん	힘 력 ちから りょく	사내 남 おとこ だん	여자 녀 おんな じょ	아들 자 こ し	임금 왕 — おう (훈독없음)

玉	円	糸	学	校	文	字	先
구슬 옥 たま ぎょく	둥글 원 まる(い) えん	실 사 いと し	배울 학 まな(ぶ) がく	학교 교 — こう	글월 문 ふみ ぶん	글자 자 あざ じ	먼저 선 さき せん

生	正	本	休	車	村	田	町
날 생 う(まれる) せい	바를 정 ただ(しい) せい	근본 본 もと ほん	쉴 휴 やす(む) きゅう	수레 차 くるま しゃ	마을 촌 むら そん	밭 전 た でん	밭두둑 정 まち ちょう

★은 JLPT/JPT 기출 단어입니다.

0041 [N5] ☐☐☐

훈 클	おお	大型 대형	大通り 넓은 길, 큰 거리	
	おお(きい)	大きい★ 크다	大きな 큰	大きさ 크기
	おお(いに)	大いに 대단히, 매우		
음 대	だい	拡大 확대	大小 대소, 큰 것과 작은 것	大胆 대담
	たい	大した 대단한	大抵★ 대강, 대부분	大衆 대중

もっと大きいサイズはありませんか。 더 큰 사이즈는 없습니까?
写真をよく見ようと画面を拡大した。 사진을 잘 보려고 화면을 확대했다.

0042 [N5] ☐☐☐

훈 작을	ちい(さい)	小さい★ 작다	小さな 작은	
	こ	小鳥★ 작은 새	小型 소형	小切手 수표	小包 소포
	お	小川 작은 시내		
음 소	しょう	小学生 초등학생	小説★ 소설	縮小 축소

彼は体が小さいが力は強い。 그는 몸이 작지만 힘은 세다.
小学生がランドセルを背負っている。 초등학생이 책가방을 메고 있다.

0043 [N5] ☐☐☐

훈 왼	ひだり	左★ 왼쪽	左側 좌측	左手 왼손	左利き 왼손잡이
음 좌	さ	左折 좌회전	左派 좌파	左翼 좌익, 왼쪽 날개	

コンビニの左に交番があります。 편의점 왼쪽에 파출소가 있습니다.
ここでは左折ができません。 여기서는 좌회전을 할 수 없습니다.

0044 [N5] ☐☐☐

훈 오른쪽	みぎ	右★ 오른쪽	右側 우측	右手 오른손	右利き 오른손잡이
음 우	う	右折★ 우회전	右派 우파		
	ゆう	左右 좌우, 측근, 이랬다저랬다 함			

右に見える山が「富士山」です。 오른쪽에 보이는 산이 '후지산'입니다.
次の角を右折してください。 다음 모퉁이에서 우회전해 주세요.

★은 JLPT/JPT 기출 단어입니다.

0045 [N5] ☐☐☐

훈 이름	な	名 이름, 명성	名前★ 이름
음 명	めい	有名★ 유명	氏名 성명, 씨명	名誉 명예	姓名 성명
	みょう	名字 성씨	本名 본명		
		大名 다이묘 (넓은 영지를 가진 무사)			

ここに**名前**を書いてください。 여기에 이름을 적어 주세요.
「モナリザ」はとても**有名**な絵だ。 '모나리자'는 무척 유명한 그림이다.

0046 [N5] ☐☐☐

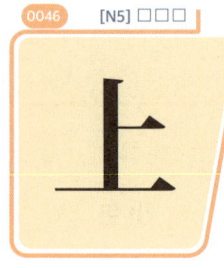

훈 윗	うえ	上★ 위, 겉	身の上 일신의 처지, 운명
	うわ	上着★ 겉옷	
	かみ	上 위, 높은 곳, 앞부분	川上 강의 상류
	あ(げる)	上げる★ 올리다, 얹다	売り上げ 매상고, 매상
	あ(がる)	上がる 오르다, 높아지다	上がり 오름, 오름세, 늪
	のぼ(る)	上る 올라가다, 뜨다	上り 올라감, 오르막
	のぼ(せる)	上せる 올리다, 상경시키다	
	のぼ(す)	上す 올리다, (지위를) 끌어올리다	
음 상	じょう	以上★ 이상	地上 지상	上昇 상승	上旬 상순
	しょう	身上 신상, 특징, 장점			

テーブルの**上**にボールペンがある。 테이블 위에 볼펜이 있다.
彼は思った**以上**に料理が上手だった。 그는 생각한 것 이상으로 요리를 잘했다.

0047 [N5] ☐☐☐

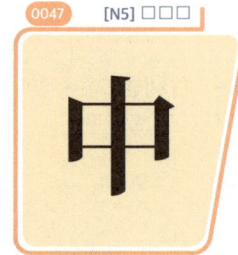

훈 가운데	なか	中★ 안, 가운데	真ん中★ 한가운데	中庭 가운데 뜰, 안뜰
		夜中 한밤중		
음 중	ちゅう	中心 중심	途中★ 도중	中央 중앙	中古★ 중고
	じゅう	一日中 하루 종일			

引き出しの**中**にタオルを入れた。 서랍 안에 수건을 넣었다.
月は地球を**中心**に回っている。 달은 지구를 중심으로 돌고 있다.

★은 JLPT/JPT 기출 단어입니다.

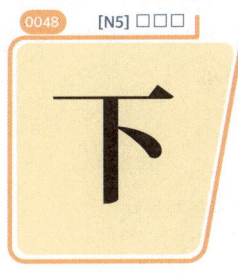

[N5] ☐☐☐ 0048

훈 아래	した	下* 아래, 안쪽
	しも	下 아래, 낮은 곳, 뒷부분
	もと	下 아래, 곁, 슬하　足下 발밑, 신변
	さ(げる)	下げる* 내리다, 늘어뜨리다
	さ(がる)	下がる 내려가다, 떨어지다, 물러서다
	く だ(る)	下る (명령, 판정 등이) 내려지다, 하사되다
	く だ(す)	下す (명령, 판정 등을) 내리다, 하사하다
	く だ(さる)	下さる 주시다
	お(ろす)	下ろす (아래로) 내려놓다
	お(りる)	下りる* (아래로) 내려오다, (탈것에서) 내리다, 그만두다
음 하	か	以下 이하　地下 지하　落下 낙하　下降 하강, 하락
	げ	下車 하차　上下 상하　下水 하수

エレベーターに乗って下に下りた。 엘리베이터를 타고 아래로 내려왔다.
気温が0度以下に下がった。 기온이 0도 이하로 내려갔다.

[N4] ☐☐☐ 0049

훈 손	て	手* 손, 손바닥　手紙* 편지 お手上げ* 속수무책, (어찌할 도리가 없어) 손을 듦, 항복 苦手* 잘 못함, 질색　素手 맨손, 맨주먹
	た	手綱 (말의) 고삐, 통제
음 수	しゅ	拍手 박수　選手* 선수　投手 투수　手腕 수완

食事の前に手を洗いましょう。 식사 전에 손을 씻읍시다.
頑張った生徒たちに拍手を送りたい。 열심히 한 학생들에게 박수를 보내고 싶다.

★은 JLPT/JPT 기출 단어입니다.

[N4] 0050

훈 발	あし	足★ 발, 다리　足音 발소리　手足 손발
	た(りる)	足りる★ 족하다, 충분하다
	た(る)	舌足らず 혀가 짧음, 표현이나 설명이 충분치 못함
	た(す)	足す 더하다, 더 넣다
음 족	そく	一足 한 켤레　満足★ 만족　遠足 소풍

たくさん歩いて足が痛い。 많이 걸어서 발이 아프다.
プレゼントでくつを一足もらった。 선물로 신발을 한 켤레 받았다.

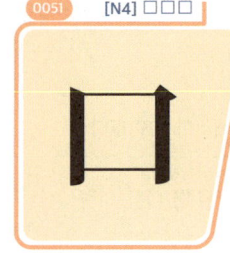
[N4] 0051

훈 입	くち	口★ 입　口紅 립스틱　入り口 입구　出口 출구
음 구	く	口調 어조, 말투　口伝 구전　異口同音 이구동성
	こう	人口★ 인구　口述 구술

口を大きく開けてあくびをした。 입을 크게 벌리고 하품을 했다.
彼はいつも優しい口調で話す。 그는 항상 상냥한 어조로 말한다.

[N5] 0052

훈 눈	め	目★ 눈　目立つ★ 눈에 띄다　結び目 매듭
	ま	目の当たり 눈앞　目深 (모자를) 깊이 눌러씀
음 목	もく	注目 주목　目的★ 목적　項目 항목　目前 목전
	ぼく	面目 면목

彼女とふと目が合った。 그녀와 문득 눈이 마주쳤다.
みなさん、こちらに注目してください。 여러분, 이쪽에 주목해 주세요.

★은 JLPT/JPT 기출 단어입니다.

0053 [N5] ☐☐☐

훈 볼	み(る)	見る★ 보다　見本★ 견본, 본보기　下見 예비 조사	
	み(える)	見える 보이다, 눈에 비치다	
	み(せる)	見せる 보이다, 상대가 보도록 하다　顔見せ 첫선을 보임	
음 견	けん	発見 발견　見学★ 견학　意見★ 의견　見地 견지, 관점	

昨日は友達と一緒に映画を見に行った。 어제는 친구와 같이 영화를 보러 갔다.
だれも見たことない化石が発見された。 누구도 본 적 없는 화석이 발견되었다.

0054 [N5] ☐☐☐

훈 귀	みみ	耳★ 귀　初耳 초문, 처음 듣는 일 空耳 잘못 들음, 못 들은 체함
음 이	じ	耳鼻科 이비인후과　中耳炎 중이염　耳目 이목

工事の音がうるさくて耳をふさいだ。 공사 소리가 시끄러워서 귀를 막았다.
耳が痛くて耳鼻科に行った。 귀가 아파서 이비인후과에 갔다.

0055 [N4] ☐☐☐

훈 소리	おと	音★ 소리, 소문　足音 발소리　物音 소리, 물체가 내는 소리
	ね	音 음, 소리, 음성　音色 음색　本音 본심
음 음	おん	音楽★ 음악　音声 음성　騒音 소음　発音 발음
	いん	母音 모음

ノックの音が小さくてよく聞こえませんでした。 노크 소리가 작아서 잘 들리지 않았습니다.
私はいつも音楽を聞きながら運動する。 나는 항상 음악을 들으면서 운동한다.

0056 [N5] ☐☐☐

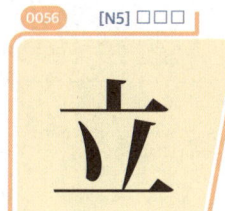

훈 설	た(つ)	立つ★ (자리에서) 서다　立場★ 입장　夕立 소나기
	た(てる)	立てる (자리에서) 세우다　立て札 팻말
음 립	りつ	起立 자리에서 일어남, 기립　独立★ 독립　成立★ 성립
	りゅう	建立 (절이나 사원 등의) 건립

投手がマウンドに立ってボールを投げた。 투수가 마운드에 서서 공을 던졌다.
国歌を歌いますので全員ご起立ください。 국가를 부르겠으니 전원 자리에서 일어나 주세요.

★은 JLPT/JPT 기출 단어입니다.

0057 [N5] ☐☐☐

훈	날	で(る)	出る★ 나오다, 나가다, 나아가다　遠出 멀리 나감
		だ(す)	出す★ 내다, 내놓다
음	출	しゅつ	外出 외출　出発★ 출발　出現 출현　出馬★ 출마 提出 제출
		すい	出納 출납, 수입과 지출

今朝はいつもより早く家を出た。 오늘 아침은 평소보다 빨리 집을 나왔다.
外出する時は必ず戸締りをする。 외출할 때는 반드시 문단속을 한다.

0058 [N5] ☐☐☐

훈	들	はい(る)	入る★ 들어가다, 들어오다, 들다
		い(れる)	入れる 넣다　入れ物 용기, 그릇
		い(る)	入り口★ 입구　気に入る 마음에 들다 寝入る 잠들다, 자기 시작하다
음	입	にゅう	入院★ 입원　入学★ 입학　入場 입장　出入 출입 収入 수입

弟はふとんに入るとすぐ寝てしまった。 남동생은 이불에 들어가자 바로 잠들어 버렸다.
手術のために入院した。 수술을 위해 입원했다.

0059 [N5] ☐☐☐

훈	사람	ひと	人★ 사람, 인류　人手 남의 손, 남의 도움
음	인	にん	人間★ 인간, 사람　人形 인형　人情 인정, 애정
		じん	人生 인생　成人 성인, 어른　人員 인원 人道 인도, 인류, 도리

あの人は何事にも熱心だ。 저 사람은 무엇이든 열심이다.
人間は一人では生きることができない。 인간은 혼자서는 살 수 없다.

★은 JLPT/JPT 기출 단어입니다.

0060 [N4] ☐☐☐

훈	힘	ちから	ちから **力**★ 힘　　ちから も **力持ち** 힘이 셈, 장사　　ちから しごと **力仕事** 육체 노동 そこぢから **底力** 저력
음	력(역)	りょく	どりょく **努力**★ 노력　　きょうりょく **協力** 협력　　じつりょく **実力**★ 실력　　のうりょく **能力**★ 능력
		りき	りきりょう **力量** 역량

いもうと　　しょうがくせい　　　　　わたし　　　ちから　つよ
妹 は **小学生** なのに **私** より **力** が **強い**。 여동생은 초등학생인데도 나보다 힘이 세다.
　　　　　　　　　　　せいこう　　　　　　　　　　　どりょく
プロジェクトを **成功** させるために **努力** している。 프로젝트를 성공시키기 위해 노력하고 있다.

0061 [N5] ☐☐☐

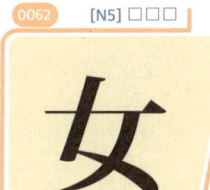

훈	사내	おとこ	おとこ **男** 남자, 사나이　　おとこ ひと **男の人**★ 남자　　おとこ こ **男の子** 남자아이 おとこ **男らしい** 남자답다
음	남	だん	だんせい **男性**★ 남성　　だん し **男子** 남자　　だんじょ **男女** 남녀
		なん	ちょうなん **長男** 장남　　び なん び じょ **美男美女** 미남미녀

さんにん　　おとこ　はな　あ
三人 の **男** が **話し合っ** ている。 세 명의 남자가 서로 이야기하고 있다.
かいしゃ　　おな　とし　　だんせい　　ひとり
会社 に **同じ年** の **男性** が **一人** しかいない。 회사에 같은 나이의 남성이 한 명밖에 없다.

0062 [N5] ☐☐☐

女

훈	여자	おんな	おんな **女** 여자, 여성　　おんな こ **女の子** 여자아이　　おんなごころ **女心** 여심, 여자의 마음 おんな **女らしい** 여자답다
		め	め がみ　　　　　め め **女神** 여신　　**女々しい** 연약하다, 기개가 없다
음	녀(여)	じょ	じょせい **女性**★ 여성　　じょ し **女子** 여자　　しょうじょ **少女** 소녀
		にょ	てんにょ **天女** 선녀, 여신
		にょう	にょうぼう **女房** 처, 아내

おとこ　おんな　て
男 と **女** が **手** をつないでいる。 남자와 여자가 손을 잡고 있다.
　　　　　　　　　　じょせい　にん き
このブランドは **女性** に **人気** がある。 이 브랜드는 여성에게 인기가 있다.

★은 JLPT/JPT 기출 단어입니다.

[0063] [N5] ☐☐☐

훈	아들	こ	子 아이, 자식 　子供★ 아이, 어린이 　親子 부모와 자식
			子育て 육아 　年子 연년생 (한 살 터울의 형제자매)
음	자	し	子孫 자손 　男子 남자 　女子 여자 　帽子 모자
		す	様子★ 모양, 상태, 모습 　扇子 접부채, 쥘부채

子供が公園で元気よく遊んでいる。 아이가 공원에서 활기차게 놀고 있다.
美しい山や海を子孫に残そう。 아름다운 산과 바다를 자손에게 남기자.

[0064] [N3] ☐☐☐

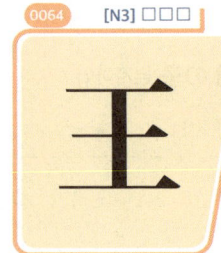

| 훈 | 임금 | – | |
| 음 | 왕 | おう | 王 왕 　王様★ 임금님, 왕 　王子 왕자 　王位 왕위 |

この国の王様は国民から愛されている。 이 나라의 임금님은 국민에게 사랑받고 있다.
王子が王位を継いで王になった。 왕자가 왕위를 계승하여 왕이 되었다.

[0065] [N2] ☐☐☐

훈	구슬	たま	玉 공, 구슬, 옥 　水玉 물방울 　目玉 눈알, 안구
음	옥	ぎょく	玉石 옥석, 옥과 돌, 좋은 것과 나쁜 것
			玉座 옥좌, 임금의 자리

ゴルファーが玉を強く打った。 골퍼가 공을 세게 쳤다.
たくさんの情報の中で玉石を分けることはむずかしい。 많은 정보 중에서 옥석을 가리는 것은 어렵다.

[0066] [N5] ☐☐☐

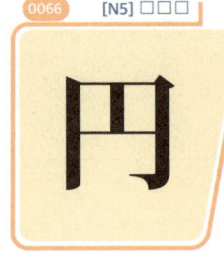

훈	둥글/ 화폐단위	まる(い)	円い 둥글다 　円さ 둥긂 　円み 둥그스름한 모양
음	원/엔	えん	千円★ 천 엔 (원화로 약 만 원) 　円卓 원탁, 둥근 탁자
			円満 원만 　一円 1엔, (어떤 장소의) 일대

部屋の中に円いテーブルがおいてある。 방 안에 둥근 테이블이 놓여 있다.
参加料は一人二千円です。 참가료는 1인 2천엔입니다.

★은 JLPT/JPT 기출 단어입니다.

0067 [N2] ☐☐☐

훈	실	いと	糸* 실　毛糸* 털실　糸口* 실마리, 단서　糸目 실낱, 실금
음	사	し	綿糸 무명실, 면사　蚕糸 명주실, 잠사　製糸 제사, 실을 만듦

シャツにボタンをつけるため針に糸を通した。 셔츠에 단추를 달기 위해 바늘에 실을 꿰었다.
綿糸で作った服は肌ざわりがいい。 무명실로 만든 옷은 촉감이 좋다.

0068 [N5] ☐☐☐

훈	배울	まな(ぶ)	学ぶ* 배우다, 익히다
음	학	がく	学生* 학생　学校* 학교　大学* 대학　学習* 학습　科学 과학

今日は授業で日本の文化を学んだ。 오늘은 수업에서 일본 문화를 배웠다.
彼女はとくに真面目な学生です。 그녀는 특히 성실한 학생입니다.

0069 [N5] ☐☐☐

훈	학교	—	
음	교	こう	学校* 학교　転校 전학　登校 등교　高校* 고교　高校生* 고등학생

毎日バスで学校に通っている。 매일 버스로 학교에 다니고 있다.
引っ越しで転校することになった。 이사로 전학가게 되었다.

0070 [N4] ☐☐☐

훈	글월	ふみ	恋文 연애 편지
음	문	ぶん	文学 문학　作文 작문　文章 글　文化 문화
		もん	注文* 주문　天文学 천문학

昔、両親が交わした恋文を見つけた。 옛날에, 부모님이 주고받은 연애 편지를 발견했다.
彼女は文学が好きでいつも本を読んでいる。 그녀는 문학을 좋아해서 항상 책을 읽고 있다.

★은 JLPT/JPT 기출 단어입니다.

0071 [N4] ☐☐☐

字

훈	글자	あざ	字 아자 (일본의 행정 구획의 하나)
음	자	じ	字 글자, 글씨　文字* 문자, 문장　漢字* 한자 赤字* 적자　黒字* 흑자

「字」は日本で使われている小さい区画単位である。 '아자'는 일본에서 쓰이는 작은 구획 단위이다.
キーボードで文字を入力した。 키보드로 문자를 입력했다.

0072 [N5] ☐☐☐

先

훈	먼저	さき	先 먼저, 앞　先立つ 앞서다, 앞장서다
음	선	せん	先生* 선생님　先週* 지난주　先輩 선배　先方 상대편

今日は用事があるので先に失礼します。 오늘은 볼일이 있어서 먼저 실례하겠습니다.
授業中、手をあげて先生に質問した。 수업 중, 손을 들어 선생님에게 질문했다.

0073 [N5] ☐☐☐

生

훈	날	う(まれる)	生まれる* 태어나다　生まれ 탄생, 가문
		う(む)	生む 낳다, 만들어 내다
		い(きる)	生きる 살다, 생존하다
		い(かす)	生かす 살리다, 활용하다
		い(ける)	生ける 꽃꽂이하다, 심다, 살리다
		お(う)	生い立ち 성장, 성장 과정　生い茂る 무성하다, 우거지다
		は(える)	生える 나다　芽生える 싹트다, 움트다
		は(やす)	生やす 기르다, 자라게 하다
		き	生地 본성, 본바탕, 옷감
		なま	生の野菜 생야채　生水 생수　生々しい 생생하다
음	생	せい	人生 인생　先生 선생님　生活* 생활　発生 발생
		しょう	一生 일생, 평생　誕生日 생일

私は1988年、東京で生まれた。 나는 1988년, 도쿄에서 태어났다.
母は定年後、第二の人生を楽しんでいる。 엄마는 정년퇴직 후, 제2의 인생을 즐기고 있다.

★은 JLPT/JPT 기출 단어입니다.

0074 正 [N4]

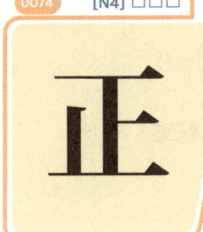

훈 바를	ただ(しい)	正しい★ 옳다, 바르다　正しさ 올바름, 정당성
	ただ(す)	正す 바르게 하다
	まさ	正に 바로, 틀림없이　正夢 사실과 일치하는 꿈
음 정	せい	正解★ 정답　正式 정식　正義 정의　訂正 정정
	しょう	正直★ 정직　正面 정면　正月★ 정월, 설

どっちが**正しい**のかよく分からない。 어느 쪽이 옳은 건지 잘 모르겠다.
この問題の**正解**は三番です。 이 문제의 정답은 3번입니다.

0075 本 [N5]

훈 근본	もと	本 근본　根本 근본, 뿌리
음 본	ほん	本★ 책　見本★ 견본, 본보기　本質 본질　本当★ 진짜, 정말 本場★ 본고장

昔から農業はこの国の**本**だ。 옛날부터 농업은 이 나라의 근본이다.
本が多くてたなに入り切らない。 책이 많아서 책장에 전부 들어가지 않는다.

0076 休 [N5]

훈 쉴	やす(む)	休む★ 쉬다　休み★ 쉼, 휴식　夏休み 여름 방학, 여름휴가
	やす(まる)	休まる 편안해지다
	やす(める)	休める 쉬게 하다, 휴식시키다　気休め 일시적인 위안
음 휴	きゅう	休日★ 휴일　連休★ 연휴　休憩 휴게, 휴식　休止 중지 定休日 정기 휴일

熱があって会社を**休んだ**。 열이 있어서 회사를 쉬었다.
家事は**休日**にまとめてやる。 집안일은 휴일에 한데 모아서 한다.

★은 JLPT/JPT 기출 단어입니다.

0077 [N5] ☐☐☐

| 훈 | 수레 | くるま | 車★ 차　車いす 휠체어　歯車 톱니바퀴 |
| 음 | 차/거 | しゃ | 電車★ 전철, 전차　自動車 자동차　自転車★ 자전거
車庫 차고　車輪 차바퀴, 수레바퀴 |

車に初心者マークを貼った。 차에 초보자 마크를 붙였다.
電車に乗っておばあさんの家に行った。 전철을 타고 할머니 집에 갔다.

0078 [N4] ☐☐☐

| 훈 | 마을 | むら | 村 마을　村人 마을 사람　選手村 선수촌 |
| 음 | 촌 | そん | 農村 농촌　村長 촌장, 면장　村落 촌락　漁村 어촌 |

祭りで村がにぎやかだ。 축제로 마을이 왁자지껄하다.
私は今年、農村に移り住んだ。 나는 올해, 농촌으로 이주했다.

0079 [N4] ☐☐☐

| 훈 | 밭 | た | 田 밭, 논　田んぼ 논바닥, 논　田植え 모내기　田畑 논밭 |
| 음 | 전 | でん | 水田 논, 수전　田地 논밭, 전지　田園 전원, 논과 밭, 시골
油田 유전, 석유가 나오는 장소 |

雨が降らなくて田が干からびた。 비가 내리지 않아서 밭이 바싹 말랐다.
水田のイネが実る秋になった。 논의 벼가 여무는 가을이 되었다.

0080 [N4] ☐☐☐

| 훈 | 밭두둑/
마을 | まち | 町★ 마을, 시내　下町★ 번화가　港町★ 항구 도시
町外れ 시외, 변두리 |
| 음 | 정 | ちょう | 町 쵸 (일본의 행정 구획의 하나), 동　町議会 동 의회
町長 동장 |

妻はとなり町で働いている。 아내는 옆 마을에서 일하고 있다.
祖父は町議会の議員だ。 할아버지는 동 의회의 의원이다.

※ 책 속의 책 <쓰기노트>(p.6)로 각 한자를 획순에 따라 직접 써 보세요.

DAY 02 연습문제

맞은 개수: /40

색이 있는 한자의 발음을 밑줄에 쓴 다음, 괄호 안에 단어의 뜻을 써 보세요.

01	拡大	かく_____	( )		21	男	_____	( )
02	小さい	_____さい	( )		22	女性	_____せい	( )
03	左折	_____せつ	( )		23	子供	_____ども	( )
04	右	_____	( )		24	王様	_____さま	( )
05	有名	ゆう_____	( )		25	玉	_____	( )
06	上	_____	( )		26	円い	_____い	( )
07	中心	_____しん	( )		27	糸	_____	( )
08	以下	い_____	( )		28	学生	_____せい	( )
09	手	_____	( )		29	学校	がっ_____	( )
10	足	_____	( )		30	文学	_____がく	( )
11	口	_____	( )		31	文字	も_____	( )
12	注目	ちゅう_____	( )		32	先	_____	( )
13	見る	_____る	( )		33	生まれる	_____まれる	( )
14	耳	_____	( )		34	正しい	_____しい	( )
15	音楽	_____がく	( )		35	本	_____	( )
16	起立	き_____	( )		36	休む	_____む	( )
17	外出	がい_____	( )		37	車	_____	( )
18	入院	_____いん	( )		38	農村	のう_____	( )
19	人間	_____げん	( )		39	水田	すい_____	( )
20	力	_____	( )		40	町	_____	( )

정답 01 かくだい 확대 02 ちいさい 작다 03 させつ 좌회전 04 みぎ 오른쪽 05 ゆうめい 유명 06 うえ 위, 겉 / かみ 위, 높은 곳, 앞부분 07 ちゅうしん 중심 08 いか 이하 09 て 손, 손바닥 10 あし 발, 다리 11 くち 입 12 ちゅうもく 주목 13 みる 보다 14 みみ 귀 15 おんがく 음악 16 きりつ 자리에서 일어남, 기립 17 がいしゅつ 외출 18 にゅういん 입원 19 にんげん 인간, 사람 20 ちから 힘 21 おとこ 남자, 사나이 22 じょせい 여성 23 こども 아이, 어린이 24 おうさま 임금님, 왕 25 たま 공, 구슬, 옥 26 まるい 둥글다 27 いと 실 28 がくせい 학생 29 がっこう 학교 30 ぶんがく 문학 31 もじ 문자, 문장 32 さき 먼저, 앞 33 うまれる 태어나다 34 ただしい 옳다, 바르다 35 もと 근본 / ほん 책 36 やすむ 쉬다 37 くるま 차 38 のうそん 농촌 39 すいでん 논, 수전 40 まち 마을, 시내 / ちょう 쵸, 동

DAY 03 - 일본 문부과학성 지정 초등학교 2학년 한자 ①

오늘은 일본 문부과학성이 지정한 일본 초등학교 2학년 학습 한자 160개 중 40개를 익혀볼 거예요. 먼저 오늘 배울 한자 40개의 훈독과 음독을 일본어로 한 번씩 따라 읽은 후 본격적인 학습을 시작해 보아요.

🎧 해커스 일본어상용한자1026_Day03.mp3

行	来	今	毎	曜	週	朝	昼
다닐 행 い(く) こう	올 래 く(る) らい	이제 금 いま こん	매양 매 - まい	빛날 요 - よう	주일 주 - しゅう	아침 조 あさ ちょう	낮 주 ひる ちゅう

훈독 ← → 음독 훈독없음

午	夜	時	分	半	前	後	番
낮 오 - ご	밤 야 よる や	때 시 とき じ	나눌 분 わ(ける) ぶん	반 반 なか(ば) はん	앞 전 まえ ぜん	뒤 후 あと ご	차례 번 - ばん

新	古	春	夏	秋	冬	星	光
새 신 あたら(しい) しん	예 고 ふる(い) こ	봄 춘 はる しゅん	여름 하 なつ か	가을 추 あき しゅう	겨울 동 ふゆ とう	별 성 ほし せい	빛 광 ひか(る) こう

明	晴	海	岩	原	谷	池	地
밝을 명 あか(るい) めい	갤 청 は(れる) せい	바다 해 うみ かい	바위 암 いわ がん	언덕 원 はら げん	골 곡 たに こく	못 지 いけ ち	땅 지 - ち

野	風	雲	電	雪	黒	黄	色
들 야 の や	바람 풍 かぜ ふう	구름 운 くも うん	번개 전 - でん	눈 설 ゆき せつ	검을 흑 くろ こく	누를 황 き おう	빛 색 いろ しょく

★은 JLPT/JPT 기출 단어입니다.

0081 [N5] ☐☐☐

훈 다닐	い(く)	行く★ 가다	
	ゆ(く)	行く 가다, 나아가다	行く末 장래, 미래
	おこな(う)	行う★ 행하다, 처리하다	行い 행실, 소행, 품행
음 행	こう	旅行★ 여행 行進 행진 行動 행동 行為 행위	
	ぎょう	修行 수행, 수련 行列 행렬 行政 행정	
	あん	行脚 (승려의) 도보 여행	

ついに待ちに待ったコンサートに行く。 드디어 기다리고 기다리던 콘서트에 간다.
大学生のころ、ヨーロッパを旅行したことがある。 대학생 때, 유럽을 여행한 적이 있다.

0082 [N5] ☐☐☐

훈 올	く(る)	来る★ 오다	
	きた(る)	来る 오다, 다가오다	
	きた(す)	来す 초래하다	
음 래	らい	来年★ 내년 来月★ 다음 달 来週★ 다음 주 未来★ 미래 将来★ 장래	

ぜひうちに遊びに来てください。 꼭 우리 집에 놀러 와 주세요.
来年は海外の支社で働きたい。 내년에는 해외 지사에서 일하고 싶다.

0083 [N5] ☐☐☐

훈 이제	いま	今★ 지금, 방금 今更 이제 와서, 새삼스럽게 今し方 방금, 이제 막	
음 금	こん	今回★ 이번, 금번 今度★ 이번, 이 다음 今月 이번 달 今後 이후, 차후	
	きん	古今 고금, 예전과 지금	

今の生活に満足しています。 지금의 생활에 만족하고 있습니다.
今回のミスは大目に見よう。 이번 실수는 너그러이 봐주자.

0084 [N5]

毎

- 훈 매양/자주 —
- 음 매 まい
  - 毎日＊ 매일　毎月＊ 매월　毎年 매년　毎晩 매일 밤
  - 毎度 매번, 항상

毎日公園でジョギングしている。 매일 공원에서 조깅하고 있다.
毎月15日に家賃を払う。 매월 15일에 집세를 낸다.

0085 [N4]

曜

- 훈 빛날/일주일 —
- 음 요 よう
  - 曜日＊ 요일　何曜日 무슨 요일　日曜日 일요일

ゴミ出しの曜日は必ず守ってください。 쓰레기 배출 요일은 반드시 지켜 주세요.
このごろ今日が何曜日だか分からないほど忙しい。 요새 오늘이 무슨 요일인지 모를 만큼 바쁘다.

0086 [N4]

- 훈 주일 —
- 음 주 しゅう
  - 今週＊ 이번 주　来週＊ 다음 주　先週＊ 지난주
  - 毎週＊ 매주, 일주일마다　週末＊ 주말

今週の週末は花見に行く予定だ。 이번 주 주말은 꽃구경하러 갈 예정이다.
来週から日本語学校に通うことになった。 다음 주부터 일본어 학교에 다니게 되었다.

0087 [N4]

朝

- 훈 아침 あさ
  - 朝＊ 아침　毎朝 매일 아침　朝日 아침 해
  - 朝寝坊＊ 늦잠
- 음 조 ちょう
  - 朝食＊ 조식, 아침 식사　早朝＊ 조조, 이른 아침
  - 朝刊 조간, 아침에 펴내는 신문

朝の空気がすんでいて気持ちがよかった。 아침 공기가 맑아서 기분이 좋았다.
朝食にパン二つとリンゴ一つを食べた。 조식으로 빵 두 개와 사과 하나를 먹었다.

★은 JLPT/JPT 기출 단어입니다.

0088 [N4] ☐☐☐

昼

훈	낮	ひる	昼* 낮　昼寝* 낮잠　昼ご飯* 점심밥　昼休み* 점심시간 昼間 낮 동안, 주간
음	주	ちゅう	昼食* 점심(식사)　昼夜 주야, 낮과 밤　白昼 백주, 대낮

明日は**昼**から雨になるそうだ。 내일은 낮부터 비가 온다고 한다.
昼食に食べた牛丼はとてもおいしかった。 점심으로 먹은 규동은 정말 맛있었다.

0089 [N5] ☐☐☐

午

훈	낮	―	
음	오	ご	午前* 오전　午後* 오후　正午 정오

今日は**午前**に授業があって早く起きた。 오늘은 오전에 수업이 있어서 일찍 일어났다.
午前中は少し寒かったが、**午後**からは暖かくなった。
오전중에는 조금 추웠지만, 오후부터는 따뜻해졌다.

0090 [N4] ☐☐☐

夜

훈	밤	よる	夜* 밤　夜昼 밤낮, 늘
		よ	夜中 한밤중　夜が明ける 날이 새다　夜風 밤바람
음	야	や	今夜* 오늘 밤　昨夜 어젯밤　夜景* 야경　夜食 야식 深夜 심야

友達と話しながら**夜**を過ごした。 친구와 이야기하며 밤을 보냈다.
疲れたから**今夜**は早く寝よう。 지쳤으니까 오늘 밤은 빨리 자자.

0091 [N5] ☐☐☐

時

훈	때	とき	時* 때, 시간　時々* 때때로, 그때그때 時めく 때를 만나 명성을 떨치다, 주름잡다
음	시	じ	時間* 시간　時代 시대　時給* 시급　当時 당시, 그 무렵 時刻表 시각표

小学生の**時**は先生になりたかった。 초등학생 때는 선생님이 되고 싶었다.
たまには一人でゆっくりする**時間**がほしい。 가끔은 혼자서 느긋하게 있을 시간을 갖고 싶다.

★은 JLPT/JPT 기출 단어입니다.

0092 [N5] ☐☐☐

훈 나눌	わ(ける)	分ける 나누다, 가르다　引き分け 무승부
	わ(かる)	分かる★ 알다
	わ(かれる)	分かれる 갈라지다
	わ(かつ)	分かつ 나누다, 떼어 놓다　分かち合う 서로 나누어 가지다
음 분	ぶん	分担 분담　分解 분해　十分★ 충분　気分★ 기분　自分★ 자기, 자신
	ふん	分別 분별, 세상 물정에 대한 바른 생각이나 판단
	ぶ	大分 상당히, 꽤　五分五分 비슷함, 우열이 없음

生物は大きく動物と植物に分けられる。 생물은 크게 동물과 식물로 나뉜다.
じゃ、分担して部屋を片付けよう。 그럼, 분담해서 방을 정리하자.

0093 [N5] ☐☐☐

훈 반	なか(ば)	半ば 중간, 절반, 중앙
음 반	はん	半 반　半分★ 절반, 반쪽　半年 반년　半面 반면　大半 태반, 과반, 대부분

八月の半ばからカナダへ旅に出るつもりだ。 8월 중간부터 캐나다로 여행을 갈 작정이다.
三時半までに駅の前に集まろう。 세시 반까지 역 앞으로 모이자.

0094 [N5] ☐☐☐

훈 앞	まえ	前★ 앞　名前★ 이름　前向き 정면을 향함, (사고방식이) 적극적임
음 전	ぜん	以前★ 이전　午前★ 오전　前半 전반, 절반의 앞쪽

いくらつらくても、前に進まなければならない。 아무리 힘들어도, 앞으로 나아가지 않으면 안 된다.
営業時間は以前と同じです。 영업시간은 이전과 같습니다.

★은 JLPT/JPT 기출 단어입니다.

0095 [N5] ☐☐☐

後

훈 뒤	あと	後* 후, 뒤, 다음　後味 뒷맛　後回し 뒤로 미룸
	うし(ろ)	後ろ* 뒤, 뒤쪽
	のち	後 뒤, 미래
	おく(れる)	後れる 뒤떨어지다, 여의다　気後れ 기가 죽음
음 후	ご	前後* 전후, 앞뒤　午後 오후　最後* 최후
		後日* 후일, 뒷날
	こう	後悔 후회　後半 후반, 절반의 뒤쪽　後輩 후배
		後続 후속, 뒤에 잇따름

食事の後はすぐ歯をみがきましょう。 식사 후에는 바로 이를 닦읍시다.
五十歳前後の女性が交番を訪ねてきた。 50세 전후의 여성이 파출소를 방문해 왔다.

0096 [N3] ☐☐☐

훈 차례	—	
음 번	ばん	順番* 차례, 순번　番号* 번호　一番* 일번, 제일
		番地* 번지　番組* (경기·연예·방송 등의) 프로그램

順番通りに入場してください。 차례대로 입장해 주세요.
電話番号をお聞きしてもよろしいですか。 전화번호를 여쭈어도 되겠습니까?

0097 [N4] ☐☐☐

훈 새	あたら(しい)	新しい* 새롭다, 참신하다　新しさ 새로움
		新しがる 새 경향·유행을 좇다
	あら(た)	新ただ 새롭다, 새로 시작하다
	にい	新妻 새댁
음 신	しん	最新* 최신　新聞* 신문　新鮮* 신선, 싱싱함
		革新 혁신　新旧 신구, 새 것과 묵은 것

新しいアイデアを思い付いた。 새로운 아이디어가 생각났다.
妹は最新のスマホを買った。 여동생은 최신 스마트폰을 샀다.

★은 JLPT/JPT 기출 단어입니다.

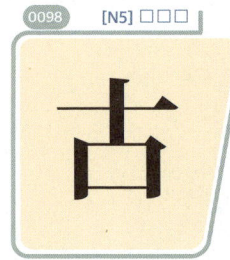

0098 [N5] □□□

훈	예	ふる(い)	古い★ 오래되다, 헐다　　古本屋★ 헌책방　　古株 묵은 뿌리
			古びる 낡다, 헐다
		ふる(す)	使い古す 오랫동안 써서 낡아지다
음	고	こ	古代 고대　　中古★ 중고　　古典 고전　　考古学 고고학

古い家をリフォームすることにした。 오래된 집을 리폼하기로 했다.
姉は古代の文字に興味を持っている。 언니는 고대의 문자에 흥미를 가지고 있다.

0099 [N4] □□□

훈	봄	はる	春★ 봄　　春休み 봄 방학
			春めく 봄다워지다, 제법 봄다운 기분이 나다
음	춘	しゅん	春分 춘분 (낮과 밤의 길이가 같은 봄날)
			立春 입춘 (봄이 시작되는 날)　　青春 청춘　　春季 춘계, 봄철

春になると聞きたくなる歌がある。 봄이 되면 듣고 싶어지는 노래가 있다.
春分は昼と夜の長さが同じになる日のことだ。 춘분은 낮과 밤의 길이가 같아지는 날을 말한다.

0100 [N4] □□□

夏

훈	여름	なつ	夏★ 여름　　夏休み★ 여름 방학, 여름휴가　　真夏 한여름
			夏服 하복
음	하	か	初夏 초여름　　夏季 하계, 여름철
		げ	夏至 하지 (일 년 중 낮이 가장 긴 날)

私は夏になるとほぼ毎日スイカを食べる。 나는 여름이 되면 거의 매일 수박을 먹는다.
5月から6月初めのころを初夏という。 5월부터 6월 초 무렵을 초여름이라고 한다.

★은 JLPT/JPT 기출 단어입니다.

0101 [N4]

훈	가을	あき	秋★ 가을　秋祭り★ 가을 축제　秋雨 가을비 秋風 가을 바람
음	추	しゅう	秋分 추분 (낮과 밤의 길이가 같은 가을날) 立秋 입추 (가을이 시작되는 날)　中秋 중추, 한가위 晩秋 만추, 늦가을　秋季 추계, 가을철

秋になると木の葉が赤く色づき始めた。 가을이 되자 나뭇잎이 붉게 물들기 시작했다.
秋分の日には先祖のお墓参りに行きます。 추분날에는 선조의 성묘를 갑니다.

0102 [N4]

훈	겨울	ふゆ	冬★ 겨울　冬休み 겨울 방학　真冬 한겨울　冬服 동복
음	동	とう	冬眠 동면　冬季 동계, 겨울철 冬至★ 동지 (일 년 중 밤이 가장 긴 날)

毎年冬には家族でスキーに行く。 매년 겨울에는 가족끼리 스키 타러 간다.
冬になるとクマは冬眠に入る。 겨울이 되면 곰은 동면에 들어간다.

0103 [N2]

훈	별	ほし	星 별　流れ星 별똥별　星空 별이 총총한 하늘 黒星 검은 점, 패배, 정곡
음	성	せい	流星 유성, 별똥별　北極星 북극성　星座 성좌, 별자리 衛星 위성
		しょう	明星 금성, 샛별

夜空にたくさんの星がきらめいていた。 밤하늘에 수많은 별이 반짝이고 있었다.
流星はあっという間に消えてしまった。 유성은 눈 깜짝할 새에 사라지고 말았다.

0104 [N3]

훈	빛	ひか(る)	光る★ 빛을 내다, 빛나다　光り輝く 눈부시게 빛나다
		ひかり	光 빛　稲光 번개
음	광	こう	日光 햇빛, 일광　観光★ 관광　栄光 영광　光線 광선

池の周りでホタルが光っていた。 연못 주위에서 반딧불이가 빛을 내고 있었다.
肌を焼くために日光を浴びた。 살갗을 태우기 위해서 햇빛을 쬐었다.

★은 JLPT/JPT 기출 단어입니다.

0105 [N4] ☐☐☐

훈 밝을	あか(るい)	明るい★ 밝다　明るさ 밝기
	あ(かり)	明かり 빛
	あか(るむ)	明るむ 밝아지다
	あか(らむ)	明らむ 훤해지다
	あき(らか)	明らかだ★ 분명하다, 뚜렷하다
	あ(ける)	明ける★ 날이 밝다, 새해가 되다
	あ(く)	明く 열리다
	あ(くる)	明くる日 다음날
	あ(かす)	明かす 밝히다, 알아내다
음 명	めい	説明★ 설명　克明★ 극명　鮮明 선명　明暗 명암
	みょう	光明 광명

もっと**明るい**色のシャツがほしいです。 더 밝은 색의 셔츠를 원합니다.
このことについては私が**説明**します。 이 일에 대해서는 제가 설명하겠습니다.

0106 [N2] ☐☐☐

훈 갤	は(れる)	晴れる★ (하늘이) 개다, 괴로움 등이 사라지다
		晴れ (하늘이) 갬, 혐의를 벗음
		晴れやかだ (하늘이) 활짝 개다, 명랑하다, 화사하다
	は(らす)	晴らす (기분을) 풀다, (하늘이) 개는 것을 기다리다
		素晴らしい★ 훌륭하다　気晴らし 기분 전환
음 청	せい	快晴 쾌청　晴天★ 청천, 맑게 갠 하늘

多分、明日は**晴れる**だろう。 아마, 내일은 갤 것이다.
今日は雲一つない**快晴**だ。 오늘은 구름 하나 없이 쾌청하다.

0107 [N4] ☐☐☐

海

훈	바다	うみ	海* 바다　海辺* 해변　海開き 해수욕장 개장 海鳴り 바다에서 들려오는 천둥 같은 소리
음	해	かい	海水浴 해수욕　海岸* 해안, 바닷가　海洋 해양 海外* 해외　航海 항해

息子は服を着たまま海に飛び込んだ。 아들은 옷을 입은 채 바다에 뛰어들었다.
夏だから海水浴に行こう。 여름이니 해수욕하러 가자.

0108 [N2] ☐☐☐

岩

훈	바위	いわ	岩* 바위　岩山 바위산　岩場 바위 밭, 바위가 많은 곳
음	암	がん	岩石 암석　火成岩 화성암　溶岩 용암 岩塩 암염, 돌소금

この山は岩が多くて登りにくい。 이 산은 바위가 많아서 오르기 어렵다.
岩石が山から車道に落ちた。 암석이 산에서 차도로 떨어졌다.

0109 [N3] ☐☐☐

原

훈	언덕	はら	原 들, 벌판　野原* 들, 들판　原っぱ 공터, 들 砂原 모래벌판　松原 소나무가 빽빽이 들어선 벌판
음	원	げん	原因* 원인　原料* 원료 原稿* 원고, 인쇄나 발표를 위해 쓴 글이나 그림　原理 원리 高原 고원, 높은 지대

春になると山や野原にきれいな花が咲く。 봄이 되면 산이나 들에 예쁜 꽃이 핀다.
実験が失敗した原因を考えてみよう。 실험이 실패한 원인을 생각해 보자.

0110 [N2] ☐☐☐

谷

훈	골	たに	谷 골짜기, 산골짜기　谷あい 산골짜기, 골짜기 안
음	곡	こく	渓谷 계곡　峡谷 협곡　幽谷 깊은 산골짜기

ある山奥の谷に小さい村があった。 어느 깊은 산속 골짜기에 작은 마을이 있었다.
渓谷でメダカを何匹かつかまえた。 계곡에서 송사리를 몇 마리 잡았다.

★은 JLPT/JPT 기출 단어입니다.

0111 [N3] ☐☐☐

池

훈	못	いけ	池★ 연못, 못　ため池 인공 못, 저수지　古池 오래된 연못
음	지	ち	貯水池 저수지　電池 전지　乾電池★ 건전지

カエルが池で泳いでいる。 개구리가 연못에서 헤엄치고 있다.
大雨で貯水池の水があふれた。 큰비로 저수지의 물이 넘쳤다.

0112 [N4] ☐☐☐

地

훈	땅	—	
음	지	ち	土地★ 토지　地下★ 지하　地球★ 지구
			地図 지도, 지형도
		じ	地面 지면　地震★ 지진　地元 그 고장, 본고장, 근거지

土地を買うか家を買うか悩んでいる。 토지를 살지 집을 살지 고민하고 있다.
あの地面の割れは地震によるものだった。 저 지면의 갈라짐은 지진에 의한 것이었다.

0113 [N4] ☐☐☐

野

훈	들	の	野 들　野花 들꽃　野原★ 들판　野放し 방목, 방임
음	야	や	野外 야외　野菜★ 야채　分野★ 분야　野性 야성

道ばたに名前も知らない野花がさいている。 길가에 이름도 모르는 들꽃이 피어 있다.
音楽フェスティバルの多くは野外で開かれる。 음악 페스티벌의 대부분은 야외에서 열린다.

0114 [N4] ☐☐☐

風

훈	바람	かぜ	風★ 바람　そよ風 미풍, 산들바람
		かざ	風上 바람이 불어오는 쪽　風車 풍차, 바람개비
음	풍	ふう	台風 태풍　強風 강풍, 센바람　風力 풍력　風習★ 풍습
		ふ	風情 풍정, 운치　風呂★ 목욕

窓を開けたら涼しい風が入ってきた。 창문을 열었더니 시원한 바람이 들어왔다.
町は台風で大きな被害を受けた。 마을은 태풍으로 큰 피해를 입었다.

★은 JLPT/JPT 기출 단어입니다.

0115 [N2] 雲

훈	구름	くも	雲★ 구름　雲隠れ 달이 구름에 가려짐, 자취를 감춤 雨雲 비구름
음	운	うん	雲海 운해, 구름바다　風雲 풍운, 자연　積乱雲 적란운 雷雲 소나기 구름

空にくじらの形をした雲が浮かんでいた。 하늘에 고래 모양을 한 구름이 떠 있었다.
飛行機の中で雲海を見下ろした。 비행기 안에서 운해를 내려다 보았다.

0116 [N5] 電

훈	번개	―	
음	전	でん	電気★ 전기　電話★ 전화　電力★ 전력　発電 발전 電車★ 전철, 전차

出かける時は必ず電気を消してください。 나갈 때는 반드시 전기를 꺼 주세요.
久しぶりに祖母に電話を掛けた。 오랜만에 할머니에게 전화를 걸었다.

0117 [N3] 雪

훈	눈	ゆき	雪★ 눈　大雪★ 대설　雪だるま 눈사람 雪解け 눈이 녹음　初雪 첫눈
음	설	せつ	雪原 설원　積雪 적설, 눈이 쌓임　除雪 제설 降雪 강설, 눈이 내림　雪辱 설욕

庭に積もった雪で雪だるまを作った。 마당에 쌓인 눈으로 눈사람을 만들었다.
雪原の上に誰かの足あとが残っている。 설원 위에 누군가의 발자국이 남아 있다.

0118 [N4] 黒

훈	검을	くろ	黒★ 검정　真っ黒 새까맘　白黒 흑백　黒字★ 흑자
		くろ(い)	黒い★ 검다, 까맣다　黒さ 검음 腹黒い 속이 검다, 음험하다
음	흑	こく	黒板 칠판, 흑판　暗黒 암흑　漆黒 칠흑

彼は黒い服が好みのようだ。 그는 검은 옷이 취향인 듯하다.
先生は黒板に問題を書いた。 선생님은 칠판에 문제를 적었다.

★은 JLPT/JPT 기출 단어입니다.

0119 [N2] ☐☐☐

훈 누를	き	き 黄 노랑　　きいろ 黄色 노란색　　きいろ 黄色い 노랗다 き 黄ばむ 노래지다
	こ	こがね 黄金 금, 황금
음 황	おう	おうごん　　　　　おうど　　　　　らんおう 黄金 황금, 돈　　黄土 황토　　卵黄 난황, 노른자위
	こう	こうよう　　　　　　　　　　　　　　こうさ 黄葉 황엽, 노랗게 물든 단풍잎　　黄砂 황사

こども　　きいろ　　　　　　も
子供が黄色のふうせんを持っている。 아이가 노란색 풍선을 들고 있다.
きんかくじ　　おうごん　かがや　うつく　　　てら
「金閣寺」は黄金に輝く美しいお寺だ。 '금각사'는 황금으로 빛나는 아름다운 절이다.

0120 [N4] ☐☐☐

훈 빛	いろ	いろ　　　　　　　　　　　　いろいろ 色★ 색, 빛깔, 안색　　色々★ 여러 가지 いろ　　　　　　　　　　　　　　　　　いろがみ 色づく 물이 들다, 색을 띠게 되다　　色紙 색종이 さくらいろ 桜色 연분홍색
음 색	しょく	せんしょく　　　　げんしょく　　　　　　　　　とくしょく 染色 염색　　原色 원색, 본디의 빛깔　　特色 특색 ぶっしょく 物色 물색, 사람이나 물건을 찾거나 고름
	しき	しきさい　　　　　　　しきちょう 色彩 색채, 빛깔　　色調 색조, 색의 조화

じゆうじざい　はだ　いろ　か
カメレオンは自由自在に肌の色が変えられる。 카멜레온은 자유자재로 피부의 색을 바꿀 수 있다.
あお　せんしょく
Tシャツを青く染色した。 티셔츠를 파랗게 염색했다.

※ 책 속의 책 <쓰기노트>(p.10)로 각 한자를 획순에 따라 직접 써 보세요.

DAY 03 연습문제

맞은 개수: /40

색이 있는 한자의 발음을 밑줄에 쓴 다음, 괄호 안에 단어의 뜻을 써 보세요.

01	旅行	りょ____	(	)	21	秋	____	( )
02	来る	____る	(	)	22	冬	____	( )
03	今	____	(	)	23	流星	りゅう____	( )
04	毎日	____にち	(	)	24	日光	にっ____	( )
05	曜日	____び	(	)	25	明るい	____るい	( )
06	今週	こん____	(	)	26	晴れる	____れる	( )
07	朝	____	(	)	27	海水浴	____すいよく	( )
08	昼	____	(	)	28	岩	____	( )
09	午前	____ぜん	(	)	29	原因	____いん	( )
10	夜	____	(	)	30	渓谷	けい____	( )
11	時間	____かん	(	)	31	貯水池	ちょすい____	( )
12	分担	____たん	(	)	32	土地	と____	( )
13	半ば	____ば	(	)	33	野外	____がい	( )
14	前	____	(	)	34	風	____	( )
15	後	____	(	)	35	雲	____	( )
16	順番	じゅん____	(	)	36	電気	____き	( )
17	最新	さい____	(	)	37	雪	____	( )
18	古い	____い	(	)	38	黒板	____ばん	( )
19	春	____	(	)	39	黄金	____ごん	( )
20	夏	____	(	)	40	色	____	( )

정답 01 りょこう 여행 02 くる 오다 / きたる 오다, 다가오다 03 いま 지금, 방금 04 まいにち 매일 05 ようび 요일 06 こんしゅう 이번 주 07 あさ 아침 08 ひる 낮 09 ごぜん 오전 10 よる 밤 11 じかん 시간 12 ぶんたん 분담 13 なかば 중간, 절반, 중앙 14 まえ 앞 15 あと 후, 뒤, 다음 / のち 뒤, 미래 16 じゅんばん 차례, 순번 17 さいしん 최신 18 ふるい 오래되다, 헐다 19 はる 봄 20 なつ 여름 21 あき 가을 22 ふゆ 겨울 23 りゅうせい 유성, 별똥별 24 にっこう 햇빛, 일광 25 あかるい 밝다 26 はれる (하늘이) 개다, 괴로움 등이 사라지다 27 かいすいよく 해수욕 28 いわ 바위 29 げんいん 원인 30 けいこく 계곡 31 ちょすいち 저수지 32 とち 토지 33 やがい 야외 34 かぜ 바람 35 くも 구름 36 でんき 전기 37 ゆき 눈 38 こくばん 칠판, 흑판 39 おうごん 황금, 돈 40 いろ 색, 빛깔, 안색

DAY 04
일본 문부과학성 지정
초등학교 2학년 한자 ②

오늘은 일본 문부과학성이 지정한 일본 초등학교 2학년 학습 한자 160개 중 40개를 익혀볼 거예요. 먼저 오늘 배울 한자 40개의 훈독과 음독을 일본어로 한 번씩 따라 읽은 후 본격적인 학습을 시작해 보아요.

🎧 해커스 일본어상용한자1026_Day04.mp3

父	母	兄	弟	姉	妹	親	友
아비 부 ちち ふ	어미 모 はは ぼ	형 형 あに きょう	아우 제 おとうと で	손윗누이 자 あね し	누이 매 いもうと まい	친할 친 した(しい) しん	벗 우 とも ゆう

(훈독 ← → 음독)

交	活	自	首	頭	顔	体	心
사귈 교 まじ(わる) こう	살 활 ー かつ	스스로 자 みずか(ら) じ	머리 수 くび しゅ	머리 두 あたま ず	얼굴 안 かお がん	몸 체 からだ たい	마음 심 こころ しん

(훈독없음)

考	思	直	刀	切	当	弓	矢
생각할 고 かんが(える) こう	생각 사 おも(う) し	곧을 직 なお(す) じき	칼 도 かたな とう	끊을 절 き(る) せつ	마땅할 당 あ(たる) とう	활 궁 ゆみ きゅう	화살 시 や し

用	才	言	語	話	読	書	記
쓸 용 もち(いる) よう	재주 재 ー さい	말씀 언 い(う) げん	말씀 어 かた(る) ご	말씀 화 はなし わ	읽을 독 よ(む) どく	글 서 か(く) しょ	기록할 기 しる(す) き

教	室	歌	声	楽	絵	図	画
가르칠 교 おし(える) きょう	집 실 むろ しつ	노래 가 うた か	소리 성 こえ せい	즐거울 락 たの(しい) らく	그림 회 ー え	그림 도 はか(る) ず	그림 화 ー が

★은 JLPT/JPT 기출 단어입니다.

0121 [N5] ☐☐☐

훈	아비	ちち	父* 아버지　父親 부친, 아버지　父の日 아버지의 날
음	부	ふ	祖父* 할아버지, 조부　父性 부성 父兄 아버지와 형, 부형, 학부형　父母 부모

父の料理はとてもおいしい。 아버지의 요리는 무척 맛있다.
祖父はやさしい人だった。 할아버지는 상냥한 사람이었다.

0122 [N5] ☐☐☐

母

훈	어미	はは	母* 어머니　母親 모친, 어머니　母の日 어머니의 날
음	모	ぼ	祖母* 할머니, 조모　母性 모성　父母 부모　母国 모국

私の母は会社員です。 저의 어머니는 회사원입니다.
夏休みに祖母と二人きりで旅行に行った。 여름 방학에 할머니와 둘이서만 여행을 갔다.

0123 [N4] ☐☐☐

훈	형	あに	兄* 형, 오빠　兄嫁 형수
음	형	きょう	兄弟* 형제
		けい	兄姉 형과 누이　父兄 아버지와 형, 부형, 학부형 義兄 매형, 형부

今日は兄と一緒にプールに行く。 오늘은 형과 함께 수영장에 간다.
二人は兄弟なのに性格が全然ちがう。 두 사람은 형제인데도 성격이 전혀 다르다.

0124 [N4] ☐☐☐

훈	아우	おとうと	弟* 남동생
음	제	で	弟子 제자
		てい	師弟 사제, 스승과 제자　弟妹 남동생과 여동생 義弟 의제, 의리로 맺은 아우 子弟 자제 (남의 자녀를 높여 이르는 말)
		だい	兄弟* 형제　兄弟愛 형제애

弟は大学に通っている。 남동생은 대학에 다니고 있다.
彼女は有名な画家の弟子になった。 그녀는 유명한 화가의 제자가 되었다.

★은 JLPT/JPT 기출 단어입니다.

0125 [N4] 姉

| 훈 | 손윗누이 | あね | 姉* 언니, 누나　姉上 누님 |
| 음 | 자 | し | 姉妹 자매 |

家族の中で姉が一番無口だ。 가족 중에서 언니가 가장 말이 없다.
私たち姉妹は年子です。 우리들 자매는 연년생입니다.

0126 [N4] 妹

| 훈 | 누이 | いもうと | 妹* 여동생 |
| 음 | 매 | まい | 姉妹 자매　姉妹校 자매 학교　義妹 의매, 시누이, 처제
令妹 영매 (남의 여동생을 이르는 말) |

妹とは小さい時から仲が良かった。 여동생과는 어릴 때부터 사이가 좋았다.
両校は今年から姉妹校になった。 두 학교는 올해부터 자매 학교가 되었다.

0127 [N3] 親

훈	친할	した(しい)	親しい* 친하다, 가깝다　親しさ 친함
		した(しむ)	親しむ 친하게 지내다
		おや	親* 부모　父親 부친, 아버지　母親 모친, 어머니 親子 부모와 자식
음	친	しん	親近感 친근감　親切* 친절　両親* 양친, 부모 親族 친척, 친족

息子はクラスメートと親しく過ごしているようだ。 아들은 같은 반 친구와 친하게 지내고 있는 것 같다.
弟に似ている彼に親近感を感じる。 남동생과 닮아 있는 그에게 친근감을 느낀다.

0128 [N5] 友

| 훈 | 벗 | とも | 友 벗, 친구　友達 친구 |
| 음 | 우 | ゆう | 友情 우정　友人* 친구　親友 친우, 친구　友好 우호 |

新しい友達ができてうれしい。 새로운 친구가 생겨서 기쁘다.
友情の印として彼女にブレスレットをプレゼントした。 우정의 증표로 그녀에게 팔찌를 선물했다.

★은 JLPT/JPT 기출 단어입니다.

0129 [N3] ☐☐☐

훈	사귈	まじ(わる)	交わる★ 교제하다, 교차하다　交わり 교제, 사귐
		まじ(える)	交える 섞다, 교차시키다
		ま(じる)	交じる 섞이다, 한데 섞여 들어가다
		ま(ざる)	交ざる 뒤섞이다
		ま(ぜる)	交ぜる 뒤섞다
		か(う)	飛び交う 난무하다, 어지럽게 날다
		か(わす)	交わす 주고받다, 교차하다
음	교	こう	交流★ 교류　交通★ 교통　交換★ 교환　社交 사교

私は人と**交わる**のが苦手だ。 나는 다른 사람과 교제하는 것이 서투르다.
スポーツ大会を通して各国の**交流**が深まった。 스포츠 대회를 통해서 각국의 교류가 깊어졌다.

0130 [N3] ☐☐☐

| 훈 | 살 | ― | |
| 음 | 활 | かつ | 生活★ 생활　活動★ 활동　活気★ 활기　活力 활력 |

仕事で忙しい**生活**を送っている。 일로 바쁜 생활을 보내고 있다.
彼はプロの作家として**活動**している。 그는 프로 작가로서 활동하고 있다.

0131 [N4] ☐☐☐

훈	스스로	みずか(ら)	自ら 스스로, 몸소
음	자	じ	自動 자동　自分★ 자기, 자신　自由★ 자유　各自 각자
		し	自然 자연

成功するには**自ら**努力するべきだ。 성공하려면 스스로 노력해야 한다.
次の動画が**自動**で再生されます。 다음 영상이 자동으로 재생됩니다.

0132 [N3] ☐☐☐

| 훈 | 머리 | くび | 首★ 목, 모가지　足首 발목　手首 손목　首飾り 목걸이 |
| 음 | 수 | しゅ | 首席 수석　首都★ 수도　自首 자수, 스스로 범죄 사실을 신고함　首脳 수뇌, 정상 |

寝違えて**首**が痛い。 잠을 잘못 자서 목이 아프다.
首席で卒業するなんてすごい。 수석으로 졸업하다니 대단해.

0133 [N3]

頭

훈	머리	あたま	頭★ 머리　頭金 계약금
		かしら	頭 머리, 머리칼　頭文字 머리글자, 첫머리에 오는 글자
음	두	ず	頭脳 두뇌　頭痛★ 두통　頭上 머리 위
		とう	頭部 두부, 머리 부분　先頭 선두　年頭 연초, 새해 첫머리
		と	音頭 선창함, 선도함

たなに頭をぶつけてしまった。 선반에 머리를 부딪혀 버렸다.
この子はすぐれた頭脳を持っている。 이 아이는 뛰어난 두뇌를 가지고 있다.

0134 [N3]

顔

| 훈 | 얼굴 | かお | 顔★ 얼굴　横顔 옆얼굴　顔色 안색 |
| 음 | 안 | がん | 童顔 동안　顔面 안면, 얼굴　洗顔 세안, 세수 |

目を覚ますため冷たい水で顔を洗った。 잠을 깨기 위해 차가운 물로 얼굴을 씻었다.
青山さんは童顔で年より若く見える。 아오야마 씨는 동안이어서 나이보다 젊어 보인다.

0135 [N4]

훈	몸	からだ	体★ 몸　体つき 몸매
음	체	たい	身体 신체　体力★ 체력　体育 체육　体格 체격　大体★ 대략, 대개
		てい	体裁 외양, 외관

厳しい寒さで体が震える。 극심한 추위로 몸이 떨린다.
身体を動かすと気持ちがすっきりする。 신체를 움직이면 기분이 상쾌하다.

0136 [N4]

| 훈 | 마음 | こころ | 心★ 마음　心得る 알다, 납득하다　親心 부모의 마음　心遣い 배려 |
| 음 | 심 | しん | 安心★ 안심　心配★ 걱정　関心 관심　心身 심신　感心 감탄 |

子供には温かい心を持った人になってほしい。 아이가 따뜻한 마음을 가진 사람이 되었으면 한다.
母の手術が無事に終わって安心した。 어머니의 수술이 무사히 끝나서 안심했다.

★은 JLPT/JPT 기출 단어입니다.

0137 [N4] 考

| 훈 | 생각할 | かんが(える) | **考える*** 생각하다　**考え** 생각, 판단　**考え方*** 사고방식 |
| 음 | 고 | こう | **参考*** 참고　**考慮** 고려　**思考** 사고, 생각　**考察** 고찰 |

メニューはもうちょっと**考えて**から決めよう。 메뉴는 조금 더 생각하고 나서 정하자.
先生のアドバイスを**参考**にレポートを書いた。 선생님의 조언을 참고로 리포트를 썼다.

0138 [N4] 思

| 훈 | 생각 | おも(う) | **思う*** 생각하다, 여기다　**思い** 생각, 마음　**思い出*** 추억
思い出す 생각해 내다　**思い切る*** 결심하다, 단념하다 |
| 음 | 사 | し | **思考** 사고, 생각　**思想** 사상　**意思** 의지, 의사, 뜻 |

一生懸命勉強したから試験に合格すると**思う**。 열심히 공부했으니까 시험에 합격할 거라고 생각한다.
この仕事は創造的な**思考**が必要とされる。 이 일은 창조적인 사고를 필요로 한다.

0139 [N3] 直

훈	곧을/바를	なお(す)	**直す*** 고치다, 정정하다　**手直し** 손질, 수정
		なお(る)	**直る** 고쳐지다, 바로잡히다　**仲直り** 화해
		ただ(ちに)	**直ちに** 곧, 즉각
음	직	じき	**正直*** 솔직, 정직　**直筆** 자필　**直訴** 직소, 직접 상소함
		ちょく	**直接*** 직접　**直立** 직립, 똑바로 섬　**直面** 직면 **直線** 직선

これを**直す**にはどれぐらい時間がかかりますか。 이것을 고치려면 어느 정도 시간이 걸리나요?
すべての質問に**正直**に答えてください。 모든 질문에 솔직하게 대답해 주세요.

0140 [N1] 刀

| 훈 | 칼 | かたな | **刀*** 검, 큰 칼 |
| 음 | 도 | とう | **刀剣** 도검　**短刀** 단도, 단검　**日本刀** 일본도
名刀 명검, 명도　**木刀** 목검, 목도 |

この**刀**は戦国時代のものだそうだ。 이 검은 전국시대 것이라고 한다.
刀剣を所持するには登録が必要だ。 도검을 소지하려면 등록이 필요하다.

★은 JLPT/JPT 기출 단어입니다.

0141 切 [N4]

훈 끊을/온통

- き(る) 　切る★ 자르다, 끊다 　締め切り★ 마감
- き(れる) 　切れる 끊어지다, 무너지다 　売り切れ★ 품절

음 절/체

- せつ 　切断 절단 　親切★ 친절 　大切★ 소중
- 　切に 간절히, 진심으로
- さい 　一切 일체, 일절

これはステーキを**切る**時に使うナイフだ。 이것은 스테이크를 자를 때 사용하는 나이프이다.
鉄のパイプを工具できれいに**切断**した。 쇠파이프를 공구로 깨끗하게 절단했다.

0142 当 [N3]

훈 마땅할

- あ(たる) 　当たる★ 맞다, 명중하다 　当たり前★ 마땅함, 당연함
- 　当たり 촉감, 감촉
- あ(てる) 　当てる★ 맞히다, 명중시키다 　当て 목적, 희망, 의지

음 당

- とう 　適当 적당, 적절함 　本当★ 정말 　当然★ 당연
- 　妥当 타당 　担当 담당

野球のボールが**当たって**車にくぼみができた。 야구공에 맞아서 차에 움푹 패인 곳이 생겼다.
にんじんを**適当**な大きさに切ってください。 당근을 적당한 크기로 잘라 주세요.

0143 弓 [N1]

훈 활

- ゆみ 　弓 활, 궁술 　弓矢 활과 화살

음 궁

- きゅう 　弓道 궁도, 궁술 　弓状 활 모양 　洋弓 양궁

選手は力強く**弓**を引いた。 선수는 힘차게 활을 당겼다.
私は高校生の時から**弓道**をやっている。 나는 고등학생 때부터 궁도를 하고 있다.

0144 矢 [N1]

훈 화살

- や 　矢 화살 　矢印 화살표 　弓矢 활과 화살 　矢先 화살촉

음 시

- し 　一矢 화살 한 개
- 　一矢を報いる (적의 공격이나 비난에 대해) 반격하다

的に向けて**矢**を飛ばした。 과녁을 향해서 화살을 쏘았다.
一矢を報いるチャンスを逃してはいけない。 반격할 찬스를 놓쳐서는 안 된다.

★은 JLPT/JPT 기출 단어입니다.

0145 [N4] ☐☐☐

| 훈 | 쓸 | もち(いる) | 用いる 쓰다, 사용하다 |
| 음 | 용 | よう | 利用* 이용 使用* 사용 活用* 활용 費用* 비용
用意* 준비, 대비 |

新しい方法を**用いて**実験を成功させた。 새로운 방법을 써서 실험을 성공시켰다.
帰省するときはバスを**利用**しています。 귀성할 때는 버스를 이용하고 있습니다.

0146 [N3] ☐☐☐

| 훈 | 재주 | ― | |
| 음 | 재 | さい | 才能* 재능 天才 천재 秀才 수재, 뛰어난 재능 |

才能にあふれる彼女がうらやましい。 재능이 넘치는 그녀가 부럽다.
天才とは一割の**才能**と九割の努力からなる。 천재란 1할의 재능과 9할의 노력으로 이루어진다.

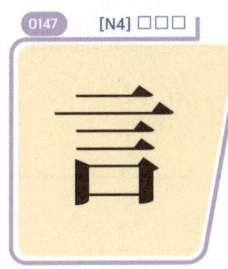

0147 [N4] ☐☐☐

훈	말씀	い(う)	言う* 말하다 言い切る* 단언하다 物言い 말씨, 언쟁
		こと	言葉* 말, 낱말, 문장 寝言 잠꼬대, 헛소리
음	언	げん	発言* 발언 宣言 선언 言行 언행 言論 언론
		ごん	伝言* 전언 無言 무언, 침묵

このことは誰にも**言わ**ないでください。 이 일은 누구에게도 말하지 말아 주세요.
ある政治家の**発言**が社会的な問題となった。 어느 정치가의 발언이 사회적인 문제가 되었다.

0148 [N5] ☐☐☐

훈	말씀	かた(る)	語る* 말하다, 이야기하다 物語 이야기, 전설
		かた(らう)	語らう 이야기를 주고받다 語らい 말을 주고받음
음	어	ご	言語 언어, 말 日本語* 일본어 英語* 영어 国語* 국어 語学* 어학

孫に昔の思い出を**語った**。 손자에게 옛 추억을 말했다.
世界にはさまざまな**言語**が存在する。 세계에는 다양한 언어가 존재한다.

★은 JLPT/JPT 기출 단어입니다.

0149 [N5]

훈 말씀	はなし	話 말, 이야기　昔話 옛이야기　立ち話 서서 이야기함
	はな(す)	話す★ 말하다, 이야기하다　話し合い 의논, 교섭
음 화	わ	会話 회화, 대화　電話★ 전화　話題★ 화제　童話 동화

もう少し大きい声で話してください。 조금 더 큰 소리로 말해 주세요.
アメリカ人と英語で会話を交わした。 미국인과 영어로 회화를 나누었다.

0150 [N5]

훈 읽을	よ(む)	読む★ 읽다, 낭독하다　読み 읽기　立ち読み★ 서서 읽음
음 독	どく	読者★ 독자　購読 구독　読書 독서
	とく	読本 해설서, 입문서
	とう	読点 쉼표　句読点 구두점

忙しくてもできるだけ多くの本を読むようにしている。 바빠도 가능한 한 많은 책을 읽도록 하고 있다.
この雑誌の読者はほとんどが学生らしい。 이 잡지의 독자는 대부분이 학생인 것 같다.

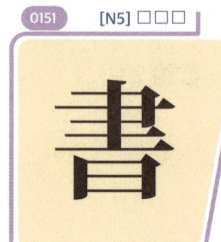

0151 [N5]

| 훈 글 | か(く) | 書く★ (글씨, 글을) 쓰다　手書き 손으로 씀 |
| 음 서 | しょ | 読書★ 독서　辞書★ 사전　図書館★ 도서관　書類 서류　書籍 서적, 책 |

最近小説を少しずつ書いている。 최근 소설을 조금씩 쓰고 있다.
読書をする習慣をつけたい。 독서를 하는 습관을 들이고 싶다.

0152 [N2]

| 훈 기록할 | しる(す) | 記す 적다, 저술하다, 기록하다 |
| 음 기 | き | 記入★ 기입　記憶★ 기억　記録★ 기록　記号 기호 |

引用した文章は出典を記す必要がある。 인용한 글은 출처를 적을 필요가 있다.
ここに名前を記入してください。 여기에 이름을 기입해 주세요.

★은 JLPT/JPT 기출 단어입니다.

0153 [N4]

훈	가르칠	おし(える)	**教える**★ 가르치다, 교육하다 **教え** 가르침, 교육
		おそ(わる)	**教わる**★ 배우다, 가르침을 받다
음	교	きょう	**教育**★ 교육 **教室**★ 교실 **教訓** 교훈 **宗教** 종교

私は大学で日本語を**教えて**います。 저는 대학에서 일본어를 가르치고 있습니다.
子供には**教育**を受ける権利があります。 아이에게는 교육을 받을 권리가 있습니다.

0154 [N4]

| 훈 | 집 | むろ | **室** 저장고, 온실, 굴, 방 **室咲き** 온실에서 개화시킴 |
| 음 | 실 | しつ | **室内**★ 실내 **教室**★ 교실 **会議室** 회의실 **休憩室**★ 휴게실 **皇室** 황실, 천황의 집안 |

ほとんどのバラは**室咲き**だそうだ。 대부분의 장미는 온실에서 개화시킨다고 한다.
外が寒くて**室内**に入った。 밖이 추워서 실내로 들어왔다.

0155 [N4]

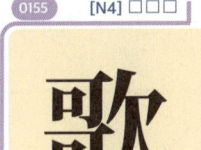

훈	노래	うた	**歌**★ 노래 **歌声** 노랫소리
		うた(う)	**歌う** (노래를) 부르다
음	가	か	**歌手**★ 가수 **歌詞** 가사 **国歌** 국가, 나라를 상징하는 노래 **歌舞伎**★ 가부키 (일본의 전통 연극)

彼はギターをひきながら**歌**を歌った。 그는 기타를 치면서 노래를 불렀다.
この**歌手**は歌唱力がすばらしい。 이 가수는 가창력이 훌륭하다.

0156 [N3]

훈	소리	こえ	**声**★ 소리, 목소리 **泣き声**★ 우는 소리 **大声** 큰 소리 **呼び声** 부르는 소리, 평판 **歌声** 노랫소리
		こわ	**声色** 음색
음	성	せい	**声援** 성원 **音声** 음성 **声楽** 성악 **名声** 명성, 명망
		しょう	**大音声** 우렁찬 목소리

道の向こうに友達が見えて大きな**声**で呼んだ。 길 건너편에 친구가 보여서 큰 소리로 불렀다.
頑張っている人を見ると**声援**を送りたくなる。 열심히 하고 있는 사람을 보면 성원을 보내고 싶어진다.

★은 JLPT/JPT 기출 단어입니다.

0157 [N4] 楽

훈	즐거울/노래	たの(しい)	楽しい* 즐겁다　楽しさ 즐거움　楽しげだ 즐거운 듯 하다
		たの(しむ)	楽しむ* 즐기다, 좋아하다　楽しみ* 기다려짐, 즐거움
음	락(낙)/악	らく	楽* 편함, 쉬움　娯楽 오락　楽園 낙원　快楽 쾌락
		がく	音楽 음악　楽器* 악기

今日はとても楽しい一日だった。 오늘은 무척 즐거운 하루였다.
ロボット掃除機を買ってから生活が楽になった。 로봇 청소기를 사고 나서 생활이 편해졌다.

0158 [N3] 絵

훈	그림	—	
음	회	え	絵* 그림　絵本* 그림책
		かい	絵画 회화, 그림

この絵はゴッホの最後の作品だ。 이 그림은 고흐의 마지막 작품이다.
定年後、絵画を学び始めた。 정년퇴직 후, 회화를 배우기 시작했다.

0159 [N4] 図

훈	그림/꾀할	はか(る)	図る 꾀하다, 도모하다
음	도	ず	図* (단순한) 그림, 도형　図面 도면　図形 도형
			地図 지도, 지형도　指図* 지시
		と	図書 도서　図書館* 도서관　意図* 의도

工場を増やし、生産の拡大を図った。 공장을 늘려, 생산 확대를 꾀했다.
資料に図を入れて内容を分かりやすくした。 자료에 그림을 넣어서 내용을 알기 쉽게 했다.

0160 [N4] 画

훈	그림/그을	—	
음	화/획	が	漫画 만화　画家 화가　映画* 영화
			図画 도화, 그림과 도면
		かく	計画* 계획　区画 구획, 경계　画期的* 획기적

ベッドに入って漫画を読むのが好きだ。 침대에 들어가서 만화를 읽는 것을 좋아한다.
旅行に行く前に計画を立てよう。 여행을 가기 전에 계획을 세우자.

※ 책 속의 책 <쓰기노트>(p.14)로 각 한자를 획순에 따라 직접 써 보세요.

DAY 04 연습문제

맞은 개수: /40

색이 있는 한자의 발음을 밑줄에 쓴 다음, 괄호 안에 단어의 뜻을 써 보세요.

01	父	_____	( )	21	切る	_____る	( )
02	母	_____	( )	22	適当	てき_____	( )
03	兄弟	_____だい	( )	23	弓	_____	( )
04	弟	_____	( )	24	矢	_____	( )
05	姉妹	_____まい	( )	25	利用	り_____	( )
06	妹	_____	( )	26	才能	_____のう	( )
07	親しい	_____しい	( )	27	言う	_____う	( )
08	友情	_____じょう	( )	28	言語	げん_____	( )
09	交流	_____りゅう	( )	29	会話	かい_____	( )
10	生活	せい_____	( )	30	読む	_____む	( )
11	自ら	_____ら	( )	31	読書	どく_____	( )
12	首	_____	( )	32	記す	_____す	( )
13	頭脳	_____のう	( )	33	教育	_____いく	( )
14	顔	_____	( )	34	室内	_____ない	( )
15	身体	しん_____	( )	35	歌手	_____しゅ	( )
16	安心	あん_____	( )	36	声	_____	( )
17	考える	_____える	( )	37	楽しい	_____しい	( )
18	思考	_____こう	( )	38	絵	_____	( )
19	正直	しょう_____	( )	39	図る	_____る	( )
20	刀	_____	( )	40	漫画	まん_____	( )

정답
01 ちち 아버지 02 はは 어머니 03 きょうだい 형제 04 おとうと 남동생 05 しまい 자매 06 いもうと 여동생 07 したしい 친하다, 가깝다
08 ゆうじょう 우정 09 こうりゅう 교류 10 せいかつ 생활 11 みずから 스스로, 몸소 12 くび 목, 모가지 13 ずのう 두뇌 14 かお 얼굴
15 しんたい 신체 16 あんしん 안심 17 かんがえる 생각하다 18 しこう 사고, 생각 19 しょうじき 솔직, 정직 20 かたな 검, 큰 칼
21 きる 자르다, 끊다 22 てきとう 적당, 적절함 23 ゆみ 활, 궁술 24 や 화살 25 りよう 이용 26 さいのう 재능 27 いう 말하다
28 げんご 언어, 말 29 かいわ 회화, 대화 30 よむ 읽다, 낭독하다 31 どくしょ 독서 32 しるす 적다, 저술하다, 기록하다 33 きょういく 교육
34 しつない 실내 35 かしゅ 가수 36 こえ 소리, 목소리 37 たのしい 즐겁다 38 え 그림 39 はかる 꾀하다, 도모하다 40 まんが 만화

DAY 05

일본 문부과학성 지정
초등학교 2학년 한자 ③

오늘은 일본 문부과학성이 지정한 일본 초등학교 2학년 학습 한자 160개 중 40개를 익혀볼 거예요. 먼저 오늘 배울 한자 40개의 훈독과 음독을 일본어로 한 번씩 따라 읽은 후 본격적인 학습을 시작해 보아요.

🎧 해커스 일본어상용한자1026_Day05.mp3

東	西	南	北	内	外	万	方
동녘 동 ひがし とう	서녘 서 にし せい	남녘 남 みなみ なん	북녘 북 きた ほく	안 내 うち ない	바깥 외 そと がい	일만 만 ー まん	모 방 かた ほう

훈독 ← → 음독 　　　　　　　　　　　　　　　　　　　　　훈독없음 ↙

道	止	歩	走	角	牛	馬	鳥
길 도 みち どう	그칠 지 と(まる) し	걸을 보 ある(く) ほ	달릴 주 はし(る) そう	뿔 각 つの かく	소 우 うし ぎゅう	말 마 うま ば	새 조 とり ちょう

魚	肉	羽	毛	米	麦	食	買
물고기 어 さかな ぎょ	고기 육 ー にく	깃 우 はね う	터럭 모 け もう	쌀 미 こめ まい	보리 맥 むぎ ばく	먹을 식 た(べる) しょく	살 매 か(う) ばい

売	高	店	長	茶	公	園	寺
팔 매 う(る) ばい	높을 고 たか(い) こう	가게 점 みせ てん	길 장 なが(い) ちょう	차 다 ー ちゃ	공평할 공 おおやけ こう	동산 원 その えん	절 사 てら じ

遠	近	太	細	多	少	強	弱
멀 원 とお(い) えん	가까울 근 ちか(い) きん	클 태 ふと(い) たい	가늘 세 ほそ(い) さい	많을 다 おお(い) た	적을 소 すく(ない) しょう	강할 강 つよ(い) きょう	약할 약 よわ(い) じゃく

★은 JLPT/JPT 기출 단어입니다.

0161 [N5] ☐☐☐

東

훈	동녘	ひがし	東* 동쪽, 동 東側 동쪽 東口 동쪽 출입구
음	동	とう	東洋 동양 東北* 동북 東部 동부 東京* 도쿄
			関東* 관동 (지방)

私は東京の中でも東のほうに住んでいる。 나는 도쿄 안에서도 동쪽에 살고 있다.
東洋では紅茶より緑茶をよく飲んだ。 동양에서는 홍차보다 녹차를 자주 마셨다.

0162 [N5] ☐☐☐

西

훈	서녘	にし	西* 서쪽, 서 西側 서쪽 西口 서쪽 출입구 西日 석양
음	서	せい	西部 서부 西暦 서력, 서기
		さい	関西* 관서 (지방) 東西 동서

太陽は東から昇り西に沈む。 태양은 동쪽에서 떠서 서쪽으로 진다.
アメリカの東部と西部の英語はかなりちがう。 미국의 동부와 서부의 영어는 상당히 다르다.

0163 [N5] ☐☐☐

南

훈	남녘	みなみ	南* 남쪽, 남 南側 남쪽 南向き 남향
음	남	なん	南北 남북 南部 남부 南端 남단, 남쪽 끝 南極 남극
		な	南無 나무 (부처에게 돌아가 의지함), 부처나 보살 이름 앞에 붙이는 말

その船は南に向かって進んだ。 그 배는 남쪽을 향해 나아갔다.
畑が南北に長く広がっている。 밭이 남북으로 길게 펼쳐져 있다.

0164 [N5] ☐☐☐

北

훈	북녘	きた	北* 북쪽, 북 北側* 북쪽 北風 북풍 北半球 북반구
음	북	ほく	北部 북부 北極 북극 北方 북방 北西 북서
			東西南北 동서남북

北から冷たい風がふいてきた。 북쪽에서 차가운 바람이 불어 왔다.
カナダの北部ではオーロラが見られる。 캐나다 북부에서는 오로라를 볼 수 있다.

★은 JLPT/JPT 기출 단어입니다.

0165 [N3] ☐☐☐

훈	안	うち	内* 안, 내부	内側* 안쪽, 내면	内気 내성적임, 소심함
음	내	ない	国内* 국내	内部* 내부	内容* 내용	室内* 실내
		だい	参内 대궐에 들어감, 입궐		

カップの**内側**をきれいに洗った。 컵 안쪽을 깨끗하게 씻었다.
わが社の商品は**国内**で生産しております。 우리 회사의 상품은 국내에서 생산하고 있습니다.

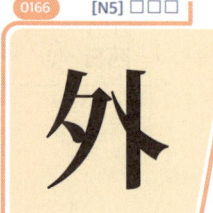

0166 [N5] ☐☐☐

훈	바깥	そと	外* 밖, 바깥	外側* 바깥쪽
		ほか	外 다른 것, (어느 범위) 밖	その外 그 외, 그 밖에
		はず(す)	外す 떼다, 떼어내다	踏み外す 잘못 밟다, 헛디디다
		はず(れる)	外れる 빠지다, 벗겨지다	
음	외	がい	外国* 외국	外出* 외출	海外* 해외	除外 제외
		げ	外科 외과			

家の中とちがって**外**はとても寒い。 집 안과 달리 밖은 무척 춥다.
私は**外国**に一度も行ったことがない。 나는 외국에 한 번도 가본 적이 없다.

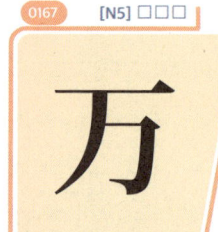

0167 [N5] ☐☐☐

훈	일만	—			
음	만	まん	万 만	一万円 일만 엔	万一 만일	万年筆* 만년필
		ばん	万能 만능	万国 만국, 세계의 모든 나라		
			万全 만전, 아주 완전함	万歳 만세		

夕食に**一万円**も使ってしまった。 저녁 식사에 일만 엔이나 쓰고 말았다.
お金は**万能**ではないと思う。 돈은 만능은 아니라고 생각한다.

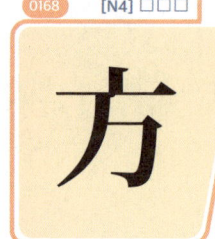

0168 [N4] ☐☐☐

훈	모/방위	かた	方* 분, 쪽, 방향	味方 내편, 아군	夕方* 저녁때
			話し方 말투	お乗りの方 승객 분	
음	방	ほう	方向* 방향	片方 한쪽	方法 방법	地方 지방

会議の日程を他の**方**にも伝えてください。 회의 일정을 다른 분에게도 전달해 주세요.
私たちは全く反対の**方向**に向かっていた。 우리들은 완전히 반대 방향으로 향하고 있었다.

道

0169	[N4] ☐☐☐

훈	길	みち	道 길 / 片道 편도 / 近道 지름길 / 山道 산길
음	도	どう	道路 도로 / 水道 수도 / 道徳 도덕 / 報道 보도
		とう	神道 신도, 일본의 전통 신앙

今日はいつもとちがう道を通って帰った。 오늘은 여느 때와 다른 길을 통해 귀가했다.
道路に車がたくさん止まっている。 도로에 차가 잔뜩 서있다.

止

0170	[N4] ☐☐☐

훈	그칠	と(まる)	止まる 멎다, 서다 / 行き止まり 막다름
		と(める)	止める 멈추다, 세우다 / 歯止め 브레이크, 제동
음	지	し	中止 중지 / 禁止 금지 / 防止 방지 / 静止 정지

しゃっくりが止まらなくて水を一杯飲んだ。 딸꾹질이 멎지 않아서 물을 한잔 마셨다.
大雨で運動会が中止になった。 큰비로 운동회가 중지되었다.

歩

0171	[N4] ☐☐☐

훈	걸을	ある(く)	歩く 걷다
		あゆ(む)	歩む 걸어가다 / 歩み 걸음, 경과
음	보	ほ	歩道 보도, 인도 / 徒歩 도보 / 散歩 산책 / 進歩 진보
		ぶ	歩合 수수료, 비율
		ふ	歩 '졸(卒)'에 해당하는 일본 장기말

家から駅までは歩いて5分しかかからない。 집에서 역까지는 걸어서 5분 밖에 걸리지 않는다.
危ないですから歩道を歩いてください。 위험하므로 보도로 걸어 주세요.

走

0172	[N4] ☐☐☐

훈	달릴	はし(る)	走る 달리다 / 先走る 앞장서 달리다, 앞서 하다
음	주	そう	走行 주행 / 競走 경주 / 滑走路 활주로

授業に遅れないように走った。 수업에 늦지 않도록 달렸다.
この車は1Lのガソリンで20kmを走行できる。 이 자동차는 1L의 가솔린으로 20km를 주행할 수 있다.

★은 JLPT/JPT 기출 단어입니다.

0173 [N2] □□□

훈 뿔	つの	角★ 뿔		
	かど	角★ 귀퉁이, 구석	街角 길모퉁이, 길목	
		四つ角 네 모퉁이, 사거리		
음 각	かく	角度★ 각도	方角★ 방향	三角形★ 삼각형
		頭角 두각, 남들보다 특히 뛰어남		

シカの角は毎年生え変わるそうだ。 사슴의 뿔은 매년 새로 자란다고 한다.
問題をいろんな角度から見ることが大事だ。 문제를 다양한 각도에서 보는 것이 중요하다.

0174 [N4] □□□

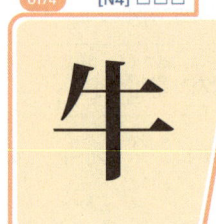

훈 소	うし	牛 소		
음 우	ぎゅう	牛乳 우유	牛肉 쇠고기	闘牛 투우, 소싸움

実家は牛を育てる牧場である。 본가는 소를 기르는 목장이다.
牛乳は子供の成長に役立つ。 우유는 아이의 성장에 도움이 된다.

0175 [N3] □□□

훈 말	うま	馬★ 말	子馬 망아지	馬小屋 외양간
	ま	絵馬 에마 (그림·글을 써서 소원을 비는 나무판)		馬子 마부
음 마	ば	馬車 마차	競馬 경마	乗馬 승마	出馬★ 출마
		馬力 마력 (동력을 나타내는 단위)		

馬に乗ったまま弓を射ることはとても難しい。 말을 탄 채 활을 쏘는 것은 매우 어렵다.
パレードで馬車に乗った人が手を振っている。 퍼레이드에서 마차에 탄 사람이 손을 흔들고 있다.

0176 [N4] □□□

훈 새	とり	鳥★ 새, 조류	小鳥★ 작은 새	鳥かご 새장
		鳥居 토리이 (신사 입구에 세운 기둥문)		
음 조	ちょう	鳥類 조류	野鳥 들새, 야생의 새	一石二鳥 일석이조

鳥の鳴き声で朝早く目が覚めた。 새의 울음소리에 아침 일찍 잠이 깼다.
彼は鳥類にかかわる研究をしている。 그는 조류에 관한 연구를 하고 있다.

★은 JLPT/JPT 기출 단어입니다.

0177 [N4] ☐☐☐

魚

훈	물고기	さかな	魚★ 물고기, 생선　魚屋 생선 가게, 생선 장수 煮魚 조린 생선
		うお	魚 생선, 어류　魚市場 어시장
음	어	ぎょ	金魚 금붕어　魚類 어류　鮮魚 신선한 물고기

今日は友達と一緒に魚を釣りに行く。 오늘은 친구와 함께 물고기를 잡으러 간다.
金魚が口をぱくぱくしながら空気を吸い込んでいる。 금붕어가 입을 뻐끔대며 공기를 빨아들이고 있다.

0178 [N4] ☐☐☐

肉

훈	고기	─	
음	육	にく	肉★ 고기　筋肉 근육　焼肉★ 숯불구이　牛肉 쇠고기

朝から肉を焼いて食べた。 아침부터 고기를 구워서 먹었다.
筋肉をつけるためにジムに通っている。 근육을 키우기 위해서 헬스장에 다니고 있다.

0179 [N3] ☐☐☐

羽

훈	깃	はね	羽 날개, 깃털　羽飾り 깃털 장식　羽布団 깃털 이불
		は	白羽の矢 흰 깃이 달린 화살
		わ	一羽 한 마리 (새, 토끼를 세는 단위)　二羽 두 마리
음	우	う	羽毛 깃털, 새털　羽化 우화, 번데기가 성충이 됨

鳥は羽を広げて空へ飛んで行った。 새는 날개를 펼치고 하늘로 날아갔다.
鳥の羽毛は水をはじく性質がある。 새의 깃털은 물을 튕겨내는 성질이 있다.

0180 [N2] ☐☐☐

毛

훈	터럭	け	毛★ 털　毛糸★ 털실　抜け毛 빠진 (머리) 털　眉毛 눈썹
음	모	もう	毛髪 모발　不毛★ 불모, 땅이 메말라 식물이 자라지 못함 羊毛 양모, 양털　毛布 모포, 담요

体の毛は体温を保ってくれる。 몸의 털은 체온을 유지해 준다.
年を取って毛髪が細くなった。 나이를 먹고 모발이 얇아졌다.

★은 JLPT/JPT 기출 단어입니다.

0181 [N3] □□□

훈	쌀	こめ	米★ 쌀　米粒 쌀알
음	미	まい	白米 흰쌀밥, 백미　新米 햅쌀, 신참 精米 정미, 벼를 찧어 쌀로 만듦
		べい	米麦 쌀과 보리　欧米★ 유럽과 미국

日本は米を主食とする。 일본은 쌀을 주식으로 한다.
朝ご飯はたいてい白米ご飯とみそ汁だ。 아침식사는 대개 흰쌀밥과 된장국이다.

0182 [N2] □□□

훈	보리	むぎ	麦 보리, 밀, 귀리　麦茶 보리차　麦飯 보리밥 小麦★ 소맥, 밀　麦粉 밀가루, 보릿가루
음	맥	ばく	麦芽 맥아, 엿기름

米に麦を混ぜてご飯を炊いた。 쌀에 보리를 섞어 밥을 지었다.
ビールは麦芽で作ったお酒だ。 맥주는 맥아로 만든 술이다.

0183 [N5] □□□

훈	먹을	た(べる)	食べる★ 먹다　食べ物★ 음식물, 먹을 것
		く(う)	食う 먹다, 잡아먹다　食い物 음식, 이용물, 희생물
		く(らう)	食らう 처먹다, 처마시다
음	식	しょく	食事★ 식사　食料品 식료품　食堂★ 식당　会食 회식
		じき	断食 단식

日本で食べたたこやきはとてもおいしかった。 일본에서 먹은 다코야키는 무척 맛있었다.
今から一緒に食事に行きませんか。 지금부터 같이 식사하러 가지 않겠습니까?

0184 [N4] □□□

훈	살	か(う)	買う★ 사다　買い物★ 물건을 삼 お買い得 싸게 잘 사는 것, 사면 득을 보는 것
음	매	ばい	売買 매매　購買 구매　買収 매수

昼ご飯はコンビニで買ってきたパスタだ。 점심밥은 편의점에서 사 온 파스타다.
最近、ネットで簡単に中古品を売買できる。 최근, 인터넷에서 간단히 중고품을 매매할 수 있다.

★은 JLPT/JPT 기출 단어입니다.

[0185] [N4] ☐☐☐

훈	팔	う(る)	売る★ 팔다　売り出す 팔기 시작하다　売り上げ★ 매상
		う(れる)	売れる 팔리다　売れ行き 팔리는 상태
음	매	ばい	販売★ 판매　売買 매매　商売 장사　売却 매각

百円ショップはほとんどの商品を百円で売っている。 백 엔숍은 대부분의 상품을 백 엔에 팔고 있다.
今日だけ牛肉を半額で販売します。 오늘만 쇠고기를 반값으로 판매합니다.

[0186] [N5] ☐☐☐

훈	높을	たか(い)	高い★ 높다, 비싸다　高ぶる 흥분하다, 뽐내다
			高台 높은 건물
		たか	売上高 매상고, 판매액
		たか(まる)	高まる 높아지다　高まり 고조
		たか(める)	高める 높이다
음	고	こう	最高 최고　高低 고저　高級 고급　高価★ 고가, 비싼 값

駅前に高いビルが並んでいる。 역 앞에 높은 빌딩이 늘어서 있다.
彼は若い時、最高の野球選手だった。 그는 젊었을 때, 최고의 야구 선수였다.

[0187] [N4] ☐☐☐

| 훈 | 가게 | みせ | 店★ 가게　夜店 밤에 벌이는 노점 |
| 음 | 점 | てん | 店員★ 점원　開店 개점　本店 본점　店舗 점포 |

ここはおもちゃを売っている店です。 여기는 장난감을 팔고 있는 가게입니다.
店員にアイスコーヒーを注文した。 점원에게 아이스커피를 주문했다.

[0188] [N5] ☐☐☐

훈	길	なが(い)	長い★ 길다　長さ 길이　長引く★ 지연되다
			長生き 오래 삶, 장수
음	장	ちょう	身長★ 신장, 키　成長★ 성장　長所 장점　店長 점장
			長女 장녀

象は長い鼻を使って食事をする。 코끼리는 긴 코를 써서 식사를 한다.
林選手は身長が2メートルもある。 하야시 선수는 신장이 2미터나 된다.

★은 JLPT/JPT 기출 단어입니다.

0189 [N4] 茶

- 훈: 차 — —
- 음: 다/차
  - ちゃ: お茶★ 차, 茶色★ 갈색
  - さ: 喫茶店★ 찻집, 카페, 茶道 다도, 茶菓 다과, 茶話会 다과회

あたたかいお茶を飲むと心が落ち着く。 따뜻한 차를 마시면 마음이 진정된다.
喫茶店で友達と2時間ぐらい話した。 찻집에서 친구와 2시간 정도 이야기했다.

0190 [N1] 公

- 훈: 공평할 おおやけ
  - 公 공공, 국가
- 음: 공 こう
  - 公平 공평, 公共★ 공공, 公私 공과 사, 공사
  - 非公式★ 비공식, 公開 공개

公の施設はきれいに使いましょう。 공공의 시설은 깨끗하게 사용합시다.
おやつをクラスの全員に公平に分けた。 간식을 학급 전원에게 공평하게 나누었다.

0191 [N3] 園

- 훈: 동산 その
  - 園 동산, 花園 화원, 꽃동산, 学びの園 배움의 동산, 학교
- 음: 원 えん
  - 公園★ 공원, 遊園地★ 유원지, 幼稚園★ 유치원
  - 動物園★ 동물원, 園芸★ 원예

花園に色とりどりの花が咲いている。 화원에 형형색색의 꽃이 피어 있다.
公園で子供たちが楽しく遊んでいる。 공원에서 아이들이 즐겁게 놀고 있다.

0192 [N3] 寺

- 훈: 절 てら
  - お寺★ 절, お寺参り 절에 참배함
  - 尼寺 여승방, 여승만 사는 절, 수녀원
- 음: 사 じ
  - 寺院 사원, 사찰, 仏寺 절, 사찰
  - 浅草寺 센소지 (절의 이름), 東大寺 도다이지 (절의 이름)

静かなお寺にかねの音だけがひびいている。 조용한 절에 종소리만이 울려 퍼지고 있다.
ここは千年の歴史がある寺院だ。 여기는 천 년의 역사가 있는 사원이다.

★은 JLPT/JPT 기출 단어입니다.

0193 [N3] ☐☐☐

훈 멀	とお(い)	とお 遠い* 멀다　とお で 遠出 멀리 나감
		とお 遠ざかる 멀어지다, 사라지다　とおまわ 遠回り 멀리 돌아감
음 원	えん	えいえん 永遠* 영원　けいえん 敬遠 경원, 꺼려함　えんりょ 遠慮* 사양, 겸손
	おん	く おん 久遠 구원, 영원

とお くに い
どこか遠い国に行ってみたい。 어딘가 먼 나라에 가보고 싶다.
ふたり しんぷ まえ えいえん あい
二人は神父の前で永遠の愛をちかった。 둘은 신부의 앞에서 영원한 사랑을 맹세했다.

0194 [N4] ☐☐☐

훈 가까울	ちか(い)	ちか 近い* 가깝다　ちか 近づく 다가가다　ちかみち 近道 지름길
음 근	きん	きんじょ 近所* 근처, 이웃　せっきん 接近* 접근　さいきん 最近* 최근　きんだい 近代 근대

かいしゃ すこ ちか す
会社からもう少し近いところに住みたい。 회사에서 조금 더 가까운 곳에 살고 싶다.
きんじょ あたら や
近所に新しいパン屋ができた。 근처에 새로운 빵집이 생겼다.

0195 [N4] ☐☐☐

훈 클	ふと(い)	ふと 太い* 두껍다, 굵다　ふと 太さ* 굵기
	ふと(る)	ふと 太る 살찌다
음 태	たい	たいよう 太陽 태양, 해　こうたい し 皇太子 황태자　たい こ 太鼓 북, 태고
	た	まる た 丸太 통나무

うんどう つづ うで ふと
運動を続けたら腕が太くなった。 운동을 계속했더니 팔이 두꺼워졌다.
たいよう ひかり め と
太陽の光がまぶしくて目を閉じた。 태양 빛이 눈부셔서 눈을 감았다.

0196 [N2] ☐☐☐

훈 가늘	ほそ(い)	ほそ 細い* 가늘다, 좁다　こころぼそ 心細い* 불안하다
	ほそ(る)	ほそ 細る 가늘어지다, 여위다
	こま(かい)	こま 細かい* 잘다, 작다, 미세하다
	こま(か)	こま 細かだ 자세하다, 세세하다
음 세	さい	さいしん 細心* 세심　しょうさい 詳細* 상세, 자세함　さい く 細工 세공　さいぼう 細胞 세포

わたし ほそ
私は細いネクタイをよくつける。 나는 가는 넥타이를 자주 맨다.
うんてん とき さいしん ちゅうい はら
運転する時は細心の注意を払うべきだ。 운전할 때는 세심한 주의를 기울여야 한다.

★은 JLPT/JPT 기출 단어입니다.

0197 [N4] 多

훈	많을	おお(い)	多い★ 많다
음	다	た	多数 다수　多量★ 대량　多様 다양함　多分 많음, 아마

週末の遊園地はいつも人が**多い**。 주말의 유원지는 언제나 사람이 많다.
事故で**多数**の乗客がけがをした。 사고로 다수의 승객이 다쳤다.

0198 [N4] 少

훈	적을	すく(ない)	少ない★ 적다
		すこ(し)	少し★ 조금, 약간, 좀
음	소	しょう	減少★ 감소　多少★ 다소, 좀, 약간　少年 소년

今月はいつもより支出が**少ない**。 이번 달은 여느 때보다 지출이 적다.
地方都市の人口は年々**減少**している。 지방 도시의 인구는 해마다 감소하고 있다.

0199 [N4] 強

훈	강할	つよ(い)	強い★ 강하다　強がる 강한 체하다
		つよ(まる)	強まる 강해지다
		し(いる)	強いる 강요하다　無理強い 억지로 권함, 강제
음	강	きょう	強力 강력　強要 강요　勉強★ 공부
		ごう	強引 억지로 함　強情 고집, 고집이 셈　強盗 강도, 도둑

風が**強くて**看板が飛んで行った。 바람이 강해서 간판이 날아갔다.
このバイクは**強力**なエンジンで有名だ。 이 오토바이는 강력한 엔진으로 유명하다.

0200 [N3] 弱

훈	약할	よわ(い)	弱い★ 약하다　弱気 마음이 약함, 나약함　弱虫 겁쟁이
		よわ(る)	弱る 쇠약해지다, 곤란해지다
		よわ(まる)	弱まる 약해지다, 수그러지다
음	약	じゃく	弱点 약점　弱小 약소, 약하고 작음　強弱 강약

私は幼いころから体が**弱かった**。 나는 어릴 때부터 몸이 약했다.
相手の**弱点**をにぎって利用するなんてずるい。 상대의 약점을 잡고 이용하다니 비겁하다.

※ 책 속의 책 <쓰기노트>(p.18)로 각 한자를 획순에 따라 직접 써 보세요.

DAY 05 연습문제

맞은 개수: /40

색이 있는 한자의 발음을 밑줄에 쓴 다음, 괄호 안에 단어의 뜻을 써 보세요.

01	東	_____	(	)	21	米	_____	(	)
02	西部	_____ぶ	(	)	22	麦	_____	(	)
03	南	_____	(	)	23	食べる	_____べる	(	)
04	北	_____	(	)	24	買う	_____う	(	)
05	国内	こく_____	(	)	25	売る	_____る	(	)
06	外国	_____こく	(	)	26	最高	さい_____	(	)
07	万能	_____のう	(	)	27	店員	_____いん	(	)
08	方向	_____こう	(	)	28	身長	しん_____	(	)
09	道路	_____ろ	(	)	29	お茶	お_____	(	)
10	中止	ちゅう_____	(	)	30	公平	_____へい	(	)
11	歩く	_____く	(	)	31	花園	はな_____	(	)
12	走る	_____る	(	)	32	お寺	お_____	(	)
13	角度	_____ど	(	)	33	永遠	えい_____	(	)
14	牛乳	_____にゅう	(	)	34	近い	_____い	(	)
15	馬	_____	(	)	35	太陽	_____よう	(	)
16	鳥	_____	(	)	36	細心	_____しん	(	)
17	金魚	きん_____	(	)	37	多い	_____い	(	)
18	肉	_____	(	)	38	少ない	_____ない	(	)
19	羽	_____	(	)	39	強力	_____りょく	(	)
20	毛	_____	(	)	40	弱い	_____い	(	)

정답 01 ひがし 동쪽, 동 02 せいぶ 서부 03 みなみ 남쪽, 남 04 きた 북쪽, 북 05 こくない 국내 06 がいこく 외국 07 ばんのう 만능 08 ほうこう 방향 09 どうろ 도로 10 ちゅうし 중지 11 あるく 걷다 12 はしる 달리다 13 かくど 각도 14 ぎゅうにゅう 우유 15 うま 말 16 とり 새, 조류 17 きんぎょ 금붕어 18 にく 고기 19 はね 날개, 깃털 20 け 털 21 こめ 쌀 22 むぎ 보리, 밀, 귀리 23 たべる 먹다 24 かう 사다 25 うる 팔다 26 さいこう 최고 27 てんいん 점원 28 しんちょう 신장, 키 29 おちゃ 차 30 こうへい 공평 31 はなぞの 화원, 꽃동산 32 おてら 절 33 えいえん 영원 34 ちかい 가깝다 35 たいよう 태양, 해 36 さいしん 세심 37 おおい 많다 38 すくない 적다 39 きょうりょく 강력 40 よわい 약하다

일본 문부과학성 지정
초등학교 2학년 한자 ④

오늘은 일본 문부과학성이 지정한 일본 초등학교 2학년 학습 한자 160개 중 40개를 익혀볼 거예요. 먼저 오늘 배울 한자 40개의 훈독과 음독을 일본어로 한 번씩 따라 읽은 후 본격적인 학습을 시작해 보아요.

🎧 해커스 일본어상용한자1026_Day06.mp3

国 나라 국 くに こく	家 집 가 いえ か	戸 집 호 と こ	門 문 문 かど もん	間 사이 간 あいだ かん	聞 들을 문 き(く) ぶん	何 어찌 하 なに か	回 돌아올 회 まわ(る) かい

훈독 ↙ ↘ 음독

同 한가지 동 おな(じ) どう	台 대 대 ー だい	合 합할 합 あ(う) ごう	答 대답 답 こた(える) とう	知 알 지 し(る) ち	里 마을 리 さと り	理 다스릴 리 ー り	通 통할 통 とお(る) つう

 훈독없음

広 넓을 광 ひろ(い) こう	市 저자 시 いち し	場 마당 장 ば じょう	工 장인 공 ー こう	作 지을 작 つく(る) さく	科 과목 과 ー か	計 셀 계 はか(る) けい	算 셈할 산 ー さん

元 으뜸 원 もと げん	点 점 점 ー てん	数 셀 수 かず すう	丸 둥글 환 まる(い) がん	形 모양 형 かたち けい	引 당길 인 ひ(く) いん	線 줄 선 ー せん	組 짤 조 く(む) そ

紙 종이 지 かみ し	会 모일 회 あ(う) かい	社 모일 사 やしろ しゃ	船 배 선 ふね せん	汽 물 끓는 김 기 ー き	鳴 울 명 な(く) めい	帰 돌아갈 귀 かえ(る) き	京 서울 경 ー きょう

★은 JLPT/JPT 기출 단어입니다.

0201 [N5]

훈	나라	くに	国 나라, 고국　島国 섬나라　国々 여러 나라, 각국
음	국	こく	国民 국민　国家 국가　国内★ 국내　外国 외국 帰国★ 귀국

インドネシアは世界で一番島が多い国だ。 인도네시아는 세계에서 가장 섬이 많은 나라이다.
国は国民のためにあると思う。 나라는 국민을 위해 있다고 생각한다.

0202 [N4]

훈	집	いえ	家★ 집　家柄 집안, 가문, 명문
		や	家主 가주, 가장　大家 셋집 주인, 안채　借家 셋집, 빌린 집
음	가	か	家庭★ 가정, 집안　家族★ 가족　家具 가구　作家 작가
		け	本家 본가　家来 가신, 하인

もっと広い家に引っ越したい。 더 넓은 집으로 이사하고 싶다.
彼は恵まれた家庭で育てられた。 그는 풍족한 가정에서 자랐다.

0203 [N2]

훈	집	と	戸 문, 대문　雨戸 덧문　戸締り★ 문단속　井戸★ 우물
음	호	こ	一戸建て 단독 주택　戸外 집밖, 옥외　戸籍 호적 戸主 호주, 세대주

戸をしっかり閉めてください。 문을 꼭 닫아 주세요.
私はマンションより一戸建てに住みたい。 나는 맨션보다 단독 주택에 살고 싶다.

0204 [N3]

훈	문	かど	門 문, 문 앞　門松 가도마쓰 (새해의 소나무 장식) 門口 출입구, 문간　門出 집을 나섬, 출발
음	문	もん	門 문, 출입구　校門 교문　専門★ 전문　入門★ 입문 部門★ 부문

日本ではお正月になると玄関の前に門松をかざる。
일본에서는 설날이 되면 현관 앞에 가도마쓰를 장식한다.
校門の前で友達が待っていた。 교문 앞에서 친구가 기다리고 있었다.

★은 JLPT/JPT 기출 단어입니다.

0205 [N5] ☐☐☐

훈 사이	あいだ	間* 동안, 사이	間柄 사이, 관계		
	ま	間 사이, 간격	間違う* 잘못되다, 틀리다	客間 응접실, 객실	
음 간	かん	間隔* 간격	時間 시간	中間 중간	空間 공간
	けん	世間 세간, 세상	人間* 인간		

夏休みの間、ずっと海外を旅行していた。 여름방학 동안, 줄곧 해외를 여행하고 있었다.
このバスは15分間隔で運行している。 이 버스는 15분 간격으로 운행하고 있다.

0206 [N5] ☐☐☐

훈 들을	き(く)	聞く* 듣다	人聞き 남에게 들리는 것, 세간의 평판
	き(こえる)	聞こえる 들리다	聞こえ 들림, 소문
음 문	ぶん	新聞* 신문	見聞 견문, 보고 들음
	もん	前代未聞 전대미문	聴聞 청문, 공청

彼女は私の話をちゃんと聞いてくれる。 그녀는 내 이야기를 잘 들어 준다.
朝起きてからいつも新聞を読む。 아침에 일어나서 언제나 신문을 읽는다.

0207 [N5] ☐☐☐

훈 어찌	なに	何* 무엇	何事 무슨 일, 어떤 일		
	なん	何度* 몇 번	何時 몇 시	何十 몇십	何本 몇 자루
음 하	か	幾何学 기하학			

週末は何をする予定ですか。 주말은 무엇을 할 예정입니까?
今日は学校で幾何学について学んだ。 오늘은 학교에서 기하학에 대해 배웠다.

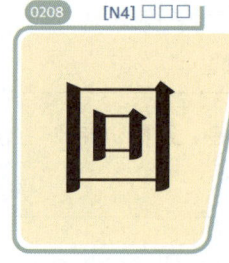

0208 [N4] ☐☐☐

훈 돌아올	まわ(る)	回る* 돌다, 회전하다	回り 둘레, 주변	
		回り道 (길을) 돌아서 감		
	まわ(す)	回す* 돌리다, 회전시키다	手回し 손으로 돌림, 준비	
음 회	かい	回転 회전	回収 회수, 도로 거두어들임	回答 회답, 대답
	え	回向 회향, 죽은 사람을 위해 명복을 빎		

風車がくるくる回っている。 바람개비가 빙글빙글 돌고 있다.
家族で回転ずしを食べに行った。 가족끼리 회전 초밥을 먹으러 갔다.

★은 JLPT/JPT 기출 단어입니다.

0209 [N4]

	한가지	おな(じ)	同じ★ 같음, 동일함　同い年 동갑
음	동	どう	同時 동시　同意★ 동의　同情 동정　混同 혼동

あの二人は名前も年も同じだ。 저 두 사람은 이름도 나이도 같다.
母と同時に同じことを言って笑った。 엄마와 동시에 같은 것을 말하곤 웃었다.

0210 [N4]

훈	대/태풍	—	
음	대/태	だい	台所★ 부엌　灯台 등대　一台 한 대 (차·기계를 세는 단위) 台地 대지, 높고 평평한 땅
		たい	舞台 무대　屋台 포장마차　台風 태풍

台所からおいしそうなにおいがする。 부엌에서 맛있는 냄새가 난다.
舞台に立つのが初めてで緊張してしまった。 무대에 서는 것이 처음이라 긴장하고 말았다.

0211 [N3]

훈	합할	あ(う)	合う★ 합쳐지다, 맞다　似合う★ 어울리다　試合★ 시합
		あ(わす)	合わす 합치다, 맞추다
		あ(わせる)	合わせる★ 모으다, 맞추다　問い合わせる★ 문의하다
음	합	ごう	集合 집합　合同★ 합동　合計 합계　結合 결합
		がっ	合併 합병　合宿 합숙
		かっ	合戦 전투, 접전

ここは二つの川が合う地点だ。 여기는 두 개의 강이 합쳐지는 지점이다.
先生が子供たちを集合させた。 선생님이 아이들을 집합시켰다.

0212 [N4]

훈	대답	こた(える)	答える★ 답하다, 대답하다
		こた(え)	答え 답, 대답
음	답	とう	回答★ 회답, 대답　応答★ 응답　答弁 답변　問答 문답

彼女は客の質問にすらすらと答えた。 그녀는 손님의 질문에 술술 답했다.
サービスの満足度についてのアンケートに回答した。 서비스 만족도에 대한 설문 조사에 회답했다.

★은 JLPT/JPT 기출 단어입니다.

0213 [N4] 知

훈 알	し(る)	知る★ 알다　知り合い★ 아는 사이, 지인 物知り 박식함, 박식한 사람	
음 지	ち	知識★ 지식　無知★ 무지, 무식　知人★ 지인　通知 통지	

駅まで行くバスの番号が知りたい。 역까지 가는 버스의 번호를 알고 싶다.
兄は生物学について深い知識を持っている。 형은 생물학에 대해서 깊은 지식을 가지고 있다.

0214 [N1] 里

훈 마을	さと	里 마을, 시골　村里 시골 동네, 마을 里帰り 귀성, 친정 나들이
음 리	り	郷里 고향, 향리　千里 천리, 먼 길

冬は野生動物がよく里に下りてくる。 겨울에는 야생 동물이 자주 마을에 내려온다.
就職するために郷里を離れた。 취직하기 위해 고향을 떠났다.

0215 [N4] 理

훈 다스릴	—	
음 리	り	理由★ 이유　料理★ 요리　理解★ 이해　整理 정리 理科 이과, 자연 과학 분야

遅れた理由は何ですか。 늦은 이유는 무엇입니까?
父はたまにイタリア料理を作ってくれる。 아버지는 가끔 이탈리아 요리를 만들어 준다.

0216 [N4] 通

훈 통할	とお(る)	通る★ 지나가다, 통과하다　通り 길, 왕래
	とお(す)	通す★ 통하게 하다, 뚫다　通し 처음부터 끝까지 이어짐
	かよ(う)	通う 다니다, 왕래하다　通い 왕래, 통근
음 통	つう	通過 통과　交通★ 교통　通行 통행　普通 보통
	つ	通夜 (죽은 사람의 유해를 지키며) 하룻밤을 샘, 밤샘

列車が目の前を通った。 열차가 눈 앞을 지나갔다.
そのチームは予選を軽く通過した。 그 팀은 예선을 가볍게 통과했다.

★은 JLPT/JPT 기출 단어입니다.

0217 [N4] 広

훈	넓을	ひろ(い)	広い* 넓다　広々と 널찍하게
		ひろ(がる)	広がる 넓어지다, 퍼지다, 펼쳐지다
		ひろ(げる)	広げる* 넓히다, 확장하다, 펴다
		ひろ(まる)	広まる 넓어지다, 널리 퍼지다, 보급되다
		ひろ(める)	広める 넓히다, 널리 알리다
음	광	こう	広大* 광대, 넓고 큼　広義 광의, 넓은 의미　広告* 광고

この店は駐車スペースが広くていい。 이 가게는 주차 공간이 넓어서 좋다.
窓の向こうに広大な海が広がった。 창문 너머로 광대한 바다가 펼쳐졌다.

0218 [N3] 市

| 훈 | 저자 | いち | 市 저자, 시장　市場 시장　競り市 경매 시장 |
| 음 | 시 | し | 市* 시　市内* 시내　市外 시외　市民* 시민　都市 도시 |

市場に行って夕食の食材を買った。 시장에 가서 저녁 식사 재료를 샀다.
名古屋に遊びに来たいとこに市内を案内した。 나고야에 놀러 온 사촌에게 시내를 안내했다.

0219 [N4] 場

| 훈 | 마당 | ば | 場 곳, 장소　場所* 장소　広場 광장　場合* 경우　本場* 본고장 |
| 음 | 장 | じょう | 工場* 공장　会場* 회장, 집회 장소　入場 입장　場内 장내, 회장 내부　運動場 운동장 |

日当たりがいい場所にソファを置いた。 햇볕이 잘 드는 장소에 소파를 두었다.
この工場はくつを生産している。 이 공장은 신발을 생산하고 있다.

0220 [N4] 工

훈	장인	–	
음	공	こう	加工 가공　工場* 공장　人工 인공
		く	大工 목수　細工 세공　工面* (돈을) 마련

豚肉を加工してハムやベーコンを作る。 돼지고기를 가공해서 햄이나 베이컨을 만든다.
私は家具を作る大工になりたい。 나는 가구를 만드는 목수가 되고 싶다.

★은 JLPT/JPT 기출 단어입니다.

0221 [N4] ☐☐☐

作

훈 지을	つく(る)	作る★ 만들다	作り方 만드는 법	手作り 수제, 손수 만듦
음 작	さく	作成 작성	作品★ 작품	創作 창작	作為 작위, 조작함
	さ	作業★ 작업	作用 작용	動作 동작

自分でオムライスを作って食べた。 스스로 오므라이스를 만들어 먹었다.
会議で使う資料を作成してください。 회의에서 쓸 자료를 작성해 주세요.

0222 [N3] ☐☐☐

科

훈 과목	─
음 과	か	科目 과목	科学★ 과학	学科 학과	教科書 교과서
	げ か	外科★ 외과

好きな科目は国語と数学だ。 좋아하는 과목은 국어와 수학이다.
科学の進歩は人々の生活を便利にした。 과학의 진보는 사람들의 생활을 편리하게 했다.

0223 [N4] ☐☐☐

훈 셀	はか(る)	計る★ 재다, 헤아리다
	はか(らう)	計らう 적절히 조처하다, 상의하다	見計らう 가늠하다
		計らい 조치, 처분
음 계	けい	計画★ 계획	計算★ 계산, 셈함

ダイエットのために毎日体重を計っている。 다이어트를 위해서 매일 체중을 재고 있다.
休みは計画を立てて過ごすようにしている。 휴일은 계획을 세워서 보내도록 하고 있다.

0224 [N2] ☐☐☐

算

훈 셈할	─
음 산	さん	計算★ 계산, 셈함	予算★ 예산	算数 산수, 세는 것
		精算★ 정산, 정밀하게 계산함	算出 산출

私は子供のころから計算が得意だった。 나는 어릴 적부터 계산이 특기였다.
毎月決まった予算の中で生活している。 매월 정해진 예산 안에서 생활하고 있다.

★은 JLPT/JPT 기출 단어입니다.

0225 [N4] 元

훈	으뜸	もと	元* 원래의 상태, 처음, 기원　元々* 본디부터, 원래 家元 종가, 본가　根元 뿌리, 근본, 밑동
음	원	げん	根元 근원, 근본　元気* 원기, 기력, 건강한 모양　元素 원소
		がん	元祖 원조, 시조　元日 1월 1일, 설날　元来 원래, 처음부터

崩れた生活リズムを**元**に戻した。 무너진 생활 리듬을 원래의 상태로 되돌렸다.
ストレスは病気の**根元**である。 스트레스는 병의 근원이다.

0226 [N3] 点

훈	점	—	
음	점	てん	要点 요점　点線 점선　点火 점화　採点 채점 問題点* 문제점

簡単に**要点**だけまとめて話した。 간단히 요점만 정리해서 말했다.
点線にそって切ってください。 점선을 따라 잘라 주세요.

0227 [N3] 数

훈	셀	かず	数 수　数々 여러 가지, 갖가지
		かぞ(える)	数える* 세다, 열거하다　数え年 세는 나이
음	수	すう	数字 숫자　数学* 수학　数量 수량　年数 연수, 햇수
		す	人数 인원수, 사람 수

指を折り曲げて**数**を数えた。 손가락을 접어 구부리며 수를 셌다.
書類に**数字**をまちがえて記入してしまった。 서류에 숫자를 잘못 기입해 버렸다.

0228 [N2] 丸

훈	둥글	まる(い)	丸い* 둥글다　丸み 둥그스름함　丸さ 둥긂
		まる(める)	丸める* 둥글게 하다
		まる	丸 동그라미, 원　丸ごと 통째로　丸洗い 통째로 세탁함
음	환	がん	一丸 한 덩어리　弾丸 탄환, 총알　砲丸 포탄, 포환

赤ちゃんの顔が**丸くて**かわいい。 아기의 얼굴이 둥글고 귀엽다.
みんな**一丸**となって応援しましょう。 모두 한 덩어리가 되어 응원합시다.

★은 JLPT/JPT 기출 단어입니다.

0229 [N3] 形

훈	모양	かたち	形★ 모양, 형태, 상태
		かた	形 모양, 자국　形見 유품, 유물, 추억거리　手形 어음, 손도장
음	형	けい	形成 형성　形態 형태　図形 도형, 그림　三角形★ 삼각형
		ぎょう	人形★ 인형, 꼭두각시　形相 형상, 얼굴 생김새, 표정

リンゴをウサギの形に切った。 사과를 토끼 모양으로 잘랐다.
太陽系がどのように形成されたか知りたい。 태양계가 어떻게 형성되었는지 알고 싶다.

0230 [N3] 引

훈	당길	ひ(く)	引く★ 당기다, 끌다　割り引く★ 할인하다　字引 옥편, 사전
		ひ(ける)	引ける 켕기다, 주눅들다, 기죽다
음	인	いん	引用 인용　引力 인력, 서로 당기는 힘　引退★ 은퇴
			索引 색인

掛け声に合わせて綱を引いた。 구호에 맞춰 밧줄을 당겼다.
格言を引用して説明することが好きだ。 격언을 인용하여 설명하는 것을 좋아한다.

0231 [N3] 線

훈	줄	—	
음	선	せん	線★ 선, 줄　線路★ 선로　直線 직선　点線 점선
			光線 광선

重要な部分には線を引いている。 중요한 부분에는 선을 긋고 있다.
電車が線路の上を走っている。 전철이 선로 위를 달리고 있다.

0232 [N3] 組

훈	짤	く(む)	組む★ 짜다, 동료가 되다　組み込む 짜 넣다, 동료로 들이다
		くみ	組★ 반, 학급　組立て 조립　組長 조장, 반장
			赤組 홍팀, 홍군　番組 (경기·연예·방송 등의) 프로그램
음	조	そ	組織★ 조직　組成 조성, 구성

次の発表はチームを組んでやることにした。 다음 발표는 팀을 짜서 하기로 했다.
組織でもっとも大事なのは人だ。 조직에서 가장 중요한 것은 사람이다.

0233 [N4] ☐☐☐

훈	종이	かみ	紙* 종이　手紙* 편지　紙くず 휴지, 종이 조각, 버린 종이 厚紙 두꺼운 종이, 판지　紙ぶくろ 종이봉투
음	지	し	用紙* 용지　新聞紙 신문지, 신문　紙面 지면, 서면

この本は質のいい紙が使われている。 이 책은 질 좋은 종이가 쓰였다.
コピー用紙が切れてしまいました。 복사 용지가 다 떨어져 버렸습니다.

0234 [N4] ☐☐☐

훈	모일	あ(う)	会う* 만나다
음	회	かい	会社* 회사　大会* 대회　会員 회원　会話 회화, 대화
		え	会釈 가볍게 인사함　会得 터득, 깨우침

一年ぶりに友達と会う約束をした。 1년 만에 친구와 만날 약속을 했다.
会社に入社してから5年が経った。 회사에 입사하고 나서 5년이 지났다.

0235 [N4] ☐☐☐

훈	모일	やしろ	社 신사, 신을 모신 곳
음	사	しゃ	社会 사회, 세상　社長* 사장　入社* 입사 社員* 사원, 회사원　神社 신사, 신을 모신 건물

社に行っておみくじを引いた。 신사에 가서 길흉을 점치는 제비를 뽑았다.
社会に出ていろんなことを学んでいる。 사회에 나와서 다양한 것을 배우고 있다.

0236 [N2] ☐☐☐

훈	배	ふね	船* 배　大船 큰 배
		ふな	船旅 선편 여행　船便 배편　船酔い 뱃멀미　船賃 뱃삯
음	선	せん	船舶 선박, 배　乗船 승선　汽船 증기선, 기선

大きな船が港に泊まっている。 커다란 배가 항구에 정박해 있다.
ご乗船は出港90分前から開始します。 승선은 출항 90분 전부터 개시합니다.

★은 JLPT/JPT 기출 단어입니다.

0237 [N1]

훈	물 끓는 김	—			
음	기	き	汽車 기차	汽船 증기선, 기선	汽笛 기적, 고동

汽車が十番ホームに入ってきた。 기차가 10번 홈에 들어왔다.
この汽船に乗って東京を観光できます。 이 증기선을 타고 도쿄를 관광할 수 있습니다.

0238 [N2]

훈	울	な(く)	鳴く (새·벌레·짐승 등이) 울다, 소리를 내다
			鳴き声 (새·벌레·짐승 등의) 울음소리
		な(る)	鳴る 소리가 나다, 울리다 耳鳴り 이명, 귀울림
		な(らす)	鳴らす 소리를 내다, 울리다
음	명	めい	悲鳴 비명 共鳴 공명, 공감 雷鳴 천둥소리

朝になるとニワトリが元気よく鳴く。 아침이 되면 닭이 힘차게 운다.
部屋にゴキブリが出て悲鳴を上げた。 방에 바퀴벌레가 나와서 비명을 질렀다.

0239 [N4]

훈	돌아갈	かえ(る)	帰る★ 돌아가다, 돌아오다 帰り 돌아감, 돌아옴
			日帰り★ 당일치기
		かえ(す)	帰す 돌려보내다, 돌아가게 하다
음	귀	き	帰国★ 귀국 帰宅★ 귀가 復帰★ 복귀 帰還 귀환
			帰省★ 귀성

早く家に帰って猫と遊びたい。 빨리 집에 돌아가서 고양이랑 놀고 싶다.
娘が今日フランスから帰国する。 딸이 오늘 프랑스에서 귀국한다.

0240 [N4]

京

훈	서울	—				
음	경	きょう	上京 상경	京都★ 교토	東京★ 도쿄	帰京 귀경
		けい	京阪 게이한 (교토와 오사카)			

大学を卒業し、一人で上京した。 대학을 졸업하고, 혼자서 상경했다.
京都には美しいお寺がたくさんある。 교토에는 아름다운 절이 많이 있다.

※ 책 속의 책 <쓰기노트>(p.22)로 각 한자를 획순에 따라 직접 써 보세요.

DAY 06 연습문제

맞은 개수: /40

색이 있는 한자의 발음을 밑줄에 쓴 다음, 괄호 안에 단어의 뜻을 써 보세요.

01	国	_____	( )	21	作る	_____る	( )
02	家庭	_____てい	( )	22	科目	_____もく	( )
03	一戸建て	いっ_____だて	( )	23	計る	_____る	( )
04	校門	こう_____	( )	24	計算	けい_____	( )
05	間	_____	( )	25	元	_____	( )
06	聞く	_____く	( )	26	要点	よう_____	( )
07	何	_____	( )	27	数字	_____じ	( )
08	回転	_____てん	( )	28	丸い	_____い	( )
09	同時	_____じ	( )	29	形成	_____せい	( )
10	台所	_____どころ	( )	30	引く	_____く	( )
11	集合	しゅう_____	( )	31	線	_____	( )
12	答える	_____える	( )	32	組む	_____む	( )
13	知る	_____る	( )	33	紙	_____	( )
14	里	_____	( )	34	会う	_____う	( )
15	理由	_____ゆう	( )	35	社会	_____かい	( )
16	通過	_____か	( )	36	船	_____	( )
17	広大	_____だい	( )	37	汽車	_____しゃ	( )
18	市場	_____ば	( )	38	鳴く	_____く	( )
19	工場	こう_____	( )	39	帰る	_____る	( )
20	加工	か_____	( )	40	上京	じょう_____	( )

정답 01 くに 나라, 고국 02 かてい 가정, 집안 03 いっこだて 단독 주택 04 こうもん 교문 05 あいだ 동안, 사이 / ま 사이, 간격 06 きく 듣다
07 なに 무엇 08 かいてん 회전 09 どうじ 동시 10 だいどころ 부엌 11 しゅうごう 집합 12 こたえる 답하다, 대답하다 13 しる 알다
14 さと 마을, 시골 15 りゆう 이유 16 つうか 통과 17 こうだい 광대, 넓고 큼 18 いちば 시장 19 こうじょう 공장 20 かこう 가공 21 つくる 만들다
22 かもく 과목 23 はかる 재다, 헤아리다 24 けいさん 계산, 셈함 25 もと 원래의 상태, 처음, 기원 26 ようてん 요점 27 すうじ 숫자
28 まるい 둥글다 29 けいせい 형성 30 ひく 당기다, 끌다 31 せん 선, 줄 32 くむ 짜다, 동료가 되다 33 かみ 종이 34 あう 만나다
35 しゃかい 사회, 세상 36 ふね 배 37 きしゃ 기차 38 なく (새·벌레·짐승 등이) 울다, 소리를 내다 39 かえる 돌아가다, 돌아오다 40 じょうきょう 상경

JLPT/JPT 대비 테스트 ①

Day1부터 6까지 익힌 한자를 포함한 단어를 실제 JLPT/JPT 유형의 문제로 확인해 봅시다.

✓ 올바른 발음 고르기 [JLPT 한자읽기, JPT PART5 대비 유형]

밑줄 친 단어의 읽는 법으로 가장 적절한 것을 하나 고르세요.

01 今日は人が<u>少ない</u>です。
    A すこない   B すくない   C しこない   D しくない

02 家のうらに<u>広大</u>なにわがあります。
    A こうだい   B こうたい   C ごうだい   D ごうたい

03 このじゅぎょうは一組と二組が<u>合同</u>でします。
    A こうどう   B こうど   C ごうどう   D ごうど

04 いつもより<u>早い</u>バスにのりました。
    A おそい   B はやい   C ひろい   D せまい

05 彼の名前を<u>教えて</u>ください。
    A おしえて   B おぼえて   C つたえて   D かんがえて

06 雨の場合は試合(しあい)を<u>中止</u>します。
    A ちゅうし   B しゅうし   C ちゅうじ   D しゅうじ

07 まどからきれいな<u>海</u>が見えます。
    A やま   B かわ   C そら   D うみ

08 だんだん<u>人口</u>がへっています。
    A にんこう   B じんこう   C にんくう   D じんくう

09 <u>今週</u>新しいくつを買いました。
    A こんしゅう   B せんしゅう   C こんげつ   D せんげつ

10 日曜日はいつも家族(かぞく)で<u>外出</u>します。
    A がいしゅつ   B がいじゅつ   C げしゅつ   D げじゅつ

정답 p.352

✅ 올바른 한자 표기 고르기 [JLPT 표기, JPT PART5 대비 유형]

밑줄 친 단어의 한자 표기로 가장 적절한 것을 하나 고르세요.

01 わたしは<u>はる</u>に生まれました。
　　A 春　　　B 夏　　　C 秋　　　D 冬

02 しつもんに<u>かいとう</u>しました。
　　A 口登　　B 口答　　C 回登　　D 回答

03 妹が<u>えほん</u>を読んでいます。
　　A 絵木　　B 絵本　　C 桧木　　D 桧本

04 友達に<u>あかい</u>かさをかしました。
　　A 白い　　B 黒い　　C 赤い　　D 青い

05 アパートの<u>みなみ</u>に公園があります。
　　A 東　　　B 西　　　C 北　　　D 南

06 <u>がくせい</u>から電話が来ました。
　　A 字生　　B 学生　　C 字正　　D 学正

07 おさらが三枚<u>たりません</u>。
　　A 足りません　B 走りません　C 定りません　D 止りません

08 昼ご飯の後で<u>きょうしつ</u>をそうじします。
　　A 数室　　B 教室　　C 数客　　D 教客

09 これは有名な<u>さくひん</u>です。
　　A 作品　　B 使品　　C 作回　　D 使回

10 リーさんはみんなに<u>しんせつ</u>な人です。
　　A 親切　　B 新切　　C 親刀　　D 新刀

정답 p.352

일본 문부과학성 지정
초등학교 3학년 한자 ①

오늘은 일본 문부과학성이 지정한 일본 초등학교 3학년 학습 한자 200개 중 34개를 익혀볼 거예요. 먼저 오늘 배울 한자 34개의 훈독과 음독을 일본어로 한 번씩 따라 읽은 후 본격적인 학습을 시작해 보아요.

🎧 해커스 일본어상용한자1026_Day07.mp3

安	委	感	想	悪	意	急	息
편안 안 やす(い) あん	맡길 위 ゆだ(ねる) い	느낄 감 - かん	생각 상 - そう	악할 악 わる(い) あく	뜻 의 - い	급할 급 いそ(ぐ) きゅう	쉴 식 いき そく

훈독← →음독   훈독없음

悲	宮	宿	所	予	定	守	究
슬플 비 かな(しい) ひ	집 궁 みや きゅう	잘 숙 やど しゅく	바 소 ところ しょ	미리 예 - よ	정할 정 さだ(める) てい	지킬 수 まも(る) しゅ	연구할 구 きわ(める) きゅう

客	寒	央	豆	短	平	幸	写
손 객 - きゃく	찰 한 さむ(い) かん	가운데 앙 - おう	콩 두 まめ とう	짧을 단 みじか(い) たん	평평할 평 たい(ら) へい	다행 행 さいわ(い) こう	베낄 사 うつ(す) しゃ

号	局	屋	全	命	品	追	向
부르짖을 호 - ごう	판 국 - きょく	집 옥 や おく	온전 전 まった(く) ぜん	목숨 명 いのち めい	물건 품 しな ひん	쫓을 추 お(う) つい	향할 향 む(く) こう

実	美
열매 실 み じつ	아름다울 미 うつく(しい) び

★은 JLPT/JPT 기출 단어입니다.

0241 [N4] ☐☐☐

安

훈	편안/쌀	やす(い)	安い★ 싸다, 편하다　　目安★ 표준, 기준
			安らかだ 평안하다, 편하다
			気安い 마음 편하다, 거리낄 것 없다
음	안	あん	安全★ 안전　　不安★ 불안　　安心★ 안심　　安易★ 안이
			安価 싼값

公立大学は私立大学より学費が安い。 공립 대학은 사립 대학보다 학비가 싸다.
安全のためライフジャケットを着てください。 안전을 위해 구명조끼를 입어 주세요.

0242 [N2] ☐☐☐

| 훈 | 맡길 | ゆだ(ねる) | 委ねる 맡기다, 위임하다 |
| 음 | 위 | い | 委任 위임　　委員 위원　　委託 위탁　　委嘱 위촉 |

治療方法は患者の選択に委ねる。 치료 방법은 환자의 선택에 맡긴다.
副社長に社長の業務を委任するらしい。 부사장에게 사장의 업무를 위임한다고 한다.

0243 [N3] ☐☐☐

훈	느낄	—	
음	감	かん	感じる 느끼다　　感動★ 감동　　感覚★ 감각　　感心 감탄
			感想★ 감상

若者には政治をより身近に感じてほしい。 젊은이가 정치를 보다 가깝게 느꼈으면 한다.
有名女優のインタビューは国民に感動を与えた。 유명 여배우의 인터뷰는 국민에게 감동을 주었다.

0244 [N2] ☐☐☐

훈	생각	—	
음	상	そう	感想★ 감상　　想像★ 상상　　空想 공상
			理想★ 이상, 생각할 수 있는 가장 완전한 상태
		そ	愛想 붙임성, 정(나미)　　お愛想 (음식점의) 계산, 대접

本を読んだら必ず感想を文字に残している。 책을 읽으면 반드시 감상을 글로 남기고 있다.
子育ては私が想像していたよりしんどかった。 육아는 내가 상상했던 것보다 힘들었다.

★은 JLPT/JPT 기출 단어입니다.

0245 [N4] 悪

훈	악할	わる(い)	悪い★ 나쁘다, 못되다 · 悪さ 장난, 나쁨 · 悪者 악인
			悪口 욕, 험담 · 意地悪い 심술궂다
음	악	あく	最悪 최악 · 悪化★ 악화 · 悪質★ 악질 · 悪意 악의
			悪事 악행, 못된 짓
		お	嫌悪 혐오 · 憎悪 증오 · 悪寒 오한

彼は第一印象は悪かったが意外といい人だった。 그는 첫인상은 나빴지만 의외로 좋은 사람이었다.
今年は最悪の不況が見込まれる。 올해는 최악의 불황이 예상된다.

0246 [N4] 意

훈	뜻	—	
음	의	い	意見★ 의견 · 得意 잘함 · 意味★ 의미 · 注意★ 주의
			決意★ 결의

旅行先についてはみんなの意見を聞いてみよう。 여행지에 대해서는 모두의 의견을 들어 보자.
私は数学が得意なので理工学部に進学したい。 나는 수학을 잘하기 때문에 이공학부에 진학하고 싶다.

0247 [N4] 急

훈	급할	いそ(ぐ)	急ぐ★ 서두르다 · 急ぎ 급함
음	급	きゅう	急行★ 급행 · 急速 급속 · 急務 급무, 급선무 · 特急★ 특급
			緊急 긴급

閉店時間が近かったため急いでスーパーに向かった。 폐점 시간이 가까웠기 때문에 서둘러 슈퍼로 향했다.
急行に乗れば会社まで30分もかからない。 급행을 타면 회사까지 30분도 안 걸린다.

0248 [N3] 息

훈	쉴	いき	息★ 숨, 호흡 · 一息 단숨, 한숨 돌림 · 溜息 한숨, 탄식
			吐息 한숨 · 息抜き★ 한숨 돌림, 환기창
음	식	そく	休息 휴식 · 終息 종식 · 生息 서식, 번식 · 嘆息 탄식
			消息 소식, 편지

発表の前に大きく息を吐いたら少し落ち着いた。 발표 전에 크게 숨을 내뱉자 조금 안정되었다.
社内に休息スペースが新しくできるそうだ。 사내에 휴식 공간이 새롭게 생긴다고 한다.

0249 [N3]

훈 슬플	かな(しい)	悲しい★ 슬프다　悲しさ 슬픔, 설움　悲しがる 슬퍼하다
	かな(しむ)	悲しむ 마음 아파하다, 슬퍼하다　悲しみ 비애, 슬픔
음 비	ひ	悲劇 비극　悲観 비관　悲鳴 비명　悲喜 희비
		慈悲 자비

母国を離れる時は**悲しい**気持ちでいっぱいだった。 모국을 떠날 때는 슬픈 마음으로 가득했다.
悲劇のヒロインをあんなに素晴らしく演じるとは。 비극의 여주인공을 저렇게 근사하게 연기하다니.

0250 [N1]

훈 집	みや	宮 궁, 신사
		お宮参り (아기가 태어난 직후) 지역의 수호신에게 참배함
		宮様 전하, 저하 (황족을 경애하며 부르는 호칭)
음 궁	きゅう	宮殿 궁전　宮廷 궁정, 궁궐　王宮 왕궁　子宮 자궁
		迷宮 미궁
	ぐう	神宮 신궁, 격이 높은 신사
	く	宮内庁 궁내청, 황실에 관한 사무를 맡아 보는 관청

息子の成長を祈るために**お宮参り**をした。 아들의 성장을 기원하기 위해 지역의 수호신에게 참배를 했다.
ヴェルサイユ**宮殿**は1682年に建てられた。 베르사유 궁전은 1682년에 지어졌다.

0251 [N3]

宿

훈 잘	やど	宿 숙소, 여관, 거처
	やど(る)	宿る★ 머물다　雨宿り 비를 피함, 비가 그치기를 잠시 기다림
	やど(す)	宿す 잉태하다, 품다
음 숙	しゅく	宿泊★ 숙박　下宿★ 하숙　合宿 합숙　野宿 노숙
		宿題★ 숙제

ウェブサイトでお気に入りの**宿**を見つけた。 웹 사이트에서 마음에 드는 숙소를 발견했다.
ペットと一緒に**宿泊**できるホテルを探している。 반려동물과 함께 숙박할 수 있는 호텔을 찾고 있다.

★은 JLPT/JPT 기출 단어입니다.

0252 [N3] 所

훈	바	ところ	所★ 곳, 데	台所 부엌	出所 출처
음	소	しょ	場所★ 장소	住所★ 주소	近所★ 근처, 이웃집
			宿所 숙소	所得 소득	

いつか青い海が見える**所**に住みたい。 언젠가 파란 바다가 보이는 곳에서 살고 싶다.
日当たりのいい**場所**に植物を置いた。 햇볕이 잘 드는 장소에 식물을 두었다.

0253 [N3] 予

훈	미리	—			
음	예	よ	予定★ 예정	予備★ 예비	予想★ 예상	予算 예산
			予習 예습		

大雨で飛行機の出発が**予定**より遅れた。 큰비로 비행기의 출발이 예정보다 늦어졌다.
マンションの**予備**のカギを親に渡した。 맨션의 예비 열쇠를 부모님께 건넸다.

0254 [N3] 定

훈	정할	さだ(める)	定める★ 정하다	定め 규정, 운명
		さだ(まる)	定まる 정해지다	
		さだ(か)	定かだ 확실하다, 분명하다	定か 확실함, 분명함
음	정	てい	決定★ 결정	予定★ 예정	仮定★ 가정, 임시로 정함
			限定★ 한정	定価 정가	
		じょう	勘定 계산, 셈	案の定★ 예상대로	

シンガポールは英語を公用語に**定め**ている。 싱가포르는 영어를 공용어로 정하고 있다.
住民投票でゴミ処理場の位置を**決定**した。 주민 투표로 쓰레기 처리장의 위치를 결정했다.

★은 JLPT/JPT 기출 단어입니다.

0255 [N3]

훈	지킬	まも(る)	守る★ 지키다, 보호하다　守り 지킴
		も(り)	お守り 애 보기, 돌봄　子守 아이를 봄
음	수	しゅ	厳守★ 엄수　守備 수비　保守 보수, 보전하여 지킴
			攻守 공수, 공격과 수비
		す	留守★ 부재중

祖母は町の伝統を守る活動をしている。 할머니는 마을의 전통을 지키는 활동을 하고 있다.
レポートの提出は期限を厳守してください。 리포트의 제출은 기한을 엄수해 주세요.

0256 [N4]

훈	연구할	きわ(める)	究める 연구하다, 끝까지 밝히다
음	구	きゅう	研究★ 연구　学究 학구, 학문 연구　探究 탐구
			究明★ 구명, 연구하여 밝힘　究極 궁극

大学院で応用物理学を究めていきたい。 대학원에서 응용 물리학을 연구해 가고 싶다.
前書きは研究の目的がよく表れるように書くべきだ。 서론은 연구의 목적이 잘 드러나도록 써야 한다.

0257 [N3]

훈	손	ー	
음	객	きゃく	乗客★ 승객　観客★ 관객　客席 객석　客間 응접실
		かく	旅客 여객

通勤電車は乗客が多くて想像するだけでつらい。 통근 전철은 승객이 많아서 상상하는 것만으로 괴롭다.
決勝戦だけあって3万人もの観客が集まった。 결승전인 만큼 3만 명이나 되는 관객이 모였다.

0258 [N3]

寒

훈	찰	さむ(い)	寒い★ 춥다　寒さ 추위　寒気 추운 기운, 오한
			寒空 차가운 겨울 하늘, 찬 날씨　寒がる 추워하다
음	한	かん	寒波 한파　寒気 한기　寒暑 한서, 추위와 더위
			悪寒 오한　厳寒 심한 추위

今年は平年より寒い冬になりそうです。 올해는 평년보다 추운 겨울이 될 것 같습니다.
日本列島は記録的な寒波におそわれた。 일본 열도는 기록적인 한파에 뒤덮였다.

★은 JLPT/JPT 기출 단어입니다.

0259 [N2]

央

- 훈 가운데 —
- 음 앙 おう

中央 중앙　　震央 진앙, 지진이 발생한 진원 바로 위의 지표면

ご入場は中央の入り口をご利用ください。 입장은 중앙 입구를 이용해 주세요.
地震が起こった震源すぐ上の地面を震央という。 지진이 일어난 진원 바로 위 지면을 진앙이라고 한다.

0260 [N1]

豆

- 훈 콩 まめ

豆★ 콩　豆粒 콩알　枝豆 풋콩　煮豆 콩자반
豆電球 꼬마 전구

- 음 두 とう

豆腐 두부　豆乳 두유
納豆 낫토 (콩을 발효한 일본 전통 식품)

　　　　ず

大豆 대두, 콩

コーヒー豆の名前には地名がつくことが多い。 커피 콩의 이름에는 지명이 붙는 경우가 많다.
豆腐は高血圧の予防に効果がある。 두부는 고혈압 예방에 효과가 있다.

0261 [N3]

短

- 훈 짧을 みじか(い)

短い★ 짧다

- 음 단 たん

短期 단기　短縮 단축　短気★ 급한 성미　短所 단점
長短 긴 것과 짧은 것, 장점과 단점

冬になるにつれ、日が短くなっている。 겨울이 됨에 따라, 해가 짧아지고 있다.
友人に短期のバイトを紹介してもらった。 친구에게 단기 아르바이트를 소개 받았다.

0262 [N3]

平

- 훈 평평할 たい(ら)

平らな土地 평평한 토지　平らげる 평정하다

ひら

平たい 평평하다　平手 손바닥　平屋 단층집
平泳ぎ 평영　平社員 평사원

- 음 평 へい

平均★ 평균　平日★ 평일　平和 평화　平面 평면
公平 공평

びょう

平等★ 평등

平らな土地のビルは他より価格が高いそうだ。 평평한 토지의 빌딩은 다른 것보다 가격이 비싸다고 한다.
売上が前年度の平均を上回っている。 매상이 전년도의 평균을 상회하고 있다.

★은 JLPT/JPT 기출 단어입니다.

0263 [N3] □□□

幸

훈 다행	さいわ(い)	幸い 다행히　幸いな事 다행스러운 일
	さち	幸 행운, 행복, 자연의 산물
	しあわ(せ)	幸せ* 행복, 운수
음 행	こう	幸福 행복　幸運 행운　不幸 불행　多幸 다복, 많은 복

火事が起こったが幸いけが人はいなかった。 화재가 일어났지만 다행히 부상자는 없었다.
子どもの幸福が私たち夫婦の幸福である。 아이의 행복이 우리 부부의 행복이다.

0264 [N4] □□□

写

훈 베낄	うつ(す)	写す* 베끼다, 찍다　書き写す 베껴 쓰다, 옮겨 적다
		写し 찍음, 베낌
	うつ(る)	写る 찍히다　写り 사진의 찍힘새
음 사	しゃ	写真* 사진　写本 사본　写生 사생, 스케치　複写 복사
		映写 영사, 영상을 비추어 나타냄

人の宿題をそのまま写して提出してはいけません。 남의 숙제를 그대로 베껴서 제출하면 안 됩니다.
一年に一回家族で写真を撮ることにした。 일 년에 한 번 가족끼리 사진을 찍기로 했다.

0265 [N3] □□□

号

훈 부르짖을	―
음 호	ごう	信号* 신호　番号* 번호　記号 기호　号令 호령, 구령
		号外 호외

信号が青だとしても左右をよく見て渡りましょう。 신호가 파란색이라고 해도 좌우를 잘 보고 건넙시다.
間違えて違う番号に電話をかけた。 잘못해서 다른 번호로 전화를 걸었다.

0266 [N3] □□□

局

훈 판	―
음 국	きょく	薬局* 약국　事務局 사무국　放送局 방송국
		郵便局 우체국　結局* 결국

薬局で買ったドリンク剤を飲んだら疲れが取れた。 약국에서 산 드링크제를 마셨더니 피로가 풀렸다.
寒かったけど結局いつも通り冷たい飲み物を頼んだ。 추웠지만 결국 여느 때처럼 차가운 음료를 시켰다.

★은 JLPT/JPT 기출 단어입니다.

0267 [N4] □□□ 屋

훈	집	や	花屋 꽃집　本屋 책방, 서점　八百屋 채소 가게 屋根 지붕, 덮개
음	옥	おく	屋上★ 옥상　屋外★ 옥외　社屋 사옥　家屋 가옥 本屋 안채

成人式を迎える妹のために花屋でバラを買った。 성인식을 맞이하는 여동생을 위해 꽃집에서 장미를 샀다.
ビルの屋上には小さな庭園があった。 빌딩 옥상에는 작은 정원이 있었다.

0268 [N3] □□□ 全

훈	온전	まった(く)	全く 완전히　全うする 완수하다
		すべ(て)	全て 모두
음	전	ぜん	全部★ 전부　全体 전체　全国 전국　全然★ 전혀 完全 완전

その映画は原作とは全く違う結末になっていた。 그 영화는 원작과는 완전히 다른 결말이 되어 있었다.
持っていたドルを全部日本円に替えた。 가지고 있던 달러를 전부 일본 엔화로 바꿨다.

0269 [N3] □□□ 命

훈	목숨	いのち	命 목숨　命綱 구명줄　命がけ 필사적임, 목숨을 겲 命拾い 목숨을 건짐　命取り 사인, 치명상
음	명	めい	生命 생명　運命★ 운명　使命 사명　命令★ 명령
		みょう	寿命 수명

息子はゲームに命をかけているようだ。 아들은 게임에 목숨을 걸고 있는 것 같다.
生命のある全ての生き物を大切にしよう。 생명이 있는 모든 살아있는 것을 소중히 하자.

0270 [N4] □□□ 品

훈	물건	しな	品 물건　品物★ 물품　品切れ 품절　品分け 품별, 분류 手品 요술
음	품	ひん	商品★ 상품　作品 작품　食料品★ 식료품 上品★ 고상함, 품위가 있음　返品★ 반품

箱の中は思い出の品や写真でいっぱいだった。 상자 안은 추억의 물건과 사진으로 가득했다.
すべての商品は色違いもご用意しております。 모든 상품은 다른 색상도 준비되어 있습니다.

0271 [N2] ☐☐☐ 追

훈 쫓을	お(う)	追う* 쫓다, 따르다 追い風 순풍 追い越す 추월하다 追い払う (귀찮거나 방해되는 것을) 쫓아 버리다
음 추	つい	追求 추구, 뒤쫓아 구함 追加* 추가 追放 추방 追跡 추적 追究 추구, 근본을 연구함

日ごろ時間に追われて忙しく過ごしている。 평소 시간에 쫓겨 바쁘게 지내고 있다.
この企業は環境にやさしい商品を追求している。 이 기업은 친환경적인 상품을 추구하고 있다.

0272 [N3] ☐☐☐ 向

훈 향할	む(く)	向く 보다, 향하다 向き 향함, 방향, 적합함, 어울림 風向き 풍향, (되어가는) 형세
	む(ける)	向ける 향하게 하다
	む(かう)	向かう* 향하다 向かい 마주 봄, 정면 向かい風 맞바람, 역풍
	む(こう)	向こう 맞은편
음 향	こう	向上* 향상 方向* 방향 傾向* 경향 意向 의향 趣向 취향

歩きスマホは危ないから前を向いて歩こう。 걸으며 스마트폰을 쓰는 것은 위험하니까 앞을 보고 걷자.
材料のロスを減らして生産性を向上させた。 재료의 손실을 줄여서 생산성을 향상시켰다.

0273 [N3] ☐☐☐ 実

훈 열매	み	実 열매, 씨 実入り 열매가 여묾, 결실
	みの(る)	実る 열매를 맺다, 결실하다 実り 결실, 성과
음 실	じつ	実力* 실력 果実 과실, 열매 現実 현실 充実 충실 実に* 실로, 정말

この木の実は毒があるので食べられません。 이 나무의 열매는 독이 있기 때문에 먹을 수 없습니다.
毎日テニスの練習をしていたら実力がついてきた。 매일 테니스 연습을 했더니 실력이 붙었다.

0274 [N3] ☐☐☐

| 훈 | 아름다울 | うつく(しい) | 美しい* 아름답다　美しさ 아름다움 |
| 음 | 미 | び | 美人 미인　美容 미용　美術 미술　賛美 찬미
美談 미담 |

この建物のスカイラウンジでは美しい夜景が見られる。
이 건물의 스카이라운지에서는 아름다운 야경을 볼 수 있다.

姉は自他共に認める美人だ。 언니는 자타 모두 인정하는 미인이다.

※ 책 속의 책 <쓰기노트>(p.26)로 각 한자를 획순에 따라 직접 써 보세요.

DAY 07 연습문제

맞은 개수: /34

색이 있는 한자의 발음을 밑줄에 쓴 다음, 괄호 안에 단어의 뜻을 써 보세요.

01 安い ____い ( )
02 委任 ____にん ( )
03 感じる ____じる ( )
04 想像 ____ぞう ( )
05 悪い ____い ( )
06 意見 ____けん ( )
07 急ぐ ____ぐ ( )
08 息 ____ ( )
09 悲しい ____しい ( )
10 宮殿 ____でん ( )
11 宿 ____ ( )
12 場所 ば____ ( )
13 予定 ____てい ( )
14 定める ____める ( )
15 守る ____る ( )
16 研究 けん____ ( )
17 乗客 じょう____ ( )
18 寒い ____い ( )
19 中央 ちゅう____ ( )
20 豆 ____ ( )
21 短期 ____き ( )
22 平均 ____きん ( )
23 幸い ____い ( )
24 写す ____す ( )
25 信号 しん____ ( )
26 薬局 やっ____ ( )
27 花屋 はな____ ( )
28 全く ____く ( )
29 命 ____ ( )
30 商品 しょう____ ( )
31 追う ____う ( )
32 向上 ____じょう ( )
33 実 ____ ( )
34 美人 ____じん ( )

정답 01 やすい 싸다, 편하다 02 いにん 위임 03 かんじる 느끼다 04 そうぞう 상상 05 わるい 나쁘다, 못되다 06 いけん 의견 07 いそぐ 서두르다 08 いき 숨, 호흡 09 かなしい 슬프다 10 きゅうでん 궁전 11 やど 숙소, 여관, 거처 12 ばしょ 장소 13 よてい 예정 14 さだめる 정하다 15 まもる 지키다, 보호하다 16 けんきゅう 연구 17 じょうきゃく 승객 18 さむい 춥다 19 ちゅうおう 중앙 20 まめ 콩 21 たんき 단기 22 へいきん 평균 23 さいわい 다행히 24 うつす 베끼다, 찍다 25 しんごう 신호 26 やっきょく 약국 27 はなや 꽃집 28 まったく 완전히 29 いのち 목숨 30 しょうひん 상품 31 おう 쫓다, 따르다 32 こうじょう 향상 33 み 열매, 씨 34 びじん 미인

일본 문부과학성 지정
초등학교 3학년 한자 ②

오늘은 일본 문부과학성이 지정한 일본 초등학교 3학년 학습 한자 200개 중 34개를 익혀볼 거예요. 먼저 오늘 배울 한자 34개의 훈독과 음독을 일본어로 한 번씩 따라 읽은 후 본격적인 학습을 시작해 보아요.

🎧 해커스 일본어상용한자1026_Day08.mp3

業	様	集	乗	問	開	商	羊
업 업 わざ ぎょう	모양 양 さま よう	모을 집 あつ(める) しゅう	탈 승 の(る) じょう	물을 문 と(う) もん	열 개 ひら(く) かい	장사 상 あきな(う) しょう	양 양 ひつじ よう

훈독 ↙ ↘ 음독

洋	流	苦	荷	薬	葉	漢	君
큰 바다 양 ― よう	흐를 류 なが(れる) りゅう	쓸 고 くる(しい) く	멜 하 に か	약 약 くすり やく	잎 엽 は よう	한수 한 ― かん	임금 군 きみ くん

 훈독없음

昔	習	具	員	真	着	暑	区
예 석 むかし せき	익힐 습 なら(う) しゅう	갖출 구 ― ぐ	인원 원 ― いん	참 진 ま しん	붙을 착 き(る) ちゃく	더울 서 あつ(い) しょ	구분할 구 ― く

医	歯	皿	血	温	湯	申	由
의원 의 ― い	이 치 は し	그릇 명 さら ―	피 혈 ち けつ	따뜻할 온 あたた(か) おん	끓일 탕 ゆ とう	펼 신 もう(す) しん	말미암을 유 よし ゆ

 음독없음

油	曲
기름 유 あぶら ゆ	굽을 곡 ま(がる) きょく

★은 JLPT/JPT 기출 단어입니다.

0275 [N4]

業

훈	업	わざ	業 행위, 일　仕業* 소행, 짓　力業 힘으로 하는 기술, 중노동 早業 재빠르고 능숙한 솜씨
음	업	ぎょう	職業 직업　残業* 잔업　失業* 실업　卒業* 졸업 業績 업적
		ごう	自業自得 자업자득

ここの落書きは近所の子の仕業だ。 여기 낙서는 이웃집 아이의 소행이다.
卒業する前に自分に合う職業を見つけたい。 졸업하기 전에 나에게 맞는 직업을 찾고 싶다.

0276 [N3]

様

훈	모양	さま	様* 모양, 모습　様々 여러 가지　王様 임금님 奥様 사모님　皆様 여러분
음	양	よう	様式 양식　様子* 상태, 상황　模様* 무늬, 모양 多様 다양　同様 같음, 마찬가지임

日本各地の様々な夏祭りが新聞に紹介された。 일본 각지의 여러 가지 여름 축제가 신문에 소개되었다.
時代の変化とともに生活の様式も変わった。 시대의 변화와 함께 생활 양식도 변했다.

0277 [N4]

集

훈	모을	あつ(める)	集める* 모으다　集め 모으기, 수집 人集め 사람을 모으는 것
		あつ(まる)	集まる* 모이다　集まり 모임
		つど(う)	集う 회합하다, 모이다　集い 회합, 모임
음	집	しゅう	集合* 집합　募集* 모집　集結 집결　集中* 집중 全集 전집

マラソンに参加する人を集めている。 마라톤에 참가할 사람을 모으고 있다.
終業式を行いますから、体育館に集合してください。
종업식을 거행하겠으니, 체육관으로 집합해 주세요.

0278 [N3] ☐☐☐

乗

훈 탈	の(る)	乗る* 타다	乗り物 탈것	乗り場 승차장	乗り換え 환승
	の(せる)	乗せる 태우다	上乗せ 덧붙임		
음 승	じょう	乗車* 승차	乗馬 승마	乗客* 승객	搭乗 탑승
		乗車券* 승차권			

バスに乗っていると気分が悪くなった。 버스에 타고 있자니 속이 안 좋아졌다.
ご乗車の際には足元にご注意ください。 승차하실 때에는 발밑을 주의하십시오.

0279 [N4] ☐☐☐

問

훈 물을	と(う)	問う 묻다	問いただす 추궁하다	問い合わせ 문의
	と(い)	問い 물음		
	とん	問屋 도매상		
음 문	もん	質問* 질문	問題* 문제	設問 설문	訪問* 방문
		問答 문답			

イミグレーションの職員に訪日の目的を問われた。
출입국 관리소의 직원이 일본을 방문한 목적을 물었다.
気になることがあれば何でも質問してください。 궁금한 것이 있으면 무엇이든 질문해 주세요.

0280 [N4] ☐☐☐

開

훈 열	ひら(く)	開く* 열다, 열리다, 시작되다	開き戸 여닫이문
	ひら(ける)	開ける* 열리다, 트이다	
	あ(く)	開く (가게 등이) 열리다	
	あ(ける)	開ける (가게 등을) 열다	開けたて 열고 닫음, 여닫음
음 개	かい	開店* 개점	開始 개시	開発* 개발	開拓 개척
		展開* 전개			

明後日学校で就職セミナーが開かれる。 모레 학교에서 취업 세미나가 열린다.
知り合いがレストランを開店したらしい。 지인이 레스토랑을 개점했다고 한다.

0281 [N2] 商

훈	장사	あきな(う)	商う 팔다, 장사하다　商い 거래, 교역, 장사
음	상	しょう	商売★ 장사　商業 상업　商品★ 상품　商人 상인 商店 상점

路上に食べ物を商う店が並んでいる。 길거리에 먹을 것을 파는 가게가 늘어서 있다.
将来は会社を辞めて何か商売をやってみたい。 장래에는 회사를 그만두고 무엇인가 장사를 해보고 싶다.

0282 [N1] 羊

훈	양	ひつじ	羊 양　羊肉 양고기　羊飼い 양치기 子羊 어린 양, 새끼 양
음	양	よう	羊毛 양모　羊肉 양육, 양고기　牧羊 양을 기름 綿羊 면양 (양의 다른 이름)　羊皮紙 양피지

眠れない時は頭の中で羊を数える。 잠들 수 없을 때는 머리 속으로 양을 센다.
オーストラリアは羊毛の生産国として有名だ。 호주는 양모 생산국으로 유명하다.

0283 [N4] 洋

훈	큰 바다	—	
음	양	よう	太平洋 태평양　西洋 서양　海洋 해양　洋風 서양풍 洋楽 서양 음악

自分の船で太平洋を渡るのが父の夢だ。 자신의 배로 태평양을 건너는 것이 아버지의 꿈이다.
日本は明治時代に西洋の文化を取り入れた。 일본은 메이지 시대에 서양의 문화를 받아들였다.

0284 [N3] 流

훈	흐를	なが(れる)	流れる★ 흐르다, 흘러가다　流れ★ 흐름 流れ星 별똥별, 유성
		なが(す)	流す★ 흘리다, 흐르게 하다　流し 흘림, 개수대 聞き流し 듣고 흘려 버림
음	류(유)	りゅう	流行★ 유행　流動 유동　合流★ 합류　交流★ 교류 電流 전류
		る	流布 유포　流浪 유랑, 방랑

会場内に式の始まりを告げる音楽が流れた。 회장 내에 식의 시작을 알리는 음악이 흘렀다.
冬はインフルエンザが流行しやすい。 겨울에는 인플루엔자가 유행하기 쉽다.

★은 JLPT/JPT 기출 단어입니다.

0285 [N3] □□□

苦

훈 쓸	くる(しい)	苦しい★ 괴롭다
	くる(しむ)	苦しむ 괴로워하다
	くる(しめる)	苦しめる 괴롭히다
	にが(い)	苦い★ 쓰다　苦み 쓴맛　苦手 서투름, 골칫거리
		苦々しい 대단히 불쾌하다
	にが(る)	苦り切る 몹시 불쾌한 표정을 하다
음 고	く	苦労★ 고생　苦痛 고통　苦悩 고뇌
		苦戦 고전, 어려운 싸움　苦心 고심

息切れで苦しかったが最後まで走りぬいた。 숨이 차서 괴로웠지만 마지막까지 완주했다.
学生時代はお金がなくて苦労をした。 학창 시절에는 돈이 없어서 고생을 했다.

0286 [N2] □□□

荷

훈 멜	に	荷★ 짐　荷物★ 화물, 짐　荷札 꼬리표, 짐표
		荷造り 짐을 쌈, 포장　初荷 새해 첫 상품
음 하	か	出荷★ 출하　入荷 입하　負荷 부하, 짐을 짐　荷重 하중
		集荷 집하

大量の荷物は船で運んだ方が安い。 대량의 화물은 배로 옮기는 편이 싸.
商品は月曜日に出荷される予定です。 상품은 월요일에 출하될 예정입니다.

0287 [N3] □□□

薬

훈 약	くすり	薬★ 약　胃薬 위약, 소화제　粉薬 가루약
		飲み薬 내복약　薬指 약지
음 약	やく	医薬品★ 의약품　薬品 약품　薬局★ 약국　薬剤 약제
		火薬 화약

アレルギーがひどくなったので薬を飲んだ。 알레르기가 심해져서 약을 먹었다.
医薬品は指示に従って扱ってください。 의약품은 지시에 따라 취급해 주세요.

★은 JLPT/JPT 기출 단어입니다.

0288 [N2] 葉

훈	잎	は	葉★ 잎　落ち葉★ 낙엽, 떨어진 잎　枯れ葉 마른 잎 葉書★ 엽서　言葉★ 말, 단어
음	엽	よう	紅葉★ 단풍, 홍엽　落葉 낙엽　葉緑素 엽록소 広葉樹 활엽수　針葉樹 침엽수

ビルの入り口に積もっている落ち葉を掃いた。 빌딩 입구에 쌓여있는 낙엽을 쓸었다.
11月になり紅葉がピークを迎えている。 11월이 되자 단풍이 피크를 맞이하고 있다.

0289 [N4] 漢

훈	한수	―	
음	한	かん	漢字★ 한자　漢方薬 한약　漢文 한문 漢語 한어, 중국어　門外漢 문외한

報告書に漢字の間違いがあった。 보고서에 한자 오류가 있었다.
漢方薬を飲んでいる時はお酒は避けた方がいい。 한약을 먹고 있을 때는 술은 피하는 편이 좋다.

0290 [N3] 君

훈	임금	きみ	君★ 너, 그대　母君 어머님 (남 또는 자기 어머니의 높임말)
음	군	くん	君臨 군림　諸君 제군, 여러분　主君 주군　君主 군주 君子 군자

ランチのメニューは君に決めてもらいたい。 점심 메뉴는 네가 정해 주었으면 해.
彼女は世界のトップモデルとして君臨している。 그녀는 세계 톱 모델로서 군림하고 있다.

0291 [N3] 昔

훈	예	むかし	昔★ 옛날　一昔 옛날로 느껴질 정도의 과거, 약 10년 전 昔話 옛날이야기
음	석	せき	昔日 지난날, 옛날　往昔 옛적
		しゃく	今昔 지금과 옛날

昔はケータイもテレビもなかった。 옛날에는 휴대 전화도 텔레비전도 없었다.
写真を見て昔日の思い出がよみがえった。 사진을 보니 지난날의 추억이 되살아났다.

0292 習 [N4]

훈	익힐	なら(う)	習う* 배우다, 익히다　見習う 본받다, 보고 익히다 手習い (글씨) 공부, 연습　見習い 견습, 수습
음	습	しゅう	復習* 복습　予習* 예습　練習* 연습 習慣* 습관, 관습　習得 습득

学校でフランス語を**習**っている。 학교에서 프랑스어를 배우고 있다.
学んだことを**復習**すると頭に残りやすい。 배운 것을 복습하면 머리에 남기 쉽다.

0293 具 [N3]

훈	갖출	—	
음	구	ぐ	道具* 도구　家具* 가구　具合* 상태, 형편 具備 구비, 갖춤　具体的* 구체적

キャンプ場に**道具**がそろっていて便利だ。 캠핑장에 도구가 갖추어져 있어서 편리하다.
急に体の**具合**が悪くなってめまいがした。 갑자기 몸 상태가 안 좋아져서 현기증이 났다.

0294 員 [N3]

훈	인원	—	
음	원	いん	人員 인원　定員* 정원　店員* 점원　満員* 만원 社員* 사원

イベント運営に必要な**人員**を集めている。 이벤트 운영에 필요한 인원을 모으고 있다.
このエレベーターの**定員**は10人である。 이 엘리베이터의 정원은 10명이다.

0295 真 [N4]

훈	참	ま	真心 진심, 정성　真面目* 성실함　真ん中 한가운데 真昼 한낮　真っ先* 맨 앞
음	진	しん	真剣 진지함, 진검　真実 진실　真偽 진위 真意 진의, 참된 의도　写真* 사진

ホテルの支配人が**真心**を込めて私たちを迎えてくれた。
호텔 지배인이 진심을 다해 우리를 맞이해 주었다.
結婚について**真剣**に考えてみることにした。 결혼에 대해 진지하게 생각해 보기로 했다.

0296 [N4] □□□

훈	붙을	き(る)	着る* 입다　着物 기모노, 옷　上着* 겉옷, 상의 下着 속옷　晴れ着 나들이옷
		き(せる)	着せる 입히다
		つ(く)	着く* 도착하다　船着き場 선착장
		つ(ける)	着ける 갖다 붙이다
음	착	ちゃく	到着* 도착　愛着* 애착　執着* 집착　着用 착용 着手 착수
		じゃく	無頓着 무관심, 무심함

日本の女性は成人式にふりそでを着ることが多い。
일본 여성은 성인식에 소매가 긴 기모노를 입는 경우가 많다.

飛行機が羽田空港に定時に到着した。 비행기가 하네다 공항에 정시에 도착했다.

0297 [N3] □□□

훈	더울	あつ(い)	暑い* 덥다　暑さ* 더위
음	서	しょ	残暑 늦더위　寒暑 한서, 추위와 더위　酷暑 혹서, 심한 더위 暑気 여름 더위　避暑 피서

今年の夏は暑くて寝苦しい日が多かった。 올해 여름은 더워서 잠들기 어려운 날이 많았다.

10月初旬なのに残暑が厳しい。 10월 초순인데도 늦더위가 심하다.

0298 [N3] □□□

훈	구분할	ー	
음	구	く	区別* 구별　区分 구분　区切る* 구분하다, 단락 짓다 地区 지구, 구역　区々 각각 다름

姉とは区別がつかないほど似ているとよく言われる。
언니와는 구별이 안 갈 정도로 닮았다는 말을 자주 듣는다.

長い文はコンマで区切ると読みやすくなる。 긴 문장은 쉼표로 구분하면 읽기 쉬워진다.

★은 JLPT/JPT 기출 단어입니다.

0299 [N4] ☐☐☐

医

훈	의원	—							
음	의	い	医者★ 의사	医療★ 의료	医学 의학	医薬品 의약품			
			名医 명의						

医者になるには勉強はもちろん体力も必要だ。 의사가 되려면 공부는 물론 체력도 필요하다.
病院は安全な医療を第一に考えるべきだ。 병원은 안전한 의료를 첫 번째로 생각해야 한다.

0300 [N2] ☐☐☐

歯

훈	이	は	歯★ 이(빨)	虫歯★ 충치	奥歯 어금니	入れ歯 틀니
			歯医者 치과 의사			
음	치	し	歯科 치과	歯石 치석	歯列 치열	乳歯 유치, 젖니
			義歯 의치, 틀니			

子どもの歯が生え変わり始めた。 아이의 이가 새로 나기 시작했다.
歯科は定期的に通った方がいい。 치과는 정기적으로 다니는 편이 좋다.

0301 [N3] ☐☐☐

皿

훈	그릇	さら	皿★ 접시	小皿 작은 접시	灰皿 재떨이	皿洗い 설거지
음	명	—				

洗った皿を水切りかごに立てておいた。 씻은 접시를 식기 건조대에 세워 두었다.
料理を小皿に取り分けて食べる。 요리를 작은 접시에 덜어 먹는다.

0302 [N3] ☐☐☐

血

훈	피	ち	血 피	鼻血 코피	血走る 핏발이 서다, 충혈되다	
음	혈	けつ	血液★ 혈액	血圧★ 혈압	血統 혈통, 핏줄	
			血液型★ 혈액형	鮮血 선혈, 갓 흘러나온 피		

社長はお金に関しては血も涙もない。 사장님은 돈에 관해서는 피도 눈물도 없다.
水分が足りないと血液がドロドロになるそうだ。 수분이 부족하면 혈액이 걸쭉해진다고 한다.

★은 JLPT/JPT 기출 단어입니다.

0303 [N3] ☐☐☐

훈	따뜻할	あたた(か)	温かだ 따스하다
		あたた(かい)	温かい 따뜻하다, 포근하다
		あたた(まる)	温まる* 따뜻해지다
		あたた(める)	温める* 따뜻하게 하다
음	온	おん	気温* 기온　高温 고온　温泉* 온천　温厚* 온후
			温暖* 온난

温かなオレンジ色のランプは居心地の良い空間を作る。
따스한 오렌지색의 램프는 아늑한 공간을 만든다.

秋になり朝晩の気温の差が激しくなった。 가을이 되자 아침저녁의 기온 차가 심해졌다.

0304 [N2] ☐☐☐

훈	끓일	ゆ	お湯 뜨거운 물, 온수　湯気 김, 수증기　湯船 욕조, 목욕통
			初湯 (갓난아이의) 첫 목욕　湯飲み 찻잔
음	탕	とう	熱湯 끓는 물, 열탕　銭湯 대중목욕탕
			薬湯 약탕, 달여서 마시는 한약, 약초를 넣은 목욕물

カップ麺にお湯を入れて3分間待つ。 컵라면에 뜨거운 물을 넣고 3분간 기다린다.

手に熱湯がかかり、やけどしてしまった。 손에 끓는 물이 튀어, 데고 말았다.

0305 [N3] ☐☐☐

훈	펼/알릴	もう(す)	申す* (말을) 하다 (言うの 겸양어)　申し込み* 신청
			申し上げる 말씀드리다
음	신	しん	申告 신고　申請 신청, 출원

本日入社いたしました山田と申します。 오늘 입사한 야마다라고 합니다.

税関に申告する品目を届けに記入した。 세관에 신고할 품목을 신고서에 기입했다.

★은 JLPT/JPT 기출 단어입니다.

0306 [N3] ☐☐☐

훈	말미암을	よし	由 …라니, 까닭, 원인　事の由 사정, 이유
음	유	ゆ	由来 유래　経由★ 경유　由縁 연유, 까닭
		ゆう	理由★ 이유　自由★ 자유　事由 사유
		ゆい	由緒★ 유서, 예로부터 전하여 내려오는 내력

お元気でお過ごしの由、何よりと存じます。 건강하게 지내신다니, 무엇보다 다행이라고 생각합니다.
ハロウィンは古代ケルト人の祝日に由来する。 핼러윈은 고대 켈트인의 경축일에서 유래한다.

0307 [N3] ☐☐☐

훈	기름	あぶら	油★ 기름　油あげ 유부　ごま油 참기름　油絵★ 유화
음	유	ゆ	石油 석유　油田 유전　油脂 유지, 지방　醤油 간장
			油断★ 방심

油で揚げた玉ねぎはカリカリしておいしい。 기름에 튀긴 양파는 바삭바삭해서 맛있다.
世界で石油を一番多く使う国はアメリカである。 세계에서 석유를 제일 많이 쓰는 나라는 미국이다.

0308 [N3] ☐☐☐

훈	굽을	ま(がる)	曲がる★ 굽다, 구부러지다　曲がり角 모퉁이, 전환점
		ま(げる)	曲げる★ 굽히다, 구부리다
음	곡	きょく	曲★ 곡, 악곡　名曲 명곡　作曲 작곡　曲線 곡선
			曲面 곡면, 굽은 면

木の枝が曲がって生えている。 나뭇가지가 굽어 자라고 있다.
ラジオから好きな曲が流れてきた。 라디오에서 좋아하는 곡이 흘러나왔다.

※ 책 속의 책 <쓰기노트>(p.30)로 각 한자를 획순에 따라 직접 써 보세요.

DAY 08 연습문제

맞은 개수: /34

색이 있는 한자의 발음을 밑줄에 쓴 다음, 괄호 안에 단어의 뜻을 써 보세요.

01	仕業	し_____	( )	18	復習	ふく_____	( )
02	様式	_____しき	( )	19	道具	どう_____	( )
03	集める	_____める	( )	20	人員	じん_____	( )
04	乗車	_____しゃ	( )	21	真剣	_____けん	( )
05	問う	_____う	( )	22	着る	_____る	( )
06	開店	_____てん	( )	23	暑い	_____い	( )
07	商う	_____う	( )	24	区別	_____べつ	( )
08	羊毛	_____もう	( )	25	医者	_____しゃ	( )
09	太平洋	たいへい_____	( )	26	歯科	_____か	( )
10	流れる	_____れる	( )	27	皿	_____	( )
11	苦しい	_____しい	( )	28	血液	_____えき	( )
12	出荷	しゅっ_____	( )	29	温かだ	_____かだ	( )
13	薬	_____	( )	30	お湯	お_____	( )
14	紅葉	こう_____	( )	31	申す	_____す	( )
15	漢字	_____じ	( )	32	由来	_____らい	( )
16	君	_____	( )	33	油	_____	( )
17	昔	_____	( )	34	曲がる	_____がる	( )

정답 01 しわざ 소행, 짓 02 ようしき 양식 03 あつめる 모으다 04 じょうしゃ 승차 05 とう 묻다 06 かいてん 개점 07 あきなう 팔다, 장사하다 08 ようもう 양모 09 たいへいよう 태평양 10 ながれる 흐르다, 흘러가다 11 くるしい 괴롭다 12 しゅっか 출하 13 くすり 약 14 こうよう 단풍, 홍엽 15 かんじ 한자 16 きみ 너, 그대 17 むかし 옛날 18 ふくしゅう 복습 19 どうぐ 도구 20 じんいん 인원 21 しんけん 진지함, 진검 22 きる 입다 23 あつい 덥다 24 くべつ 구별 25 いしゃ 의사 26 しか 치과 27 さら 접시 28 けつえき 혈액 29 あたたかだ 따스하다 30 おゆ 뜨거운 물, 온수 31 もうす (말을) 하다 32 ゆらい 유래 33 あぶら 기름 34 まがる 굽다, 구부러지다

일본 문부과학성 지정
초등학교 3학년 한자 ③

오늘은 일본 문부과학성이 지정한 일본 초등학교 3학년 학습 한자 200개 중 34개를 익혀볼 거예요. 먼저 오늘 배울 한자 34개의 훈독과 음독을 일본어로 한 번씩 따라 읽은 후 본격적인 학습을 시작해 보아요.

🎧 해커스 일본어상용한자1026_Day09.mp3

州	農	畑	界	神	福	横	笛
고을 주 す しゅう	농사 농 — のう	화전 전 はたけ —	지경 계 — かい	신 신 かみ しん	복 복 — ふく	가로 횡 よこ おう	피리 적 ふえ てき

훈독 ↙   음독 ↙ 훈독없음   음독없음

箱	帳	始	味	和	相	暗	昭
상자 상 はこ —	장막 장 — ちょう	처음 시 はじ(める) し	맛 미 あじ み	화할 화 やわ(らぐ) わ	서로 상 あい そう	어두울 암 くら(い) あん	밝을 소 — しょう

研	助	取	動	勉	転	軽	駅
갈 연 と(ぐ) けん	도울 조 たす(ける) じょ	가질 취 と(る) しゅ	움직일 동 うご(く) どう	힘쓸 면 — べん	구를 전 ころ(がる) てん	가벼울 경 かる(い) けい	정거장 역 — えき

受	度	庫	病	庭	丁	打	礼
받을 수 う(ける) じゅ	법도 도 たび ど	곳집 고 — こ	병 병 やまい びょう	뜰 정 にわ てい	고무래 정 — ちょう	칠 타 う(つ) だ	예절 례 — れい

去	世
갈 거 さ(る) きょ	인간 세 よ せ

★은 JLPT/JPT 기출 단어입니다.

0309 [N2] □□□

州

훈	고을	す	州 주 (흙·모래가 물속에 퇴적하여 물위로 드러난 땅), 모래톱 三角州 삼각주　中州 강 가운데의 모래톱
음	주	しゅう	州 주 (연방 국가의 행정 구역 중 하나)　州立 주립 州議会 주의회 (각 주(州)의 의원들로 구성된 의회) 州知事 주지사　六大州 육대주, 육대륙

地球上でもっとも大きい三角州はエジプトにある。 지구상에서 가장 큰 삼각주는 이집트에 있다.
友人はアリゾナ州にある大学に通っている。 친구는 애리조나주에 있는 대학에 다니고 있다.

0310 [N2] □□□

農

훈	농사	—	
음	농	のう	農業* 농업　農場* 농장　農家* 농가　農具 농기구 酪農 낙농, 유제품을 만드는 농업

これからの農業の発展について説明します。 앞으로의 농업의 발전에 대해서 설명하겠습니다.
祖母は田舎で大きな農場をやっている。 할머니는 시골에서 큰 농장을 하고 있다.

0311 [N3] □□□

畑

훈	화전	はたけ	畑 밭, 분야　麦畑 보리밭　畑違い 전문 분야가 다름 畑仕事 밭일
		はた	畑 밭　畑作 밭농사　田畑 논밭
음	전	—	

車窓の向こうに黄金の畑が広がった。 차창 너머로 황금색 밭이 펼쳐졌다.
畑違いのチームに行くことになった。 전문 분야가 다른 팀으로 가게 되었다.

0312 [N4] □□□

界

훈	지경	—	
음	계	かい	世界* 세계　業界 업계　境界 경계　限界 한계

世界を舞台に活動する歌手になりたい。 세계를 무대로 활동하는 가수가 되고 싶다.
インターンシップで志望する業界を体験した。 인턴십으로 지망하는 업계를 체험했다.

0313 [N3] 神

훈 신	かみ	神 신　神様 신(神)의 높임말, 하느님
	かん	神主 신사의 신관
	こう	神々しい 성스럽다
음 신	しん	精神 정신　神経 신경　神父 신부, 가톨릭 사제 神話 신화　神聖 신성
	じん	神社 신사　神宮 신궁

私は神の存在を信じている。 나는 신의 존재를 믿고 있다.
深く息をすると精神が安定する。 깊게 숨을 쉬면 정신이 안정된다.

0314 [N3] 福

훈 복	─	
음 복	ふく	福 복　福祉★ 복지　祝福 축복　幸福 행복　裕福 유복

「笑う門には福来る」ということわざが好きだ。 '웃는 집에는 복이 온다'는 속담을 좋아한다.
市は老人向けの様々な福祉サービスを提供している。
시는 노인을 위한 다양한 복지 서비스를 제공하고 있다.

0315 [N2] 横

훈 가로	よこ	横★ 옆, 가로　横顔 옆얼굴 横道 옆길, 본 줄거리에서 벗어난 이야기, 그릇된 길 横切る 가로지르다　横たわる 가로눕다, 눕다
음 횡	おう	横断★ 횡단　横領 횡령　横隊 횡대, 가로로 늘어선 대형 横暴 횡포　横柄 건방짐

電話の横にカレンダーが置いてある。 전화 옆에 달력이 놓여있다.
車道を横断する時は車に気をつけましょう。 차도를 횡단할 때는 자동차를 조심합시다.

0316 [N1] 笛

훈 피리	ふえ	笛 호각, 피리　口笛 휘파람　草笛 풀피리
음 적	てき	汽笛 기적, 고동　警笛 경적　鼓笛 북과 피리

試合の終了を知らせる笛が鳴った。 시합 종료를 알리는 호각이 울렸다.
遠くから船の汽笛の音が聞こえた。 멀리서 배의 기적 소리가 들렸다.

★은 JLPT/JPT 기출 단어입니다.

0317 [N3] 箱

| 훈 | 상자 | はこ | 箱* 상자　本箱 책장　ごみ箱 쓰레기통　小箱 작은 상자
箱庭 상자 안에 만든 모형 정원 |
| 음 | 상 | — | |

不要なものを箱の中にしまっておいた。 불필요한 것을 상자 안에 넣어 두었다.
本箱を作ろうと、くぎとかなづちを用意した。 책장을 만들려고, 못과 망치를 준비했다.

0318 [N1] 帳

| 훈 | 장막 | — | |
| 음 | 장 | ちょう | 通帳 통장　几帳面* 꼼꼼함　手帳 수첩
帳面 공책, 노트　帳簿 장부 |

通帳の再発行には身分証明書が必要となります。 통장 재발행에는 신분증이 필요합니다.
夫は几帳面で真面目な性格だ。 남편은 꼼꼼하고 성실한 성격이다.

0319 [N4] 始

훈	처음/ 비로소	はじ(める)	始める* 시작하다　始め 시작, 기원
		はじ(まる)	始まる* 시작되다　始まり 시작, 시초
음	시	し	開始* 개시　年始 연시, 연초　年末年始 연말연시 原始 원시

息子は小学生の時にサッカーを始めた。 아들은 초등학생일 때 축구를 시작했다.
イベント開始の日付はまだ未定です。 이벤트 개시 날짜는 아직 미정입니다.

0320 [N4] 味

훈	맛	あじ	味* 맛　味見 맛보기　塩味 소금으로 맛을 냄, 짠 맛 味付け 맛을 냄, 양념함
		あじ(わう)	味わう 맛보다　味わい 맛, 풍미
음	미	み	興味* 흥미　味覚 미각　趣味* 취미　意味* 의미 三味線 샤미센 (일본의 전통 현악기)

自分で作る料理はいつも味が薄い気がする。 내가 만드는 요리는 항상 맛이 싱거운 느낌이 든다.
ドラマを見て日本語に興味を持ち始めた。 드라마를 보고 일본어에 흥미를 가지기 시작했다.

★은 JLPT/JPT 기출 단어입니다.

0321 和 [N3]

훈 화할	やわ(らぐ)	和らぐ★ 누그러지다, 완화되다
	やわ(らげる)	和らげる 누그러뜨리다, 진정시키다
	なご(む)	和む 부드러워지다, 온화해지다
	なご(やか)	和やかだ★ 화목하다
음 화	わ	和風★ 일본풍, 일본식　和服 일본옷　緩和★ 완화　和解 화해　柔和 온화
	お	和尚 화상, 스님

10月になり暑さも少し和らいだ。 10월이 되니 더위도 조금 누그러졌다.
サラダに和風のドレッシングをかけた。 샐러드에 일본풍 드레싱을 뿌렸다.

0322 相 [N3]

훈 서로	あい	相手★ 상대　相方 파트너　相変わらず★ 변함없이
음 상	そう	相当★ 상당, 상응　相談★ 상담　相違★ 상이　相互★ 상호　真相 진상, 참된 내용
	しょう	首相 수상, 내각 최고 책임자　外相 외무부 장관

彼に何を言われようが相手にしないでおこう。 그에게 무슨 말을 듣든 상대를 하지 말아야지.
努力に相当する結果が得られてうれしい。 노력에 상당하는 결과를 얻을 수 있어서 기쁘다.

0323 暗 [N3]

| 훈 어두울 | くら(い) | 暗い★ 어둡다　暗がり 어두움, 어두운 곳　暗闇 어둠　真っ暗 아주 캄캄함 |
| 음 암 | あん | 暗記★ 암기　明暗 명암　暗示 암시　暗号 암호　暗算 암산 |

冬は日が短くてすぐ暗くなってしまう。 겨울은 해가 짧아서 금방 어두워져 버린다.
試験によく出る単語だけでも暗記しておこう。 시험에 잘 나오는 단어만이라도 암기해 두자.

0324 [N1] ☐☐☐ 昭

훈	밝을	—	
음	소	しょう	昭和 쇼와 (1926년~1989년까지의 일본 연호)

昭和は60年も続いた長い時代だった。 쇼와는 60년이나 계속된 긴 시대였다.

0325 [N4] ☐☐☐ 研

훈	갈	と(ぐ)	研ぐ 갈다, 닦아서 윤을 내다
음	연	けん	研修* 연수 研究* 연구 研磨 연마

包丁を研いだらお肉が切りやすくなった。 칼날을 갈았더니 고기를 자르기 쉬워졌다.
店長はマネージャー研修に参加しなければならない。
점장은 매니저 연수에 참가하지 않으면 안 된다.

0326 [N3] ☐☐☐ 助

훈	도울	たす(ける)	助ける* 돕다, 살리다 助け 도움 手助け 거듦, 도움
		たす(かる)	助かる* 살아나다, 면하다 大助かり 큰 도움
		すけ	助太刀 조력을 함, 도와줌 助っ人 조력자
음	조	じょ	援助* 원조, 도와줌 補助* 보조 救助 구조 助言 조언 助手 조수

ホームレスを助けるために募金をした。 노숙자를 돕기 위해서 모금을 했다.
今回の事業は国からの援助があった。 이번 사업은 국가로부터의 원조가 있었다.

0327 [N3] ☐☐☐ 取

훈	가질	と(る)	取る* 가지다, 잡다 物取り 도둑 取っ手 손잡이 取り消す* 취소하다 受け取る* 받다
음	취	しゅ	取得 취득 取材* 취재 聴取 청취 採取 채취 先取 선취, 먼저 취함

財布を忘れて家まで取りに戻った。 지갑을 잊어서 집까지 가지러 돌아갔다.
ライセンスを取得するには試験を受けてください。 라이선스를 취득하려면 시험을 치러 주세요.

★은 JLPT/JPT 기출 단어입니다.

0328 [N4] ☐☐☐

動

훈	움직일	うご(く)	動く* 움직이다　動き 움직임
		うご(かす)	動かす 움직이게 하다
음	동	どう	活動* 활동　感動* 감동　騷動 소동　動作* 동작 動物* 동물

電池を取り替えたら時計の針が動いた。 전지를 갈아 끼웠더니 시곗바늘이 움직였다.
彼女は動物を守る市民団体で活動している。 그녀는 동물을 보호하는 시민 단체에서 활동하고 있다.

0329 [N4] ☐☐☐

勉

| 훈 | 힘쓸 | — | |
| 음 | 면 | べん | 勉強* 공부　勤勉 근면　勉学 면학, 학문에 힘씀 |

幼いころから毎日勉強をする習慣をつけてきた。 어릴 적부터 매일 공부를 하는 습관을 들여 왔다.
外国人から見る日本人は勤勉なイメージが強い。 외국인이 보는 일본인은 근면한 이미지가 강하다.

0330 [N4] ☐☐☐

転

훈	구를	ころ(がる)	転がる 굴러가다
		ころ(げる)	転げる 구르다
		ころ(がす)	転がす 굴리다, 넘어뜨리다
		ころ(ぶ)	転ぶ* 넘어지다
음	전	てん	運転* 운전　移転 이전, 다른 데로 옮김　回転 회전 逆転 역전　転出 전출, 전근

子どもが転がるボールを追って走っている。 아이가 굴러가는 공을 쫓아 달리고 있다.
このトンネルでは居眠り運転による交通事故がよく起こる。
이 터널에서는 졸음운전에 의한 교통사고가 자주 발생한다.

★은 JLPT/JPT 기출 단어입니다.

0331 [N3] ☐☐☐

훈	가벼울	かる(い)	軽い★ 가볍다　手軽だ★ 손쉽다　軽々と 가뿐히 気軽 가볍게 행동함　軽口 익살, 입이 가벼움
		かろ(やか)	軽やかだ 가뿐하다
음	경	けい	軽傷★ 경상　軽快 경쾌　軽率 경솔　軽視 경시 軽薄 경박

新しいノートパソコンは軽くて持ち運びに便利だ。 새 노트북은 가벼워서 들고 다니기에 편리하다.
火災により職員二人が軽傷を負った。 화재로 인해 직원 두 명이 경상을 입었다.

0332 [N4] ☐☐☐

| 훈 | 정거장 | — | |
| 음 | 역 | えき | 駅★ 역　駅員★ 역무원　駅長 역장
駅弁 역에서 파는 도시락　貨物駅 화물역 |

上京する妹を駅まで見送った。 상경하는 여동생을 역까지 배웅했다.
駅員は体が不自由な人のお手伝いをしていた。 역무원은 몸이 자유롭지 않은 사람을 돕고 있었다.

0333 [N3] ☐☐☐

훈	받을	う(ける)	受ける 받다, 치르다　受付★ 접수
		う(かる)	受かる 합격하다
음	수	じゅ	受信 수신　受賞 수상, 상을 받음　受験★ 수험 受容 수용　受諾 수락

家の近くの病院で診察を受けた。 집 근처 병원에서 진찰을 받았다.
電波の受信が不安定で電話がつながらない。 전파 수신이 불안정해서 전화가 연결되지 않는다.

★은 JLPT/JPT 기출 단어입니다.

[N4] ☐☐☐ 0334

훈 법도	たび	度 때, 번　この度* 이번, 금번　度々 번번이, 자주 度重なる 거듭되다
음 도	ど	制度* 제도　一度* 한번　今度* 이 다음 번, 이번 限度 한도　度胸 담력
	と	法度 법도, (무가 시대의) 법령, 금령
	たく	支度 채비

この度は大変お世話になりました。 이번에는 대단히 신세를 졌습니다.
留学生の学費制度が新しく変わった。 유학생의 학비 제도가 새로이 바뀌었다.

[N2] ☐☐☐ 0335

훈 곳집	―	
음 고	こ	冷蔵庫* 냉장고　車庫 차고　倉庫* 창고 文庫 문고, 서고　金庫 금고
	く	庫裏 절의 부엌

冷蔵庫のドアをちゃんと閉めてください。 냉장고의 문을 제대로 닫아 주세요.
年が変わる前に車庫を一度片付けよう。 해가 바뀌기 전에 차고를 한번 치우자.

[N4] ☐☐☐ 0336

훈 병	やまい	病 병, 나쁜 버릇, 근심거리
	や(む)	病む 병들다, 앓다 病み付き 버릇이 들어서 고칠 수 없게 됨, 고질이 됨 病み上がり 병이 나은지 얼마 되지 않은 상태 또는 사람
음 병	びょう	看病 간병　病気* 질병, 병　病院* 병원 臆病* 겁이 많음　持病 지병
	へい	疾病 질병

心の病で体調を崩す場合もある。 마음의 병으로 건강을 해치는 경우도 있다.
娘と夜昼なしに家内の看病をした。 딸과 밤낮없이 집사람의 간병을 했다.

122　무료 학습 자료 제공 · japan.Hackers.com

★은 JLPT/JPT 기출 단어입니다.

0337 [N3] □□□

훈	뜰	にわ	庭★ 마당, 뜰　庭先 뜰 앞, 정원에서 툇마루에 가까운 부분 裏庭 뒷마당, 뒤뜰　庭師 정원사
음	정	てい	校庭★ 교정, 학교 마당　家庭★ 가정, 집　庭園 정원, 뜰

庭が付いている一戸建てで暮らしたい。 마당이 딸려 있는 단독 주택에서 살고 싶다.
先生と学生が集まって校庭に植木を植えた。 선생님과 학생이 모여서 교정에 정원수를 심었다.

0338 [N1] □□□

훈	고무래/ 장정	—	
음	정	ちょう	二丁目 2가　包丁★ 식칼　丁度 꼭, 정확히
		てい	丁寧★ 신중함, 정중함　丁字路 삼거리, 정자로 甲乙丙丁 갑을병정

銀座二丁目はいつも人々でいっぱいだ。 긴자 2가는 언제나 사람들로 가득하다.
皿など割れやすいものは丁寧に扱ってください。 접시 등 깨지기 쉬운 물건은 신중하게 다뤄 주세요.

0339 [N3] □□□

훈	칠	う(つ)	打つ 박다, 치다　打ち込む★ 쳐넣다　打ち消す★ 부정하다 打ち切る★ 중지하다　打ち合わせ 미리 상의함
음	타	だ	打者 타자　安打 안타　打撃 타격　打破 타파 打開★ 타개

テーブルに頭を打ってこぶができた。 테이블에 머리를 박아서 혹이 생겼다.
彼は日本一の打者を目指している。 그는 일본 제일의 타자를 목표로 하고 있다.

0340 [N3] □□□

훈	예절	—	
음	례(예)	れい	お礼★ 감사의 말, 사례　礼儀★ 예의　失礼★ 실례 謝礼 사례　無礼 무례
		らい	礼賛 예찬

卒業する前に先生にお礼を言いたい。 졸업하기 전에 선생님에게 감사의 말을 하고 싶다.
彼女の礼儀正しい姿を見て好印象を持った。 그녀의 예의 바른 모습을 보고 좋은 인상을 가졌다.

★은 JLPT/JPT 기출 단어입니다.

0341 [N4] ☐☐☐

훈 갈	さ(る)	去る 떠나다, 때가 지나가다　去る21日 지난 21일
음 거	きょ	去年* 작년　除去 제거　退去 퇴거　消去 소거
	こ	過去* 과거

母国を去ってもう10年以上経った。 모국을 떠난 지 벌써 10년 이상 지났다.
去年妹が中学校に入学した。 작년에 여동생이 중학교에 입학했다.

0342 [N4] ☐☐☐

훈 인간	よ	世 세상, 사회　世の中* 세상, 시대　世論 여론 世の末 말세
음 세	せ	出世* 출세　世間* 세간, 세상 사람　世話* 도와 줌, 보살핌 世界* 세계　世帯 세대
	せい	世紀 세기　近世 근세　中世 중세　後世 후세 ご時世 (변화하는) 시대

最近はSNSで世の中の出来事があっという間に知れ渡る。
최근에는 SNS에서 세상의 사건이 눈 깜짝할 새에 널리 알려진다.
出世してみんなに認められる人になりたい。 출세해서 모두에게 인정받는 사람이 되고 싶다.

※ 책 속의 책 <쓰기노트>(p.34)로 각 한자를 획순에 따라 직접 써 보세요.

124 무료 학습 자료 제공 | japan.Hackers.com

DAY 09 연습문제

맞은 개수: /34

색이 있는 한자의 발음을 밑줄에 쓴 다음, 괄호 안에 단어의 뜻을 써 보세요.

01	三角州	さんかく_____	( )
02	農業	_____ぎょう	( )
03	畑	_____	( )
04	世界	せ_____	( )
05	神	_____	( )
06	福	_____	( )
07	横断	_____だん	( )
08	笛	_____	( )
09	箱	_____	( )
10	通帳	つう_____	( )
11	始める	_____める	( )
12	興味	きょう_____	( )
13	和らぐ	_____らぐ	( )
14	相当	_____とう	( )
15	暗い	_____い	( )
16	昭和	_____わ	( )
17	研ぐ	_____ぐ	( )
18	援助	えん_____	( )
19	取る	_____る	( )
20	活動	かつ_____	( )
21	勉強	_____きょう	( )
22	転がる	_____がる	( )
23	軽い	_____い	( )
24	駅	_____	( )
25	受ける	_____ける	( )
26	制度	せい_____	( )
27	冷蔵庫	れいぞう_____	( )
28	病	_____	( )
29	庭	_____	( )
30	二丁目	に_____め	( )
31	打つ	_____つ	( )
32	お礼	お_____	( )
33	去る	_____る	( )
34	出世	しゅつ_____	( )

정답 01 さんかくす 삼각주 02 のうぎょう 농업 03 はたけ 밭, 분야 / はた 밭 04 せかい 세계 05 かみ 신 06 ふく 복 07 おうだん 횡단 08 ふえ 호각, 피리 09 はこ 상자 10 つうちょう 통장 11 はじめる 시작하다 12 きょうみ 흥미 13 やわらぐ 누그러지다, 완화되다 14 そうとう 상당, 상응 15 くらい 어둡다 16 しょうわ 쇼와 17 とぐ 갈다, 닦아서 윤을 내다 18 えんじょ 원조, 도와줌 19 とる 가지다, 잡다 20 かつどう 활동 21 べんきょう 공부 22 ころがる 굴러가다 23 かるい 가볍다 24 えき 역 25 うける 받다, 치르다 26 せいど 제도 27 れいぞうこ 냉장고 28 やまい 병, 나쁜 버릇, 근심거리 29 にわ 마당, 뜰 30 にちょうめ 2가 31 うつ 박다, 치다 32 おれい 감사의 말, 사례 33 さる 떠나다, 때가 지나가다 34 しゅっせ 출세

DAY 10 - 초등학교 3학년 한자 ④

일본 문부과학성 지정

오늘은 일본 문부과학성이 지정한 일본 초등학교 3학년 학습 한자 200개 중 33개를 익혀볼 거예요. 먼저 오늘 배울 한자 33개의 훈독과 음독을 일본어로 한 번씩 따라 읽은 후 본격적인 학습을 시작해 보아요.

🎧 해커스 일본어상용한자1026_Day10.mp3

負	身	県	有	育	飲	館	鉄
질 부	몸 신	매달 현	있을 유	기를 육	마실 음	집 관	쇠 철
ま(ける) ふ	み しん	— けん	あ(る) ゆう	そだ(てる) いく	の(む) いん	やかた かん	— てつ

훈독 ← → 음독   훈독없음

銀	根	放	族	旅	遊	対	列
은 은	뿌리 근	놓을 방	겨레 족	나그네 려	놀 유	대할 대	벌릴 렬
— ぎん	ね こん	はな(す) ほう	— ぞく	たび りょ	あそ(ぶ) ゆう	— たい	— れつ

死	役	投	指	拾	路	事	物
죽을 사	부릴 역	던질 투	가리킬 지	주울 습	길 로	일 사	물건 물
し(ぬ) し	— やく	な(げる) とう	さ(す) し	ひろ(う) しゅう	じ ろ	こと じ	もの ぶつ

持	待	詩	談	調	等	第	筆
가질 지	기다릴 대	시 시	말씀 담	고를 조	등급 등	차례 제	붓 필
も(つ) じ	ま(つ) たい	— し	— だん	しら(べる) ちょう	ひと(しい) とう	— だい	ふで ひつ

章
글 장
— しょう

0343 [N3]

負

훈 질	ま(ける)	負ける* 지다, 패배하다 負け 짐, 패배
	ま(かす)	負かす 지게 하다, 이기다
	お(う)	負う 업다, 지다, 입다 負い目 빚, 부담감 背負う* 짊어지다
음 부	ふ	負担* 부담 負債* 부채, 빚을 짐 負傷 부상 勝負* 승부 自負 자부

私が応援するサッカーチームが**負けて**がっかりした。 내가 응원하는 축구 팀이 져서 실망했다.
会社が家賃の一部を**負担**してくれている。 회사가 집세의 일부를 부담해 주고 있다.

0344 [N3]

身

훈 몸	み	身 몸 中身* 내용물, 알맹이, 속 親身 육친, 근친 身内 온몸, 가족 身分 신분
음 신	しん	身長* 키, 신장 身体 신체 独身* 독신 単身 단신, 혼자 等身大 등신대, 사람과 같은 크기

冷たい風が**身**にしみる時期になった。 찬 바람이 몸에 스미는 시기가 되었다.
冬休みの間、息子の**身長**が一気に伸びた。 겨울 방학 동안, 아들의 키가 단숨에 자랐다.

0345 [N3]

県

훈 매달	—	
음 현	けん	県* 현 県民 현의 주민, 현민 県立 현립 県庁 현청 都道府県 도도부현 (일본 행정 구역의 총칭)

仕事の都合で千葉**県**に引っ越すことになった。 일의 사정으로 지바현으로 이사하게 되었다.
県民であればこの施設を無料で利用できます。 현의 주민이라면 이 시설을 무료로 이용할 수 있습니다.

★은 JLPT/JPT 기출 단어입니다.

[0346] [N4] 有

훈	있을	あ(る)	有る 있다, 얼마큼 되다　有り金 (수중에) 가진 돈 有り無し 있고 없음, 유무　有り形 본연의 이상적인 상태
음	유	ゆう	所有★ 소유　特有 특유　有益 유익　有名★ 유명 有料 유료
		う	有無 유무　未曽有 미증유, 역사상 처음 有頂天 너무 기뻐서 어쩔 줄 모름

このアニメグッズは子どもの間で人気が有る。 이 애니메이션 상품은 어린이들 사이에서 인기가 있다.
彼女はマンションをいくつか所有している。 그녀는 맨션을 몇 개인가 소유하고 있다.

[0347] [N3] 育

훈	기를	そだ(てる)	育てる★ 키우다, 기르다
		そだ(つ)	育つ 자라다, 성장하다　育ち 성장, 됨됨이
		はぐく(む)	育む 기르다, 양육하다
음	육	いく	育成 육성　育児 육아　教育★ 교육　体育 체육 発育 발육

母は家の庭で野菜を育てている。 어머니는 집 정원에서 야채를 키우고 있다.
最近キャラクターを育成するゲームにはまっている。 최근에 캐릭터를 육성하는 게임에 빠져있다.

[0348] [N4] 飲

훈	마실	の(む)	飲む★ 마시다　飲み物★ 마실 것　飲み会 회식 飲み水 마시는 물, 식수
음	음	いん	飲料 음료　飲食 음식　飲酒 음주　試飲 시음

食後に温かいお茶を飲むと消化に良い。 식후에 따뜻한 차를 마시면 소화에 좋다.
食堂でノンアルコール飲料を頼んだ。 식당에서 무알코올 음료를 시켰다.

★은 JLPT/JPT 기출 단어입니다.

0349 [N3]

館

훈	집	やかた	館 (귀족의) 저택, 숙소
음	관	かん	旅館* 여관　会館 회관　映画館* 영화관 図書館* 도서관　館内 관내

神戸には明治時代に建てられた館が多い。 고베에는 메이지 시대에 세워진 저택이 많다.
温泉付きの旅館に泊まった。 온천이 딸린 여관에서 묵었다.

0350 [N2]

鉄

훈	쇠	—	
음	철	てつ	電鉄* 전철　鉄道 철도　鉄筋 철근　鉄鋼 철강 鋼鉄 강철

京成電鉄に乗れば成田空港まで行けます。 게이세이 전철을 타면 나리타 공항까지 갈 수 있습니다.
日本は鉄道が発達していて便利だ。 일본은 철도가 발달해 있어서 편리하다.

0351 [N4]

銀

훈	은	—	
음	은	ぎん	銀行* 은행　銀貨 은화　水銀 수은　金銀 금은 銀色 은색

銀行の営業時間は午後3時までです。 은행의 영업시간은 오후 3시까지입니다.
オリンピックを記念して銀貨が作られた。 올림픽을 기념해서 은화가 만들어졌다.

0352 [N2]

根

훈	뿌리	ね	根* 뿌리　根元 근원　根強い 뿌리깊다 屋根* 지붕, 덮개　垣根 울타리
음	근	こん	根拠* 근거　根本 근본　根性 근성　根気 끈기 大根 무

植物は根から水分を吸い上げる。 식물은 뿌리에서 수분을 빨아올린다.
校内に根拠のないうわさが流れている。 교내에 근거 없는 소문이 떠돌고 있다.

> ★은 JLPT/JPT 기출 단어입니다.

0353 [N2] 放

훈	놓을	はな(す)	放す 놓다　手放す 손을 놓다　野放し 방목, 방치
		はな(つ)	放つ 놓아주다
		はな(れる)	放れる 놓이다, 풀리다, 떠나다
		ほう(る)	放る 멀리 내던지다
음	방	ほう	開放 개방　放置 방치　追放 추방　放送* 방송 放棄 포기

釣った魚が小さかったので海に放してやった。 잡은 물고기가 어렸기 때문에 바다에 놓아 주었다.
週末には学校のグラウンドを市民に開放します。 주말에는 학교의 운동장을 시민에게 개방합니다.

0354 [N4] 族

| 훈 | 겨레 | — | |
| 음 | 족 | ぞく | 家族* 가족　水族館* 수족관　一族 일족　民族 민족
親族 친족 |

私は実家で家族と一緒に暮らしています。 저는 본가에서 가족과 함께 생활하고 있습니다.
水族館で体長8メートルの巨大なサメを見た。 수족관에서 몸길이 8미터의 거대한 상어를 봤다.

0355 [N4] 旅

| 훈 | 나그네 | たび | 旅* 여행, 유람　旅先 행선지　船旅 선박 여행
旅人 나그네, 여행자　一人旅 혼자 하는 여행 |
| 음 | 려(여) | りょ | 旅費 여비　旅行* 여행　旅館* 여관　旅券 여권
旅客機* 여객기 |

一人でゆったり旅をするのが好きだ。 혼자서 느긋하게 여행을 하는 것을 좋아한다.
旅費の半分を祖父に立て替えてもらった。 여비의 절반을 할아버지가 대신 치러 주었다.

0356 [N2] 遊

훈	놀	あそ(ぶ)	遊ぶ★ 놀다　遊び 놀이　遊び人 건달, 난봉꾼
음	유	ゆう	遊園地★ 유원지　遊泳 유영, 헤엄침　遊牧 유목 遊戯 유희　交遊 교제, 친구를 사귐
		ゆ	遊山 산으로 놀러 다님, 유람

子どもたちがおままごとをして遊んでいる。 아이들이 소꿉놀이를 하며 놀고 있다.
小さい頃はよく親と遊園地に出かけたものだ。 어렸을 때는 자주 부모님과 유원지에 가곤 했다.

0357 [N3] 対

훈	대할	—	
음	대	たい	対応 대응　反対★ 반대　絶対★ 절대　対立 대립 対する 대하다
		つい	一対 한 쌍, 한 벌 対句 대구 (비슷한 어조나 뜻을 가진 어구를 짝 지은 글귀)

お客様のクレームには丁寧に対応してください。 고객의 클레임에는 정중히 대응해 주세요.
母は私の一人暮らしに反対している。 어머니는 나의 독신 생활에 반대하고 있다.

0358 [N3] 列

훈	벌릴	—	
음	렬(열)	れつ	行列★ 행렬　陳列★ 진열　列車★ 열차　整列 정렬 列島 열도

お店の前にものすごい行列ができた。 가게 앞에 굉장한 행렬이 생겼다.
陳列されている商品には触らないでください。 진열되어 있는 상품에는 손대지 말아 주세요.

0359 [N4] 死

훈	죽을	し(ぬ)	死ぬ 죽다　死神 사신, 죽음의 신　死に絶える 멸종하다
음	사	し	生死 생사　必死★ 필사, 죽을 각오를 다함　死亡 사망 病死 병사, 병으로 죽음　死体 시체

昨日から何も食べていないので死ぬほどお腹が空いた。 어제부터 아무것도 먹지 않아서 죽을만큼 배가 고프다.
交通事故で生死をさまよった経験がある。 교통사고로 생사를 헤맨 경험이 있다.

0360 [N3] ☐☐☐

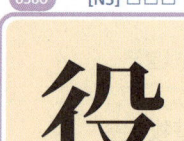

훈	부릴	—							
음	역	やく	役目* 임무	役所 관공서	役員 임원	役割 역할
			役立つ 도움이 되다, 유용하다
		えき	現役 현역	懲役 징역	使役 사역, 일을 시킴
			兵役 병역	役務 남을 위해 하는 노동이나 서비스

チーム内で重要な**役目**を任された。 팀 내에서 중요한 임무를 맡았다.
弟は**現役**の野球選手です。 남동생은 현역 야구 선수입니다.

0361 [N2] ☐☐☐

훈	던질	な(げる)	投げる* 던지다	投げやり 중도에 그만둠, 자포자기함
음	투	とう	投書* 투고	投票* 투표	投入 투입	投下 투하
			投資 투자

さいころを**投げ**たら6が出た。 주사위를 던졌더니 6이 나왔다.
新聞に原発に関する意見文を**投書**した。 신문에 원자력 발전에 관한 의견서를 투고했다.

0362 [N3] ☐☐☐

指

훈	가리킬	さ(す)	指す* 가리키다	指図* 지시, 설계도
			名指し 이름을 입에 올림, 지명
		ゆび	指* 손가락, 발가락	指先 손끝, 발끝	指輪 반지
			親指 엄지손가락
음	지	し	指定 지정	指示* 지시	指導 지도, 가르침
			指名 지명, 이름을 지정하여 가리킴	屈指 굴지, 손꼽음

時計の針が12時を**指して**いる。 시곗바늘이 12시를 가리키고 있다.
全ての席は**指定**されております。 모든 자리는 지정되어 있습니다.

★은 JLPT/JPT 기출 단어입니다.

0363 [N2]

훈	주울	ひろ(う)	拾う* 줍다, 골라내다　拾い物 줍는 일, 주운 물건
음	습	しゅう	拾得 습득　収拾 수습, 정돈함
		じゅう	拾万円 십만 엔 (十万円의 다른 표기)

学生たちがボランティアでゴミを拾っている。 학생들이 봉사 활동으로 쓰레기를 줍고 있다.
駅構内で拾得したものは駅員に届けてください。 역구내에서 습득한 물건은 역무원에게 전달해 주세요.

0364 [N3]

훈	길	じ	家路 집으로 가는 길　旅路 여행길
음	로(노)	ろ	路上* 길거리, 노상　通路* 통로　道路* 도로 路地* 골목　滑走路 활주로

ペットに会いたくて家路を急いだ。 반려동물이 보고 싶어서 집으로 가는 길을 재촉했다.
路上に車を止めないでください。 길거리에 자동차를 세우지 말아 주세요.

0365 [N4]

事

훈	일	こと	事* 일, 사실　事柄 사항, 일, 사정　仕事* 일, 직업, 업무 出来事 일어난 일, 사건　人事 남의 일
음	사	じ	事情* 사정, 까닭　事件 사건　事故 사고　返事* 답장 無事* 무사, 아무 일 없음
		ず	好事家 특이한 것을 좋아하는 사람, 풍류를 즐기는 사람

やる事が多すぎて遅くまで残業した。 할 일이 너무 많아서 늦게까지 야근했다.
人はみんなそれぞれの事情があるものだ。 사람은 모두 제각기 사정이 있는 법이다.

0366 [N4]

훈	물건	もの	物 물건, 것　本物* 진품　品物 물품　物語 이야기
음	물	ぶつ	生物 생물　人物 인물, 인품　動物* 동물　物価* 물가 物体 물체
		もつ	禁物* 금물　食物 음식물, 식품　荷物* 짐　貨物 화물 作物 작물, 농작물

注文した物をキャンセルしたいです。 주문한 물건을 취소하고 싶습니다.
大学院で生物の進化について研究している。 대학원에서 생물의 진화에 대해 연구하고 있다.

★은 JLPT/JPT 기출 단어입니다.

0367 [N4] ☐☐☐

훈	가질	も(つ)	持つ* 들다, 가지다 気持ち* 마음 持ち主* 소유자 金持ち 부자 持てる 들 수 있다, 견딜 수 있다, 인기가 있다
음	지	じ	所持 소지 支持* 지지 維持* 유지 持参 지참 持続 지속

老人が 両手に 荷物を 持って 歩いていた。 노인이 양손에 짐을 들고 걷고 있었다.
試験 中に 携帯を 所持してはいけません。 시험 중에 휴대 전화를 소지하면 안 됩니다.

0368 [N4] ☐☐☐

훈	기다릴	ま(つ)	待つ* 기다리다 待たす* 기다리게 하다 待合室 대합실 待ち合わせる* 만나기로 하다 待ち遠しい 오래 기다리다, 기다려지다
음	대	たい	待機 대기, 기다림 待遇* 대우 期待* 기대 招待* 초대 接待 접대

母は 寝ないで 私の 帰宅を 待っていた。 어머니는 자지 않고 내 귀가를 기다리고 있었다.
この 病院は 医者が 24時間 待機している。 이 병원은 의사가 24시간 대기하고 있다.

0369 [N1] ☐☐☐

훈	시	—	
음	시	し	詩人 시인 詩集 시집 詩歌 시가, 시 문학 詩情 시적인 정취 漢詩 한시, 한문으로 지은 시

彼女は 詩人として 名を 広めた。 그녀는 시인으로서 이름을 떨쳤다.
すきま時間に 詩集を 読んでいる。 짬나는 시간에 시집을 읽고 있다.

0370 [N3] ☐☐☐
談

훈	말씀	—	
음	담	だん	冗談* 농담 相談* 상담 会談 회담 談話 담화 談判 담판

彼は 冗談を 真に 受けるところがある。 그는 농담을 진지하게 받아들이는 구석이 있다.
休学に 関するご 相談は 学生課まで お願いします。 휴학에 관한 상담은 학생과로 부탁드립니다.

★은 JLPT/JPT 기출 단어입니다.

0371 [N2] ☐☐☐

調

훈 고를	しら(べる)	調べる★ 조사하다 調べ 조사함, 점검, 노랫가락
	ととの(う)	調う 정돈되다, 갖추어지다
	ととの(える)	調える 정돈하다, 갖추다
음 조	ちょう	調査★ 조사 調整 조정, 조절하여 정돈함 調和 조화, 잘 어울림 順調★ 순조, 잘 되어감 好調 호조

ヨーロッパの 食文化について 調べてみた。 유럽의 식문화에 대해서 조사해 보았다.
当店に関する満足度 調査を 行っております。 저희 가게에 관한 만족도 조사를 하고 있습니다.

0372 [N3] ☐☐☐

等

훈 등급	ひと(しい)	等しい★ 같다, 동등하다
음 등	とう	同等★ 동등 平等★ 평등 均等 균등 等級 등급 等分 등분

箱の大きさは 違っても 重さは 等しい。 상자의 크기는 달라도 무게는 같다.
カラスは6歳児と 同等の 知能を 持つそうだ。 까마귀는 6세 아동과 동등한 지능을 가진다고 한다.

0373 [N1] ☐☐☐

第

훈 차례	―
음 제	だい	第一★ 제일 次第に★ 점차, 차츰 次第★ 순서, 사정 第三者 제삼자 第一印象 첫인상

工事現場では 安全を 第一に 考えましょう。 공사 현장에서는 안전을 제일로 생각합시다.
卒業すると 学校の友達とは 次第に 距離ができた。 졸업하니 학교 친구들과는 점차 거리가 생겼다.

0374 [N2] ☐☐☐

筆

훈 붓	ふで	筆★ 붓 筆先 붓끝, 붓을 다루는 솜씨 絵筆 화필, 그림 붓
음 필	ひつ	筆力 필력 執筆★ 집필 鉛筆★ 연필 筆記 필기 毛筆 모필, 붓

書道用の 筆を 何本か 買った。 서예용 붓을 몇 자루 샀다.
筆力が あれば ネタが つまらなくても 面白い 文が 書ける。
필력이 있으면 글감이 시시해도 재미있는 글을 쓸 수 있다.

[N2] ☐☐☐

훈	글	—			
음	장	しょう	文章*(ぶんしょう) 글	序章(じょしょう) 서장, 서막	楽章(がくしょう) 악장
			憲章(けんしょう) 헌장 (근본적인 것을 정한 규범)		勲章(くんしょう) 훈장

自分(じぶん)の 考(かんが)えを 文章(ぶんしょう)にすることは 難(むずか)しい。 자신의 생각을 글로 쓰는 것은 어렵다.

小説(しょうせつ)の 序章(じょしょう)には 登場人物(とうじょうじんぶつ)の 紹介(しょうかい)が 書(か)かれていた。 소설의 서장에는 등장인물의 소개가 쓰여 있었다.

※ 책 속의 책 <쓰기노트>(p.38)로 각 한자를 획순에 따라 직접 써 보세요.

DAY 10 연습문제

맞은 개수: /33

색이 있는 한자의 발음을 밑줄에 쓴 다음, 괄호 안에 단어의 뜻을 써 보세요.

01 負ける ____ける ( )
02 身長 ____ちょう ( )
03 県 ____ ( )
04 所有 しょ____ ( )
05 育てる ____てる ( )
06 飲む ____む ( )
07 旅館 りょ____ ( )
08 電鉄 でん____ ( )
09 銀行 ____こう ( )
10 根 ____ ( )
11 放す ____す ( )
12 家族 か____ ( )
13 旅 ____ ( )
14 遊ぶ ____ぶ ( )
15 対応 ____おう ( )
16 行列 ぎょう____ ( )
17 死ぬ ____ぬ ( )
18 役目 ____め ( )
19 投げる ____げる ( )
20 指す ____す ( )
21 拾う ____う ( )
22 家路 いえ____ ( )
23 事情 ____じょう ( )
24 生物 せい____ ( )
25 持つ ____つ ( )
26 待つ ____つ ( )
27 詩人 ____じん ( )
28 冗談 じょう____ ( )
29 調べる ____べる ( )
30 等しい ____しい ( )
31 第一 ____いち ( )
32 筆 ____ ( )
33 文章 ぶん____ ( )

정답 01 まける 지다, 패배하다 02 しんちょう 키, 신장 03 けん 현 04 しょゆう 소유 05 そだてる 키우다, 기르다 06 のむ 마시다 07 りょかん 여관 08 でんてつ 전철 09 ぎんこう 은행 10 ね 뿌리 11 はなす 놓다 12 かぞく 가족 13 たび 여행, 유람 14 あそぶ 놀다 15 たいおう 대응 16 ぎょうれつ 행렬 17 しぬ 죽다 18 やくめ 임무 19 なげる 던지다 20 さす 가리키다 21 ひろう 줍다, 골라내다 22 いえじ 집으로 가는 길 23 じじょう 사정, 까닭 24 せいぶつ 생물 25 もつ 들다, 가지다 26 まつ 기다리다 27 しじん 시인 28 じょうだん 농담 29 しらべる 조사하다 30 ひとしい 같다, 동등하다 31 だいいち 제일 32 ふで 붓 33 ぶんしょう 글

DAY 11 초등학교 3학년 한자 ⑤

일본 문부과학성 지정

오늘은 일본 문부과학성이 지정한 일본 초등학교 3학년 학습 한자 200개 중 33개를 익혀볼 거예요. 먼저 오늘 배울 한자 33개의 훈독과 음독을 일본어로 한 번씩 따라 읽은 후 본격적인 학습을 시작해 보아요.

🎧 해커스 일본어상용한자1026_Day11.mp3

童	重	仕	化	他	使	倍	反
아이 동 わらべ どう	무거울 중 おも(い) じゅう	섬길 사 つか(える) し	될 화 ば(ける) か	다를 타 ほか た	부릴 사 つか(う) し	곱 배 ー ばい	돌이킬 반 そ(る) はん
↑훈독 ↑음독						↑훈독없음	

坂	板	返	運	送	速	進	期
고개 판 さか はん	널 판 いた ばん	돌아올 반 かえ(す) へん	옮길 운 はこ(ぶ) うん	보낼 송 おく(る) そう	빠를 속 はや(い) そく	나아갈 진 すす(む) しん	기약할 기 ー き

湖	服	勝	両	面	次	決	皮
호수 호 みずうみ こ	옷 복 ー ふく	이길 승 か(つ) しょう	두 량 ー りょう	낯 면 おも めん	버금 차 つ(ぐ) じ	결단할 결 き(める) けつ	가죽 피 かわ ひ

波	代	式	主	住	注	柱	氷
물결 파 なみ は	대신할 대 か(わる) だい	법 식 ー しき	임금 주 ぬし しゅ	살 주 す(む) じゅう	부을 주 そそ(ぐ) ちゅう	기둥 주 はしら ちゅう	얼음 빙 こおり ひょう

泳
헤엄칠 영 およ(ぐ) えい

★은 JLPT/JPT 기출 단어입니다.

0376 [N2] □□□

훈	아이	わらべ	童 동자, 어린애 　童歌 전래 동요, 아이들이 부르던 노래
음	동	どう	児童 아동　童話 동화　童心 동심　童顔 동안 童謡 동요

この 曲 は 昔 から 歌 い継がれてきた 童歌 です。 이 곡은 옛날부터 계속 불러 온 전래 동요입니다.
児童 の 安全 を 守 るための 活動 を 行 っている。 아동의 안전을 지키기 위한 활동을 하고 있다.

0377 [N4] □□□

훈	무거울	おも(い)	重い* 무겁다　重さ 무게　重たい 묵직하다
		かさ(ねる)	重ねる* 포개다　重ね着 옷을 여러 벌 껴입음
		かさ(なる)	重なる 포개지다
		え	一重 외겹　二重 두 겹, 이중　八重桜 겹벚꽃
음	중	じゅう	重大* 중대　重量 중량　重要 중요　二重 이중 体重 체중
		ちょう	慎重* 신중　貴重* 귀중　尊重 존중

最近運動 をしていないので 体 が 重 く感 じられる。 최근 운동을 하지 않아서 몸이 무겁게 느껴진다.
人手不足 の解決 が 地方 の 重大 な課題 となっている。 일손 부족 해결이 지방의 중대한 과제가 되고 있다.

0378 [N4] □□□

훈	섬길	つか(える)	仕える* 모시다, 시중들다
음	사	し	仕事* 일, 직업　仕方 방법, 수단　仕方ない* 어쩔 수 없다 仕組み 구조, 계획, 장치　奉仕 봉사
		じ	給仕 급사, 잔심부름꾼

私 が会長 に 仕えて からもう20年 になった。 내가 회장님을 모신 지 벌써 20년이 되었다.
彼 は 仕事 ができて社内 で 評判 がいい。 그는 일을 잘해서 사내에서 평판이 좋다.

★은 JLPT/JPT 기출 단어입니다.

0379 [N3] 化

훈	될	ば(ける)	化ける 둔갑하다　お化け 도깨비　化け物 괴물
		ば(かす)	化かす 속이다
음	화	か	悪化★ 악화　変化★ 변화　化石 화석　化学 화학 文化 문화
		け	化粧 화장, 얼굴을 곱게 꾸밈

この地域にはきつねが人に化けるという伝説がある。 이 지역에는 여우가 사람으로 둔갑한다는 전설이 있다.

持病が悪化してしばらく仕事を休んだ。 지병이 악화되어 잠깐 일을 쉬었다.

0380 [N3] 他

| 훈 | 다를 | ほか | 他★ 다른 (것), 딴 (것)　他ならない 다름없다 |
| 음 | 타 | た | 他人★ 타인　他社★ 타사　他国 타국　自他 자타
他界 타계, 죽음 |

このパソコンは他のものより性能が良い。 이 컴퓨터는 다른 것보다 성능이 좋다.

他人の恋愛にとやかく口を出したくない。 타인의 연애에 이러쿵저러쿵 말참견하고 싶지 않아.

0381 [N4] 使

| 훈 | 부릴 | つか(う) | 使う★ 쓰다, 사용하다　使い捨て 한 번 쓰고 버림, 일회용 |
| 음 | 사 | し | 駆使★ 구사　使用★ 사용　大使館 대사관
使役 사역, 일을 시킴　使者 사자, 심부름을 하는 사람 |

マイレージを使って航空券を買った。 마일리지를 써서 항공권을 구입했다.

この国には多言語を駆使する人が多い。 이 나라에는 여러 언어를 구사하는 사람이 많다.

0382 [N2] 倍

| 훈 | 곱 | — | |
| 음 | 배 | ばい | 倍★ 배, 갑절　二倍★ 2배　倍増 배증, 두 배로 늘어남
倍数 배수, 곱절이 되는 수　倍率 배율 |

この数年間で牛肉の値段が倍になった。 요 수년간 소고기 가격이 배가 되었다.

商品の販売量が前年同期より倍増した。 상품의 판매량이 전년 동기보다 배증했다.

★은 JLPT/JPT 기출 단어입니다.

0383 反 [N3]

훈 돌이킬	そ(る)	反る 휘다, 젖혀지다　反り 휨	
	そ(らす)	反らす 휘게 하다	
음 반	はん	反省 반성　反対★ 반대　違反★ 위반　反応 반응 反映 반영	
	ほん	謀反 모반, 반역	
	たん	反物 피륙, 옷감	

雨にぬれて本の表紙が反ってしまった。 비에 젖어서 책표지가 휘어 버렸다.
娘に反省の色が見えたのでしからなかった。 딸에게 반성의 빛이 보였기 때문에 꾸짖지 않았다.

0384 坂 [N3]

훈 고개	さか	坂 고개, 언덕　坂道 비탈길　下り坂 내리막 上り坂 오르막길, 상승세
음 판	はん	急坂 가파른 언덕　登坂 (차량이) 비탈길을 오름 坂路 언덕길

私の母校は坂の向こう側にあります。 저의 모교는 고개 너머에 있습니다.
自転車で急坂を一気に登った。 자전거로 가파른 언덕을 한 번에 올랐다.

0385 板 [N2]

훈 널	いた	板★ 판자　まな板 도마　板倉 판자로 만든 창고 板前 (일본 요리의) 요리사
음 판	ばん	看板★ 간판　黒板 칠판　掲示板★ 게시판
	はん	鉄板 철판

板にくぎを打ったら割れてしまった。 판자에 못을 박았더니 갈라져 버렸다.
お店に看板を付けるため業者を呼んだ。 가게에 간판을 달기 위해 업자를 불렀다.

★은 JLPT/JPT 기출 단어입니다.

0386 [N3] ☐☐☐

返

훈	돌아올	かえ(す)	返す★ 돌려주다, 갚다 仕返し 앙갚음, 복수
		かえ(る)	返る 돌아가다 寝返り 자면서 몸을 뒤척임
음	반	へん	返品★ 반품 返却★ 반납, 반환 返事★ 대답, 답장
			返金 돈을 갚음 返信 회신, 답신

先日貸したゲーム機、早く返してくれ。 요전에 빌려준 게임기, 빨리 돌려줘.
スニーカーのサイズが合わなくて返品した。 운동화의 사이즈가 맞지 않아서 반품했다.

0387 [N4] ☐☐☐

運

| 훈 | 옮길 | はこ(ぶ) | 運ぶ★ 옮기다, 나르다 |
| 음 | 운 | うん | 運動★ 운동   運転★ 운전   海運 해운   運命★ 운명 |

職員がエレベーターで品物を運んでいる。 직원이 엘리베이터로 물건을 옮기고 있다.
夕方に運動をすればよく眠れるそうだ。 저녁에 운동을 하면 잘 잘 수 있다고 한다.

0388 [N4] ☐☐☐

送

훈	보낼	おく(る)	送る★ 보내다 見送り★ 배웅 送り手 보내는 사람
음	송	そう	運送★ 운송 郵送★ 우송, 우편으로 보냄 配送 배송
			放送★ 방송 送別 송별

エントリーシートはメールで送ってください。 입사 지원서는 메일로 보내 주세요.
大きい荷物をトラックで運送した。 커다란 화물을 트럭으로 운송했다.

0389 [N2] ☐☐☐

速

훈	빠를	はや(い)	速い★ 빠르다 速さ★ 빠르기, 속도
		はや(める)	速める 빠르게 하다
		はや(まる)	速まる 빨라지다
		すみ(やか)	速やかだ 신속하다, 조속하다
음	속	そく	速度 속도 時速★ 시속 速力 속력 早速★ 즉시
			敏速 민첩하고 빠름

彼は学校で一番足が速い。 그는 학교에서 가장 발이 빠르다.
カーブでは速度を落としてください。 커브에서는 속도를 떨어뜨려 주세요.

0390 [N3] ☐☐☐

훈	나아갈	すす(む)	すす 進む* 진행되다, 나아가다　進み 진행, 나아감
		すす(める)	すす 進める 진행하다, 나아가게 하다, 앞으로 움직이다
음	진	しん	しん ぽ　　　　すい しん　　　しん がく　　　しん きゅう 進歩* 진보　推進* 추진　進学 진학　進級 진급 ぜん しん 前進 전진

かれ　かしゅ　　　　　　じゅん び　ちゃくちゃく　すす
彼の歌手デビューの 準 備は 着 々と進んでいる。 그의 가수 데뷔 준비는 착착 진행되고 있다.
い がく　しん ぽ　にゅう じ　し ぼうりつ　てい か
医学の進歩で 乳 児の死亡率が低下した。 의학의 진보로 유아의 사망률이 저하되었다.

0391 [N3] ☐☐☐

期

훈	기약할	—	
음	기	き	えん き　　　　　　　　　　　　　 き たい　　　　　き かん 延期* 연기, 뒤로 미룸　期待* 기대　期間 기간 よ き　　　　　　　　 じ き 予期 예기, 예상　時期 시기
		ご	さい ご　　　　　　　　　　　　 ご　　およ 最期 임종, 최후　この期に及んで 이 마당에 와서

あんぜんじょう　もんだい　　　　　　　　　　えん き
安全 上 の問題でイベントが延期された。 안전상의 문제로 이벤트가 연기되었다.
びょうしつ　そ ぼ　さい ご　み ま も
病 室で祖母の最期を見守った。 병실에서 할머니의 임종을 지켜보았다.

0392 [N2] ☐☐☐

훈	호수	みずうみ	みずうみ 湖 * 호수, 호
음	호	こ	こ すい　　　　　　　　　　たん すい こ　　　　　こう こ 湖水 호수, 호수의 물　淡水湖 담수호　江湖 강호, 세상

に ほん　　　　　　　　　 おお　　　みずうみ　　　　　　　　こ
日本でもっとも大きい 湖 はびわ湖である。 일본에서 가장 큰 호수는 비와호이다.
みずうみ　おお　　　　えんぶん　　　　　たんすい こ
湖 の多くは塩分のない淡水湖だ。 호수의 대부분은 염분이 없는 담수호이다.

0393 [N4] ☐☐☐

훈	옷	—	
음	복	ふく	せいふく　　　　　　　　　ふくそう　　　　　　　 い ふく　　　　　　ようふく 制服* 교복, 제복　服装* 복장　衣服 의복　洋服 양복 ふくじゅう 服従 복종

むすめ　せいふく　き　　　すがた
娘 の制服を着た 姿 がほほえましかった。 딸의 교복을 입은 모습이 흐뭇했다.
せつめいかい　　　じゆう　ふくそう　　き
説明会には自由な服装で来てください。 설명회에는 자유로운 복장으로 와 주세요.

0394 [N2]

훈	이길	か(つ)	勝つ* 이기다　勝ち 이김, 승리　勝手* 제멋대로 함
		まさ(る)	勝る 낫다, 뛰어나다, 우수하다 男勝り 여자로서 남자 이상으로 씩씩하고 굳건함
음	승	しょう	優勝* 우승　圧勝* 압승　勝利 승리　勝敗 승패 勝負 승부

みんなの力を合わせれば試合で勝てるだろう。 모두의 힘을 합치면 시합에서 이길 수 있을 것이다.
ラグビーの国際大会で日本代表チームが優勝した。 럭비 국제 대회에서 일본 대표 팀이 우승했다.

0395 [N3]

| 훈 | 두 | — |
| 음 | 량(양) | りょう | 両親* 부모님, 부모　両手 두 손, 양손　両方 양쪽, 쌍방
両立 양립　両替 환전 |

来月両親と一緒に旅行に行くことにした。 다음 달에 부모님과 함께 여행을 가기로 했다.
両手を合わせて家族の幸せを祈った。 두 손을 모아 가족의 행복을 빌었다.

0396 [N3]

훈	낯	おも	面白い* 재미있다　面長 얼굴이 갸름함, 길쭉한 얼굴
		おもて	面 얼굴
		つら	面 낯짝　泣き面 우는 얼굴, 울상
음	면	めん	面接* 면접　表面* 표면　顔面 안면　方面 방면 面会 면회

面白い話を聞いて大声で笑った。 재미있는 이야기를 듣고 큰 소리로 웃었다.
わが社はオンラインで面接を行います。 우리 회사는 온라인으로 면접을 시행합니다.

★은 JLPT/JPT 기출 단어입니다.

0397 [N3] ☐☐☐

次

훈 버금	つ(ぐ)	次ぐ 뒤잇다 　相次ぐ 잇따르다, 연달다 　次いで 뒤이어
	つぎ	次* 다음 　次に 다음에 　次々と* 차례차례로
음 차	じ	次男 차남 　次席 차석 　次回 다음 회 　目次 목차 次元 차원
	し	次第* 순서, 사정 　次第に* 점점, 차츰

昨年に次ぎ、今年もブックフェアに参加する。 작년에 뒤이어, 올해도 도서 전시회에 참가한다.
来年の春に次男が生まれる予定だ。 내년 봄에 차남이 태어날 예정이다.

0398 [N3] ☐☐☐

決

훈 결단할	き(める)	決める* 정하다 　取り決め 약속, 결정 決めゼリフ 명대사
	き(まる)	決まる* 정해지다 　決まり* 규칙 決まり文句 틀에 박힌 말, 상투어
음 결	けつ	決意* 결의 　決心* 결심 　決定 결정 　解決* 해결 決裂 결렬

この会社は自分で勤務時間が決められる。 이 회사는 스스로 근무 시간을 정할 수 있다.
いろいろ悩んだ末に留学への決意を固めた。 여러모로 고민한 끝에 유학으로의 결의를 굳혔다.

0399 [N3] ☐☐☐

皮

| 훈 가죽 | かわ | 皮 껍질, 가죽 　毛皮 털가죽, 모피 |
| 음 피 | ひ | 皮膚 피부 　皮肉* 빈정거림 　表皮 표피 　皮革 피혁, 가죽
樹皮 나무껍질 |

ナイフでりんごの皮をむいた。 나이프로 사과 껍질을 벗겼다.
アレルギー反応で皮膚が赤くなった。 알레르기 반응으로 피부가 빨개졌다.

0400 [N3] 波

훈	물결	なみ	波* 파도　津波 해일　人波 인파　荒波 거센 파도 波立つ 파도가 일다
음	파	は	余波 여파　電波* 전파　音波 음파　波及 파급 波動 파동

片方のくつが**波**に流されてしまった。 한쪽 신발이 파도에 떠내려가 버렸다.
台風の**余波**で風が強くなった。 태풍의 여파로 바람이 강해졌다.

0401 [N4] 代

훈	대신할	か(わる)	代わる 대신하다　代わり* 대리, 대용 身代わり 대신, 대역
		か(える)	代える 대신하게 하다
		よ	代 시대
		しろ	代 재료, 대용품　代物 상품, 물건
음	대	だい	代金* 대금, 물건값　代表 대표　代理 대리　現代 현대 世代 세대
		たい	交代* 교대　代謝 물질대사, 대사

父に**代わって**兄が家庭を支えている。 아버지를 대신해서 형이 가정을 지탱하고 있다.
代金は今月末までに払ってください。 대금은 이달 말까지 지불해 주세요.

0402 [N3] 式

훈	법	—	
음	식	しき	公式 공식　非公式* 비공식　入学式* 입학식 形式 형식　数式 수식

その政治家は自分の発言を**公式**に謝った。 그 정치가는 자신의 발언을 공식으로 사죄했다.
明日は**入学式**だからスーツを着て行こう。 내일은 입학식이니까 정장을 입고 가자.

0403 主 [N4]

훈	임금	ぬし	主 주인, 임자　株主 주주　家主 가주, 집주인 地主 땅 주인　飼い主 가축이나 반려동물을 기르는 사람
		おも	主に* 주로　主な 주된
음	주	しゅ	主張* 주장, 의견을 내세움　主人* 남편, 주인　主婦 주부 主役 주역, 주연　主権 주권
		す	法主 법주 (한 종파의 우두머리)　坊主 주지, 승려 三日坊主 곧 싫증이 나서 오래 지속하지 못함, 작심삼일

どこからか聞こえてきた笑い声の主は妹だった。 어디선가 들려온 웃음소리의 주인은 여동생이었다.
彼は自分の主張をロジカルに伝えた。 그는 자신의 주장을 논리적으로 전달했다.

0404 住 [N4]

훈	살	す(む)	住む* 살다　住み込み 더부살이
		す(まう)	住まう 계속 살다, 거주하다　住まい* 생활, 살이, 집 一人住まい 독신 생활
음	주	じゅう	住宅* 주택　住民 주민　住居 주거　住所* 주소 衣食住 의식주

アパートにルームメートと二人で住んでいる。 아파트에서 룸메이트와 둘이서 살고 있다.
子どもができて前より大きい住宅に引っ越した。 아이가 생겨서 전보다 큰 주택으로 이사했다.

0405 注 [N4]

| 훈 | 부을 | そそ(ぐ) | 注ぐ* 붓다, 쏟다 |
| 음 | 주 | ちゅう | 注意* 주의　注文 주문　注入 주입　注射 주사
発注 발주 |

紙コップにティーバッグを入れてお湯を注いだ。 종이컵에 티백을 넣고 뜨거운 물을 부었다.
足元が滑りやすいのでご注意ください。 발밑이 미끄러지기 쉬우니 주의해 주세요.

★은 JLPT/JPT 기출 단어입니다.

0406 柱 [N2]

훈	기둥	はしら	柱 기둥　帆柱 돛대　霜柱 서릿발 大黒柱 집 중앙에 있는 특별히 굵은 기둥
음	주	ちゅう	電柱 ★ 전신주　鉄柱 쇠기둥　円柱 원주, 원기둥 支柱 지주, 버팀목

土台に柱を立ててフェンスを取り付けた。 토대에 기둥을 세우고 펜스를 달았다.
バイクのサイドミラーが電柱にぶつかった。 오토바이의 사이드 미러가 전신주에 부딪혔다.

0407 氷 [N3]

훈	얼음	こおり	氷 ★ 얼음　かき氷 빙수
		ひ	氷雨 우박, 진눈깨비
음	빙	ひょう	氷山 빙산　氷点 빙점　氷河 빙하

氷が解けてコーヒーの味が薄くなった。 얼음이 녹아서 커피의 맛이 연해졌다.
君が知っているのは氷山の一角に過ぎない。 네가 알고 있는 것은 빙산의 일각에 지나지 않는다.

0408 泳 [N3]

훈	헤엄칠	およ(ぐ)	泳ぐ ★ 헤엄치다　泳ぎ 헤엄, 수영　背泳ぎ 등헤엄, 배영 平泳ぎ 개구리헤엄, 평영
음	영	えい	水泳 ★ 수영　背泳 배영　競泳 경영, 수영 경기 遊泳 유영, 헤엄침

金魚が池の中で泳いでいる。 금붕어가 연못 안에서 헤엄치고 있다.
日本の学校では水泳の授業を行っている。 일본의 학교에서는 수영 수업을 시행하고 있다.

※ 책 속의 책 <쓰기노트>(p.42)로 각 한자를 획순에 따라 직접 써 보세요.

DAY 11 연습문제

맞은 개수: /33

색이 있는 한자의 발음을 밑줄에 쓴 다음, 괄호 안에 단어의 뜻을 써 보세요.

01	児童	じ＿＿＿	( )		18	制服	せい＿＿＿	( )
02	重い	＿＿＿い	( )		19	勝つ	＿＿＿つ	( )
03	仕事	＿＿＿ごと	( )		20	両親	＿＿＿しん	( )
04	化ける	＿＿＿ける	( )		21	面接	＿＿＿せつ	( )
05	他人	＿＿＿にん	( )		22	次ぐ	＿＿＿ぐ	( )
06	使う	＿＿＿う	( )		23	決意	＿＿＿い	( )
07	倍	＿＿＿	( )		24	皮	＿＿＿	( )
08	反る	＿＿＿る	( )		25	余波	よ＿＿＿	( )
09	坂	＿＿＿	( )		26	代金	＿＿＿きん	( )
10	看板	かん＿＿＿	( )		27	公式	こう＿＿＿	( )
11	返す	＿＿＿す	( )		28	主張	＿＿＿ちょう	( )
12	運ぶ	＿＿＿ぶ	( )		29	住む	＿＿＿む	( )
13	運送	うん＿＿＿	( )		30	注ぐ	＿＿＿ぐ	( )
14	速い	＿＿＿い	( )		31	電柱	でん＿＿＿	( )
15	進歩	＿＿＿ぽ	( )		32	氷	＿＿＿	( )
16	延期	えん＿＿＿	( )		33	泳ぐ	＿＿＿ぐ	( )
17	湖	＿＿＿	( )					

정답 01 じどう 아동 02 おもい 무겁다 03 しごと 일, 직업 04 ばける 둔갑하다 05 たにん 타인 06 つかう 쓰다, 사용하다 07 ばい 배, 갑절 08 そる 휘다, 젖혀지다 09 さか 고개, 언덕 10 かんばん 간판 11 かえす 돌려주다, 갚다 12 はこぶ 옮기다, 나르다 13 うんそう 운송 14 はやい 빠르다 15 しんぽ 진보 16 えんき 연기, 뒤로 미룸 17 みずうみ 호수, 호 18 せいふく 교복, 제복 19 かつ 이기다 20 りょうしん 부모님, 부모 21 めんせつ 면접 22 つぐ 뒤잇다 23 けつい 결의 24 かわ 껍질, 가죽 25 よは 여파 26 だいきん 대금, 물건값 27 こうしき 공식 28 しゅちょう 주장 29 すむ 살다 30 そそぐ 붓다, 쏟다 31 でんちゅう 전신주 32 こおり 얼음 33 およぐ 헤엄치다

일본 문부과학성 지정
초등학교 3학년 한자 ⑥

오늘은 일본 문부과학성이 지정한 일본 초등학교 3학년 학습 한자 200개 중 32개를 익혀볼 거예요. 먼저 오늘 배울 한자 32개의 훈독과 음독을 일본어로 한 번씩 따라 읽은 후 본격적인 학습을 시작해 보아요.

🎧 해커스 일본어상용한자1026_Day12.mp3

球	秒	消	港	深	落	酒	配
공구 たま きゅう	분초 초 - びょう	사라질 소 き(える) しょう	항구 항 みなと こう	깊을 심 ふか(い) しん	떨어질 락 お(ちる) らく	술 주 さけ しゅ	나눌 배 くば(る) はい

훈독 ↓   음독 ↓   훈독없음 ↓

起	岸	炭	係	級	終	緑	練
일어날 기 お(きる) き	언덕 안 きし がん	숯 탄 すみ たん	맬 계 かか(る) けい	등급 급 - きゅう	마칠 종 お(わる) しゅう	초록빛 록 みどり りょく	익힐 련 ね(る) れん

植	橋	者	表	都	部	階	陽
심을 식 う(える) しょく	다리 교 はし きょう	놈 자 もの しゃ	겉 표 おもて ひょう	도읍 도 みやこ と	나눌 부 - ぶ	섬돌 계 - かい	볕 양 - よう

院	島	鼻	発	登	祭	整	題
집 원 - いん	섬 도 しま とう	코 비 はな び	필 발 - はつ	오를 등 のぼ(る) とう	제사 제 まつ(り) さい	가지런할 정 ととの(える) せい	제목 제 - だい

★ 은 JLPT/JPT 기출 단어입니다.

0409 [N2] ☐☐☐

훈	공	たま	球 공, 둥근 것
음	구	きゅう	地球★ 지구 野球★ 야구 電球 전구 球技 구기, 공을 사용하는 운동 경기 球形 구형, 공 모양

打者は速い球を見事に打ち返した。 타자는 빠른 공을 멋지게 되받아 쳤다.
地球は完全な球形ではない。 지구는 완전한 구형이 아니다.

0410 [N2] ☐☐☐

훈	분초	–	
음	초	びょう	秒針 초침 秒速 초속 毎秒 매초 秒読み 초읽기

時計の秒針の音が気になってならない。 시계의 초침 소리가 신경 쓰여서 견딜 수 없다.
秒速25メートルの強風で店の看板が飛んだ。 초속 25미터의 강풍으로 가게의 간판이 날아갔다.

0411 [N2] ☐☐☐

훈	사라질	き(える)	消える★ 꺼지다, 사라지다
		け(す)	消す★ 끄다 消しゴム★ 지우개 取り消す★ 취소하다
음	소	しょう	消費★ 소비 解消★ 해소 消化 소화 消滅 소멸 消極的 소극적

停電で急に電気が消えて真っ暗になった。 정전으로 갑자기 전기가 꺼져서 캄캄해졌다.
税金が下がったことで消費が大きく伸びたという。 세금이 내려간 것으로 소비가 크게 늘었다고 한다.

0412 [N2] ☐☐☐

훈	항구	みなと	港★ 항구 港町★ 항구 도시
음	항	こう	空港★ 공항 出港 출항 入港 입항 港口 항구의 출입구 開港 개항

港町である横浜では異国の雰囲気が味わえる。
항구 도시인 요코하마에서는 이국의 분위기를 맛볼 수 있다.
出発の2時間前までに空港へお越しください。 출발 2시간 전까지 공항에 와 주세요.

★은 JLPT/JPT 기출 단어입니다.

0413 [N2] ☐☐☐

훈 깊을	ふか(い)	深い* 깊다　深入り 깊이 들어감　深み 깊은 곳, 깊은 맛 欲深い 욕심이 많다
	ふか(まる)	深まる 깊어지다
	ふか(める)	深める* 깊게 하다
음 심	しん	深刻* 심각　深夜 심야　水深 수심　深海 심해

このプールは水深が深いので気をつけてください。 이 수영장은 수심이 깊으니 조심해 주세요.
少子高齢化が深刻な社会問題となっている。 저출산 고령화가 심각한 사회 문제가 되고 있다.

0414 [N3] ☐☐☐

훈 떨어질	お(ちる)	落ちる* 떨어지다　落ち着く* 안정되다
	お(とす)	落とす* 떨어뜨리다
음 락(낙)	らく	下落 하락　落下 낙하　落胆* 낙담　集落 촌락, 집락 落語 만담

希望していた大学に落ちてしまった。 희망하고 있던 대학에 떨어지고 말았다.
企業の業績不振が公開され株価が下落した。 기업의 업적 부진이 공개되어 주가가 하락했다.

0415 [N3] ☐☐☐

훈 술	さけ	酒* 술　甘酒 감주, 단술
	さか	居酒屋* 선술집　酒場 술집　酒盛り 술잔치
음 주	しゅ	禁酒 금주　飲酒 음주　洋酒 양주　日本酒 일본주

父親は酒をあまり好まない。 아버지는 술을 별로 좋아하지 않는다.
健康のために先月から禁酒している。 건강을 위해 지난달부터 금주하고 있다.

0416 [N3] ☐☐☐

훈 나눌	くば(る)	配る* 나누어 주다　気配り 배려, 마음 씀
음 배	はい	配達* 배달　宅配 택배　配分 배분　気配 기색, 낌새 心配* 걱정

ハロウィーンなので子ども達にキャンディーを配った。 핼러윈이라서 아이들에게 사탕을 나누어 주었다.
配達のご注文はアプリを利用すると便利です。 배달 주문은 앱을 이용하면 편리합니다.

★은 JLPT/JPT 기출 단어입니다.

0417 [N4] ☐☐☐

훈	일어날	お(きる)	起きる★ 일어나다, 눈을 뜨다　早起き 일찍 일어남
		お(こる)	起こる★ 일어나다, 발생하다
		お(こす)	起こす★ 일으키다
음	기	き	起用★ 기용, 채용　提起★ 제기, 제의　起立 기립 起床 기상, 일어남　起源 기원, 근원

朝7時前に起きれば授業に間に合う。 아침 7시 전에 일어나면 수업 시간에 맞출 수 있다.
有名デザイナーを起用して新商品を作った。 유명 디자이너를 기용하여 신상품을 만들었다.

0418 [N2] ☐☐☐

훈	언덕	きし	岸★ 물가, 벼랑　岸辺 강변, 물가　川岸 강기슭 向こう岸 건너편의 물가나 벼랑
음	안	がん	海岸 해안　沿岸 연안　岸壁 안벽, 부두 お彼岸 춘분이나 추분 전후의 7일간

今の時期は岸の近くにクラゲが出て危ない。 지금 시기는 물가 근처에 해파리가 나와서 위험하다.
海岸に座って日の入りを見た。 해안에 앉아서 일몰을 보았다.

0419 [N2] ☐☐☐

훈	숯	すみ	炭 숯　炭火 숯불
음	탄	たん	石炭 석탄　木炭 목탄　炭鉱 탄광　炭素 탄소

冷蔵庫に炭を入れておくと悪臭がなくなる。 냉장고에 숯을 넣어두면 악취가 없어진다.
石炭火力発電所は温室ガスを多く排出する。 석탄 화력 발전소는 온실가스를 많이 배출한다.

0420 [N3] ☐☐☐

係

훈	맬	かか(る)	係る 관계되다
		かかり	係★ 담당, 계　係員 담당자　係長 계장　庶務係 서무계
음	계	けい	関係★ 관계　連係 연계　係留 계류, 붙들어 맴

少年犯罪に係る法律が新しくなるらしい。 소년 범죄에 관계된 법률이 새로워진다고 한다.
わが社は国籍に関係なく働くことができます。 우리 회사는 국적에 관계없이 일할 수 있습니다.

★은 JLPT/JPT 기출 단어입니다.

0421 [N2]

훈	등급	—
음	급	きゅう	同級* 동급, 같은 학급　同級生 동급생　上級* 상급 等級 등급

姉は高校時代の**同級生**と結婚した。 언니는 고교 시절의 동급생과 결혼했다.
彼の英会話の実力は**上級**レベルだ。 그의 영어 회화 실력은 상급 레벨이다.

0422 [N4]

훈	마칠	お(わる)	終わる* 끝나다　終わり* 끝
		お(える)	終える* 끝마치다
음	종	しゅう	終日 온종일　最終* 최종　終了* 종료　終点 종점

授業が**終わって**からコンビニに寄った。 수업이 끝나고 나서 편의점에 들렀다.
明日は研修があって**終日**席を外す予定です。 내일은 연수가 있어서 온종일 자리를 비울 예정입니다.

0423 [N2]

훈	초록빛	みどり	緑* 초록색　薄緑 담녹색, 연두색
음	록(녹)	りょく	緑茶 녹차　緑地 녹지　常緑樹 상록수 新緑 신록, 새로 나온 잎의 연한 초록빛
		ろく	緑青 녹청, 동 표면의 녹색 녹

緑は目の疲れを和らげてくれる。 초록색은 눈의 피로를 완화시켜 준다.
緑茶にはカフェインが含まれている。 녹차에는 카페인이 포함되어 있다.

0424 [N2]

훈	익힐	ね(る)	練る* 다듬다, 반죽하다　練り物 반죽 練り直す 다시 반죽하다
음	련(연)	れん	練習* 연습　訓練* 훈련　試練 시련　熟練 숙련 未練 미련

役員が来年度の事業計画を**練った**。 임원이 내년도의 사업 계획을 다듬었다.
試合の直前まで**練習**を続けるつもりだ。 시합 직전까지 연습을 계속할 작정이다.

★은 JLPT/JPT 기출 단어입니다.

0425 [N2]

훈	심을	う(える)	植える★ 심다　植木 정원수　田植え 모내기
		う(わる)	植わる 심어지다
음	식	しょく	植物★ 식물　移植 이식　植民地 식민지 植樹 식목, 나무를 심음　誤植 오식, 인쇄물 오류

このカフェは庭にひまわりが**植えられて**いる。 이 카페는 정원에 해바라기가 심어져 있다.
毎朝**植物**に水やりをしている。 매일 아침 식물에 물 주기를 하고 있다.

0426 [N2]

| 훈 | 다리 | はし | 橋★ 다리　石橋 돌다리　吊り橋 현수교, 흔들다리
丸木橋 외나무다리 |
| 음 | 교 | きょう | 歩道橋 육교　鉄橋 철교 |

東京湾アクアラインは日本で一番長い**橋**である。 도쿄만 아쿠아라인은 일본에서 가장 긴 다리이다.
安全のため8車線道路に**歩道橋**が建てられた。 안전을 위해 8차선 도로에 육교가 세워졌다.

0427 [N4]

者

| 훈 | 놈 | もの | 者 사람, 자　若者★ 젊은이, 청년　悪者 악인
人気者 인기 있는 사람 |
| 음 | 자 | しゃ | 読者★ 독자　医者 의사　学者 학자
前者 전자, 먼저 거론된 사물이나 사람　第三者 제삼자 |

係の**者**をお呼びいたします。 담당인 사람을 부르겠습니다.
読者たちはその小説の続編を期待している。 독자들은 그 소설의 속편을 기대하고 있다.

0428 [N3]

훈	겉	おもて	表 앞, 겉
		あらわ(す)	表す★ 나타내다
		あらわ(れる)	表れる 나타나다
음	표	ひょう	表面★ 표면　表裏 안팎　代表 대표　発表★ 발표

ハガキの**表**に手書きであて先を書いた。 엽서의 앞에 손글씨로 수신처를 썼다.
月の**表面**にはいん石が落ちてできた穴がある。 달의 표면에는 운석이 떨어져 생긴 구덩이가 있다.

0429 [N3] ☐☐☐

훈	도읍	みやこ	都 도읍지, 수도			
음	도	と	都会* 도회지, 도시	首都* 수도	都市 도시	都心 도심
		つ	都合* 형편	都度 그때마다		

昔、京都は日本の都だった。 옛날에, 교토는 일본의 도읍지였다.
都会から田舎へ転勤することになった。 도회지에서 시골로 전근 가게 되었다.

0430 [N3] ☐☐☐

훈	나눌	—				
음	부	ぶ	部分* 부분	部品 부품	部署 부서	全部* 전부, 모두
			本部 본부			

論文の内容に説明が足りない部分があります。 논문의 내용에 설명이 부족한 부분이 있습니다.
外車は部品が高いので修理代も高い。 외제차는 부품이 비싸기 때문에 수리비도 비싸다.

0431 [N2] ☐☐☐

훈	섬돌	—				
음	계	かい	階* 층, 층계	一階 1층	階段* 계단	階級 계급
			段階 단계			

改札は一つ上の階にあります。 개찰구는 한 층 위에 있습니다.
階段を上っただけで息が上がった。 계단을 오른 것만으로 숨이 찼다.

0432 [N2] ☐☐☐

훈	볕	—			
음	양	よう	太陽 태양	陽気* 쾌활함	夕陽 석양
			陽性 양성 (검사 등에서 특정 반응이 나타나는 것)		

地球は太陽の周りを回っている。 지구는 태양의 주위를 돌고 있다.
彼女はお酒を飲むととても陽気になる。 그녀는 술을 마시면 몹시 쾌활해진다.

★은 JLPT/JPT 기출 단어입니다.

0433 [N4] ☐☐☐

훈	집	—
음	원	いん

にゅういん
入院★ 입원   **病院**★ 병원   **院長** 원장   **議院** 의원, 의회
いんない
院内 원내

にゅういん　　　　　　じゅうびょう
入院するほどの **重病**にかかったことはない。 입원할 정도의 중병에 걸린 적은 없다.
やま だ　　　　　びょういん　　まどぐち　　はたら
山田さんは **病院**の窓口で 働いている。 야마다 씨는 병원의 창구에서 일하고 있다.

0434 [N3] ☐☐☐

훈	섬	しま
음	도	とう

しま　　　　　　しまぐに　　　　　　　　はな　じま
島★ 섬   **島国** 섬나라   **離れ島** 외딴섬
れっとう　　　　　はんとう　　　　　　とうみん
列島 열도   **半島** 반도   **島民** 도민, 섬의 주민
む じんとう
無人島 무인도

しま　しま　　　　　　　はし
島と**島**をつなぐ橋がかけられた。 섬과 섬을 잇는 다리가 걸렸다.
にほんれっとう　　かざん　おお　　　じしん　　　　お
日本列島は火山が多くて地震がよく起こる。 일본 열도는 화산이 많아서 지진이 자주 일어난다.

0435 [N2] ☐☐☐

훈	코	はな
음	비	び

はな　　　　　はなみず　　　　　　はな ぢ　　　　　　はなうた
鼻★ 코   **鼻水** 콧물   **鼻血** 코피   **鼻歌** 콧노래
こ ばな
小鼻 콧방울
じ び か　　　　　　　　　び えん　　　　　び こう
耳鼻科 이비인후과   **鼻炎** 비염   **鼻孔** 콧구멍
び おん
鼻音 비음, 코가 막힌 듯이 내는 소리

　　　　　　　はな　　つよ
ティッシュで**鼻**を強くかんだ。 티슈로 코를 세게 풀었다.
さいきんはな　　　　　　つづ　　　じ び か　　　い
最近鼻づまりが続いて**耳鼻科**に行った。 최근 코 막힘이 계속되어 이비인후과에 갔다.

0436 [N4] ☐☐☐

훈	필	—
음	발	はつ

かいはつ　　　　　　はつめい　　　　　　はっしゃ　　　　　しゅっぱつ
開発★ 개발   **発明** 발명   **発射** 발사   **出発**★ 출발
はつおん
発音 발음

| | ほつ | ほっ さ　　　　　　　ほったん　　　　　　ほっそく
発作 발작   **発端** 발단   **発足** 발족, 출범 |
| --- | --- | --- |

かいしゃ　　　　　　　　　　　　かいはつ
この会社はゲームソフトを**開発**している。 이 회사는 게임 소프트웨어를 개발하고 있다.
　　　　　ほっ さ　　とき　　　　　　いき　　　ほう
パニック**発作**の時はゆっくり息をした方がいい。 공황발작 때는 천천히 숨을 쉬는 편이 좋다.

★은 JLPT/JPT 기출 단어입니다.

0437 [N3] □□□

登

훈	오를	のぼ(る)	登る (높은 곳으로) 오르다	山登り★ 산에 오름, 등산
음	등	とう	登校 등교　登場★ 등장　登録★ 등록 登壇 등단, 단상 위에 올라섬	
		と	登山★ 등산	

山に登ると町が一目で見渡せる。 산에 오르면 마을을 한 눈에 바라볼 수 있다.
運動不足だから歩いて登校することにした。 운동 부족이라 걸어서 등교하기로 했다.

0438 [N2] □□□

祭

훈	제사	まつ(り)	祭り★ 축제, 제사　秋祭り 가을 축제
		まつ(る)	祭る 제사 지내다, 모시다　祭り上げる 추대하다, 떠받들다
음	제	さい	祭日★ 경축일, 신사의 제사가 있는 날　祭礼 제례, 제사 의식 祭典 제전, 행사　文化祭 문화제

さっぽろの雪祭りは世界でも有名だ。 삿포로의 눈 축제는 세계에서도 유명하다.
祭日もいつもどおり営業いたします。 경축일도 언제나처럼 영업합니다.

0439 [N1] □□□

整

훈	가지런할	ととの(える)	整える 정돈하다, 조정하다
		ととの(う)	整う 정돈되다, 가지런해지다
음	정	せい	整理★ 정리　整列 정렬　整備 정비　調整★ 조정

面接の前に鏡を見て身なりを整えた。 면접 전에 거울을 보고 옷차림을 정돈했다.
引き出しの中の物を種類別に整理した。 서랍 속의 물건을 종류별로 정리했다.

0440 [N4] □□□

題

훈	제목	—	
음	제	だい	話題★ 화제　課題 과제　問題★ 문제　題名 제목 出題 출제

ネット上で話題の映画を週末に見に行くつもりだ。 인터넷에서 화제인 영화를 주말에 보러 갈 계획이다.
あの先生の授業は課題が多くてつらい。 저 선생님의 수업은 과제가 많아서 괴롭다.

※ 책 속의 책 <쓰기노트>(p.46)로 각 한자를 획순에 따라 직접 써 보세요.

DAY 12 연습문제

맞은 개수:　　／32

색이 있는 한자의 발음을 밑줄에 쓴 다음, 괄호 안에 단어의 뜻을 써 보세요.

01	地球	ち_____	(	)	17	植える	_____える	(	)
02	秒針	_____しん	(	)	18	橋	_____	(	)
03	消える	_____える	(	)	19	読者	どく_____	(	)
04	空港	くう_____	(	)	20	表面	_____めん	(	)
05	深い	_____い	(	)	21	都会	_____かい	(	)
06	落ちる	_____ちる	(	)	22	部分	_____ぶん	(	)
07	禁酒	きん_____	(	)	23	階	_____	(	)
08	配る	_____る	(	)	24	太陽	たい_____	(	)
09	起きる	_____きる	(	)	25	入院	にゅう_____	(	)
10	海岸	かい_____	(	)	26	島	_____	(	)
11	炭	_____	(	)	27	鼻	_____	(	)
12	係る	_____る	(	)	28	開発	かい_____	(	)
13	同級生	どう_____せい	(	)	29	登る	_____る	(	)
14	終わる	_____わる	(	)	30	祭り	_____り	(	)
15	緑	_____	(	)	31	整える	_____える	(	)
16	練習	_____しゅう	(	)	32	話題	わ_____	(	)

정답　01 ちきゅう 지구　02 びょうしん 초침　03 きえる 꺼지다, 사라지다　04 くうこう 공항　05 ふかい 깊다　06 おちる 떨어지다　07 きんしゅ 금주
08 くばる 나누어 주다　09 おきる 일어나다, 눈을 뜨다　10 かいがん 해안　11 すみ 숯　12 かかる 관계되다　13 どうきゅうせい 동급생
14 おわる 끝나다　15 みどり 초록색　16 れんしゅう 연습　17 うえる 심다　18 はし 다리　19 どくしゃ 독자　20 ひょうめん 표면
21 とかい 도회지, 도시　22 ぶぶん 부분　23 かい 층, 층계　24 たいよう 태양　25 にゅういん 입원　26 しま 섬　27 はな 코　28 かいはつ 개발
29 のぼる 오르다　30 まつり 축제, 제사　31 ととのえる 정돈하다, 조정하다　32 わだい 화제

JLPT/JPT 대비 테스트 ②

Day7부터 12까지 익힌 한자를 포함한 단어를 실제 JLPT/JPT 유형의 문제로 확인해 봅시다.

✅ 올바른 발음 고르기 [JLPT 한자읽기, JPT PART5 대비 유형]

밑줄 친 단어의 읽는 법으로 가장 적절한 것을 하나 고르세요.

01 <ruby>実力<rt>せんしゅ</rt></ruby>がある選手が集まりました。
  A しつりき   B しつりょく   C じつりき   D じつりょく

02 駅でさいふを拾いました。
  A ひろいました   B かいました   C つかいました   D うしないました

03 入り口でチケットの代金をはらってください。
  A だいきん   B たいきん   C だいこん   D たいこん

04 横のせきは空いていますか。
  A まえ   B よこ   C うしろ   D となり

05 車を一台所有しています。
  A しゅゆう   B しゅうゆう   C しょゆう   D しょうゆう

06 母は登山が趣味です。
  A とざん   B とうさん   C とうざん   D とさん

07 となりの部屋から陽気な音楽が聞こえます。
  A ゆうけ   B ようけ   C ゆうき   D ようき

08 この映画は悲しい話です。
  A さびしい   B かなしい   C めずらしい   D うつくしい

09 最近長いスカートが流行しています。
  A りゅうこう   B りゅうごう   C りょうこう   D りょうごう

10 荷物を送ってください。
  A もって   B まって   C おくって   D とって

정답 p.352

✓ 올바른 한자 표기 고르기 [JLPT 표기, JPT PART5 대비 유형]

밑줄 친 단어의 한자 표기로 가장 적절한 것을 하나 고르세요.

01 しけんは午後一時にかいしします。
  A 閉始   B 開始   C 閉治   D 開治

02 階段(かいだん)でころんでけがをしました。
  A 軽んで   B 軒んで   C 転んで   D 輪んで

03 ぶどうとりんごのねだんがひとしいです。
  A 等しい   B 算しい   C 同しい   D 合しい

04 あちらのほうこうから風がふいてきます。
  A 万角   B 万向   C 方角   D 方向

05 庭にいろんな花をうえています。
  A 植えて   B 根えて   C 構えて   D 枝えて

06 ケーキ屋さんにぎょうれつができました。
  A 仁列   B 行列   C 仁例   D 行例

07 仕事のメールのへんじは早い方がいい。
  A 辺事   B 辺寺   C 返事   D 返寺

08 このしまではおいしい魚がたくさんとれます。
  A 島   B 町   C 村   D 国

09 空港からタクシーにじょうしゃした。
  A 条者   B 乗者   C 条車   D 乗車

10 あたたかいコーヒーをちゅうもんしてください。
  A 注太   B 注文   C 柱太   D 柱文

DAY 13

일본 문부과학성 지정
초등학교 4학년 한자 ①

오늘은 일본 문부과학성이 지정한 일본 초등학교 4학년 학습 한자 202개 중 36개를 익혀볼 거예요. 먼저 오늘 배울 한자 36개의 훈독과 음독을 일본어로 한 번씩 따라 읽은 후 본격적인 학습을 시작해 보아요.

🎧 해커스 일본어상용한자1026_Day13.mp3

良	民	井	共	欠	失	衣	求
어질 량	백성 민	우물 정	함께 공	이지러질 결	잃을 실	옷 의	구할 구
よ(い) りょう	たみ みん	い しょう	とも きょう	か(ける) けつ	うしな(う) しつ	ころも い	もと(める) きゅう

훈독 ↙ ↘ 음독

不	夫	未	末	完	害	伝	信
아닐 부	지아비 부	아닐 미	끝 말	완전할 완	해할 해	전할 전	믿을 신
－ ふ	おっと ふう	－ み	すえ まつ	－ かん	－ がい	つた(える) でん	－ しん

훈독없음 ↙

佐	差	治	法	浴	以	付	府
도울 좌	다를 차	다스릴 치	법 법	목욕할 욕	써 이	붙일 부	마을 부
－ さ	さ(す) さ	おさ(める) ち	－ ほう	あ(びる) よく	－ い	つ(ける) ふ	－ ふ

老	児	兆	飛	労	努	勇	典
늙을 로	아이 아	조짐 조	날 비	일할 로	힘쓸 노	날랠 용	법 전
ふ(ける) ろう	－ じ	きざ(し) ちょう	と(ぶ) ひ	－ ろう	つと(める) ど	いさ(む) ゆう	－ てん

無	然	希	望
없을 무	그럴 연	바랄 희	바랄 망
な(い) む	－ ぜん	－ き	のぞ(む) ぼう

★은 JLPT/JPT 기출 단어입니다.

0441 [N3] ☐☐☐

훈	어질/좋을	よ(い)	良い 좋다, 훌륭하다
음	량(양)	りょう	良好 양호　良心 양심　優良 우량

この 商品は 質が 良くて とても 人気だ。 이 상품은 질이 좋아서 매우 인기이다.
周りの 人と 良好な 関係を 保ちたい。 주변 사람과 양호한 관계를 유지하고 싶다.

0442 [N3] ☐☐☐

훈	백성	たみ	民 백성
음	민	みん	市民★ 시민　住民★ 주민　民族 민족　国民 국민 民主的 민주적

民に 愛された 王の 銅像が 建てられた。 백성에게 사랑받던 왕의 동상이 세워졌다.
市役所の 前に 多くの 市民が 集まった。 시청 앞에 많은 시민이 모였다.

0443 [N1] ☐☐☐

훈	우물	い	井戸★ 우물
음	정	しょう	天井 천장
		せい	油井 유정, 석유를 채취하기 위해 판 우물

井戸から 水をくみ上げた。 우물에서 물을 퍼 올렸다.
金色の 星の 飾りが 天井に ぶら下がっていた。 금색의 별 장식이 천장에 매달려 있었다.

0444 [N3] ☐☐☐

훈	함께	とも	共に 함께　私共★ 저희들　共働き 맞벌이 共々 모두 함께
음	공	きょう	共通★ 공통　公共★ 공공　共同 공동

彼女と 共に 新しくできた 水族館に 行った。 여자친구와 함께 새로 생긴 수족관에 갔다.
私と 弟には サーフィンという 共通の 趣味がある。 나와 남동생에게는 서핑이라는 공통된 취미가 있다.

★은 JLPT/JPT 기출 단어입니다.

0445 [N3] □□□

훈	이지러질/모자랄	か(ける)	欠ける★ 모자라다, 빠지다, 이지러지다
		か(く)	欠く 없다, 부수다
음	결	けつ	欠点★ 결점　欠如 결여

パズルのピースが一つ欠けている。 퍼즐 조각이 하나 모자란다.
何もかもすぐあきらめてしまう欠点を直したい。 무엇이든 금방 포기해 버리는 결점을 고치고 싶다.

0446 [N3] □□□

| 훈 | 잃을 | うしな(う) | 失う 잃다　見失う (시야에서) 놓치다, 잃다 |
| 음 | 실 | しつ | 失恋 실연　失敗★ 실패　失業★ 실업　失望 실망　消失 소실 |

友達の図々しさに言葉を失った。 친구의 뻔뻔스러움에 말을 잃었다.
周りからはげまされ失恋から立ち直ることができた。 주변에서 격려 받아 실연에서 다시 일어설 수 있었다.

0447 [N2] □□□

| 훈 | 옷 | ころも | 衣 옷, 의복　衣替え 계절 옷 정리　羽衣 날개옷 |
| 음 | 의 | い | 衣装★ 의상　衣服 의복　衣類★ 의류　衣食住 의식주 |

冬になる前に衣替えを行うつもりだ。 겨울이 되기 전에 계절 옷 정리를 할 예정이다.
コンクールで着る衣装を用意した。 콩쿠르에서 입을 의상을 준비했다.

0448 [N3] □□□

| 훈 | 구할 | もと(める) | 求める★ 구하다, 바라다, 청하다　求め 수요, 구입 |
| 음 | 구 | きゅう | 要求★ 요구　求人★ 구인　求職 구직　追求 추구 |

どこからか助けを求める声が聞こえた。 어디에선가 도움을 구하는 목소리가 들렸다.
ツアーガイドには高い語学力が要求される。 투어 가이드에게는 높은 어학력이 요구된다.

★은 JLPT/JPT 기출 단어입니다.

0449 [N4] ☐☐☐

훈	아닐	—	
음	부	ふ	不便* 불편　不満* 불만　不要* 불필요　不利 불리 不当 부당
		ぶ	不器用 손재주가 없음, 서투름 不用心 주의하지 않음, 주의 부족

私の家は交通は**不便**だがのどかな所にある。 나의 집은 교통은 불편하지만 한적한 곳에 있다.

不器用で小学生のころから折り紙が苦手だった。 손재주가 없어서 초등학생 때부터 종이접기가 서툴렀다.

0450 [N3] ☐☐☐

훈	지아비	おっと	夫* 남편
음	부	ふう	工夫* 궁리　夫婦* 부부
		ふ	夫妻 부부　農夫 농부

夫が毎朝お弁当を作ってくれている。 남편이 매일 아침 도시락을 만들어 주고 있다.

いい写真をとるために構図を**工夫**した。 좋은 사진을 찍기 위해서 구도를 궁리했다.

0451 [N3] ☐☐☐

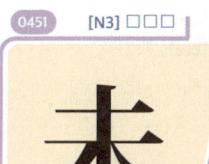

훈	아닐	—	
음	미	み	未来* 미래　未満 미만　未成年* 미성년 前代未聞 전대미문

自分が大人になった**未来**を想像してみた。 내가 어른이 된 미래를 상상해 보았다.

参加者が5人**未満**のセミナーは中止になります。 참가자가 5인 미만인 세미나는 중지됩니다.

0452 [N3] ☐☐☐

훈	끝	すえ	末 말, 끝　末っ子 막내
음	말	まつ	結末 결말　年末 연말　週末 주말　粉末 분말
		ばつ	末子 막냇자식

四月の**末**からゴールデンウイークが始まる。 4월 말부터 골든 위크가 시작된다.

この小説は最後まで**結末**が予想できなかった。 이 소설은 끝까지 결말을 예상할 수 없었다.

0453 [N3] ☐☐☐

훈	완전할	—
음	완	かん

完全* 완전　完了* 완료　完成* 완성　未完 미완

ペンキが**完**全に乾くまで触ってはいけません。 페인트가 완전히 마를 때까지 만져서는 안 됩니다.
商品の発送が**完**了したとのメールを受け取った。 상품의 발송이 완료되었다는 메일을 받았다.

0454 [N2] ☐☐☐

훈	해할	—
음	해	がい

害 해, 지장　被害* 피해　損害 손해

お酒は体に**害**を及ぼさない程度に飲んでいる。 술은 몸에 해를 끼치지 않을 정도로만 마시고 있다.
台風は大きな**被害**をもたらすことなく過ぎ去った。 태풍은 큰 피해를 초래하는 일 없이 지나갔다.

0455 [N3] ☐☐☐

훈	전할	つた(える)	伝える* 전하다　言い伝え 구전, 전설
		つた(わる)	伝わる* 전해지다
		つた(う)	伝う (어떤 것을 따라) 이동하다, 타다
음	전	でん	伝言* 전언, 전하는 말　伝統* 전통　伝説 전설 宣伝* 선전

彼は自分を応援してくれたファンに感謝の気持ちを**伝**えた。
그는 자신을 응원해 준 팬에게 감사의 마음을 전했다.
担当者が不在だったので**伝言**を残しておいた。 담당자가 부재였기 때문에 전언을 남겨두었다.

0456 [N3] ☐☐☐

훈	믿을	—
음	신	しん

信用* 신용　自信* 자신　通信 통신　信頼 신뢰
信じる* 믿다

責任感の強い彼になら何でも**信用**して任せられる。
책임감이 강한 그에게라면 무엇이든 신용하고 맡길 수 있다.
学生時代にバスケをしていたので体力には**自信**がある。
학생 시절에 농구를 했기 때문에 체력에는 자신이 있다.

★은 JLPT/JPT 기출 단어입니다.

0457 [N1] ☐☐☐

훈	도울	—	
음	좌	さ	補佐(ほさ) 보좌　大佐(たいさ) 대령 (군인의 계급)

来週(らいしゅう)から社長(しゃちょう)の補佐(ほさ)をすることになった。 다음주부터 사장님의 보좌를 하게 되었다.
若(わか)くして大佐(たいさ)になった彼女(かのじょ)はまさに伝説(でんせつ)だった。 젊어서 대령이 된 그녀는 실로 전설이었다.

0458 [N3] ☐☐☐

훈	다를/어긋날	さ(す)	差(さ)す★ 꽂다, (우산 따위를) 쓰다
음	차	さ	交差(こうさ)★ 교차　差異(さい) 차이　誤差(ごさ) 오차　時差(じさ) 시차

ストローを差(さ)して牛乳(ぎゅうにゅう)を飲(の)んだ。 빨대를 꽂아서 우유를 마셨다.
両手(りょうて)の人差(ひとさ)し指(ゆび)を交差(こうさ)させバツ印(じるし)を作(つく)った。 양손의 검지손가락을 교차시켜 엑스 표시를 만들었다.

0459 [N3] ☐☐☐

훈	다스릴	おさ(める)	治(おさ)める 다스리다
		おさ(まる)	治(おさ)まる 고요해지다, 안정되다
		なお(る)	治(なお)る★ 낫다, 치료되다
		なお(す)	治(なお)す 고치다, 치료하다
음	치	ち	治療(ちりょう)★ 치료　治癒(ちゆ)★ 치유　自治(じち) 자치　統治(とうち) 통치　治安(ちあん) 치안
		じ	政治(せいじ)★ 정치　退治(たいじ) 퇴치

君主(くんしゅ)が治(おさ)める国(くに)がいくつかある。 군주가 다스리는 나라가 몇 개인가 있다.
虫歯(むしば)の治療(ちりょう)の後(あと)しばらくは固(かた)い食(た)べ物(もの)をお控(ひか)えください。
충치 치료 후 당분간은 딱딱한 음식을 삼가 주세요.

★은 JLPT/JPT 기출 단어입니다.

0460 [N3] □□□

훈 법	—				
음 법	ほう	法 법	法律* 법률	方法* 방법	法則 법칙	文法 문법
	はっ	法度 금령, (무가 시대의) 법령			
	ほっ	法体 법체, 승려의 몸	法界 법계, 불교도의 사회		

法は国民の安全な生活を保障するためにある。 법은 국민의 안전한 생활을 보장하기 위해 있다.

子供の集中力を高める方法が知りたい。 아이의 집중력을 높이는 방법을 알고 싶다.

0461 [N2] □□□

훈 목욕할	あ(びる)	浴びる 쬐다, 뒤집어쓰다	水浴び 물을 끼얹음
	あ(びせる)	浴びせる 끼얹다, 퍼붓다	
음 욕	よく	浴室 욕실　入浴 입욕　浴場 목욕탕　海水浴 해수욕	

日光を浴びると心を安定させるホルモンが出るらしい。 햇볕을 쬐면 마음을 안정시키는 호르몬이 나온다고 한다.

お風呂上がりに浴室の水気を取った。 목욕 후에 욕실의 물기를 제거했다.

0462 [N4] □□□

훈 써	—	
음 이	い	以外* 이외　以内* 이내　以上* 이상　以後 이후

関係者以外は立ち入り禁止です。 관계자 이외에는 출입 금지입니다.

ご返品は商品お届け後7日以内にご連絡ください。 반품은 상품 배송 후 7일 이내에 연락 주세요.

0463 [N3] □□□

훈 붙일	つ(ける)	付ける* 붙이다, 달다　名付け 이름 지어 줌
	つ(く)	付く* 붙다　気付く 깨닫다, 눈치 채다
음 부	ふ	交付 교부　寄付* 기부　添付 첨부　付近 부근 付与 부여

SNSにハッシュタグを付けてデザートの写真を投稿した。 SNS에 해시 태그를 붙여서 디저트 사진을 투고했다.

学生証は明日から交付いたします。 학생증은 내일부터 교부합니다.

0464 [N2] ☐☐☐

- 훈 마을 　　—
- 음 부 　　ふ 　　政府 정부 　　都道府県 도도부현 (일본의 행정 구역의 총칭)

我が社は**政府**のサポートで海外進出に成功した。 우리 회사는 정부의 서포트로 해외 진출에 성공했다.
日本は47個の**都道府県**に分かれている。 일본은 47개의 도도부현으로 나뉘어 있다.

0465 [N3] ☐☐☐

- 훈 늙을 　　ふ(ける) 　　老ける 나이 들다, 늙다
- 　　　　　　お(いる) 　　老いる 늙다, 노쇠하다 　　老い 늙음, 늙은 사람
- 음 로(노) 　　ろう 　　老人 노인 　　長老 장로

服のせいかいつもより**老けて**見える。 옷 때문인지 평소보다 나이 들어 보인다.
老人がメガネをかけて本を読んでいる。 노인이 안경을 끼고 책을 읽고 있다.

0466 [N2] ☐☐☐

- 훈 아이 　　—
- 음 아 　　じ 　　育児 육아 　　児童 아동 　　幼児 유아
- 　　　　　　に 　　小児科 소아과

育児は妻と私が分担して行っている。 육아는 아내와 내가 분담해서 하고 있다.
熱を出している娘を**小児科**に連れて行った。 열이 나는 딸을 소아과에 데리고 갔다.

0467 [N2] ☐☐☐

- 훈 조짐/억조 　　きざ(し) 　　兆し★ 징조, 조짐
- 　　　　　　　　きざ(す) 　　兆す 싹트다, 징조가 보이다
- 음 조 　　ちょう 　　兆 조 　　前兆 전조 　　兆候 징후

梅の開花は春の**兆し**とされている。 매화의 개화는 봄의 징조로 여겨지고 있다.
宇宙技術の開発に**兆**単位のお金を投資した。 우주 기술 개발에 조 단위의 돈을 투자했다.

0468 [N2] ☐☐☐

飛

훈	날	と(ぶ)	飛ぶ★ 날다, 뛰다　飛び込む★ 뛰어들다
			飛び散る★ 흩날리다, 튀다　飛び火 불똥
		と(ばす)	飛ばす 날리다
음	비	ひ	飛行 비행　飛行機★ 비행기　飛躍 비약

世界には飛べない鳥が約40種いる。 세계에는 날지 못하는 새가 약 40종 있다.
朝8時の飛行機に乗って東京に向かった。 아침 8시 비행기를 타고 도쿄로 향했다.

0469 [N3] ☐☐☐

労

| 훈 | 일할 | — | |
| 음 | 로(노) | ろう | 勤労 근로　疲労 피로　苦労★ 고생　労力 수고, 일손 |

勤労とは精神労働および肉体労働を言う。 근로란 정신노동 및 육체노동을 말한다.
アロマテラピーは疲労の回復に良いそうだ。 아로마 테라피는 피로 회복에 좋다고 한다.

0470 [N2] ☐☐☐

努

| 훈 | 힘쓸 | つと(める) | 努める★ 힘쓰다, 노력하다　努めて 가능한 한 |
| 음 | 노 | ど | 努力★ 노력 |

新しいレシピの開発に努めている。 새로운 레시피 개발에 힘쓰고 있다.
美容師になりたくて夜昼なしに努力を重ねた。 미용사가 되고 싶어서 밤낮없이 노력을 거듭했다.

0471 [N2] ☐☐☐

勇

훈	날랠/ 용감할	いさ(む)	勇む 기운이 솟다, 용기가 솟다
			勇ましい★ 씩씩하다, 용맹하다
음	용	ゆう	勇気★ 용기　勇敢 용감　勇者 용사

彼はいくら強い相手でも勇ましく立ち向かう。 그는 아무리 강한 상대라도 씩씩하게 맞선다.
意見があるなら勇気を出してはっきり言おう。 의견이 있다면 용기를 내서 확실히 말하자.

0472 [N1] ☐☐☐

典

훈	법	—
음	전	てん　**辞典** 사전　**古典** 고전, 옛 서적　**式典** 식전, 의식

意味がわからない言葉を**辞典**で調べた。 의미를 모르는 말을 사전으로 조사했다.
古典を読むことで思考を深められる。 고전을 읽는 것으로 사고를 깊게 할 수 있다.

0473 [N3] ☐☐☐

無

훈	없을	な(い)　**無い** 없다　**無くなる*** 없어지다　**無くす*** 없애다, 잃다
음	무	む　**無口*** 과묵함, 말이 없음　**無理*** 무리　**無害*** 무해 **無効*** 무효
		ぶ　**無事** 무사　**無礼** 무례

机の上にあったはずの万年筆が**無い**。 책상 위에 있었을 터인 만년필이 없다.
部長は**無口**でいつももくもくと働く。 부장님은 과묵해서 언제나 묵묵히 일한다.

0474 [N2] ☐☐☐

然

훈	그럴	—
음	연	ぜん　**当然*** 당연　**自然*** 자연　**突然*** 돌연　**偶然*** 우연
		ねん　**天然** 천연

教室の窓を割ったんだから怒られて**当然**だ。 교실의 창문을 깼으니까 혼나는 게 당연하다.
ブロッコリーには**天然**のミネラルが多く含まれている。 브로콜리에는 천연 미네랄이 많이 포함되어 있다.

0475 [N2] ☐☐☐

希

훈	바랄	—
음	희	き　**希望*** 희망　**希薄** 희박　**希少** 희소

希望を持って毎日努力している。 희망을 가지고 매일 노력하고 있다.
高度が高ければ高いほど空気が**希薄**になる。 고도가 높으면 높을수록 공기가 희박해진다.

훈 바랄	のぞ(む)	望む* 바라다		望ましい* 바람직하다		望み 바람, 소망
음 망	ぼう	要望* 요청, 요망		願望* 소원		人望 인망, 덕성
	もう	本望 숙원, 본래부터 가지고 있던 소망 大望 대망, 큰 희망				

あのバンドの復活を望むファンが多い。 그 밴드의 부활을 바라는 팬이 많다.

市民の要望で公園のベンチを増やしたそうだ。 시민의 요청으로 공원의 벤치를 늘렸다고 한다.

※ 책 속의 책 <쓰기노트>(p.50)로 각 한자를 획순에 따라 직접 써 보세요.

DAY 13 연습문제

맞은 개수: ___/36

색이 있는 한자의 발음을 밑줄에 쓴 다음, 괄호 안에 단어의 뜻을 써 보세요.

01	良好	_____こう	( )
02	市民	し_____	( )
03	井戸	_____ど	( )
04	共に	_____に	( )
05	欠ける	_____ける	( )
06	失う	_____う	( )
07	衣装	_____しょう	( )
08	求める	_____める	( )
09	不便	_____べん	( )
10	夫	_____	( )
11	未来	_____らい	( )
12	結末	けつ_____	( )
13	完全	_____ぜん	( )
14	害	_____	( )
15	伝える	_____える	( )
16	信用	_____よう	( )
17	補佐	ほ_____	( )
18	差す	_____す	( )
19	治める	_____める	( )
20	法	_____	( )
21	浴びる	_____びる	( )
22	以外	_____がい	( )
23	付ける	_____ける	( )
24	政府	せい_____	( )
25	老ける	_____ける	( )
26	育児	いく_____	( )
27	兆し	_____し	( )
28	飛ぶ	_____ぶ	( )
29	勤労	きん_____	( )
30	努める	_____める	( )
31	勇ましい	_____ましい	( )
32	辞典	じ_____	( )
33	無い	_____い	( )
34	当然	とう_____	( )
35	希望	_____ぼう	( )
36	望む	_____む	( )

정답 01 りょうこう 양호 02 しみん 시민 03 いど 우물 04 ともに 함께 05 かける 모자라다, 빠지다, 이지러지다 06 うしなう 잃다 07 いしょう 의상 08 もとめる 구하다, 바라다, 청하다 09 ふべん 불편 10 おっと 남편 11 みらい 미래 12 けつまつ 결말 13 かんぜん 완전 14 がい 해, 지장 15 つたえる 전하다 16 しんよう 신용 17 ほさ 보좌 18 さす 꽂다, (우산 따위를) 쓰다 19 おさめる 다스리다 20 ほう 법 21 あびる 쬐다, 뒤집어쓰다 22 いがい 이외 23 つける 붙이다, 달다 24 せいふ 정부 25 ふける 나이 들다, 늙다 26 いくじ 육아 27 きざし 징조, 조짐 28 とぶ 날다, 튀다 29 きんろう 근로 30 つとめる 힘쓰다, 노력하다 31 いさましい 씩씩하다, 용맹하다 32 じてん 사전 33 ない 없다 34 とうぜん 당연 35 きぼう 희망 36 のぞむ 바라다

DAY 14

일본 문부과학성 지정

초등학교 4학년 한자 ②

오늘은 일본 문부과학성이 지정한 일본 초등학교 4학년 학습 한자 202개 중 36개를 익혀볼 거예요. 먼저 오늘 배울 한자 36개의 훈독과 음독을 일본어로 한 번씩 따라 읽은 후 본격적인 학습을 시작해 보아요.

🎧 해커스 일본어상용한자1026_Day14.mp3

好 좋을 호 す(く) こう	**媛** 여자 원 - えん	**加** 더할 가 くわ(える) か	**功** 공 공 - こう	**初** 처음 초 はじ(め) しょ	**辺** 가 변 あた(り) へん	**達** 통달할 달 - たつ	**選** 가릴 선 えら(ぶ) せん
束 묶을 속 たば そく	**卒** 마칠 졸 - そつ	**果** 열매 과 は(たす) か	**課** 과정 과 - か	**香** 향기 향 かお(り) こう	**季** 계절 계 - き	**笑** 웃음 소 わら(う) しょう	**芸** 재주 예 - げい
英 뛰어날 영 - えい	**栄** 영화로울 영 さか(える) えい	**必** 반드시 필 かなら(ず) ひつ	**念** 생각 념 - ねん	**愛** 사랑 애 - あい	**変** 변할 변 か(わる) へん	**令** 하여금 령 - れい	**冷** 찰 랭 つめ(たい) れい
泣 울 읍 な(く) きゅう	**位** 자리 위 くらい い	**兵** 병사 병 - へい	**氏** 성씨 씨 うじ し	**底** 밑 저 そこ てい	**低** 낮을 저 ひく(い) てい	**折** 꺾을 절 お(る) せつ	**材** 재목 재 - ざい
松 소나무 송 まつ しょう	**札** 패 찰 ふだ さつ	**唱** 부를 창 とな(える) しょう	**器** 그릇 기 うつわ き				

훈독 ← | → 음독 | 훈독없음

★은 JLPT/JPT 기출 단어입니다.

0477 [N3] □□□

好

훈 좋을	す(く)	好く★ 사랑하다, 좋아하다　好きだ★ 좋아하다 好き嫌い 호불호
	この(む)	好む 선호하다, 바라다　好み 취향, 좋아함 好ましい 마음에 들다, 바람직하다
음 호	こう	好意 호의　好調★ 호조, 순조　良好 양호　友好 우호

弟はなぜか動物によく好かれる。 남동생은 왜인지 동물에게 곧잘 사랑받는다.
人の好意を当たり前に思ってはいけない。 남의 호의를 당연하게 생각해서는 안 된다.

0478 [N1] □□□

훈 여자	—	
음 원	えん	才媛 재원, 재능 있는 여성

あの女子大学には上品な才媛が集まってくる。 그 여자 대학에는 고상하고 재능 있는 여성이 모여든다.

0479 [N3] □□□

훈 더할	くわ(える)	加える★ 더하다, 늘리다
	くわ(わる)	加わる★ 더해지다, 늘다, 참가하다
음 가	か	追加★ 추가　参加★ 참가　増加★ 증가　加入 가입 加減 가감

調査データに細かい説明を加えた。 조사 데이터에 자세한 설명을 더했다.
ラーメンにチャーシューを追加して注文した。 라면에 차슈를 추가해서 주문했다.

0480 [N1] □□□

훈 공	—	
음 공	こう	成功★ 성공　功績 공적　功労 공로

成功するには努力はもちろん運も要る。 성공하려면 노력은 물론 운도 필요하다.
彼はアカデミー賞受賞という功績を残した。 그는 아카데미상 수상이라는 공적을 남겼다.

★은 JLPT/JPT 기출 단어입니다.

0481 初 [N3] ☐☐☐

훈	처음	はじ(め)	初め 처음
		はじ(めて)	初めて* 처음으로
		はつ	初恋 첫사랑　初耳 처음 들음　初雪 첫눈
		うい	初々しい 풋풋하다
		そ(める)	書き初め 신춘 휘호 (새해 처음으로 붓글씨를 쓰는 것)
음	초	しょ	最初* 최초, 처음　初期 초기　初心者 초심자, 초보자
			初日 첫날　初歩* 초보, 첫걸음

何事も初めと終わりが大切です。 무슨 일이든 처음과 끝이 중요합니다.
最初に飛行機を発明した人はライト兄弟である。 최초로 비행기를 발명한 사람은 라이트 형제이다.

0482 辺 [N2] ☐☐☐

훈	가	あた(り)	辺り* 근처
		べ	海辺* 해변　岸辺 물가
음	변	へん	周辺 주변　身辺 신변　その辺 그 근처, 그 근방

この辺りは静かな住宅街だ。 이 근처는 조용한 주택가이다.
母はこの町に長く住んでいて周辺の事情にくわしい。
어머니는 이 마을에 오래 살아서 주변 사정을 잘 알고 있다.

0483 達 [N2] ☐☐☐

훈	통달할	—	
음	달	たつ	達人 달인　達成* 달성　発達* 발달　調達* 조달

ホテルでシェフをしている妹は料理の達人だ。 호텔에서 셰프를 하고 있는 여동생은 요리의 달인이다.
目標を達成した時は自分自身をほめてあげよう。 목표를 달성했을 때는 자기 자신을 칭찬해 주자.

0484 選 [N3] ☐☐☐

훈	가릴	えら(ぶ)	選ぶ* 고르다
음	선	せん	選択* 선택　選手 선수　選挙* 선거　当選 당선

簡単なメモ用に小さいサイズのノートを選んだ。 간단한 메모용으로 작은 사이즈의 노트를 골랐다.
日本語の勉強を始めたのは良い選択だった。 일본어 공부를 시작한 것은 좋은 선택이었다.

★은 JLPT/JPT 기출 단어입니다.

0485 [N2] ☐☐☐

훈	묶을	たば	束 다발　花束* 꽃다발　束ねる* 묶다
음	속	そく	結束* 결속　約束* 약속　拘束 구속　束縛 속박

書類の**束**を日付ごとに整理した。 서류 다발을 날짜 별로 정리했다.
社内イベントで社員の**結束**を固めた。 사내 이벤트로 사원의 결속을 다졌다.

0486 [N2] ☐☐☐

훈	마칠	―	
음	졸	そつ	卒業* 졸업　新卒者* (그 해의) 새 졸업자　脳卒中 뇌졸중

今年の3月に大学を**卒業**した。 올해 3월에 대학을 졸업했다.
今回は**新卒者**のみを採用する予定だ。 이번에는 새 졸업자만을 채용할 예정이다.

0487 [N3] ☐☐☐

훈	열매/이룰	は(たす)	果たす* 다하다, 달성하다　果たして 과연, 역시
		は(てる)	果てる 끝나다
		は(て)	果て 끝
음	과	か	成果* 성과　結果* 결과　効果* 효과　果実* 과실, 열매

人事部はグローバル人材を育成する役割を**果たして**いる。
인사부는 글로벌 인재를 육성하는 역할을 다하고 있다.
見事な**成果**を上げたチームに賞与が与えられた。 훌륭한 성과를 올린 팀에 상여금이 주어졌다.

0488 [N2] ☐☐☐

훈	과정/매길	―	
음	과	か	課 과　日課* 일과　課程 과정　課長* 과장
			課する 부과하다

会社のお金を管理する**課**を経理課という。 회사의 돈을 관리하는 과를 경리과라고 한다.
昼食後の散歩が毎日の**日課**になっている。 점심 후의 산책이 매일의 일과가 되어 있다.

DAY 14 초등학교 4학년 한자 ② 177

0489 [N2] ☐☐☐

훈 향기	かお(り)	香り* 향기, 좋은 냄새
	かお(る)	香る 향기가 나다
	か	香 향, 냄새　移り香 잔향
음 향	こう	香水 향수　線香 선향, 모기향　香辛料 향신료
	きょう	香車 향차 (일본 장기 말 중 하나)

このシャンプーは甘いバニラの**香り**で大人気だ。 이 샴푸는 달콤한 바닐라 향기로 큰 인기이다.
シトラス系の**香水**は気分をさわやかにしてくれる。 시트러스계 향수는 기분을 상쾌하게 만들어 준다.

0490 [N3] ☐☐☐

훈 계절	—	
음 계	き	季節* 계절　四季 사계　雨季 우기

やきいもが食べたくなる**季節**がやってきた。 군고구마가 먹고 싶어지는 계절이 찾아왔다.
韓国は**四季**がはっきりしている国だ。 한국은 사계가 뚜렷한 나라이다.

0491 [N3] ☐☐☐

훈 웃음	わら(う)	笑う* 웃다　大笑い 큰소리로 웃음
	え(む)	笑み 웃음　微笑み* 미소, 방긋 웃음
음 소	しょう	談笑 담소　微笑 미소　失笑 실소

思いっきり**笑**った後は心がすっきりする。 마음껏 웃은 뒤에는 마음이 후련해진다.
久しぶりに中学時代の友達と**談笑**を交えた。 오랜만에 중학교 시절 친구와 담소를 주고받았다.

0492 [N2] ☐☐☐

훈 재주	—	
음 예	げい	園芸* 원예　工芸 공예　文芸 문예　芸術* 예술 芸能* 예능, 연예

園芸に興味を持ち、トマトを育ててみることにした。 원예에 흥미를 갖고, 토마토를 길러보기로 했다.
職人が弟子に**工芸**の技術を伝授した。 장인이 제자에게 공예 기술을 전수했다.

★은 JLPT/JPT 기출 단어입니다.

0493 [N4] ☐☐☐

훈	뛰어날	—				
음	영	えい	英雄 영웅	英語★ 영어	英才 영재	英国 영국

火の中から子供を救った彼は町の英雄になった。 불 속에서 아이를 구한 그는 마을의 영웅이 되었다.

彼女はアメリカに長く住んでいて英語が上手だ。 그녀는 미국에 오래 살아서 영어를 잘한다.

0494 [N2] ☐☐☐

훈	영화로울	さか(える)	栄える 번영하다	栄え 번창, 번영
		は(える)	栄える 돋보이다	
		は(え)	栄えある 명예롭다	見栄え 보기에 좋음
			出来栄え 만듦새, 성과	
음	영	えい	栄光 영광 栄誉 영예, 명예 栄養★ 영양 繁栄 번영	

ここはかつて古代文明が栄えた地域だ。 이곳은 일찍이 고대 문명이 번영했던 지역이다.

過去の栄光にとらわれていては成長できない。 과거의 영광에 사로잡혀 있어서는 성장할 수 없다.

0495 [N3] ☐☐☐

훈	반드시	かなら(ず)	必ず★ 반드시	必ずしも 반드시 (~라고는 할 수 없다)	
음	필	ひつ	必要★ 필요 必死★ 필사 必然 필연 必需 필수		
			必読 필독		

帰る時は必ずエアコンを消してください。 돌아갈 때는 반드시 에어컨을 꺼 주세요.

旅行に必要なものを全部リュックに入れた。 여행에 필요한 것을 전부 배낭에 넣었다.

0496 [N3] ☐☐☐

훈	생각	—				
음	념(염)	ねん	信念 신념	念頭★ 염두	丹念★ 정성 들임	断念★ 단념
			入念★ 공들임			

人は誰もが自分なりの信念を持っている。 사람은 누구나 자기 나름의 신념을 가지고 있다.

相手の立場を念頭に置いて助言するようにしている。
상대방의 입장을 염두에 두고 조언하려고 하고 있다.

★은 JLPT/JPT 기출 단어입니다.

0497 [N3] □□□

愛

훈	사랑	—
음	애	あい	愛*★ 사랑　愛情*★ 애정　恋愛 연애　愛着*★ 애착 愛用者*★ 애용자

あの 小説は 美しく切ない 愛を 描いている。 그 소설은 아름답고 애달픈 사랑을 그리고 있다.
友人はペットのオウムに 愛情を 注いでいる。 친구는 반려동물인 앵무새에게 애정을 쏟고 있다.

0498 [N3] □□□

変

훈	변할	か(わる)	変わる*★ 바뀌다, 변하다　相変わらず*★ 변함없이 変わり種 별종, 괴짜
		か(える)	変える*★ 바꾸다
음	변	へん	変化*★ 변화　大変*★ 큰일, 대사건　変更*★ 변경　異変 이변 急変 급변

その店は店主が 変わってから味も 変わった。 그 가게는 점주가 바뀌고 나서 맛도 바뀌었다.
秋になると葉の色が 変化する。 가을이 되면 잎의 색이 변화한다.

0499 [N2] □□□

令

훈	하여금	—
음	령(영)	れい	命令*★ 명령　号令 구령, 호령　法令 법령 令嬢 영애 (남의 딸의 높임말)

行方不明者を探すため 出動の 命令が 下された。 행방 불명자를 찾기 위해 출동 명령이 내려졌다.
子供たちが先生の 号令に合わせて体操を 行った。 아이들이 선생님의 구령에 맞춰 체조를 했다.

★은 JLPT/JPT 기출 단어입니다.

0500 [N3] ☐☐☐

훈 찰	つめ(たい)	冷たい★ 차갑다　冷たさ 차가움
	ひ(える)	冷える★ 차가워지다, 식다
	ひ(や)	冷ややかだ 냉랭하다　冷や汗 식은땀
	ひ(やす)	冷やす 차게 하다, 식겁하다
	ひ(やかす)	冷やかす 놀리다　冷やかし 놀림
	さ(める)	冷める★ 식다
	さ(ます)	冷ます 식히다
음 랭(냉)	れい	冷凍★ 냉동　冷静★ 냉정　冷淡 냉담　冷却 냉각 寒冷 한랭

冬でも冷たいコーヒーを好む人が多い。 겨울에도 차가운 커피를 선호하는 사람이 많다.
冷凍のピザを電子レンジで温めた。 냉동 피자를 전자레인지로 데웠다.

0501 [N3] ☐☐☐

훈 울	な(く)	泣く★ 울다　泣き声★ 우는 소리, 울음 섞인 목소리 泣き虫 울보
음 읍	きゅう	号泣 소리 높여 욺　感泣 감격하여 욺

面接に落ちて泣いている友達をなぐさめた。 면접에 떨어져서 울고 있는 친구를 위로했다.
彼は人目を気にせず号泣した。 그는 남의 눈을 신경 쓰지 않고 소리 높여 울었다.

0502 [N3] ☐☐☐

훈 자리	くらい	位 계급, 자릿수, 만큼
음 위	い	地位 지위　位置★ 위치　単位★ 단위　順位 순위 各位 여러분, 각위

日本には位によって帽子の色を分ける制度があった。
일본에는 계급에 따라 모자의 색을 나누는 제도가 있었다.
地位にふさわしい行動をしようと意識している。 지위에 걸맞은 행동을 하려고 의식하고 있다.

★은 JLPT/JPT 기출 단어입니다.

0503 [N2] □□□

兵

훈 병사	―			
음 병	へい	兵士 병사	兵器 병기, 무기	兵隊 병대, 군대
	ひょう	兵糧 군량, 병량		

一列に並んだ兵士たちが上官に敬礼した。 일렬로 늘어선 병사들이 상관에게 경례했다.
ウイルスなどの生物を兵器として使うこともある。 바이러스 등의 생물을 병기로써 쓰는 경우도 있다.

0504 [N1] □□□

氏

훈 성씨	うじ	氏 성, 가문	氏神 고장의 수호신, 조상신
음 씨	し	氏名 성명	彼氏 남자친구, 그이

家族で氏神様のところへ初詣でに行った。 가족끼리 고장의 수호신님이 있는 곳에 새해 첫 참배하러 갔다.
ここに氏名を書いてください。 여기에 성명을 써 주세요.

0505 [N2] □□□

底

훈 밑	そこ	底★ 바닥, 밑	奥底 깊은 속, 속마음	底力 저력
음 저	てい	到底★ 도저히	海底 해저	

いくら洗ってもコップの底の汚れが取れない。 아무리 씻어도 컵 바닥의 때가 지워지지 않는다.
あのお寺は徒歩では到底行けない場所にある。 그 절은 도보로는 도저히 갈 수 없는 장소에 있다.

0506 [N3] □□□

低

훈 낮을	ひく(い)	低い 낮다	低さ 낮음, 낮은 정도	
	ひく(める)	低める 낮추다		
	ひく(まる)	低まる 낮아지다		
음 저	てい	低価格★ 낮은 가격, 저가격	最低 최저	低下 저하
		高低 고저, 높낮이		

豆腐はカロリーが低い代表的な食べ物だ。 두부는 칼로리가 낮은 대표적인 음식이다.
このコスメは低価格で品質も良い。 이 화장품은 낮은 가격에 품질도 좋다.

★은 JLPT/JPT 기출 단어입니다.

0507 [N2] ☐☐☐

훈	꺾을	お(る)	折る* 꺾다, 접다　折り紙 종이접기
		お(れる)	折れる* 꺾이다, 접히다　名折れ 불명예
		おり	折 때, 시기　〜する折 ~할 때
음	절	せつ	屈折 굴절　骨折 골절　挫折 좌절

木の枝を勝手に折ってはいけない。 나뭇가지를 멋대로 꺾어서는 안 된다.
光は水面やガラスを通ると屈折する。 빛은 수면이나 유리를 통과하면 굴절한다.

0508 [N3] ☐☐☐

| 훈 | 재목 | ー | |
| 음 | 재 | ざい | 材料* 재료　人材* 인재　素材* 소재　取材* 취재
逸材* 뛰어난 인재 |

ボウルにサラダの材料を入れて混ぜ合わせた。 사발에 샐러드 재료를 넣고 버무렸다.
当社の未来を担う人材を募集しています。 우리 회사의 미래를 짊어질 인재를 모집하고 있습니다.

0509 [N1] ☐☐☐

| 훈 | 소나무 | まつ | 松 소나무　門松 가도마쓰 (새해에 문 앞에 세우는 소나무 장식) |
| 음 | 송 | しょう | 松竹梅 송죽매 (솔·대·매화나무) |

若い松を日当たりがいいところに植え替えた。 어린 소나무를 햇빛이 잘 드는 곳으로 옮겨 심었다.
松竹梅は幸運を呼ぶとされ、お正月によく見られる。 송죽매는 행운을 부른다고 여겨져, 설날에 곧잘 볼 수 있다.

0510 [N2] ☐☐☐

| 훈 | 패/편지 | ふだ | 札 팻말, 표　値札* 가격표　名札 명찰, 명패 |
| 음 | 찰 | さつ | お札* 지폐　入札 입찰　改札* 개찰　表札 표찰, 문패 |

服を買うときに値札から確認するくせがある。 옷을 살 때 가격표부터 확인하는 버릇이 있다.
ATMから引き出したお札を財布に入れた。 ATM에서 인출한 지폐를 지갑에 넣었다.

0511 唱 [N1] ☐☐☐

훈	부를	とな(える)	唱える* 주장하다, 외치다
음	창	しょう	合唱 합창　独唱 독창, 혼자서 노래를 부르는 것 歌唱力 가창력　唱歌 노래함 提唱 제창, 어떤 일을 제시하여 주장함

生徒たちが厳しい校則に反対を唱えた。 학생들이 엄격한 교칙에 반대를 주장했다.
合唱を通じて協調性を養うことができる。 합창을 통해서 협조성을 기를 수 있다.

0512 器 [N1] ☐☐☐

훈	그릇	うつわ	器 그릇
음	기	き	食器* 식기　容器 용기, 그릇　楽器* 악기 器械* 도구, 기구　器用* 재주가 있음

家族の人数に合わせて器を買った。 가족 인원수에 맞춰서 그릇을 샀다.
料理を食器においしそうに盛り付けた。 요리를 식기에 맛있어 보이게 담았다.

※ 책 속의 책 <쓰기노트>(p.54)로 각 한자를 획순에 따라 직접 써 보세요.

DAY 14 연습문제

맞은 개수: /36

색이 있는 한자의 발음을 밑줄에 쓴 다음, 괄호 안에 단어의 뜻을 써 보세요.

01 好意　　____い　　（　　　）
02 才媛　　さい____　　（　　　）
03 加える　　____える　　（　　　）
04 成功　　せい____　　（　　　）
05 初め　　____め　　（　　　）
06 辺り　　____り　　（　　　）
07 達人　　____じん　　（　　　）
08 選ぶ　　____ぶ　　（　　　）
09 束　　____　　（　　　）
10 卒業　　____ぎょう　　（　　　）
11 果たす　　____たす　　（　　　）
12 課　　____　　（　　　）
13 香り　　____り　　（　　　）
14 季節　　____せつ　　（　　　）
15 笑う　　____う　　（　　　）
16 園芸　　えん____　　（　　　）
17 英雄　　____ゆう　　（　　　）
18 栄える　　____える　　（　　　）
19 必ず　　____ず　　（　　　）
20 信念　　しん____　　（　　　）
21 愛　　____　　（　　　）
22 変わる　　____わる　　（　　　）
23 命令　　めい____　　（　　　）
24 冷たい　　____たい　　（　　　）
25 泣く　　____く　　（　　　）
26 地位　　ち____　　（　　　）
27 兵士　　____し　　（　　　）
28 氏名　　____めい　　（　　　）
29 底　　____　　（　　　）
30 低い　　____い　　（　　　）
31 折る　　____る　　（　　　）
32 材料　　____りょう　　（　　　）
33 松　　____　　（　　　）
34 お札　　お____　　（　　　）
35 唱える　　____える　　（　　　）
36 食器　　しょっ____　　（　　　）

정답　01 こうい 호의　02 さいえん 재원, 재능있는 여자　03 くわえる 더하다, 늘리다　04 せいこう 성공　05 はじめ 처음　06 あたり 근처　07 たつじん 달인　08 えらぶ 고르다　09 たば 다발　10 そつぎょう 졸업　11 はたす 다하다, 달성하다　12 か 과　13 かおり 향기, 좋은 냄새　14 きせつ 계절　15 わらう 웃다　16 えんげい 원예　17 えいゆう 영웅　18 さかえる 번영하다　19 かならず 반드시　20 しんねん 신념　21 あい 사랑　22 かわる 바뀌다, 변하다　23 めいれい 명령　24 つめたい 차갑다　25 なく 울다　26 ちい 지위　27 へいし 병사　28 しめい 성명　29 そこ 바닥, 밑　30 ひくい 낮다　31 おる 꺾다, 접다　32 ざいりょう 재료　33 まつ 소나무　34 おさつ 지폐　35 となえる 주장하다, 외치다　36 しょっき 식기

일본 문부과학성 지정
초등학교 4학년 한자 ③

오늘은 일본 문부과학성이 지정한 일본 초등학교 4학년 학습 한자 202개 중 32개를 익혀볼 거예요. 먼저 오늘 배울 한자 32개의 훈독과 음독을 일본어로 한 번씩 따라 읽은 후 본격적인 학습을 시작해 보아요.

🎧 해커스 일본어상용한자1026_Day15.mp3

利	梨	各	省	貨	賀	覚	争
이로울 리 き(く) り	배나무 리 なし ―	각각 각 おのおの かく	덜 생 はぶ(く) せい	재물 화 ― か	하례할 하 ― が	깨달을 각 さ(める) かく	다툴 쟁 あらそ(う) そう

훈독 ← → 음독 → 음독없음 → 훈독없음

軍	便	連	輪	的	約	清	静
군사 군 ― ぐん	편할 편 たよ(り) べん	이을 련 つら(なる) れん	바퀴 륜 わ りん	과녁 적 まと てき	맺을 약 ― やく	맑을 청 きよ(い) せい	고요할 정 しず(か) せい

積	成	城	臣	官	阜	管	節
쌓을 적 つ(む) せき	이룰 성 な(る) せい	성 성 しろ じょう	신하 신 ― じん	벼슬 관 ― かん	언덕 부 ― ふ	대롱 관 くだ かん	마디 절 ふし せつ

印	昨	芽	茨	菜	仲	沖	縄
도장 인 しるし いん	어제 작 ― さく	싹 아 め が	가시나무 자 いばら ―	나물 채 な さい	버금 중 なか ちゅう	화할 충 おき ちゅう	밧줄 승 なわ じょう

0513 [N2] ☐☐☐

훈	이로울	き(く)	利^きく* 잘 듣다, 효과가 있다　左^{ひだりき}利き 왼손잡이 口^{くちき}利き 중개, 중개인
음	리(이)	り	有^{ゆうり}利* 유리, 이익이 있음　利^{りえき}益* 이익　利^{りよう}用* 이용 利^{りこう}口 영리함　勝^{しょうり}利 승리

道^{みち}が凍^{こお}ってブレーキがうまく利^きかない。 길이 얼어서 브레이크가 잘 듣지 않는다.
自^{じしゃ}社に有^{ゆうり}利な条^{じょうけん}件で取^{とりひき}引を済^すませた。 자사에 유리한 조건으로 거래를 마쳤다.

0514 [N1] ☐☐☐

훈	배나무	なし	梨^{なし} 배, 배나무　山^{やまなしけん}梨県 야마나시현 (지명)
음	리(이)	—	

りんごと梨^{なし}を冷^{れいぞうこ}蔵庫に入^いれておいた。 사과와 배를 냉장고에 넣어 두었다.
山^{やまなしけん}梨県にはお化^ばけ屋^{やしき}敷で有^{ゆうめい}名な遊^{ゆうえんち}園地がある。 야마나시현에는 유령의 집으로 유명한 유원지가 있다.

0515 [N3] ☐☐☐

훈	각각	おのおの	各^{おのおの} 제각각, 각자, 각각
음	각	かく	各^{かくじ}自* 각자　各^{かくち}地* 각지　各^{かくえき}駅* 각 역　各^{かくい}位 여러분, 각위

各^{おのおの}の見^{みかた}方や考^{かんがかた}え方は違^{ちが}って当^あたり前^{まえ}だ。 제각각 관점이나 사고방식은 다른 것이 당연하다.
ごみは各^{かくじ}自でお持^もち帰^{かえ}りください。 쓰레기는 각자 가지고 돌아가 주세요.

0516 [N2] ☐☐☐

훈	덜/살필	はぶ(く)	省^{はぶ}く* 덜다, 없애다
		かえり(みる)	省^{かえり}みる 돌이켜보다
음	생/성	せい	反^{はんせい}省* 반성　帰^{きせい}省* 귀성　内^{ないせい}省 반성, 성찰
		しょう	省^{しょうりゃく}略* 생략 各^{かくしょう}省 내각의 통괄하에 있는 각각의 행정기관, 각각의 성(省)

皿^{さらあら}洗いの手^{てま}間を省^{はぶ}くために食^{しょっきあら}器洗い機^きを買^かった。 설거지의 수고를 덜기 위해 식기세척기를 샀다.
日^{ひび}々、気^きづいたことや反^{はんせい}省を日^{にっき}記に書^かいている。
그날그날, 깨달은 점이나 반성을 일기에 쓰고 있다.

0517 [N2] ☐☐☐

훈	재물	—				
음	화	か	貨幣 화폐	貨物 화물	通貨 통화, 화폐	硬貨* 동전

父の趣味は外国の**貨幣**を集めることだ。 아버지의 취미는 외국의 화폐를 모으는 것이다.

送料は**貨物**の重量やサイズによって異なります。 송료는 화물의 중량이나 사이즈에 따라 다릅니다.

0518 [N1] ☐☐☐

훈	하례할	—			
음	하	が	祝賀 축하	年賀状 연하장	賀する 축하하다

大会優勝を記念して**祝賀**パーティーが開かれた。 대회 우승을 기념하여 축하 파티가 열렸다.

年賀状に新年のあいさつを書いて友達に送った。 연하장에 새해 인사를 적어서 친구에게 보냈다.

0519 [N2] ☐☐☐

훈	깨달을/깰	さ(める)	覚める* 깨다, 제정신이 들다		
		さ(ます)	覚ます 깨우다, 깨우치다	目覚ましい* 눈부시다	
		おぼ(える)	覚える* 기억하다, 느끼다	覚え* 기억	
음	각	かく	感覚* 감각	覚悟 각오	知覚 지각, 알고 깨달음
			錯覚* 착각	発覚 발각	

電話のベルがうるさくて目が**覚めた**。 전화벨이 시끄러워서 잠이 깼다.

ホラー映画を見て背筋がぞっとする**感覚**を**覚えた**。 공포 영화를 보고 등골이 오싹한 감각을 느꼈다.

0520 [N3] ☐☐☐

훈	다툴	あらそ(う)	争う* 다투다	争い 다툼	
음	쟁	そう	競争* 경쟁	論争 논쟁	紛争 분쟁

昔は村同士が食料や土地をめぐって**争っていた**。 옛날에는 마을끼리 식량이나 토지를 둘러싸고 다퉜다.

競争はルールを守って公正に行うべきだ。 경쟁은 룰을 지켜서 공정하게 해야 한다.

★은 JLPT/JPT 기출 단어입니다.

0521 [N2] □□□

훈	군사	―			
음	군	ぐん	軍人 군인	空軍 공군	軍備 군비

国を守りたいという思いで軍人になった。 나라를 지키고 싶다는 마음으로 군인이 되었다.
空軍は24時間、国の領空を守っている。 공군은 24시간, 국가의 영공을 지키고 있다.

0522 [N3] □□□

훈	편할/소식	たよ(り)	便り 소식(지), 편지	
음	편	べん	便利★ 편리	便宜 편의
		びん	郵便★ 우편　定期便 정기편　便乗 편승	

学校のお便りに今月の行事予定が書かれていた。 학교 소식지에 이번 달 행사 예정이 적혀 있었다.
スマホ一台で何でも調べられる便利な世の中だ。 스마트폰 한 대로 뭐든지 찾아볼 수 있는 편리한 세상이다.

0523 [N3] □□□

훈	이을	つら(なる)	連なる 줄지어 있다			
		つら(ねる)	連ねる 늘어놓다, 거느리다			
		つ(れる)	連れる 동반하다, 따르다　連れ★ 동행, 동반			
음	련(연)	れん	連休★ 연휴	連絡 연락	連続 연속	連合 연합
			関連 관련			

交通渋滞で車が道路に連なっている。 교통 정체로 차가 도로에 줄지어 있다.
今度の連休は何もせずゆっくりと休みたい。 이번 연휴에는 아무것도 하지 않고 느긋하게 쉬고 싶다.

0524 [N2] □□□

훈	바퀴	わ	輪★ 고리, 원형　指輪★ 반지		
			輪切り (단면을) 원형으로 자름, 통째썰기		
음	륜(윤)	りん	車輪★ (차)바퀴	年輪 연륜	一輪 꽃 한 송이
			競輪 경륜, 자전거로 빠르기를 겨루는 경기		

土星の輪はほとんどが氷でできている。 토성의 고리는 대부분이 얼음으로 되어 있다.
安全のために自転車の古い車輪を交換した。 안전을 위해 자전거의 낡은 바퀴를 교환했다.

0525 的 [N3]

훈	과녁	まと	的 과녁, 대상, 목표　的外れ 빗나감, 요점을 벗어남
음	적	てき	目的 목적　代表的* 대표적　的確 적확, 정확　的中 적중

矢が的の真ん中に命中した。 화살이 과녁의 한가운데에 명중했다.
こちらに訪日した目的を書いてください。 이쪽에 일본을 방문한 목적을 써 주세요.

0526 約 [N3]

훈	맺을	—	
음	약	やく	約束* 약속　予約* 예약　契約* 계약　解約* 해약

今週末一緒にピクニックに行こうと娘と約束した。 이번 주말에 함께 피크닉을 가자고 딸과 약속했다.
ようやく人気のレストランの予約が取れた。 간신히 인기 레스토랑의 예약을 잡을 수 있었다.

0527 清 [N2]

훈	맑을	きよ(い)	清い 깨끗하다, 맑다　清らかだ 청아하다
		きよ(まる)	清まる 맑아지다
		きよ(める)	清める 맑게 하다
음	청	せい	清潔* 청결　清掃* 청소　清算 청산, 빚을 갚음　清酒 청주
		しょう	清浄 청정, 맑고 깨끗함

仏教によると人間はもともと清い心を持っているそうだ。
불교에 의하면 인간은 본디 깨끗한 마음을 가지고 있다고 한다.
料理をする時は手を清潔にするべきだ。 요리를 할 때는 손을 청결히 해야 한다.

0528  [N3]

훈	고요할	しず(か)	静かだ* 조용하다
		しず(まる)	静まる 조용해지다, 진정되다
		しず(める)	静める 조용하게 하다, 진정시키다
		しず	静々と 정숙하게
음	정	せい	安静* 안정　冷静* 냉정　閑静* 한적함, 조용함　静粛 정숙
		じょう	静脈 정맥

この道は人通りが少ないので静かだ。 이 길은 사람의 왕래가 적어서 조용하다.
体調が悪い時は安静にした方がいい。 몸 상태가 안 좋을 때는 안정을 취하는 편이 좋다.

0529 [N2] 積

훈 쌓을	つ(む)	積む* 쌓다	下積み 다른 물건의 밑에 쌓음
	つ(もる)	積もる* 쌓이다, 세월이 지나다	見積もり* 견적
음 적	せき	積雪 적설, 쌓인 눈　蓄積 축적　積極的* 적극적	
		面積 면적　容積 용적 (물건을 담을 수 있는 부피)	

物流センターにたくさんの箱が積んである。 물류 센터에 많은 상자가 쌓여 있다.
大雪が続いて積雪が1メートルに達した。 큰 눈이 계속되어 적설이 1미터에 달했다.

0530 [N3] 成

훈 이룰	な(る)	成る 이루어지다	成り立つ 성립하다
	な(す)	成す 이루다	成し遂げる 끝까지 해내다
음 성	せい	成立* 성립　完成* 완성　成功* 성공　賛成* 찬성	
		成績* 성적	
	じょう	成就 성취　成仏 성불, 죽음	

人間の体は約60兆個の細胞から成る。 인간의 몸은 약 60조 개의 세포로 이루어진다.
相手の要求を受け入れることで取引は成立した。 상대의 요구를 수용하는 것으로 거래는 성립되었다.

0531 [N2]

훈 성	しろ	城 성, 성곽　城跡 성터	
음 성	じょう	城内 성내　城門 성문　落城 낙성, 성이 함락됨	

この城は日本の国宝に指定されている。 이 성은 일본의 국보로 지정되어 있다.
城内が広くて一通り回るのに1時間もかかった。 성내가 넓어서 대강 도는 데 1시간이나 걸렸다.

0532 [N2]

훈 신하	—		
음 신	じん	大臣* 대신, 장관　副大臣* 부대신	
	しん	臣下 신하　君臣 군신, 군주와 신하	

総理大臣が国民の質問に直接答える時間が設けられた。
총리대신이 국민의 질문에 직접 대답하는 시간이 마련되었다.
王は臣下に民の生活を調査するよう命じた。 왕은 신하에게 백성의 생활을 조사하도록 명했다.

0533 [N3]

官

- 훈 벼슬 —
- 음 관 かん 面接官(めんせつかん)★ 면접관 警官(けいかん) 경관, 경찰관 官庁(かんちょう) 관청
  教官(きょうかん) 교관

彼は**面接官**の質問にスマートに答えた。 그는 면접관의 질문에 재치 있게 대답했다.
市民の安全を守る**警官**にあこがれている。 시민의 안전을 지키는 경관을 동경하고 있다.

0534 [N1]

阜

- 훈 언덕 —
- 음 부 ふ 岐阜県(ぎふけん) 기후현 (지명)

岐阜県にはドラマのロケ地で有名な温泉がある。 기후현에는 드라마 촬영지로 유명한 온천이 있다.

0535 [N2]

管

- 훈 대롱 くだ 管(くだ) 관, 대롱
- 음 관 かん 管理(かんり)★ 관리 保管(ほかん)★ 보관 血管(けっかん) 혈관

腕に点滴の**管**がつながっていて動きにくい。 팔에 링거 관이 연결되어 있어서 움직이기 어렵다.
鍵を無くさないように**管理**に気を付けよう。 열쇠를 잃어버리지 않도록 관리에 신경을 쓰자.

0536 [N1]

節

- 훈 마디 ふし 節(ふし) 마디, 옹이, 관절 節穴(ふしあな) 옹이구멍, 있으나 마나한 눈
- 음 절 せつ 節約(せつやく)★ 절약 調節(ちょうせつ)★ 조절 関節(かんせつ) 관절
  　　 せち お節料理(おせちりょうり) 새해 요리

竹が折れにくいのは**節**に理由があるそうだ。 대나무가 꺾이기 어려운 것은 마디에 이유가 있다고 한다.
電気代を**節約**するためヒーターは必要な時にだけつけている。
전기 요금을 절약하기 위해 히터는 필요한 때에만 틀고 있다.

★은 JLPT/JPT 기출 단어입니다.

0537 [N2] ☐☐☐

훈	도장	しるし	印* 표시, 표지　矢印 화살표　目印 표적, 표지
음	인	いん	印象* 인상, 이미지　印刷 인쇄

せんせい　しつもん　　　　　　　　　　　　しるし
先生に質問したいところに印をつけておいた。 선생님에게 질문하고 싶은 곳에 표시를 해 두었다.
えいが　しゅじんこう　　　　　め　つ　　　いんしょう　のこ
映画の主人公のするどい目付きが印象に残った。 영화 주인공의 날카로운 눈매가 인상에 남았다.

0538 [N3] ☐☐☐

훈	어제	―	
음	작	さく	昨年* 작년　昨夜 어젯밤　昨日 전일, 어제 一昨日 그저께

さくねん　にっしょうぶそく　　　　　　　　ふさく
昨年は日照不足でぶどうが不作だった。 작년에는 일조량 부족으로 포도가 흉작이었다.
さくや　う　　　はじ　なが　ぼし　み
昨夜、生まれて初めて流れ星を見た。 어젯밤, 태어나서 처음으로 별똥별을 봤다.

0539 [N1] ☐☐☐

훈	싹	め	芽 싹　芽生える 싹트다, 움트다　新芽 새싹
음	아	が	発芽 발아, 싹이 나옴　麦芽 맥아, 엿기름

　　　　　　め　　　　　　　　　　　　　どく
ジャガイモの芽にはソラニンという毒がある。 감자의 싹에는 솔라닌이라는 독이 있다.
さくもつ　はつが　　　　きかん　きおん　　　か
作物の発芽までの期間は気温によって変わる。 작물의 발아까지의 기간은 기온에 따라 달라진다.

0540 [N1] ☐☐☐

훈	가시나무	いばら	茨 가시나무　茨城県 이바라키현 (지명)
음	자	―	

いばら　　　　　　　ゆび
茨のとげが指にささってチクチクする。 가시나무의 가시가 손가락에 박혀서 따끔따끔하다.
いばらきけん　　　　　　　　　　さんち　し
茨城県はメロンの産地として知られている。 이바라키현은 멜론의 산지로 알려져 있다.

DAY 15 초등학교 4학년 한자 ③

★은 JLPT/JPT 기출 단어입니다.

0541 [N2] □□□

菜

| 훈 | 나물 | な | 菜 푸성귀, 야채　青菜 푸른 채소 |
| 음 | 채 | さい | 野菜★ 야채, 채소　菜園 채소밭　菜食 채식
惣菜★ 반찬, 나물 |

青菜とハムを炒めておかずを作った。 푸른 채소와 햄을 볶아서 반찬을 만들었다.
帰り道に八百屋で野菜を買った。 귓갓길에 야채 가게에서 야채를 샀다.

0542 [N2] □□□

仲

| 훈 | 버금/
가운데 | なか | 仲★ 사이, 관계　仲間 동료, 한패　仲直り 화해 |
| 음 | 중 | ちゅう | 仲裁 중재　仲介 중개 |

私は兄とも妹とも仲がいい。 나는 형과도 여동생과도 사이가 좋다.
クラスでけんかが起こって先生が仲裁に入った。 반에서 싸움이 일어나 선생님이 중재에 들어갔다.

0543 [N1] □□□

沖

| 훈 | 화할/찌를 | おき | 沖★ 먼 바다, 물가에서 멀리 떨어진 바다나 호수 |
| 음 | 충 | ちゅう | 沖積層 충적층 (지층의 일종)　沖する 높이 올라가다 |

釣りをしにボートに乗って沖まで出た。 낚시를 하러 보트를 타고 먼 바다까지 나갔다.
沖積層は主に河川沿いで多く見られる。 충적층은 주로 하천 부근에서 많이 보인다.

0544 [N1] □□□

縄

| 훈 | 밧줄 | なわ | 縄 줄, 포승　沖縄県 오키나와현 (지명)　縄張 세력권 |
| 음 | 승 | じょう | 縄文 끈 무늬, 새끼줄 무늬
縄文時代 조몬 시대 (일본의 선사시대) |

沖縄県はシーサーという守り神が有名だ。 오키나와현은 시사라는 수호신이 유명하다.
夫は縄文時代を研究する考古学者だ。 남편은 조몬 시대를 연구하는 고고학자이다.

※ 책 속의 책 <쓰기노트>(p.58)로 각 한자를 획순에 따라 직접 써 보세요.

DAY 15 연습문제

맞은 개수: /32

색이 있는 한자의 발음을 밑줄에 쓴 다음, 괄호 안에 단어의 뜻을 써 보세요.

01	有利	ゆう_____ ( )		17	積む	_____む ( )
02	梨	_____ ( )		18	成立	_____りつ ( )
03	各自	_____じ ( )		19	城	_____ ( )
04	省く	_____く ( )		20	大臣	だい_____ ( )
05	貨幣	_____へい ( )		21	面接官	めんせつ_____ ( )
06	祝賀	しゅく_____ ( )		22	岐阜県	ぎ_____けん ( )
07	感覚	かん_____ ( )		23	管理	_____り ( )
08	争う	_____う ( )		24	節	_____ ( )
09	軍人	_____じん ( )		25	印	_____ ( )
10	便利	_____り ( )		26	昨年	_____ねん ( )
11	連なる	_____なる ( )		27	芽	_____ ( )
12	輪	_____ ( )		28	茨	_____ ( )
13	目的	もく_____ ( )		29	青菜	あお_____ ( )
14	約束	_____そく ( )		30	仲	_____ ( )
15	清い	_____い ( )		31	沖積層	_____せきそう ( )
16	静かだ	_____かだ ( )		32	縄	_____ ( )

정답 01 ゆうり 유리, 이익이 있음 02 なし 배, 배나무 03 かくじ 각자 04 はぶく 덜다, 없애다 05 かへい 화폐 06 しゅくが 축하 07 かんかく 감각 08 あらそう 다투다 09 ぐんじん 군인 10 べんり 편리 11 つらなる 줄지어 있다 12 わ 고리, 원형 13 もくてき 목적 14 やくそく 약속 15 きよい 깨끗하다, 맑다 16 しずかだ 조용하다 17 つむ 쌓다 18 せいりつ 성립 19 しろ 성, 성곽 20 だいじん 대신, 장관 21 めんせつかん 면접관 22 ぎふけん 기후현 23 かんり 관리 24 ふし 마디, 옹이, 관절 25 しるし 표시, 표지 26 さくねん 작년 27 め 싹 28 いばら 가시나무 29 あお 푸른 채소 30 なか 사이, 관계 31 ちゅうせきそう 충적층 32 なわ 줄, 포승

DAY 16
일본 문부과학성 지정
초등학교 4학년 한자 ④

오늘은 일본 문부과학성이 지정한 일본 초등학교 4학년 학습 한자 202개 중 32개를 익혀볼 거예요. 먼저 오늘 배울 한자 32개의 훈독과 음독을 일본어로 한 번씩 따라 읽은 후 본격적인 학습을 시작해 보아요.

🎧 해커스 일본어상용한자1026_Day16.mp3

最	量	景	置	建	健	康	鹿
가장 최	헤아릴 량	볕 경	둘 치	세울 건	튼튼할 건	편안할 강	사슴 록
もっと(も) さい	はか(る) りょう	ー けい	お(く) ち	た(てる) けん	すこ(やか) けん	ー こう	しか ー

훈독 ← → 음독 　　　　　훈독없음　　　　　　　　　　　　　　　　　　　　　　　　　　　　음독없음

産	席	帯	包	改	敗	散	旗
낳을 산	자리 석	띠 대	꾸러미 포	고칠 개	패할 패	흩을 산	기 기
う(む) さん	ー せき	おび たい	つつ(む) ほう	あらた(める) かい	やぶ(れる) はい	ち(る) さん	はた き

牧	特	別	刷	富	副	種	働
칠 목	특별할 특	나눌 별	인쇄할 쇄	부유할 부	버금 부	씨 종	굼닐 동
まき ぼく	ー とく	わか(れる) べつ	す(る) さつ	とみ ふ	ー ふく	たね しゅ	はたら(く) どう

司	固	周	岡	関	要	票	標
맡을 사	굳을 고	두루 주	언덕 강	관계할 관	요긴할 요	표 표	표할 표
ー し	かた(い) こ	まわ(り) しゅう	おか ー	かか(わる) かん	い(る) よう	ー ひょう	ー ひょう

0545 [N3] □□□

最

훈	가장	もっと(も)	最も 가장, 제일
음	최	さい	最近* 최근　最初* 최초　最大 최대　最新* 최신 最先端* 최첨단

日本人の血液型はA型が最も多いそうだ。 일본인의 혈액형은 A형이 가장 많다고 한다.
姉は最近古本屋巡りにはまっている。 언니는 최근 헌책방 순례에 빠져있다.

0546 [N2] □□□

量

훈	헤아릴	はか(る)	量る* (무게, 길이 등을) 재다
음	량(양)	りょう	量* 양　大量* 대량　多量* 다량　測量 측량 量産 양산, 대량 생산

1年ぶりに体重を量ったら5キロ増えていた。 1년 만에 체중을 쟀더니 5킬로 늘어 있었다.
家庭内の生活ごみの量を減らすようにしている。 가정 내 생활 쓰레기의 양을 줄이려고 하고 있다.

0547 [N3] □□□

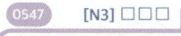
景

훈	볕	―	
음	경	けい	風景* 풍경　夜景 야경　情景* 정경, 광경　背景* 배경 景気* 경기, 경제 상황

美しい風景を見ると写真に残したくなる。 아름다운 풍경을 보면 사진으로 남기고 싶어진다.
山頂の展望台から見た夜景はとてもきれいだった。 산꼭대기의 전망대에서 본 야경은 정말 예뻤다.

0548 [N3] □□□

置

훈	둘	お(く)	置く* 두다　心置きなく* 거리낌 없이　物置 헛간, 곳간
음	치	ち	位置* 위치　放置 방치　装置* 장치　処置* 처치 措置* 조치

カバンを教室に置いて来てしまった。 가방을 교실에 두고 와 버렸다.
使ったものは元の位置に戻してください。 사용한 물건은 원래 위치로 되돌려 주세요.

0549 [N4] ☐☐☐

훈	세울	た(てる)	建てる 짓다, 세우다　建物* 건물　二階建て 이층 구조
		た(つ)	建つ 세워지다
음	건	けん	建設* 건설　建築* 건축
		こん	建立 건립, 사원·탑을 만듦

近々家族のために家を建てるつもりだ。 머지않아 가족을 위해 집을 지을 생각이다.
新都市のあちこちでビルの建設が進められている。 신도시의 이곳저곳에서 빌딩 건설이 진행되고 있다.

0550 [N1] ☐☐☐

| 훈 | 튼튼할 | すこ(やか) | 健やかだ* 튼튼하다, 건전하다, 건강하다 |
| 음 | 건 | けん | 健全 건전, 건강　保健 보건　健闘 건투 |

子供が健やかに成長することを願っている。 아이가 튼튼하게 성장하기를 바라고 있다.
健全な心は健全な体に宿るものだ。 건전한 마음은 건전한 몸에 깃드는 법이다.

0551 [N1] ☐☐☐

| 훈 | 편안할 | — | |
| 음 | 강 | こう | 健康* 건강 |

バランスの取れた食事は健康な体づくりに欠かせない。
균형 잡힌 식사는 건강한 몸 만들기에 빼놓을 수 없다.

0552 [N1] ☐☐☐

훈	사슴	しか	鹿 사슴
		か	馬鹿 바보　鹿の子編み 새끼 사슴의 등 얼룩과 닮은 편직 원단, 피케
음	록(녹)	—	

奈良公園は鹿が多いことで有名だ。 나라 공원은 사슴이 많은 것으로 유명하다.
易しい問題を間違えて馬鹿にされた。 쉬운 문제를 틀려서 바보 취급 당했다.

0553 [N3] ☐☐☐

훈 낳을	う(む)	産む 낳다
	う(まれる)	産まれる* 태어나다, 출생하다
	うぶ	産声 갓난아기의 첫 울음소리　産毛 배냇머리, 솜털
음 산	さん	生産* 생산　産業 산업　出産 출산　名産物* 명산물

飼い猫が子猫を5匹も産んだ。 키우는 고양이가 새끼 고양이를 5마리나 낳았다.
米を世界で一番多く生産している国は中国だ。 쌀을 세계에서 제일 많이 생산하고 있는 나라는 중국이다.

0554 [N3] ☐☐☐

훈 자리	—	
음 석	せき	席* 자리　出席* 출석, 참석　欠席* 결석　座席* 좌석
		空席* 공석

電車の席が空いていたので座って行けた。 전철의 자리가 비어 있었기 때문에 앉아서 갈 수 있었다.
知り合いの結婚式に多くの人が出席していた。 지인의 결혼식에 많은 사람이 출석했다.

0555 [N2] ☐☐☐

훈 띠	おび	帯 띠
	お(びる)	帯びる* 띠다, 기미가 있다
음 대	たい	携帯* 휴대, 휴대 전화　地帯 지대　包帯 붕대　連帯 연대

母に着物の帯を結んでもらった。 어머니가 기모노의 띠를 묶어 주었다.
手荒れがひどくて常にハンドクリームを携帯している。 손이 트는 것이 심해서 항상 핸드 크림을 휴대하고 있다.

0556 [N3] ☐☐☐

훈 꾸러미	つつ(む)	包む* 감싸다　包み 보따리　小包* 소포
음 포	ほう	包装* 포장　包囲 포위　包容力 포용력　包丁 식칼

刃物は紙などに包んで捨てましょう。 날붙이는 종이 등에 감싸서 버립시다.
プレゼント用に包装してもらえますか。 선물용으로 포장해 주실 수 있습니까?

★은 JLPT/JPT 기출 단어입니다.

0557 [N2] ☐☐☐

훈 고칠	あらた(める)	改める★ 고치다, 새롭게 하다	改めて 딴 기회에, 또다시
	あらた(まる)	改まる 고쳐지다	
음 개	かい	改正★ 개정, 고쳐서 바르게 함	改革★ 개혁 改善★ 개선
		改定★ 개정, 규칙을 새롭게 정함	改札★ 개찰

悪い 食 習 慣を 改めようと自炊をしている。 나쁜 식습관을 고치려고 직접 요리를 하고 있다.
法律は時代の変化にともなって改正されてきた。 법률은 시대의 변화에 따라 개정되어 왔다.

0558 [N3] ☐☐☐

훈 패할	やぶ(れる)	敗れる★ 지다, 패배하다	
음 패	はい	失敗★ 실패, 실수 勝敗 승패	敗北 패배 敗者 패자
		腐敗 부패	

チェーン店との 競 争に敗れて多くの店が無くなった。 체인점과의 경쟁에 져서 많은 가게가 없어졌다.
今回の失敗を 教 訓にして次こそは成功させよう。 이번 실패를 교훈 삼아 다음에야말로 성공시키자.

0559 [N2] ☐☐☐

훈 흩을	ち(る)	散る 지다, 흩어지다	散り散り 뿔뿔이
	ち(らす)	散らす 흩뜨리다	
	ち(らかす)	散らかす★ 어지르다	
	ち(らかる)	散らかる 어질러지다	
음 산	さん	発散★ 발산 散歩★ 산책, 산보	解散★ 해산 分散 분산
		拡散 확산	

雨が降って紅葉がほとんど散ってしまった。 비가 내려서 단풍이 거의 져 버렸다.
運動を通してストレスを発散している。 운동을 통해 스트레스를 발산하고 있다.

0560 [N1] ☐☐☐

훈 기	はた	旗★ 깃발, 기	白旗 백기
음 기	き	国旗 국기	旗手 기수, 깃발을 드는 사람

各チームの旗が風になびいている。 각 팀의 깃발이 바람에 나부끼고 있다.
日本の国旗は日の出を 表したものである。 일본의 국기는 일출을 표현한 것이다.

★은 JLPT/JPT 기출 단어입니다.

0561 [N1] ☐☐☐

훈	칠	まき	牧場 목장
음	목	ぼく	牧師 목사　牧場 목장, 목축장　放牧 방목　遊牧 유목

この牧場ではチーズを作る体験ができる。 이 목장에서는 치즈를 만드는 체험을 할 수 있다.
教会に行って牧師の説教を聞いた。 교회에 가서 목사의 설교를 들었다.

0562 [N4] ☐☐☐

훈	특별할	―	
음	특	とく	特色*특색　特急*특급　特徴*특징　特殊*특수 特長*특장, 특별히 뛰어난 점

地域の特色を生かしたイベントを企画している。 지역의 특색을 살린 이벤트를 기획하고 있다.
特急に乗れば目的地まで短時間で行ける。 특급을 타면 목적지까지 단시간에 갈 수 있다.

0563 [N4] ☐☐☐

別

훈	나눌	わか(れる)	別れる*헤어지다　別れ 이별
음	별	べつ	別々*따로따로　特別*특별　差別 차별　区別*구별 格別*각별

別れるのはさびしいがまた新たな出会いがあるはずだ。
헤어지는 것은 쓸쓸하지만 또 새로운 만남이 있을 것이다.
浴室とトイレが別々になっている家に住みたい。 욕실과 화장실이 따로따로 되어 있는 집에 살고 싶다.

0564 [N2] ☐☐☐

훈	인쇄할	す(る)	刷る 인쇄하다, 찍다
음	쇄	さつ	印刷 인쇄　増刷 증쇄, 추가 인쇄

セールのチラシを刷って街で配った。 세일 광고지를 인쇄해서 거리에서 나눠 주었다.
モバイルチケットは印刷しなくても結構です。 모바일 티켓은 인쇄하지 않아도 괜찮습니다.

0565 [N2] 富

훈	부유할	とみ	富 부, 재산
		と(む)	富む 부유하다, 풍부하다　富み栄える 번성하다, 번영하다
음	부	ふ	豊富* 풍부　貧富* 빈부　富裕 부유, 유복
			富強 부강, 부유하고 강함
		ふう	富貴 부귀

彼女はユニークな事業で大きな富を手に入れた。 그녀는 독특한 사업으로 큰 부를 손에 넣었다.
このスーパーは品物が豊富にそろっている。 이 슈퍼는 물건이 풍부하게 갖추어져 있다.

0566 [N2] 副

훈	버금	—	
음	부	ふく	副社長* 부사장　副作用 부작용　副大臣* 부대신
			副業* 부업　副詞 부사 (품사의 하나)

母は有名食品メーカーの副社長だ。 어머니는 유명 식품 제조 회사의 부사장이다.
薬の副作用のせいで日中でも眠気が続く。 약의 부작용 탓에 낮에도 졸음이 계속된다.

0567 [N2] 種

훈	씨	たね	種 씨, 종자　火種 불씨
음	종	しゅ	種類* 종류　品種 품종　人種 인종

アサガオの種を垣根の周りにまいた。 나팔꽃의 씨를 울타리 주변에 뿌렸다.
ベジタリアンも基準によって種類が分かれる。 채식주의자도 기준에 따라 종류가 나뉜다.

0568 [N3] 働

훈	굼닐/일할	はたら(く)	働く* 일하다, 작용하다　働き* 작동, 작용, 기능
음	동	どう	労働 노동　稼働* 가동

大学を卒業して以来ずっと同じ会社で働いている。 대학을 졸업한 이래 쭉 같은 회사에서 일하고 있다.
キリスト教では労働を尊い行為と見なしている。 기독교에서는 노동을 귀중한 행위로 간주하고 있다.

★은 JLPT/JPT 기출 단어입니다.

0569 [N1] ☐☐☐

훈	맡을	—
음	사	し

上司* 상사　司会* 사회, 사회자　司法 사법
司令 사령(관)

上司と相談して有休の日付を決めた。 상사와 상담해서 유급 휴가 날짜를 정했다.
市で行う成人式の司会を務めることになった。 시에서 시행하는 성인식의 사회를 맡게 되었다.

0570 [N2] ☐☐☐

훈	굳을	かた(い)	固い* 굳다, 단단하다　固さ 경도, 단단한 정도
		かた(める)	固める 굳히다　固め 굳힘
		かた(まる)	固まる 굳어지다　固まり 덩어리
음	고	こ	固定* 고정　固体 고체　固有 고유　頑固* 완고

世界一の作家になってみせると固く決意した。 세계 제일의 작가가 되어 보이겠다고 굳게 결의했다.
前髪をヘアピンで固定して顔を洗った。 앞머리를 헤어핀으로 고정하고 얼굴을 씻었다.

0571 [N2] ☐☐☐

훈	두루	まわ(り)	周り* 부근, 주변, 둘레
음	주	しゅう	周囲* 주위　周辺 주변　周知 주지, 두루 앎
			周到* 주도, 주의가 두루 미쳐서 빈틈없음
			円周 원주, 원의 둘레

家の周りで子どもたちがボール遊びをしている。 집 부근에서 아이들이 공놀이를 하고 있다.
彼は周囲の目を気にしない性格だ。 그는 주위의 시선을 신경 쓰지 않는 성격이다.

0572 [N1] ☐☐☐

훈	언덕	おか	福岡県 후쿠오카현 (지명)　静岡県 시즈오카현 (지명)
			岡山県 오카야마현 (지명)
음	강	—	

明太子は福岡県を代表する食べ物の一つだ。 명란젓은 후쿠오카현을 대표하는 음식 중 하나이다.
静岡県は海に面していて海水浴場が多い。 시즈오카현은 바다에 면하고 있어서 해수욕장이 많다.

0573 関 [N3]

훈 관계할	かか(わる)	関わる 관계되다, 상관하다　関わり 관계, 상관
	せき	関 관문　関取 상위 씨름꾼
음 관	かん	関心* 관심　関係* 관계　機関* 기관　玄関* 현관 関する 관계하다

就職するなら貿易に**関わる**仕事がしたい。 취직한다면 무역에 관계된 일을 하고 싶다.
新しい遊園地が人々の**関心**を集めている。 새로운 유원지가 사람들의 관심을 모으고 있다.

0574 要 [N3]

훈 요긴할	い(る)	要る* 필요하다
	かなめ	要 가장 중요한 것, 요점
음 요	よう	重要* 중요　必要* 필요　需要* 수요　主要* 주요 要求* 요구

要らなくなった家電をリサイクルショップに売った。 필요 없어진 가전제품을 재활용품점에 팔았다.
若いうちから老後を準備しておくことは**重要**だ。 젊을 때부터 노후를 준비해 두는 것은 중요하다.

0575 票 [N1]

훈 표	—	
음 표	ひょう	投票* 투표　伝票 전표　得票 득표　開票 개표 票決 표결, 투표로 결정함

組合の代表は年に一回**投票**で決める。 조합의 대표는 한 해에 한 번 투표로 정한다.
伝票は会計係がまとめて管理している。 전표는 회계 담당이 한데 모아 관리하고 있다.

0576 標 [N2]

훈 표할	—	
음 표	ひょう	目標* 목표　標準 표준　標本 표본　座標 좌표 標的 표적

明確な**目標**を持つことは動機付けになる。 명확한 목표를 가지는 것은 동기 부여가 된다.
この店は**標準**より大きいサイズの衣類を取り扱っている。 이 가게는 표준보다 큰 사이즈의 의류를 취급하고 있다.

※ 책 속의 책 <쓰기노트>(p.62)로 각 한자를 획순에 따라 직접 써 보세요.

DAY 16 연습문제

맞은 개수: /32

색이 있는 한자의 발음을 밑줄에 쓴 다음, 괄호 안에 단어의 뜻을 써 보세요.

01 最も　　＿＿＿も　　（　　　　）
02 量る　　＿＿＿る　　（　　　　）
03 風景　　ふう＿＿＿　（　　　　）
04 置く　　＿＿＿く　　（　　　　）
05 建てる　＿＿＿てる　（　　　　）
06 健やかだ　＿＿＿やかだ　（　　　　）
07 健康　　けん＿＿＿　（　　　　）
08 鹿　　　＿＿＿　　　（　　　　）
09 生産　　せい＿＿＿　（　　　　）
10 席　　　＿＿＿　　　（　　　　）
11 帯　　　＿＿＿　　　（　　　　）
12 包む　　＿＿＿む　　（　　　　）
13 改正　　＿＿＿せい　（　　　　）
14 敗れる　＿＿＿れる　（　　　　）
15 発散　　はつ＿＿＿　（　　　　）
16 旗　　　＿＿＿　　　（　　　　）

17 牧師　　＿＿＿し　　（　　　　）
18 特色　　＿＿＿しょく　（　　　　）
19 別れる　＿＿＿れる　（　　　　）
20 印刷　　いん＿＿＿　（　　　　）
21 豊富　　ほう＿＿＿　（　　　　）
22 副社長　＿＿＿しゃちょう　（　　　　）
23 種　　　＿＿＿　　　（　　　　）
24 働く　　＿＿＿く　　（　　　　）
25 上司　　じょう＿＿＿　（　　　　）
26 固定　　＿＿＿てい　（　　　　）
27 周り　　＿＿＿り　　（　　　　）
28 福岡県　ふく＿＿＿けん　（　　　　）
29 関心　　＿＿＿しん　（　　　　）
30 要る　　＿＿＿る　　（　　　　）
31 投票　　とう＿＿＿　（　　　　）
32 目標　　もく＿＿＿　（　　　　）

정답　01 もっとも 가장, 제일　02 はかる (무게, 길이 등을) 재다　03 ふうけい 풍경　04 おく 두다　05 たてる 짓다, 세우다
06 すこやかだ 튼튼하다, 건전하다, 건강하다　07 けんこう 건강　08 しか 사슴　09 せいさん 생산　10 せき 자리　11 おび 띠　12 つつむ 감싸다
13 かいせい 개정, 고쳐서 바르게 함　14 やぶれる 지다, 패배하다　15 はっさん 발산　16 はた 깃발, 기　17 ぼくし 목사　18 とくしょく 특색
19 わかれる 헤어지다　20 いんさつ 인쇄　21 ほうふ 풍부　22 ふくしゃちょう 부사장　23 たね 씨, 종자　24 はたらく 일하다, 작용하다　25 じょうし 상사
26 こてい 고정　27 まわり 부근, 주변, 둘레　28 ふくおかけん 후쿠오카현　29 かんしん 관심　30 いる 필요하다　31 とうひょう 투표　32 もくひょう 목표

DAY 17

일본 문부과학성 지정
초등학교 4학년 한자 ⑤

오늘은 일본 문부과학성이 지정한 일본 초등학교 4학년 학습 한자 202개 중 33개를 익혀볼 거예요. 먼저 오늘 배울 한자 33개의 훈독과 음독을 일본어로 한 번씩 따라 읽은 후 본격적인 학습을 시작해 보아요.

🎧 해커스 일본어상용한자1026_Day17.mp3

街	徒	徳	径	候	例	側	借
거리 가 まち がい	무리 도 ー と	덕 덕 ー とく	지름길 경 ー けい	기후 후 そうろう こう	비슷할 례 たと(える) れい	곁 측 がわ そく	빌릴 차 か(りる) しゃく

훈독 ↙ ↘ 음독 훈독없음 ↙

億	祝	説	訓	順	願	類	料
억 억 ー おく	빌 축 いわ(う) しゅく	말씀 설 と(く) せつ	가르칠 훈 ー くん	순할 순 ー じゅん	원할 원 ねが(う) がん	무리 류 たぐ(い) るい	헤아릴 료 ー りょう

孫	給	続	結	辞	協	博	照
손자 손 まご そん	줄 급 ー きゅう	계속 속 つづ(く) ぞく	맺을 결 むす(ぶ) けつ	말씀 사 や(める) じ	화합할 협 ー きょう	넓을 박 ー はく	비칠 조 て(らす) しょう

熊	熱	参	浅	残	奈	挙	埼
곰 웅 くま ー	더울 열 あつ(い) ねつ	참여할 참 まい(る) さん	얕을 천 あさ(い) せん	남을 잔 のこ(る) ざん	어찌 나 ー な	들 거 あ(げる) きょ	갑 기 さい ー

음독없음 ↙

塩
소금 염 しお えん

0577 街 [N1] ☐☐☐

훈	거리	まち	街 (번화한) 거리 　街角* 길모퉁이, 길목
음	가	がい	商店街* 상점가　住宅街* 주택가　街頭 길거리, 가두 市街 시가, 거리
		かい	街道 가도, 교통상 중요한 도로

街で約100人の市民を対象にアンケートを行った。 거리에서 약 100명의 시민을 대상으로 설문 조사를 했다.

気晴らしに商店街を歩き回った。 기분 전환 삼아 상점가를 돌아다녔다.

0578 徒 [N2] ☐☐☐

훈	무리	—	
음	도	と	生徒* 학생　徒歩 도보

各地の生徒たちが修学旅行で京都に来ていた。 각지의 학생들이 수학여행으로 교토에 와 있었다.

運動をかねて徒歩で通勤しています。 운동을 겸하여 도보로 통근하고 있습니다.

0579 徳 [N1] ☐☐☐

훈	덕	—	
음	덕	とく	道徳 도덕　美徳 미덕　悪徳 악덕

道徳は人が正しく行動するために必要なものだ。 도덕은 사람이 올바르게 행동하기 위해 필요한 것이다.

人の過ちが許せる広い心は美徳とされている。 남의 잘못을 용서할 수 있는 넓은 마음은 미덕으로 여겨지고 있다.

0580 径 [N1] ☐☐☐

훈	지름길	—	
음	경	けい	直径 지름, 직경　半径 반지름, 반경　径路 경로

直径20センチぐらいのなべを探している。 지름 20센티 정도의 냄비를 찾고 있다.

円周から円の半径を求める公式を習った。 원둘레로부터 원의 반지름을 구하는 공식을 배웠다.

0581 [N2]

候

훈	기후/살필	そうろう	居候 얹혀삶, 식객
음	후	こう	天候★ 날씨 気候 기후 候補 후보 兆候 징후

私は大学の先輩の家に居候している。 나는 대학 선배의 집에 얹혀살고 있다.
体調は天候に左右されることもある。 몸 상태는 날씨에 좌우되는 경우도 있다.

0582 [N3]

例

훈	비슷할	たと(える)	例える 비유하다, 예를 들다 例えば 예컨대 例え 비유, 예
음	례(예)	れい	例文 예문 例年 예년 比例★ 비례 用例 용례 例外 예외

自分を動物に例えるとキリンだと思う。 나를 동물에 비유한다면 기린이라고 생각한다.
この英語教材は例文が多くて勉強に役立つ。 이 영어 교재는 예문이 많아서 공부에 도움이 된다.

0583 [N3]

側

훈	곁	がわ	側 쪽, 편, 옆 内側★ 안쪽, 내면 両側★ 양측 裏側 뒤쪽, 이면 片側 한쪽 편, 한편
음	측	そく	側面 측면, 옆면 側近 측근

プレゼントはもらう側の気持ちを考えながら選ぶ方だ。 선물은 받는 쪽의 기분을 생각하며 고르는 편이다.
社会現象は多様な側面から考えてみる必要がある。 사회 현상은 다양한 측면에서 생각해 볼 필요가 있다.

0584 [N4]

借

훈	빌릴	か(りる)	借りる★ 빌리다, 꾸다 借り★ 빌림, 빚
음	차	しゃく	借用 차용 拝借 배차 (借りる의 겸양어) 借金 빚, 꾼 돈

借りた本を返しに図書館に行った。 빌린 책을 돌려주러 도서관에 갔다.
研究のために市立博物館の資料を借用した。 연구를 위해서 시립 박물관의 자료를 차용했다.

0585 [N2] ☐☐☐

億

훈	억	—
음	억	おく

おく　　　おくまんちょうじゃ
億 억　**億万長者** 억만장자

にほん　　じんこう　　やくいちおくさんぜんまんにん
日本の人口は約**一億**三千万人だ。 일본의 인구는 약 일억 삼천 만 명이다.

よ　なか　　いがい　　けんやくか　　おくまんちょうじゃ　　　おお
世の中には意外と倹約家の**億万長者**が多い。 세상에는 의외로 절약가인 억만장자가 많다.

0586 [N2] ☐☐☐

祝

훈	빌	いわ(う)
음	축	しゅく
		しゅう

いわ
祝う★ 축하하다, 축복하다

しゅくふく　　　　しゅくじつ　　　　　　　しゅくが　　　　しゅくじ
祝福 축복　**祝日**★ 경축일　**祝賀** 축하　**祝辞** 축사

しゅうぎ
祝儀 축하 의식, 축의금

ともだち　たんじょうび　いわ　　　　　　　　　　　　　　ひら
友達の誕生日を**祝う**ためにパーティーを開いた。 친구의 생일을 축하하기 위해서 파티를 열었다.

かぞく　ちじん　　しゅくふく　う　　　　　　　けっこんしき
家族や知人の**祝福**を受けながら結婚式をあげた。 가족과 지인의 축복을 받으며 결혼식을 올렸다.

0587 [N3] ☐☐☐

説

훈	말씀/달랠	と(く)
음	설/세	せつ
		ぜい

と
説く 말하다, 설명하다

せつめい　　　　　しょうせつ　　　　　せっとく　　　　　かいせつ
説明★ 설명　**小説**★ 소설　**説得**★ 설득　**解説**★ 해설

えんぜつ
演説★ 연설

ゆうぜい
遊説 유세, 의견이나 주장을 선전하며 돌아다님

しゃちょう　やくいん　　　　　　　　　　　　　　じゅうようせい　と
社長は役員たちにリーダーシップの重要性を**説いた**。 사장은 임원들에게 리더십의 중요성을 말했다.

せんせい　むずか　　ぶんぽう　　　　　　　せつめい
先生が難しい文法をわかりやすく**説明**してくださった。
선생님이 어려운 문법을 알기 쉽게 설명해 주셨다.

0588 [N2] ☐☐☐

訓

훈	가르칠	—
음	훈	くん

くんれん　　　　きょうくん　　　　かくん
訓練★ 훈련　**教訓**★ 교훈　**家訓** 가훈

おんくん
音訓 음훈 (표의 문자의 음과 뜻)

くんれん　　　　いぬ　め　み　　　　　ひと　ほこう
訓練された犬が目の見えない人の歩行をサポートしている。
훈련받은 개가 눈이 보이지 않는 사람의 보행을 서포트하고 있다.

けいけん　つう　え　きょうくん　　　　　つた
経験を通じて得た**教訓**をみんなに伝えた。 경험을 통해서 얻은 교훈을 모두에게 전했다.

0589 順 [N2]

훈	순할	—
음	순	じゅん

じゅんちょう
順調 * 순조　**順位** * 순위　**順番** 순번　**順序** 순서
じゅうじゅん
従順 순종

ソフトウエアの**開発**が**順調**に進んでいる。 소프트웨어 개발이 순조롭게 진행되고 있다.
定期テストで**校内**の**順位**を**上**げたい。 정기 시험에서 교내 순위를 올리고 싶다.

0590 願 [N2]

훈	원할	ねが(う)
음	원	がん

願う * 바라다　**願い** 바람, 부탁　**願わしい** 바람직하다
願望 * 소원　**念願** * 염원　**祈願** 기원　**願書** 원서
志願 지원

プロジェクトが**無事**に**終**わることを**願**っている。 프로젝트가 무사히 끝나기를 바라고 있다.
希望を**持**っていれば**願望**は**必**ず**実現**するだろう。 희망을 가지고 있으면 소원은 반드시 실현될 것이다.

0591 類 [N2]

훈	무리	たぐ(い)
음	류(유)	るい

類い 부류, 종류
分類 * 분류　**種類** * 종류　**書類** * 서류　**衣類** * 의류
類型 유형

パソコンなど**電子機器**の**類**いにはうとい**方**だ。 컴퓨터 등 전자기기 부류에는 어두운 편이다.
この**教材**は**単語**がテーマ**別**に**分類**されている。 이 교재는 단어가 테마별로 분류되어 있다.

0592 料 [N4]

훈	헤아릴	—
음	료(요)	りょう

料金 * 요금　**資料** * 자료　**料理** * 요리　**手数料** * 수수료
原料 * 원료

タクシーが**目的地**に**着**いて、**料金**を**支払**った。 택시가 목적지에 도착해서, 요금을 지불했다.
論文の**資料**を**集**めるのに**結構時間**がかかった。 논문의 자료를 모으는 데에 꽤 시간이 걸렸다.

0593 孫 [N2] ☐☐☐

훈	손자	まご	孫* 손주　孫の手 등긁이, 효자손
음	손	そん	子孫 자손

孫が生まれることが楽しみで仕方ない。 손주가 태어나는 것이 기대돼서 견딜 수 없다.
コケやキノコは胞子を利用して子孫を増やす。 이끼나 버섯은 포자를 이용해서 자손을 늘린다.

0594 給 [N2] ☐☐☐

훈	줄	—	
음	급	きゅう	支給* 지급　給料* 급료　給与* 급여　時給* 시급 配給 배급

結婚支援金を支給する自治体もある。 결혼 지원금을 지급하는 지자체도 있다.
人事評価に基づいて給料が決まる。 인사 평가에 의거하여 급료가 정해진다.

0595 続 [N2] ☐☐☐

훈	계속	つづ(く)	続く* 계속되다　続き* 이음, 계속　手続き* 수속
		つづ(ける)	続ける* 계속하다
음	속	ぞく	連続 연속　継続* 계속　持続 지속　続行 속행 続出* 속출

春になり暖かい日が続いている。 봄이 되어 따뜻한 날이 계속되고 있다.
5日連続で晩ご飯にカレーを食べている。 5일 연속 저녁 식사로 카레를 먹고 있다.

0596 結 [N1] ☐☐☐

훈	맺을	むす(ぶ)	結ぶ* 맺다　結び 맺음
		ゆ(う)	結う 빗다, 묶다
		ゆ(わえる)	結わえる 매다
음	결	けつ	完結* 완결　結果* 결과　結婚* 결혼　結論* 결론 結束* 결속

長年の努力がようやく実を結んだ。 긴 세월의 노력이 겨우 결실을 맺었다.
完結しているドラマを一気に見た。 완결되어 있는 드라마를 한 번에 봤다.

0597 [N2]  辞

훈	말씀/사퇴할	や(める)	辞める* 그만두다, 사직하다
음	사	じ	辞書* 사전　辞職 사직　辞退* 사퇴　辞任* 사임 お辞儀* 인사, 절

個人的な事情で会社を辞めざるを得なかった。 개인적인 사정으로 회사를 그만둘 수밖에 없었다.
私は電子辞書より紙の辞書が好きだ。 나는 전자사전보다 종이 사전을 좋아한다.

0598 [N2]  協

훈	화합할	—	
음	협	きょう	協力* 협력　妥協* 타협　協会 협회

地域住民の協力を得て自治会を運営している。 지역 주민의 협력을 얻어 자치회를 운영하고 있다.
彼女は一切の妥協も許さない頑固な人だ。 그녀는 일절의 타협도 허락하지 않는 완고한 사람이다.

0599 [N1]  博

훈	넓을	—	
음	박	はく	博物館* 박물관　博覧会 박람회　博士号 박사 칭호
		ばく	賭博 도박

古い物だけが博物館に展示されるわけではない。 오래된 물건만이 박물관에 전시되는 것은 아니다.
建国100周年を記念する博覧会が開催された。 건국 100주년을 기념하는 박람회가 개최되었다.

0600 [N2] 照

훈	비칠	て(らす)	照らす 비추다
		て(れる)	照れる 수줍어하다
		て(る)	照る 비치다　日照り 가뭄, 볕이 쬠
음	조	しょう	照明* 조명　照会 조회　参照* 참조　対照的 대조적

フラッシュライトで暗いところを照らした。 플래시 라이트로 어두운 곳을 비췄다.
出かける前に部屋の照明を消した。 외출하기 전에 방의 조명을 껐다.

0601 [N1] ☐☐☐

熊

훈	곰	くま	くま 熊 ★ 곰
음	웅	―	

くま こうぶつ
ハチミツやどんぐりは熊の好物だ。 벌꿀과 도토리는 곰이 좋아하는 음식이다.

0602 [N3] ☐☐☐

熱

훈	더울	あつ(い)	あつ　　　　　あつ 熱い ★ 뜨겁다　熱さ 뜨거움
음	열	ねつ	ねつ　　　ねっとう　　　　　　　　ねっしん　　　　ねっちゅう 熱 ★ 열　熱湯 끓는 물, 열탕　熱心 ★ 열심　熱中 ★ 열중

や　　　　　　　　　　　　　　や　　あつ　　　した
焼きたてのたこ焼きが熱くて舌をやけどした。 갓 구운 다코야키가 뜨거워서 혀를 데였다.
まるいちにちきゅうよう　　　　ねつ　　さ　　　らく
丸一日休養したら熱が下がって楽になった。 꼬박 하루 휴양했더니 열이 내려서 편안해졌다.

0603 [N3] ☐☐☐

参

훈	참여할	まい(る)	まい　　　　　　　　　　　　　　　　　　　　　　　　　　はかまい 参る ★ 가다, 오다 (行く, 来る의 겸양어)　墓参り 성묘
음	참	さん	さんか　　　　　さんこう　　　　　じさん　　　　　こうさん 参加 ★ 참가　参考 ★ 참고　持参 지참　降参 항복, 질림

わたし　くうこう　　　　　　　　むか　　　　まい
私が空港までお迎えに参ります。 제가 공항까지 마중하러 가겠습니다.
さんか　きぼう　　　　　　　かた　　　　　　　　　　　　　　　もう　こ
参加を希望される方はメールでお申し込みください。 참가를 희망하시는 분은 메일로 신청해 주세요.

0604 [N2] ☐☐☐

浅

훈	얕을	あさ(い)	あさ　　　　　あさ せ 浅い ★ 얕다　浅瀬 얕은 여울
음	천	せん	せんぱく　　　　　　　　　　　　　　　　　　　　　　　　せんかい 浅薄 천박 (생각이나 지식이 얕음)　浅海 천해, 얕은 바다

かわ　なが　　　おそ　　そこ　　つち　　　　　つ　　　　　　すいしん　　あさ
川の流れが遅いと底に土などが積もって水深が浅くなる。
강의 흐름이 느리면 바닥에 흙 등이 쌓여 수심이 얕아진다.
で どころふめい　　せんぱく　　ちしき　　はんだん
出所不明の浅薄な知識で判断してはならない。 출처 불명의 천박한 지식으로 판단해서는 안 된다.

0605 [N3] ☐☐☐

残

훈	남을	のこ(る)	のこ　　　　　　　のこ 残る 남다　残り ★ 남은 것, 나머지
		のこ(す)	のこ　　　　　　　　　　　　　　　　　た　　　のこ 残す ★ 남기다, 남겨 두다　食べ残し 먹다 남은 것, 남기는 음식
음	잔	ざん	ざんだか　　　　　ざんねん　　　　　　　　　ざんぎょう　　　　ざんりゅう 残高 잔고　残念 ★ 유감, 아쉬움　残業 ★ 잔업　残留 잔류

ちい　　　　　　　　み　かいが　　いま　　　きおく　　のこ
小さいころに見た絵画が未だに記憶に残っている。 어릴 적에 봤던 그림이 아직도 기억에 남아있다.
こうざ　　ざんだか　　　　　　　　　　　　　　　　　　　けっさい
口座に残高があるはずなのになぜか決済できない。 계좌에 잔고가 있을 터인데 왜인지 결제되지 않는다.

0606 [N1] ☐☐☐

奈

훈	어찌	—	
음	나	な	奈良県 나라현 (지명)　神奈川県 가나가와현 (지명) 奈落 나락, 지옥

奈良県は神社やお寺が多く観光業が盛んだ。 나라현은 신사나 절이 많아 관광업이 왕성하다.
神奈川県には青銅で作られた大仏がある。 가나가와현에는 청동으로 만들어진 대불이 있다.

0607 [N1] ☐☐☐

挙

훈	들	あ(げる)	挙げる* 들다, 올리다　挙げて 모두, 전부
		あ(がる)	挙がる 오르다, 올라가다
음	거	きょ	挙手 거수　選挙* 선거　一挙 일거, 단번의 행동 列挙 열거

例を挙げて説明すると内容が理解しやすくなる。 예를 들어 설명하면 내용을 이해하기 쉬워진다.
賛成の方は挙手をお願いします。 찬성인 분은 거수를 부탁합니다.

0608 [N1] ☐☐☐

훈	갑	さい	埼玉県 사이타마현 (지명) 埼京線 사이쿄선 (동일본 여객철도가 운영하는 철도 중 하나)
음	기	—	

この電車は東京都から埼玉県まで乗り換えなしで行ける。 이 전철은 도쿄도에서 사이타마현까지 환승 없이 갈 수 있다.
新宿駅で埼京線に乗って板橋駅まで行った。 신주쿠역에서 사이쿄선을 타고 이타바시역까지 갔다.

0609 [N2] ☐☐☐

훈	소금	しお	塩* 소금　塩辛い 짜다
음	염	えん	塩分 염분　食塩 식염　塩酸 염산

塩と砂糖は二つとも白くて見分けがつかない。 소금과 설탕은 둘 다 하얘서 분간이 가지 않는다.
塩分の少ない食べ物を取るように心がけている。 염분이 적은 음식을 섭취하도록 유의하고 있다.

※ 책 속의 책 <쓰기노트>(p.66)로 각 한자를 획순에 따라 직접 써 보세요.

DAY 17 연습문제

맞은 개수: /33

색이 있는 한자의 발음을 밑줄에 쓴 다음, 괄호 안에 단어의 뜻을 써 보세요.

01 街　　_____　　（　　　）
02 生徒　せい_____　（　　　）
03 道德　どう_____　（　　　）
04 直径　ちょっ_____　（　　　）
05 居候　い_____　（　　　）
06 例える　_____える　（　　　）
07 側面　_____めん　（　　　）
08 借りる　_____りる　（　　　）
09 億　　_____　（　　　）
10 祝う　_____う　（　　　）
11 説明　_____めい　（　　　）
12 訓練　_____れん　（　　　）
13 順調　_____ちょう　（　　　）
14 願う　_____う　（　　　）
15 類い　_____い　（　　　）
16 料金　_____きん　（　　　）
17 孫　　_____　（　　　）

18 支給　し_____　（　　　）
19 続く　_____く　（　　　）
20 結ぶ　_____ぶ　（　　　）
21 辞める　_____める　（　　　）
22 協力　_____りょく　（　　　）
23 博物館　_____ぶつかん　（　　　）
24 照らす　_____らす　（　　　）
25 熊　　_____　（　　　）
26 熱い　_____い　（　　　）
27 参加　_____か　（　　　）
28 浅い　_____い　（　　　）
29 残高　_____だか　（　　　）
30 奈良県　_____らけん　（　　　）
31 挙手　_____しゅ　（　　　）
32 埼玉県　_____たまけん　（　　　）
33 塩分　_____ぶん　（　　　）

정답　01 まち (번화한) 거리　02 せいと 학생　03 どうとく 도덕　04 ちょっけい 지름, 직경　05 いそうろう 얹혀삶, 식객　06 たとえる 비유하다, 예를 들다　07 そくめん 측면, 옆면　08 かりる 빌리다, 꾸다　09 おく 억　10 いわう 축하하다, 축복하다　11 せつめい 설명　12 くんれん 훈련　13 じゅんちょう 순조　14 ねがう 바라다　15 たぐい 부류, 종류　16 りょうきん 요금　17 まご 손주　18 しきゅう 지급　19 つづく 계속되다　20 むすぶ 맺다　21 やめる 그만두다, 사직하다　22 きょうりょく 협력　23 はくぶつかん 박물관　24 てらす 비추다　25 くま 곰　26 あつい 뜨겁다　27 さんか 참가　28 あさい 얕다　29 ざんだか 잔고　30 ならけん 나라현　31 きょしゅ 거수　32 さいたまけん 사이타마현　33 えんぶん 염분

DAY 18

일본 문부과학성 지정
초등학교 4학년 한자 ⑥

오늘은 일본 문부과학성이 지정한 일본 초등학교 4학년 학습 한자 202개 중 33개를 익혀볼 거예요. 먼저 오늘 배울 한자 33개의 훈독과 음독을 일본어로 한 번씩 따라 읽은 후 본격적인 학습을 시작해 보아요.

🎧 해커스 일본어상용한자1026_Day18.mp3

| 灯 등잔 등
ひ とう (훈독/음독) | 焼 불사를 소
や(く) しょう | 案 책상 안
ー あん (훈독없음) | 察 살필 찰
ー さつ | 単 홑 단
ー たん | 巣 보금자리 소
す そう | 戦 싸움 전
たたか(う) せん | 試 시험 시
ため(す) し |

| 議 의논할 의
ー ぎ | 観 볼 관
ー かん | 験 시험할 험
ー けん | 録 기록할 록
ー ろく | 鏡 거울 경
かがみ きょう | 競 다툴 경
きそ(う) きょう | 機 틀 기
はた き | 械 기계 계
ー かい |

| 極 다할 극
きわ(まる) きょく | 栃 상수리나무 회
とち ー (음독없음) | 梅 매화 매
うめ ばい | 群 무리 군
む(れ) ぐん | 郡 고을 군
ー ぐん | 隊 무리 대
ー たい | 陸 뭍 륙
ー りく | 阪 언덕 판
ー はん |

| 飯 밥 반
めし はん | 倉 곳집 창
くら そう | 養 기를 양
やしな(う) よう | 岐 갈림길 기
ー き | 崎 험할 기
さき ー | 満 찰 만
み(たす) まん | 漁 고기 잡을 어
ー ぎょ | 潟 개펄 석
かた ー |

| 滋 불을 자
ー じ |

★은 JLPT/JPT 기출 단어입니다.

0610 [N2] ☐☐☐

훈	등잔	ひ	ひ 灯 불빛, 등불
음	등	とう	でんとう 電灯 전등　とうか 灯火 등불　がいとう 街灯 가로등　てんとう 点灯 점등

がいとう ひ むし あつ き
街灯の灯に虫が集まって来た。 가로등 불빛으로 벌레가 모여 들었다.
げんかん でんとう つ か
玄関の電灯をセンサー付きのものに変えた。 현관의 전등을 센서가 달린 것으로 바꿨다.

0611 [N2] ☐☐☐

훈	불사를	や(く)	や 焼く★ 굽다, 태우다　やきにく 焼肉★ 불고기
		や(ける)	や 焼ける★ 타다, 구워지다　ゆうや 夕焼け 노을, 저녁놀 ひや 日焼け 햇볕에 그을림
음	소	しょう	しょうきゃく 焼却 소각　ねんしょう 燃焼 연소　ぜんしょう 全焼 전소, 모두 타 버림

ちゅうび や
中火でサバをこんがりと焼いた。 중불로 고등어를 노릇노릇하게 구웠다.
あ ち しょうきゃく
空き地でゴミを焼却してはいけません。 공터에서 쓰레기를 소각하면 안 됩니다.

0612 [N1] ☐☐☐

훈	책상/생각	—	
음	안	あん	あん 案★ 안, 생각, 계획　ていあん 提案★ 제안　あんない 案内★ 안내 きかくあん 企画案★ 기획안　あん じょう 案の定★ 예상대로

じんこうもんだい たいさく たよう あん だ
人口問題の対策として多様な案が出された。 인구 문제의 대책으로 다양한 안이 나왔다.
いっしょ かいしゃ た あ かれ ていあん
一緒に会社を立ち上げようと彼に提案した。 같이 회사를 차리자고 그에게 제안했다.

0613 [N2] ☐☐☐

察

훈	살필	—	
음	찰	さつ	こうさつ 考察 고찰　さっ 察する★ 헤아리다　けいさつ 警察★ 경찰 さっち 察知 찰지, 헤아려 앎

こくない こうこくしじょう こうさつ ろんぶん はっぴょう
国内の広告市場について考察した論文を発表した。 국내 광고 시장에 대해 고찰한 논문을 발표했다.
わたし きも さっ はは かんしゃ
いつも私の気持ちを察してくれる母に感謝している。
항상 내 기분을 헤아려 주는 어머니께 감사하고 있다.

★은 JLPT/JPT 기출 단어입니다.

0614 [N3] ☐☐☐

훈	홑	—							
음	단	たん	単語* 단어	単独 단독	簡単* 간단	単位* 단위			
			単純 단순						

毎日10個ずつ日本語の**単語**を覚えている。 매일 10개씩 일본어 단어를 외우고 있다.
集団行動中に**単独**で行動するのは控えましょう。 집단행동 중에 단독으로 행동하는 것은 삼갑시다.

0615 [N1] ☐☐☐

훈	보금자리	す	巣 둥지, 보금자리	巣箱 새집	空き巣 빈 둥지, 빈 집
			巣立つ 보금자리를 떠나다, 자립하다	蜂の巣 벌집	
음	소	そう	卵巣 난소	病巣 병소, 병이 침입한 곳	巣窟 소굴

巣の中から小鳥のさえずりが聞こえてきた。 둥지 안에서 작은 새의 지저귐이 들려왔다.
卵巣は子宮の両側に一つずつ存在する。 난소는 자궁의 양쪽에 하나씩 존재한다.

0616 [N2] ☐☐☐

훈	싸움	たたか(う)	戦う* 싸우다	戦い 싸움	
		いくさ	戦 전투	勝ち戦 싸움에서 이김, 이긴 싸움	
음	전	せん	戦争* 전쟁	挑戦* 도전	苦戦 고전	論戦 논쟁, 논전
			決勝戦* 결승전			

世界大会でブラジルと**戦う**ことが我がチームの目標だ。 세계 대회에서 브라질과 싸우는 것이 우리 팀의 목표이다.
外交の問題が**戦争**にまでつながった。 외교 문제가 전쟁으로까지 이어졌다.

0617 [N4] ☐☐☐

훈	시험	ため(す)	試す* 시험하다	試し 시험	
		こころ(みる)	試みる 시도해 보다	試み 시도	
음	시	し	試合* 시합	入試 입시	試作 시험작
			試着 시착, 시험 삼아 입어 봄	追試 추가 시험	

業務効率化のため新しいシステムを**試し**ている。 업무 효율화를 위해 새로운 시스템을 시험하고 있다.
明日が**試合**なので練習に気合いが入る。 내일이 시합이라서 연습에 기합이 들어간다.

★은 JLPT/JPT 기출 단어입니다.

0618 [N2]

- 훈 의논할 —
- 음 의 ぎ 　会議[*] 회의　議論[*] 의논　議員[*] 의원　議会[*] 의회
　討議[*] 토의

会議の目的を理解して参加してほしい。 회의의 목적을 이해하고 참가했으면 한다.
生徒会で文化祭の予算の運用について議論した。 학생회에서 문화제 예산의 운용에 대해 의논했다.

0619 [N2]

- 훈 볼 —
- 음 관 かん 　観光[*] 관광　観察 관찰　観客[*] 관객　客観[*] 객관
　結婚観[*] 결혼관

ガイドの案内を聞きながらパリ市内を観光した。 가이드의 안내를 들으며 파리 시내를 관광했다.
夏休みの宿題でアリの巣を観察している。 여름방학 숙제로 개미둥지를 관찰하고 있다.

0620 [N4]

- 훈 시험할 —
- 음 험 けん 　体験[*] 체험　試験[*] 시험　実験[*] 실험　受験[*] 수험
　経験[*] 경험
- 　　 げん 　霊験 영험, 기원한 대로 나타나는 효험

この小説は作家自らの体験を基にしたものだ。 이 소설은 작가 스스로의 체험을 토대로 한 것이다.
今年中に英語の試験に受からないと卒業できない。
올해 안에 영어 시험에 합격하지 않으면 졸업할 수 없다.

0621 [N2]

- 훈 기록할 —
- 음 록(녹) ろく 　録音[*] 녹음　記録[*] 기록　録画 녹화
　実録 실록, 사실의 기록　仮登録[*] 가등록

ライブ会場内での撮影や録音はお止めください。 라이브 회장 내에서의 촬영이나 녹음은 하지 말아 주세요.
祖父は毎朝血圧を測って記録している。 할아버지는 매일 아침 혈압을 재서 기록하고 있다.

★은 JLPT/JPT 기출 단어입니다.

0622 [N1] ☐☐☐

鏡

훈	거울	かがみ	鏡* 거울　手鏡 손거울
음	경	きょう	望遠鏡 망원경　内視鏡 내시경　顕微鏡 현미경 反射鏡 반사경　鏡台 경대, 거울을 달아 세운 가구

鏡が無いときれいにメイクできない。 거울이 없으면 깔끔하게 메이크업 할 수 없다.
新しく買った望遠鏡で天体を観測した。 새로 산 망원경으로 천체를 관측했다.

0623 [N2] ☐☐☐

競

훈	다툴	きそ(う)	競う* 겨루다　競い合う* 서로 경쟁하다
		せ(る)	競る 경쟁하다
음	경	きょう	競技 경기　競争* 경쟁　競売 경매
		けい	競馬 경마　競輪 경륜, 자전거로 빠르기를 겨루는 경기

トラックで馬たちが速さを競っている。 트랙에서 말들이 빠르기를 겨루고 있다.
社内運動会でバレー競技に参加した。 사내 운동회에서 배구 경기에 참가했다.

0624 [N2] ☐☐☐

훈	틀/기계	はた	機 베틀, 베　機織り 베틀로 베를 짬
음	기	き	機関* 기관　契機* 계기　機能* 기능　機嫌* 기분, 비위 動機* 동기, 행동의 계기

博物館で初めて実物の機を見た。 박물관에서 처음으로 실물의 베틀을 보았다.
WWFは自然を守る国際的な機関である。 WWF는 자연을 보전하는 국제적인 기관이다.

0625 [N2] ☐☐☐

훈	기계	—	
음	계	かい	機械* 기계　器械* 도구, 기구

最近は機械で注文を受ける店が多い。 최근에는 기계로 주문을 받는 가게가 많다.
ナースが手術の器械を医者に渡した。 간호사가 수술 도구를 의사에게 건네주었다.

★은 JLPT/JPT 기출 단어입니다.

0626 [N2] □□□

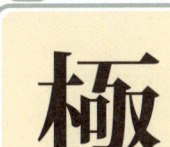
極

훈	다할	きわ(まる)	極まる 극히 ~하다　極まり 마지막, 궁극
		きわ(める)	極める* 한도에 이르다　極めて* 몹시 極め付き 정평이 나 있는 확실한 물건
		きわ(み)	極み 끝, 극도
음	극	きょく	極力* 가능한 한, 극력, 힘껏　積極的* 적극적 極端* 극단　極限 극한　北極 북극
		ごく	極上 극상, 제일 좋음　至極 지극히　極秘 극비

信号を無視して道を渡るのは危険極まる行為だ。 신호를 무시하고 길을 건너는 것은 극히 위험한 행위이다.
図書館内での会話は極力控えてください。 도서관 내에서의 회화는 가능한 한 삼가 주세요.

0627 [N1] □□□

栃

| 훈 | 상수리
나무 | とち | 栃の木 상수리나무　栃木県 도치기현 (지명) |
| 음 | 회 | — | |

栃の木の実はクリとよく似ている。 상수리나무 열매는 밤과 꼭 닮았다.
栃木県には世界遺産に指定された神社がある。 도치기현에는 세계 유산으로 지정된 신사가 있다.

0628 [N1] □□□

梅

| 훈 | 매화 | うめ | 梅 매실, 매화나무　梅酒 매실주　梅干し 매실 장아찌 |
| 음 | 매 | ばい | 梅花 매화　梅園 매화나무 뜰　梅雨 장마 |

梅と塩を使って梅干しを作った。 매실과 소금을 사용해 매실 장아찌를 만들었다.
緑のつぼに白い梅花が描かれていた。 녹색 항아리에 하얀 매화가 그려져 있었다.

0629 [N2] □□□

群

훈	무리	む(れ)	群れ 무리
		む(れる)	群れる 떼 짓다, 군집하다
		むら	群雲 떼구름　群がる 떼 지어 모이다, 운집하다
음	군	ぐん	群集* 군중, 군집　抜群* 발군　大群 대군, 큰 떼

オオカミは群れを作る代表的な動物だ。 늑대는 무리를 짓는 대표적인 동물이다.
人気の芸能人が街中に現れて群集が押し寄せた。 인기 연예인이 길거리에 나타나서 군중이 몰려들었다.

0630 [N1]

郡

- 훈: 고을 —
- 음: 군 / ぐん / 上北郡 가미키타군 (지명) / 郡部 군부, 군

上北郡は青森県にある。 가미키타군은 아오모리현에 있다.
郡に属する地域を郡部という。 군에 속하는 지역을 군부라고 한다.

0631 [N1]

隊

- 훈: 무리 —
- 음: 대 / たい / 部隊 부대 / 軍隊 군대 / 隊員 대원

紛争地域に部隊を投入することになった。 분쟁 지역에 부대를 투입하게 되었다.
アメリカは強力な軍隊を持っている国だ。 미국은 강력한 군대를 가지고 있는 나라이다.

0632 [N2]

陸

- 훈: 뭍 —
- 음: 륙(육) / りく / 離陸★ 이륙 / 着陸 착륙 / 陸地 육지

離陸を待ちながら携帯を機内モードに変えた。 이륙을 기다리면서 휴대 전화를 기내 모드로 바꿨다.
インチョン発の飛行機が成田空港に着陸した。 인천발 비행기가 나리타 공항에 착륙했다.

0633 [N1]

阪

- 훈: 언덕 —
- 음: 판 / はん / 阪神 한신 (오사카와 고베) / 京阪 게이한 (교토와 오사카)

大阪で人気のある球団は阪神タイガースだそうだ。 오사카에서 인기가 있는 구단은 한신 타이거스라고 한다.
京阪パスを購入して大阪と京都を電車で旅行した。 게이한 패스를 구입해서 오사카와 교토를 전철로 여행했다.

★은 JLPT/JPT 기출 단어입니다.

0634 [N4] □□□

훈	밥	めし	飯 밥　焼き飯 볶음밥　飯粒 밥알
음	반	はん	ご飯* 식사, 밥　夕飯 저녁밥　赤飯* 팥 찰밥 炊飯 취반, 밥을 지음

ツナとたまごを入れて焼き飯を作った。 참치와 달걀을 넣고 볶음밥을 만들었다.
学生寮のご飯は安くておいしい。 학생 기숙사의 식사는 싸고 맛있다.

0635 [N1] □□□

훈	곳집	くら	倉 곳간
음	창	そう	倉庫* 창고　弾倉 탄창

倉に一年間食べる新米を入れておいた。 곳간에 1년간 먹을 햅쌀을 넣어 두었다.
倉庫の中は売れ残った商品でいっぱいだ。 창고 안은 팔고 남은 상품으로 가득하다.

0636 [N1] □□□

훈	기를	やしな(う)	養う* 기르다, 부양하다
음	양	よう	養育 양육　養成 양성　休養* 휴양　養子 양자

人前でスムーズに話せる能力を養いたい。 남들 앞에서 원활하게 이야기할 수 있는 능력을 기르고 싶다.
養育の方針について夫婦で話し合った。 양육 방침에 대해서 부부끼리 상의했다.

0637 [N1] □□□

훈	갈림길	—	
음	기	き	多岐* 여러 방면, 다기　岐路 기로　分岐 분기, 갈림길

彼女は多岐にわたる分野で活躍している。 그녀는 여러 방면에 걸친 분야에서 활약하고 있다.
卒業を前にして人生の岐路に立たされた。 졸업을 앞에 두고 인생의 기로에 서게 되었다.

0638 [N1] □□□

훈	험할	さき	崎 곶, 바다 쪽으로 뾰족하게 뻗은 육지 長崎県 나가사키현 (지명)
음	기	—	

地蔵崎の灯台はフランス人が建てたものだ。 지조 곶의 등대는 프랑스인이 세운 것이다.
長崎県の長崎市は美しい港町として知られている。
나가사키현의 나가사키시는 아름다운 항구 도시로 알려져 있다.

★은 JLPT/JPT 기출 단어입니다.

0639 [N3]

훈	찰	み(たす)	満たす 충족시키다
		み(ちる)	満ちる 차다　満ち潮 만조
음	만	まん	満席* 만석　満室* 만실　不満* 불만　充満* 충만 満喫* 만끽

客のニーズを満たすサービスを追求している。 손님의 니즈를 충족시키는 서비스를 추구하고 있다.
本日はご予約のお客様で満席となっております。 오늘은 예약 손님으로 만석이 되었습니다.

0640 [N2]

훈	고기 잡을	—	
음	어	ぎょ	漁業 어업　漁村 어촌　漁船 어선
		りょう	漁師 어부　大漁 풍어, 물고기가 많이 잡힘 不漁 흉어, 물고기가 적게 잡힘

日本は海に囲まれ、漁業が発達している。 일본은 바다에 둘러싸여, 어업이 발달해 있다.
祖母は若いころ漁師だったらしい。 할머니는 젊을 적 어부였다고 한다.

0641 [N1]

훈	개펄	かた	干潟 갯벌, 간석지　新潟県 니가타현 (지명) 福島潟 후쿠시마 갯벌
음	석	—	

家族旅行で干潟に行って貝をたくさん採った。 가족 여행으로 갯벌에 가서 조개를 잔뜩 잡았다.
新潟県の冬は降水量が多く日照時間が少ないそうだ。
니가타현의 겨울은 강수량이 많고 일조 시간이 적다고 한다.

0642 [N1]

훈	불을	—	
음	자	じ	滋養 자양, 몸의 영양을 좋게 함　滋養強壮 자양강장

ウナギは滋養に良い健康食品だ。 장어는 자양에 좋은 건강식품이다.
滋養強壮にはこのサプリをおすすめします。 자양강장에는 이 영양제를 추천합니다.

※ 책 속의 책 <쓰기노트>(p.70)로 각 한자를 획순에 따라 직접 써 보세요.

DAY 18 연습문제

맞은 개수: /33

색이 있는 한자의 발음을 밑줄에 쓴 다음, 괄호 안에 단어의 뜻을 써 보세요.

01	灯	_____	( )
02	焼く	_____く	( )
03	案	_____	( )
04	考察	こう_____	( )
05	単語	_____ご	( )
06	巣	_____	( )
07	戦う	_____う	( )
08	試す	_____す	( )
09	会議	かい_____	( )
10	観光	_____こう	( )
11	体験	たい_____	( )
12	録音	_____おん	( )
13	鏡	_____	( )
14	競う	_____う	( )
15	機関	_____かん	( )
16	機械	き_____	( )
17	極まる	_____まる	( )
18	栃の木	_____のき	( )
19	梅	_____	( )
20	群れ	_____れ	( )
21	上北郡	かみきた_____	( )
22	部隊	ぶ_____	( )
23	離陸	り_____	( )
24	阪神	_____しん	( )
25	飯	_____	( )
26	倉庫	_____こ	( )
27	養う	_____う	( )
28	多岐	た_____	( )
29	崎	_____	( )
30	満たす	_____たす	( )
31	漁業	_____ぎょう	( )
32	干潟	ひ_____	( )
33	滋養	_____よう	( )

정답 01 ひ 불빛, 등불 02 やく 굽다, 태우다 03 あん 안, 생각, 계획 04 こうさつ 고찰 05 たんご 단어 06 す 둥지, 보금자리 07 たたかう 싸우다 08 ためす 시험하다 09 かいぎ 회의 10 かんこう 관광 11 たいけん 체험 12 ろくおん 녹음 13 かがみ 거울 14 きそう 겨루다 15 きかん 기관 16 きかい 기계 17 きわまる 극히 ~하다 18 とちのき 상수리나무 19 うめ 매실, 매화나무 20 むれ 무리 21 かみきたぐん 가미키타군 22 ぶたい 부대 23 りりく 이륙 24 はんしん 한신 25 めし 밥 26 そうこ 창고 27 やしなう 기르다, 부양하다 28 たき 여러 방면, 다기 29 さき 곶, 바다 쪽으로 뾰족하게 뻗은 육지 30 みたす 충족시키다 31 ぎょぎょう 어업 32 ひがた 갯벌, 간석지 33 じよう 자양, 몸의 영양을 좋게 함

JLPT/JPT 대비 테스트 ③

Day13부터 18까지 익힌 한자를 포함한 단어를 실제 JLPT/JPT 유형의 문제로 확인해 봅시다.

✅ 올바른 발음 고르기 [JLPT 한자읽기, JPT PART5 대비 유형]

밑줄 친 단어의 읽는 법으로 가장 적절한 것을 하나 고르세요.

01 ここは<u>自然</u>が多くて住みやすい町です。
    A しせん   B しぜん   C じせん   D じぜん

02 このかばんは柔(やわ)らかい<u>素材</u>で作られている。
    A そざい   B すざい   C そさい   D すさい

03 準備(じゅんび)が<u>順調</u>に進んでいます。
    A しんちょ   B しんちょう   C じゅんちょ   D じゅんちょう

04 会議に遅(おく)れたことを<u>反省</u>しています。
    A はんせい   B はっせい   C はんしょう   D はっしょう

05 トラックに商品を<u>積</u>んでください。
    A つんで   B たたんで   C ふんで   D かこんで

06 部長は参加者全員の意見を<u>求</u>めた。
    A ほめた   B みとめた   C もとめた   D あつめた

07 二人は<u>固</u>い友情(ゆうじょう)で結ばれています。
    A ふかい   B あつい   C つよい   D かたい

08 自転車は普段(ふだん)乗らないので、<u>倉庫</u>に置いている。
    A そうこ   B そおこ   C そうこう   D そおこう

09 英語のテストは<u>簡単</u>でした。
    A かたん   B かだん   C かんたん   D かんだん

10 リーダーとしての役割(やくわり)をきちんと<u>果</u>たしたい。
    A いたしたい   B はたしたい   C みたしたい   D わたしたい

정답 p.352

올바른 한자 표기 고르기 [JLPT 표기, JPT PART5 대비 유형]

밑줄 친 단어의 한자 표기로 가장 적절한 것을 하나 고르세요.

01 高橋さんはどんな時でも<u>れいせい</u>です。
   A 令静   B 令清   C 冷静   D 冷清

02 会社を<u>やめて</u>、故郷に帰ります。
   A 去めて   B 辞めて   C 退めて   D 終めて

03 日本は満18歳から選挙で<u>とうひょう</u>することができる。
   A 役標   B 役票   C 投標   D 投票

04 花瓶の<u>そこ</u>が汚れていた。
   A 座   B 底   C 低   D 府

05 約束を守らない友達に<u>ふまん</u>がある。
   A 不満   B 不平   C 不便   D 不安

06 お正月だけの<u>とくべつ</u>なメニューを用意しました。
   A 持刷   B 特刷   C 持別   D 特別

07 毎晩30分ほど近所を<u>さんぽ</u>する。
   A 敬歩   B 敵歩   C 散歩   D 牧歩

08 各国の代表チームが優勝を<u>あらそった</u>。
   A 争った   B 戦った   C 対った   D 比った

09 8月に入ってから、暑い日が<u>つづいて</u>います。
   A 重いて   B 続いて   C 連いて   D 次いて

10 彼は失敗した経験が<u>せいこう</u>につながったと語った。
   A 成功   B 城功   C 成助   D 城助

정답 p.353

일본 문부과학성 지정

초등학교 5학년 한자 ①

오늘은 일본 문부과학성이 지정한 일본 초등학교 5학년 학습 한자 193개 중 33개를 익혀볼 거예요. 먼저 오늘 배울 한자 33개의 훈독과 음독을 일본어로 한 번씩 따라 읽은 후 본격적인 학습을 시작해 보아요.

해커스 일본어상용한자1026_Day19.mp3

| 因 인할 인
よ(る) いん | 団 둥글 단
— だん | 囲 둘레 위
かこ(む) い | 永 길 영
なが(い) えい | 久 오랠 구
ひさ(しい) きゅう | 性 성품 성
— せい | 快 쾌할 쾌
こころよ(い) かい | 慣 익숙할 관
な(れる) かん |

훈독 → 음독 → 훈독없음

| 情 뜻 정
なさ(け) じょう | 精 정할 정
— せい | 非 아닐 비
— ひ | 罪 허물 죄
つみ ざい | 弁 말씀 변
— べん | 象 코끼리 상
— ぞう | 像 모양 상
— ぞう | 可 옳을 가
— か |

| 河 물 하
かわ か | 句 글귀 구
— く | 支 지탱할 지
ささ(える) し | 枝 가지 지
えだ し | 技 재주 기
わざ ぎ | 採 캘 채
と(る) さい | 桜 앵두나무 앵
さくら おう | 粉 가루 분
こな ふん |

| 仏 부처 불
ほとけ ぶつ | 似 닮을 사
に(る) じ | 件 물건 건
— けん | 保 지킬 보
たも(つ) ほ | 停 머무를 정
— てい | 価 값 가
あたい か | 個 낱 개
— こ | 備 갖출 비
そな(える) び |

| 修 닦을 수
おさ(める) しゅう |

★은 JLPT/JPT 기출 단어입니다.

0643 [N3]

훈	인할	よ(る)	因る 의하다, 원인이 되다　～に因る ～로 인하다
음	인	いん	原因* 원인　要因 요인　因果 인과　起因 기인, 발단

運転者の不注意に因る追突事故が多発している。 운전자의 부주의로 인한 추돌 사고가 다발하고 있다.
今回の山火事はたばこが原因だった。 이번 산불은 담배가 원인이었다.

0644 [N3]

훈	둥글	―	
음	단	だん	団体* 단체　集団 집단　財団 재단　団地 단지 団結 단결
		とん	布団* 이불, 이부자리

団体でのご利用は事前予約が必要です。 단체로의 이용은 사전 예약이 필요합니다.
私は毎朝起きてすぐに布団をたたむ。 나는 매일 아침 일어나서 곧바로 이불을 갠다.

0645 [N2]

훈	둘레	かこ(む)	囲む* 둘러싸다, 두르다　囲み 둘러쌈, 둘레
		かこ(う)	囲う 에워싸다, 숨겨 두다　囲い 에워쌈, 울타리
음	위	い	範囲* 범위　周囲 주위　雰囲気 분위기　囲碁 바둑 包囲 포위

家族みんながテーブルを囲んで座った。 가족 모두가 테이블을 둘러싸고 앉았다.
期末テストの範囲が発表された。 기말시험의 범위가 발표되었다.

0646 [N2]

훈	길	なが(い)	永い 아주 오래다
음	영	えい	永遠* 영원　永住権 영주권　永続 영속, 영원히 계속됨 永久* 영구

彼の小説は永い年月にわたって愛されてきた。 그의 소설은 아주 오랜 세월에 걸쳐 사랑받아 왔다.
二人は結婚式で永遠の愛を誓った。 두 사람은 결혼식에서 영원의 사랑을 맹세했다.

★은 JLPT/JPT 기출 단어입니다.

0647 [N3]

훈	오랠	ひさ(しい)	久しい 오래다, 오래간만이다 久しぶりに★ 오랜만에
			久々★ 오랜만
음	구	きゅう	永久★ 영구 耐久 내구 持久力 지구력
		く	久遠 구원, 까마득하게 멀고 오래됨

故郷の九州を離れてもう久しい。고향인 규슈를 떠난 지 이미 오래다.
私は永久に変わらないものはないと思う。나는 영구히 변하지 않는 것은 없다고 생각한다.

0648 [N3]

훈	성품	—	
음	성	せい	性質 성질 男性★ 남성 女性★ 여성 理性 이성, 사고 능력
		しょう	相性 궁합, 상성 本性 본성 根性 근성

水溶性とは水に溶けやすい性質のことをいう。수용성이란 물에 녹기 쉬운 성질을 말한다.
このソースはステーキと相性がいい。이 소스는 스테이크와 궁합이 좋다.

0649 [N2]

快

훈	쾌할	こころよ(い)	快い★ 기분 좋다, 흔쾌하다, 상쾌하다
음	쾌	かい	愉快★ 유쾌 不快 불쾌 快適★ 쾌적 快感 쾌감
			明快 명쾌

親友は結婚式の司会を快く引き受けてくれた。친구는 결혼식 사회를 흔쾌히 맡아 주었다.
久しぶりに実家に帰って家族と愉快な時間を過ごした。
오랜만에 본가에 돌아가서 가족과 유쾌한 시간을 보냈다.

0650 [N2]

훈	익숙할	な(れる)	慣れる★ 익숙해지다 慣れ 익숙해짐
		な(らす)	慣らす 순응시키다, 길들이다
음	관	かん	習慣★ 습관 慣行 관행 慣例 관례

引っ越し先での新しい生活にだいぶ慣れた。이사한 곳에서의 새로운 생활에 꽤 익숙해졌다.
朝ごはんを食べる習慣を身につけよう。아침밥을 먹는 습관을 몸에 익히자.

★은 JLPT/JPT 기출 단어입니다.

0651 [N3] 情

훈 뜻/인정	なさ(け)	情け 정, 온정	情けない 한심하다, 정떨어지다
음 정	じょう	感情*감정　情報*정보　事情*사정, 상황　情熱*정열 人情 인정	
	せい	風情 풍취, 운치	

こんな情けない姿を人に見せたくない。이런 한심한 모습을 다른 사람에게 보이고 싶지 않다.
感情がすぐ顔に出てしまうことが悩みです。감정이 바로 얼굴에 나타나 버리는 것이 고민입니다.

0652 [N2] 精

훈 정할/정성	—		
음 정	せい	精算*정산　精一杯*힘껏, 최대한　精密 정밀 精巧 정교　精力 정력	
	しょう	精進 정진, 몸과 마음을 깨끗이 하여 수행에 전념함 無精 귀찮아하며 게으름을 피움	

駐車場から出るときに駐車料金を精算した。주차장에서 나올 때에 주차 요금을 정산했다.
負けたけど精一杯がんばったので悔いはない。졌지만 힘껏 노력했기 때문에 후회는 없다.

0653 [N3] 非

훈 아닐	—		
음 비	ひ	非常識 비상식, 몰상식　是非*꼭, 제발, 시비, 옳고 그름 非常*비상, 굉장함　非難 비난	

日本では当たり前のことが海外では非常識になることもある。
일본에서는 당연한 일이 해외에서는 비상식이 되는 경우도 있다.
日本に行ったら是非ラーメンを食べてみたい。일본에 가면 꼭 라멘을 먹어 보고 싶다.

0654 [N2] 罪

훈 허물	つみ	罪*죄	
음 죄	ざい	犯罪 범죄　有罪 유죄　無罪 무죄　謝罪 사죄 罪状 죄상, 범죄의 구체적인 사실	

彼は自ら罪を認めて反省している。그는 스스로 죄를 인정하고 반성하고 있다.
最近、少年犯罪が増加している。최근, 소년 범죄가 증가하고 있다.

★은 JLPT/JPT 기출 단어입니다.

0655 [N1] ☐☐☐

弁

훈	말씀	—
음	변	べん

べんかい
弁解★ 변명　べんとう **弁当**★ 도시락　べんごし **弁護士**★ 변호사
べんしょう
弁償 변상, (손해를) 물어 줌　ゆうべん **雄弁** 웅변

今さら**弁解**しても誰も信じてくれないよ。 이제 와서 변명해도 아무도 믿어 주지 않을 거야.
食費を節約するため毎日**弁当**を持参している。 식비를 절약하기 위해 매일 도시락을 지참하고 있다.

0656 [N2] ☐☐☐

象

훈	코끼리	—
음	상	ぞう

ぞう
象 코끼리
ぞうがん
象眼 상감 (표면에 무늬를 파고 금, 은 등을 채우는 기술)

しょう
しょうちょう **象徴** 상징　げんしょう **現象** 현상, 모습　たいしょう **対象** 대상, 목표
いんしょう **印象** 인상　ちゅうしょう **抽象** 추상

象は長い鼻を使って食べ物を口に運んだ。 코끼리는 긴 코를 사용해서 음식을 입으로 가져갔다.
ハトは平和を**象徴**する鳥として知られている。 비둘기는 평화를 상징하는 새로 알려져 있다.

0657 [N2] ☐☐☐

像

훈	모양	—
음	상	ぞう

えいぞう
映像★ 영상　そうぞう **想像**★ 상상　がぞう **画像** 화상　げんぞう **現像** (필름) 현상
しょうぞう
肖像 초상

子供の成長を**映像**で記録している。 아이의 성장을 영상으로 기록하고 있다.
友達との旅行は**想像**するだけでときめく。 친구와의 여행은 상상하는 것만으로 설렌다.

0658 [N3] ☐☐☐

可

훈	옳을	—
음	가	か

かけつ
可決 가결　かのう **可能**★ 가능　かひ **可否** 가부, 옳고 그름, 찬성과 반대
きょか
許可★ 허가　ふか **不可** 불가

新しい法案が全員一致で**可決**された。 새로운 법안이 전원 일치로 가결되었다.
食事のご予約はインターネットでも**可能**です。 식사 예약은 인터넷으로도 가능합니다.

★은 JLPT/JPT 기출 단어입니다.

0659 [N2]

河

훈	물	かわ	河 강
음	하	か	河川 하천　河流 하류　河口 하구, 강어귀　運河 운하 銀河 은하수

家の近くに大きな河が流れている。 집 근처에 큰 강이 흐르고 있다.
多くの市民が河川の清掃活動に参加した。 많은 시민이 하천 청소 활동에 참가했다.

0660 [N1]

句

훈	글귀	―	
음	구	く	文句★ 불평, 불만　句読点 구두점 (마침표나 쉼표) 語句 어구, 말의 마디나 구절　字句 문자와 어구 節句 절구 (인일·상사·단오·칠석·중양의 다섯 명절)

この宿のおもてなしと値段については文句がない。 이 숙소의 대접과 가격에 대해서는 불만이 없다.
句読点は文章を読みやすくする役割を担う。 구두점은 글을 읽기 쉽게 하는 역할을 담당한다.

0661 [N2]

支

훈	지탱할	ささ(える)	支える 지지하다, 떠받치다　支え 받침, 버팀, 기둥
음	지	し	支援★ 지원　支持★ 지지　支障★ 지장, 장애 支店★ 지점, 분점

母はずっと私の夢を支えてくれた。 어머니는 줄곧 나의 꿈을 지지해 주었다.
今回の災害に対し、海外から多くの支援が寄せられた。
이번 재해에 대해, 해외로부터 많은 지원이 보내졌다.

0662 [N2]

枝

훈	가지	えだ	枝★ 가지, 갈래　枝豆 가지째 꺾은 풋콩을 삶은 것
음	지	し	爪楊枝 이쑤시개　枝葉 지엽 (중요하지 않은 부분), 가지와 잎

植木の枝を切って形を整えた。 정원수의 가지를 잘라서 모양을 정돈했다.
爪楊枝でたこ焼きを食べた。 이쑤시개로 다코야키를 먹었다.

0663 [N2] ☐☐☐

훈 재주	わざ	技* 기술, 기법, 솜씨, 재주
음 기	ぎ	演技* 연기　技術* 기술　技能 기능 競技 경기　特技 특기

選手達は大会に向けて技をみがいている。 선수들은 대회를 위해서 기술을 연마하고 있다.
彼はこの映画で見事な演技を見せてくれた。 그는 이 영화에서 훌륭한 연기를 보여주었다.

0664 [N2] ☐☐☐

훈 캘	と(る)	採る 캐다, 뽑다
음 채	さい	採用* 채용　採取 채취　採集 채집　採血 채혈

国立公園では許可なしに植物を採ってはいけない。 국립 공원에서는 허가 없이 식물을 캐서는 안 된다.
採用が決まったらメールでお知らせします。 채용이 결정되면 이메일로 알려 드리겠습니다.

0665 [N1] ☐☐☐

훈 앵두나무	さくら	桜* 벚꽃, 벚나무　桜色 연분홍색 葉桜 꽃이 지고 어린잎이 난 벚나무
음 앵	おう	桜花 벚꽃, 앵화

桜は日本を代表する花だ。 벚꽃은 일본을 대표하는 꽃이다.
公園は満開の桜花を楽しむ人でにぎわっている。 공원은 만개한 벚꽃을 즐기는 사람으로 붐비고 있다.

0666 [N2] ☐☐☐

훈 가루	こな	粉* 가루　粉々 산산이 부서짐, 박살이 남　粉雪 가루눈 粉薬 가루약
	こ	粉 분, 가루　小麦粉 밀가루
음 분	ふん	花粉 꽃가루　粉末 분말　粉砕 분쇄

ボウルにパンケーキの粉と水を入れてよく混ぜてください。 볼에 팬케이크 가루와 물을 넣고 잘 섞어 주세요.
花粉がひどい時は窓を開けないようにしている。 꽃가루가 심할 때는 창문을 열지 않도록 하고 있다.

★은 JLPT/JPT 기출 단어입니다.

0667 [N2] □□□

훈	부처	ほとけ	仏 부처, 불타　仏様 부처님
음	불	ぶつ	仏教 불교　仏像* 불상　念仏 염불

仏様に家族の健康と幸せを祈った。 부처님에게 가족의 건강과 행복을 빌었다.
仏教は6世紀に日本に伝わった。 불교는 6세기에 일본에 전해졌다.

0668 [N2] □□□

훈	닮을	に(る)	似る* 닮다, 비슷하다　似合う* 어울리다 お似合い* 잘 맞음, 어울림　似顔絵 초상화
음	사	じ	類似 유사　近似 근사, 거의 같음　疑似 비슷함, 유사

私は父に似ているとよく言われます。 저는 아빠와 닮았다고 자주 듣습니다.
意味が類似した言葉は使い分けが難しい。 의미가 유사한 말은 가려 쓰기가 어렵다.

0669 [N3] □□□

훈	물건	—	
음	건	けん	事件* 사건　条件* 조건　件数 건수

ついに未解決事件の真相が明らかになった。 마침내 미해결 사건의 진상이 밝혀졌다.
クーポンは利用条件を確認してからお使いください。 쿠폰은 이용 조건을 확인하고 나서 사용해 주세요.

0670 [N1] □□□

훈	지킬	たも(つ)	保つ* 유지하다, 지키다
음	보	ほ	保証* 보증　保存* 보존　確保* 확보　保育 보육

走行中は前の車との距離を保つべきだ。 주행 중에는 앞차와의 거리를 유지해야 한다.
当社では製品の品質を1年間保証します。 당사에서는 제품의 품질을 1년간 보증합니다.

0671 [N2] □□□

훈	머무를	—	
음	정	てい	停留所* 정류장　停止 정지　停車 정차　停電* 정전 調停 조정, 중재

行き先も確認せず停留所のバスに乗り込んだ。 행선지도 확인하지 않고 정류장의 버스에 올라탔다.
モーターが過熱すると自動的に運転が停止します。 모터가 과열되면 자동적으로 운전이 정지됩니다.

★은 JLPT/JPT 기출 단어입니다.

0672 [N1] □□□

価

| 훈 | 값 | あたい | 価 값 |
| 음 | 가 | か | 価格* 가격　価値* 가치, 값　評価* 평가　原価* 원가 |

学生向けの 商品は 価を安めに 設定している。 학생용 상품은 값을 싸게 설정하고 있다.
2021年4月から税込み 価格の 表示が 義務化された。
2021년 4월부터 세금 포함 가격의 표시가 의무화되었다.

0673 [N2] □□□

個

| 훈 | 낱 | ― | |
| 음 | 개 | こ | 一個* 한 개　個人* 개인　個性* 개성　個別 개별
個体 개체 |

機内に持ち込める荷物はお一人様 一個までです。 기내로 가지고 갈 수 있는 짐은 한 분 한 개까지입니다.
これはあくまでも 私 個人の意見です。 이건 어디까지나 제 개인의 의견입니다.

0674 [N2] □□□

備

훈	갖출	そな(える)	備える* 대비하다, 갖추다　備え 대비, 갖추는 것
		そな(わる)	備わる 갖춰지다
음	비	び	準備* 준비　設備* 설비, 시설　予備 예비 不備* 미비, 불비

万が一の場合に 備えて保険に加入した。 만일의 경우에 대비해서 보험에 가입했다.
地震対策として防災用品を 準備している。 지진 대책으로 방재 용품을 준비하고 있다.

0675 [N1] □□□

修

훈	닦을	おさ(める)	修める (학문을) 닦다, 수양하다
		おさ(まる)	修まる 단정해지다, (품행이) 바르게 되다
음	수	しゅう	修理* 수리　修正 수정, 교정　改修 개수, 수리 修復* 수복, 복원　修飾 수식, 꾸밈
		しゅ	修行 수행, 학문을 연마함

学問を 修めるのに近道はない。 학문을 닦는 데 지름길은 없다.
テレビが故障して 修理に出した。 텔레비전이 고장 나서 수리를 맡겼다.

※ 책 속의 책 <쓰기노트>(p.74)로 각 한자를 획순에 따라 직접 써 보세요.

DAY 19 연습문제

맞은 개수: /33

색이 있는 한자의 발음을 밑줄에 쓴 다음, 괄호 안에 단어의 뜻을 써 보세요.

01	原因	げん_____	( )
02	団体	_____たい	( )
03	囲む	_____む	( )
04	永い	_____い	( )
05	久しい	_____しい	( )
06	性質	_____しつ	( )
07	快い	_____い	( )
08	慣れる	_____れる	( )
09	感情	かん_____	( )
10	精算	_____さん	( )
11	非常識	_____じょうしき	( )
12	罪	_____	( )
13	弁解	_____かい	( )
14	象徴	_____ちょう	( )
15	映像	えい_____	( )
16	可決	_____けつ	( )
17	河	_____	( )
18	文句	もん_____	( )
19	支える	_____える	( )
20	枝	_____	( )
21	技	_____	( )
22	採用	_____よう	( )
23	桜	_____	( )
24	花粉	か_____	( )
25	仏	_____	( )
26	似る	_____る	( )
27	事件	じ_____	( )
28	保つ	_____つ	( )
29	停留所	_____りゅうじょ	( )
30	価格	_____かく	( )
31	一個	いっ_____	( )
32	備える	_____える	( )
33	修める	_____める	( )

정답 01 げんいん 원인 02 だんたい 단체 03 かこむ 둘러싸다, 두르다 04 ながい 아주 오래다 05 ひさしい 오래다, 오래간만이다 06 せいしつ 성질 07 こころよい 기분 좋다, 흔쾌하다, 상쾌하다 08 なれる 익숙해지다 09 かんじょう 감정 10 せいさん 정산 11 ひじょうしき 비상식, 몰상식 12 つみ 죄 13 べんかい 변명 14 しょうちょう 상징 15 えいぞう 영상 16 かけつ 가결 17 かわ 강 18 もんく 불평, 불만 19 ささえる 지지하다, 떠받치다 20 えだ 가지, 갈래 21 わざ 기술, 기법, 솜씨, 재주 22 さいよう 채용 23 さくら 벚꽃, 벚나무 24 かふん 꽃가루 25 ほとけ 부처, 불타 26 にる 닮다, 비슷하다 27 じけん 사건 28 たもつ 유지하다, 지키다 29 ていりゅうじょ 정류장 30 かかく 가격 31 いっこ 한 개 32 そなえる 대비하다, 갖추다 33 おさめる (학문을) 닦다, 수양하다

DAY 20

일본 문부과학성 지정
초등학교 5학년 한자 ②

오늘은 일본 문부과학성이 지정한 일본 초등학교 5학년 학습 한자 193개 중 32개를 익혀볼 거예요. 먼저 오늘 배울 한자 32개의 훈독과 음독을 일본어로 한 번씩 따라 읽은 후 본격적인 학습을 시작해 보아요.

🎧 해커스 일본어상용한자1026_Day20.mp3

余	舎	容	告	招	再	査	益
남을 여 あま(る) よ	집 사 ー しゃ	얼굴 용 ー よう	고할 고 つ(げる) こく	부를 초 まね(く) しょう	두 재 ふたた(び) さい	조사할 사 ー さ	더할 익 ー えき

훈독 ← | → 음독 훈독없음

比	均	増	税	程	移	武	士
견줄 비 くら(べる) ひ	고를 균 ー きん	더할 증 ふ(える) ぞう	세금 세 ー ぜい	한도 정 ほど てい	옮길 이 うつ(す) い	호반 무 ー ぶ	선비 사 ー し

任	往	布	在	境	効	防	限
맡길 임 まか(せる) にん	갈 왕 ー おう	베포 ぬの ふ	있을 재 あ(る) ざい	지경 경 さかい きょう	본받을 효 き(く) こう	막을 방 ふせ(ぐ) ぼう	한할 한 かぎ(る) げん

際	常	堂	営	喜	豊	夢	暴
즈음 제 きわ さい	항상 상 つね じょう	집 당 ー どう	경영할 영 いとな(む) えい	기쁠 희 よろこ(ぶ) き	풍년 풍 ゆた(か) ほう	꿈 몽 ゆめ む	사나울 폭 あば(れる) ぼう

0676 余 [N3]

훈	남을	あま(る)	余る* 남다 　余り 나머지
		あま(す)	余す 남기다
음	여	よ	余裕* 여유　余波* 여파　余地 여지　余分 여분 余白 여백

余った 食材で簡単に作れるレシピが人気だ。 남은 식재료로 간단히 만들 수 있는 레시피가 인기이다.
参加申し込みの締め切りまではまだ余裕がある。 참가 신청의 마감까지는 아직 여유가 있다.

0677 舎 [N1]

훈	집	—	
음	사	しゃ	校舎 교사, 학교 건물　駅舎 역사, 역 건물　寄宿舎 기숙사 舎監 사감

4月から新しい校舎で授業を行います。 4월부터 새로운 교사에서 수업을 합니다.
この駅舎はモダンなデザインから観光名所となっている。
이 역사는 모던한 디자인으로 관광 명소가 되었다.

0678 容 [N3]

훈	얼굴	—	
음	용	よう	美容 미용　内容* 내용　容易 용이, 쉬움 容器* 용기, 그릇　容姿* 용모와 자태, 외모

はちみつは健康と美容にいい食べ物だ。 벌꿀은 건강과 미용에 좋은 음식이다.
本の内容が難しすぎて理解できなかった。 책의 내용이 너무 어려워서 이해할 수 없었다.

0679 告 [N2]

훈	고할	つ(げる)	告げる 알리다, 고하다
음	고	こく	広告* 광고　報告* 보고　忠告* 충고　警告 경고 告白 고백

タクシーの運転手に行き先を告げた。 택시 운전 기사에게 행선지를 알렸다.
ネットの広告にひかれて商品を購入した。 인터넷 광고에 끌려서 상품을 구입했다.

★은 JLPT/JPT 기출 단어입니다.

0680 [N2] 招

훈 부를	まね(く)	招く★ 불러오다, 초래하다	招き 초빙, 초청, 초대
음 초	しょう	招待★ 초대　招請 초청	招来 초래

遠回しな言い方が誤解を**招いて**しまった。 돌려 말하는 말투가 오해를 불러와 버렸다.
取引先の創立記念パーティーに**招待**された。 거래처의 창립 기념 파티에 초대되었다.

0681 [N2] 再

훈 두	ふたた(び)	再び 다시, 두 번	
음 재	さい	再度★ 재차, 두 번　再生 재생　再発 재발　再会 재회　再開発★ 재개발	
	さ	再来年 다다음 해, 후년	

同じ過ちを**再び**犯さないよう気を付けている。 같은 실수를 다시 저지르지 않도록 주의하고 있다.
失敗したことに**再度**挑戦するには勇気がいる。 실패한 일에 재차 도전하려면 용기가 필요하다.

0682 [N2] 査

훈 조사할	ー	
음 사	さ	検査★ 검사　捜査 수사　調査★ 조사　巡査 순경, 경찰관　査察 사찰, 상황을 실제로 조사하여 살핌

視力が急に落ちたような気がして**検査**を受けに行った。 시력이 갑자기 떨어진 것 같아 검사를 받으러 갔다.
今週中に検察が**捜査**の結果を発表するという。 이번 주 중에 검찰이 수사 결과를 발표한다고 한다.

0683 [N1] 益

훈 더할	ー	
음 익	えき	利益★ 이익　収益 수익　損益 손익　有益 유익　実益★ 실익, 실리
	やく	御利益 부처님의 은혜

株式投資で大きな**利益**を上げた。 주식 투자로 큰 이익을 올렸다.
この公演の**収益**は全て寄付されます。 이 공연의 수익은 전부 기부됩니다.

★은 JLPT/JPT 기출 단어입니다.

0684 [N2] ☐☐☐

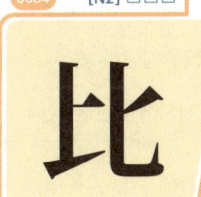
比

훈	견줄	くら(べる)	くら 比べる* 비하다, 견주다　せいくら 背比べ 키 대보기
음	비	ひ	ひかく 比較* 비교　たいひ 対比 대비　ひれい 比例* 비례　ひりつ 比率 비율

ことし なつ きょねん くら あつ
今年の夏は去年に比べて暑くないらしい。올해 여름은 작년에 비해 덥지 않은 것 같다.
せいのう ひかく か か えら
性能を比較して買い替えるパソコンを選んだ。 성능을 비교해 새로 살 컴퓨터를 골랐다.

0685 [N2] ☐☐☐

均

훈	고를	―	
음	균	きん	へいきん 平均* 평균　きんとう 均等* 균등　きんこう 均衡 균형　きんいつ 均一 균일

ちきゅう へいきん きおん きゅうげき じょうしょう
地球の平均気温は急激に上昇している。 지구의 평균 기온은 급격하게 상승하고 있다.
こども かし きんとう わ あた
子供たちにお菓子を均等に分け与えた。 아이들에게 과자를 균등하게 나누어 주었다.

0686 [N2] ☐☐☐

増

훈	더할	ふ(える)	ふ 増える* 늘다, 늘어나다
		ふ(やす)	ふ 増やす* 늘리다, 불리다
		ま(す)	ま 増す 더하다, 많아지다　みずま 水増し 물을 타서 양을 늘림
음	증	ぞう	ぞうか 増加* 증가　きゅうぞう 急増 급증　ぞうげん 増減* 증감　げきぞう 激増 격증

せんげつ おお ふ
先月のライブをきっかけにファンが大きく増えた。 지난달의 라이브를 계기로 팬이 크게 늘었다.
ひとりぐ こうれいしゃ ねんねんぞうか
一人暮らしの高齢者が年々増加している。 혼자 사는 고령자가 매년 증가하고 있다.

0687 [N2] ☐☐☐

税

훈	세금	―	
음	세	ぜい	ぜいきん 税金* 세금　ぞうぜい 増税 증세, 세금을 늘림　かんぜい 関税* 관세, 통관세 めんぜい 免税 면세　ぜいこ 税込み 세금이 포함되어 있음

しさん おお ひと おお ぜいきん か
資産が多い人には多くの税金が課せられる。 자산이 많은 사람에게는 많은 세금이 부과된다.
たびかさ ぞうぜい こくみん ふまん こえ あ
度重なる増税に国民から不満の声が上がった。
거듭되는 증세에 국민으로부터 불만의 목소리가 높아졌다.

0688 [N2] ☐☐☐

程

훈	한도	ほど	程 정도, 분수	先程* 아까, 조금 전	余程 상당히, 꽤
			程遠い 좀 멀다, 걸맞지 않다	身の程 자기에 맞는 분수	
음	정	てい	程度 정도, 수준	日程* 일정	過程 과정
			課程 과정, 교육해야 할 과목의 내용과 분량	旅程 여정	

一方的に電話を切るなんて失礼にも程がある。 일방적으로 전화를 끊다니 실례에도 분수가 있다.
私の日本語レベルは日常会話ができる程度だ。 나의 일본어 레벨은 일상 회화를 할 수 있는 정도이다.

0689 [N1] ☐☐☐

移

훈	옮길	うつ(す)	移す* 옮기다, 이동시키다		
		うつ(る)	移る* 옮다, 이동하다	移り変わり 변천, 바뀜	
음	이	い	移転* 이전	移動* 이동	推移* 추이	移民 이민
			移住 이주		

綿密に計画を立ててから実行に移した。 면밀하게 계획을 세우고 나서 실행에 옮겼다.
本社を名古屋に移転することになりました。 본사를 나고야로 이전하게 되었습니다.

0690 [N2] ☐☐☐

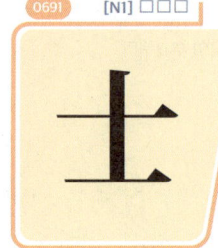
武

훈	호반/무인	—			
음	무	ぶ	武力* 무력, 병력	武器 무기	武士 무사, 무인
			文武 문무, 학문과 무예		
		む	荒武者 (무용은 있으되) 예의와 멋을 모르는 우악스러운 무사		

武力を使わずに対話で紛争を解決してほしい。 무력을 쓰지 않고 대화로 분쟁을 해결했으면 한다.
博物館には戦国時代の武器が展示されていた。 박물관에는 전국 시대의 무기가 전시되어 있었다.

0691 [N1] ☐☐☐

士

훈	선비	—			
음	사	し	運転士* 운전기사	博士 박사	弁護士* 변호사
			紳士 신사, 품격이 있고 예의바른 사람		

路線バスの運転士を募集している。 노선버스의 운전기사를 모집하고 있다.
大学院で経営学の博士課程を修了した。 대학원에서 경영학 박사 과정을 수료했다.

0692 [N3] ☐☐☐

任

훈	맡길	まか(せる)	任せる* 맡기다　人任せ 남에게 맡김
		まか(す)	任す 위임하다, 맡기다
음	임	にん	任務 임무　責任* 책임　任意 임의　委任 위임 任命 임명

料理は母に任せているが後片付けは自分でやる。
요리는 어머니에게 맡기고 있지만 뒷정리는 내가 한다.

警察官の任務は市民の安全を守ることだ。 경찰관의 임무는 시민의 안전을 지키는 것이다.

0693 [N1] ☐☐☐

往

| 훈 | 갈 | ― |
| 음 | 왕 | おう | 往復* 왕복　往来 왕래　右往左往 우왕좌왕　往診 왕진 |

東京から大阪までの往復チケットを予約した。 도쿄에서 오사카까지의 왕복 티켓을 예약했다.

駅の周辺は夜遅くまで車の往来が多い。 역 주변은 밤늦게까지 자동차의 왕래가 많다.

0694 [N2] ☐☐☐

布

| 훈 | 베/펼 | ぬの | 布* 천, 직물　布地 옷감, 피륙 |
| 음 | 포 | ふ | 毛布* 담요, 모포　布団* 이불, 이부자리　配布* 배포, 배부
分布 분포　財布 지갑 |

眼鏡のレンズはやわらかい布で拭いてください。 안경의 렌즈는 부드러운 천으로 닦아 주세요.

ソファーで眠っている娘に毛布をかけてあげた。 소파에서 자고 있는 딸에게 담요를 덮어 주었다.

0695 [N3] ☐☐☐

在

| 훈 | 있을 | あ(る) | 在る 있다　在りし日 지난날, 생전 |
| 음 | 재 | ざい | 滞在* 체류, 체재　現在* 현재　存在* 존재　在宅 재택
在留 재류 |

九州は日本の南西部に在る。 규슈는 일본의 남서부에 있다.

姉は現在スペインに滞在している。 언니는 현재 스페인에 체류하고 있다.

★은 JLPT/JPT 기출 단어입니다.

0696 [N2] □□□

훈	지경	さかい	境 경계, 기로	境目 갈림길		
음	경	きょう	国境 국경	境界 경계	環境* 환경	境地 경지, 처지
			逆境 역경			
		けい	境内 경내, 경계의 안			

車道と歩道の**境**に段差がある。 차도와 보도의 경계에 높낮이의 차가 있다.
グローバル化によって**国境**という概念が薄れている。 세계화로 인해 국경이라는 개념이 흐려지고 있다.

0697 [N2] □□□

훈	본받을/ 나타낼	き(く)	効く 잘 듣다, 효과가 있다	効き目 효능, 효과, 보람		
음	효	こう	効果* 효과	有効* 유효	無効 무효	効率* 효율
			効力 효력			

薬局で車酔いに**効く**薬を買った。 약국에서 차멀미에 잘 듣는 약을 샀다.
姿勢を矯正する**効果**がある靴をはいている。 자세를 교정하는 효과가 있는 신발을 신고 있다.

0698 [N2] □□□

훈	막을	ふせ(ぐ)	防ぐ* 막다	防ぎ 방어		
음	방	ぼう	予防* 예방	防止* 방지	防水 방수	防備 방비
			堤防 제방 (홍수나 해일을 막는 둑)			

熱中症を**防ぐ**ためにこまめに水を飲んでいる。 일사병을 막기 위해 자주 물을 마시고 있다.
正しい手洗いは風邪の**予防**に効果的だ。 올바른 손 씻기는 감기 예방에 효과적이다.

0699 [N2] □□□

限

훈	한할	かぎ(る)	限る* 한정하다, 제한하다	~限り* ~한, 끝		
음	한	げん	制限* 제한	限定 한정	期限* 기한	限界 한계
			限度 한도			

代金のお支払いは現金に**限り**ます。 대금의 지불은 현금으로 한정합니다.
子供のスマホ利用時間を**制限**している。 아이의 스마트폰 이용 시간을 제한하고 있다.

★은 JLPT/JPT 기출 단어입니다.

0700 [N2] ☐☐☐

훈	즈음	きわ	際 가(장자리), 옆, 경계선　窓際 창가 際立つ 뛰어나다, 두드러지다　間際 직전, 임박했을 때 手際★ 솜씨
음	제	さい	実際★ 실제　国際 국제　交際 교제　際限 끝, 제한 この際 이 기회, 이런 경우

最近疲れているせいか目の際にものもらいができた。 최근 피곤한 탓인지 눈가에 다래끼가 생겼다.
買うかどうかは実際に商品を見てから決めるつもりだ。
살지 말지는 실제로 상품을 보고 나서 정할 생각이다.

0701 [N2] ☐☐☐

훈	항상	つね	常 보통, 평소　常に★ 항상, 늘　常々 평소, 평상시
		とこ	常夏 늘 여름임, 상하
음	상	じょう	日常 일상　常識 상식　正常★ 정상　異常 이상, 정상이 아님 非常★ 비상, 굉장함　常備 상비, 늘 준비하여 둠

常に健康を第一に考えている。 항상 건강을 제일로 생각하고 있다.
今日は授業で日常でよく使う英語表現を学んだ。
오늘은 수업에서 일상에서 자주 쓰는 영어 표현을 배웠다.

0702 [N4] ☐☐☐

훈	집	―	
음	당	どう	食堂★ 식당　講堂 강당　堂々と 당당하게 殿堂 전당, 크고 장엄한 건물

駅前の食堂で昼ごはんを食べた。 역 앞의 식당에서 점심밥을 먹었다.
終業式は学期の最終日に講堂で行います。 종업식은 학기의 마지막 날에 강당에서 거행합니다.

0703 [N2] ☐☐☐

훈	경영할	いとな(む)	営む 운영하다, 경영하다　営み 일, 노동
음	영	えい	経営★ 경영　営業★ 영업　運営 운영　陣営 진영

父は10年前から洋服店を営んでいる。 아빠는 10년 전부터 양복점을 운영하고 있다.
両親が経営する会社で働いている。 부모님이 경영하는 회사에서 일하고 있다.

★은 JLPT/JPT 기출 단어입니다.

0704 [N2] □□□

喜

훈 기쁠	よろこ(ぶ)	喜ぶ* 기뻐하다 喜び* 기쁨, 경사	
		喜ばしい 경사스럽다, 기쁘다	
음 희	き	歓喜 환희 喜劇 희극 喜怒哀楽 희로애락	

娘は合格の通知に飛び上がるほど喜んだ。 딸은 합격 통지에 뛰어오를 정도로 기뻐했다.
選手たちは初めて決勝進出を決めて、歓喜の涙を流した。 선수들은 첫 결승 진출을 확정 짓고, 환희의 눈물을 흘렸다.

0705 [N2] □□□

豊

훈 풍년	ゆた(か)	豊かだ* 풍부하다, 많고 넉넉하다
음 풍	ほう	豊作 풍작 豊富* 풍부 豊満 풍만 豊年 풍년

老後は自然が豊かなところに住みたい。 노후에는 자연이 풍부한 곳에서 살고 싶다.
毎年2月に豊作を祈る祭りが行われる。 매년 2월에 풍작을 기원하는 축제가 행해진다.

0706 [N2] □□□

夢

훈 꿈	ゆめ	夢* 꿈 夢見る 꿈꾸다 初夢 첫 꿈, 새해 첫 꿈
		正夢 현실과 부합하는 꿈
음 몽	む	夢中* 열중함, 꿈속 悪夢 악몽 夢想 몽상

怖い夢を見たせいか全然寝た気がしない。 무서운 꿈을 꾼 탓인지 전혀 잔 것 같지 않다.
この頃テニスに夢中になっている。 요즘 테니스에 열중하고 있다.

0707 [N2] □□□

暴

훈 사나울	あば(れる)	暴れる* 날뛰다, 난폭하게 굴다
		大暴れ 심하게 날뜀, 대담한 행동
	あば(く)	暴く 파헤치다, 들추어내다 暴き出す 까발리다
음 폭	ぼう	暴力* 폭력 乱暴* 난폭 暴言 폭언 横暴 횡포
	ばく	暴露 폭로

馬が暴れて乗っていた人が落ちてしまった。 말이 날뛰어서 타고 있던 사람이 떨어져 버렸다.
暴力には身体的なものに限らず、精神的なものもある。 폭력에는 신체적인 것뿐만 아니라, 정신적인 것도 있다.

※ 책 속의 책 <쓰기노트>(p.78)로 각 한자를 획순에 따라 직접 써 보세요.

DAY 20 연습문제

맞은 개수: /32

색이 있는 한자의 발음을 밑줄에 쓴 다음, 괄호 안에 단어의 뜻을 써 보세요.

01 余る ____る ( )
02 校舎 こう____ ( )
03 美容 び____ ( )
04 告げる ____げる ( )
05 招待 ____たい ( )
06 再び ____び ( )
07 検査 けん____ ( )
08 利益 り____ ( )
09 比べる ____べる ( )
10 平均 へい____ ( )
11 増える ____える ( )
12 税金 ____きん ( )
13 程度 ____ど ( )
14 移す ____す ( )
15 武力 ____りょく ( )
16 運転士 うんてん____ ( )
17 任せる ____せる ( )
18 往復 ____ふく ( )
19 布 ____ ( )
20 在る ____る ( )
21 国境 こっ____ ( )
22 効果 ____か ( )
23 防ぐ ____ぐ ( )
24 限る ____る ( )
25 実際 じっ____ ( )
26 常に ____に ( )
27 食堂 しょく____ ( )
28 営む ____む ( )
29 喜ぶ ____ぶ ( )
30 豊かだ ____かだ ( )
31 夢 ____ ( )
32 暴力 ____りょく ( )

정답 01 あまる 남다 02 こうしゃ 교사, 학교 건물 03 びよう 미용 04 つげる 알리다, 고하다 05 しょうたい 초대 06 ふたたび 다시, 두 번 07 けんさ 검사 08 りえき 이익 09 くらべる 비하다, 견주다 10 へいきん 평균 11 ふえる 늘다, 늘어나다 12 ぜいきん 세금 13 ていど 정도, 수준 14 うつす 옮기다, 이동시키다 15 ぶりょく 무력, 병력 16 うんてんし 운전기사 17 まかせる 맡기다 18 おうふく 왕복 19 ぬの 천, 직물 20 ある 있다 21 こっきょう 국경 22 こうか 효과 23 ふせぐ 막다 24 かぎる 한정하다, 제한하다 25 じっさい 실제 26 つねに 항상, 늘 27 しょくどう 식당 28 いとなむ 운영하다, 경영하다 29 よろこぶ 기뻐하다 30 ゆたかだ 풍부하다, 많고 넉넉하다 31 ゆめ 꿈 32 ぼうりょく 폭력

DAY 21

일본 문부과학성 지정
초등학교 5학년 한자 ③

오늘은 일본 문부과학성이 지정한 일본 초등학교 5학년 학습 한자 193개 중 32개를 익혀볼 거예요. 먼저 오늘 배울 한자 32개의 훈독과 음독을 일본어로 한 번씩 따라 읽은 후 본격적인 학습을 시작해 보아요.

🎧 해커스 일본어상용한자1026_Day21.mp3

易 쉬울 이 やさ(しい) い	得 얻을 득 え(る) とく	複 겹칠 복 ー ふく	復 회복할 복 ー ふく	興 일 흥 おこ(す) こう	液 진 액 ー えき	演 펼 연 ー えん	混 섞을 혼 ま(ぜる) こん
↑훈독 ↑음독		↑훈독없음					
減 덜 감 へ(る) げん	潔 깨끗할 결 いさぎよ(い) けつ	居 있을 거 い(る) きょ	属 무리 속 ー ぞく	厚 두터울 후 あつ(い) こう	圧 누를 압 ー あつ	歴 지낼 력 ー れき	史 사기 사 ー し
序 차례 서 ー じょ	応 응할 응 こた(える) おう	志 뜻 지 こころざ(す) し	迷 미혹할 미 まよ(う) めい	述 펼 술 の(べる) じゅつ	逆 거스를 역 さか(らう) ぎゃく	造 지을 조 つく(る) ぞう	過 지날 과 す(ぎる) か
適 맞을 적 ー てき	導 인도할 도 みちび(く) どう	犯 범할 범 おか(す) はん	独 홀로 독 ひと(り) どく	検 검사할 검 ー けん	険 험할 험 けわ(しい) けん	留 머무를 류 と(まる) りゅう	毒 독 독 ー どく

★은 JLPT/JPT 기출 단어입니다.

0708 [N3] ☐☐☐

훈	쉬울/바꿀	やさ(しい)	易しい* 쉽다　易しさ 쉬움
음	이/역	い	安易* 안이　容易 용이, 쉬움　難易 난이, 어려움과 쉬움
		えき	貿易* 무역　交易 교역　不易 불변, 변하지 않음

実際のテストは模試より易しかった。 실제 시험은 모의시험보다 쉬웠다.
安易に結論を出さずに慎重に考えるべきだ。 안이하게 결론을 내지 말고 신중하게 생각해야 한다.

0709 [N2] ☐☐☐

得

훈	얻을	え(る)	得る* 얻다, 획득하다, 이해하다
			やむを得ない* 어쩔 수 없다
		う(る)	あり得る* 있을 수 있다　書き得る 쓸 수 있다
			得るところ 얻는 바, 얻는 것
음	득	とく	所得 소득　得意* 잘함, 가장 숙련되어 있음　納得* 납득
			取得 취득　損得 득실, 손실과 이득

館内撮影は事前に許可を得る必要があります。 관내 촬영은 사전에 허가를 얻을 필요가 있습니다.
地域間の所得の格差が拡大している。 지역 간의 소득 격차가 확대되고 있다.

0710 [N2] ☐☐☐

| 훈 | 겹칠 | — | |
| 음 | 복 | ふく | 複雑* 복잡　重複* 중복　複数* 복수　複合 복합 |

田中さんは複雑な仕事もすんなりこなす。 다나카 씨는 복잡한 일도 척척 처리한다.
エクセルで重複データを簡単に削除できる。 엑셀로 중복 데이터를 간단하게 삭제할 수 있다.

0711 [N2] ☐☐☐

훈	회복할/다시	—	
음	복/부	ふく	回復* 회복　復習 복습　往復* 왕복　報復 보복
			復活 부활

母の病状はみるみる回復していった。 어머니의 병세는 금세 회복되어 갔다.
毎晩その日に習ったことを復習している。 매일 밤 그날에 배운 것을 복습하고 있다.

0712 [N1] ☐☐☐

훈	일	おこ(す)	興す 흥하게 하다, 일으키다
		おこ(る)	興る 흥하다, 일어나다
음	흥	こう	復興* 부흥　振興* 진흥　興奮 흥분　興行 흥행
		きょう	興味* 흥미　即興 즉흥

寂れた街を興そうと街のPR映像を制作した。 쇠퇴한 거리를 흥하게 하려고 거리의 PR 영상을 제작했다.
被災地を復興させるための政策が必要だ。 재해지를 부흥시키기 위한 정책이 필요하다.

0713 [N2] ☐☐☐

| 훈 | 진 | — | |
| 음 | 액 | えき | 液体 액체　血液型* 혈액형　液状 액상　溶液 용액 |

液体タイプの洗剤を使用して洗濯している。 액체 타입의 세제를 사용해서 세탁하고 있다.
私の家族は全員血液型が同じだ。 우리 가족은 모두 혈액형이 같다.

0714 [N2] ☐☐☐

| 훈 | 펼 | — | |
| 음 | 연 | えん | 演説* 연설　演奏* 연주　演技 연기　講演* 강연
演劇* 연극 |

聴衆は彼女の演説に耳を傾けた。 청중은 그녀의 연설에 귀를 기울였다.
バイオリンをプロのように演奏したい。 바이올린을 프로처럼 연주하고 싶다.

0715 [N2] ☐☐☐

混

훈	섞을	ま(ぜる)	混ぜる* 섞다, 혼합하다
		ま(じる)	混じる* 섞이다, 한데 섞여 들어가다
		ま(ざる)	混ざる* 뒤섞이다
		こ(む)	混む 붐비다, 복작거리다　混み合う 혼잡하다, 붐비다 人混み 붐빔, 북적임, 북새통
음	혼	こん	混乱* 혼란　混雑* 혼잡　混合 혼합　混同 혼동

赤色と青色を混ぜるとむらさき色になる。 빨간색과 파란색을 섞으면 보라색이 된다.
大規模な停電により都市は混乱に陥った。 대규모 정전에 의해서 도시는 혼란에 빠졌다.

★은 JLPT/JPT 기출 단어입니다.

0716 [N2] ☐☐☐

減

훈	덜	へ(る)	減る* 줄다, 적어지다
		へ(らす)	減らす 줄이다, 덜다, 빼다
음	감	げん	削減 삭감* 減少* 감소 加減* 가감, 더하기와 빼기 増減 증감 減量 감량

少子高齢化で労働人口は減っていく一方だ。 저출산 고령화로 노동 인구는 줄어가고만 있다.
人件費を削減するためにリストラを行った。 인건비를 삭감하기 위해서 구조 조정을 행했다.

0717 [N1] ☐☐☐

潔

| 훈 | 깨끗할 | いさぎよ(い) | 潔い* (미련 없이) 깨끗하다 |
| 음 | 결 | けつ | 簡潔 간결 清潔* 청결 純潔 순결 潔白 결백 |

ミスをしたなら潔く認めて謝った方がいい。 실수를 했다면 깨끗하게 인정하고 사과하는 편이 좋다.
彼の文章は要点を簡潔にまとめてあるのでわかりやすい。
그의 글은 요점을 간결하게 정리해 놓아서 알기 쉽다.

0718 [N3] ☐☐☐

居

| 훈 | 있을/살 | い(る) | 居る 있다 居間 거실 居酒屋* 선술집
居心地* 어떤 장소에 있을 때 느끼는 기분
芝居 연극, 연기 |
| 음 | 거 | きょ | 居住 거주 住居 주거 同居 동거 別居 별거
転居 이사, 이전 |

今週末は一日中家に居る予定です。 이번 주말은 하루 종일 집에 있을 예정입니다.
郊外に居住し、都市部に通勤する人が多い。 교외에 거주하며, 도시부로 통근하는 사람이 많다.

0719 [N1] ☐☐☐

属

| 훈 | 무리 | — | |
| 음 | 속 | ぞく | 所属 소속 付属 부속 属する* (단체에) 속하다
金属* 금속 配属 배속, 배치하여 소속시킴 |

学生時代は演劇部に所属していた。 학생 시절에는 연극부에 소속되어 있었다.
彼女は大学に付属する研究所の所長だ。 그녀는 대학에 부속된 연구소의 소장이다.

0720 [N2] □□□

훈 두터울	あつ(い)	**厚い*** 두껍다, 두텁다 **厚み** 두께 **厚着** 옷을 많이 껴 입음	
음 후	こう	**温厚*** 온후, 온화 **濃厚** 농후 **厚生** 후생, 생활을 넉넉하고 윤택하게 함	

寒い日が続いて公園の池には**厚い**氷が張った。
추운 날이 계속되어 공원의 연못에는 두꺼운 얼음이 얼었다.

彼女は**温厚**な性格で人望も厚い。 그녀는 온후한 성격에 인망도 두텁다.

0721 [N2] □□□

훈 누를	―	
음 압	あつ	**圧力** 압력 **圧倒*** 압도 **血圧** 혈압 **圧迫** 압박 **圧勝*** 압승

タッチパネルは指の**圧力**や静電気で作動する。 터치 패널은 손가락의 압력이나 정전기로 작동한다.

その選手は相手を**圧倒**する実力を見せつけた。 그 선수는 상대를 압도하는 실력을 보여 주었다.

0722 [N2] □□□

훈 지낼	―	
음 력(역)	れき	**経歴*** 경력 **学歴** 학력 **履歴** 이력 **歴代** 역대 **歴訪** 여러 곳을 차례로 방문함, 순방

関連業務に関する**経歴**は詳しく書いてください。 관련 업무에 관한 경력은 자세하게 써 주세요.

学歴と知識の量が必ずしも比例するわけではない。 학력과 지식의 양이 반드시 비례하는 것은 아니다.

0723 [N2] □□□

史

훈 사기	―	
음 사	し	**歴史*** 역사 **世界史** 세계사 **史学** 사학, 역사학 **国史** 국사 **史上** 사상, 역사상

この小説は**歴史**に残る名作だと思う。 이 소설은 역사에 남을 명작이라고 생각한다.

世界史を勉強するとき、年代を覚えるのが大変だった。
세계사를 공부할 때, 연대를 외우는 것이 힘들었다.

★은 JLPT/JPT 기출 단어입니다.

0724 [N1] ☐☐☐

| 훈 | 차례 | — |
| 음 | 서 | じょ | **順序**[★] 순서　**秩序** 질서　**序列** 서열　**序論** 서론　**序幕** 서막 |

物事は**順序**を立てて実行するようにしている。 모든 일은 순서를 정해서 실행하도록 하고 있다.
公共の**秩序**を乱す行動をしてはいけない。 공공의 질서를 어지럽히는 행동을 해서는 안 된다.

0725 [N1] ☐☐☐

| 훈 | 응할 | こた(える) | **応える**[★] 응하다, 부응하다 |
| 음 | 응 | おう | **対応**[★] 대응　**応援** 응원　**応募**[★] 응모　**応用**[★] 응용　**応答** 응답 |

消費者のニーズに**応えて**新商品を開発した。 소비자의 요구에 응하여 신상품을 개발했다.
緊急事態にも速やかに**対応**できる体制が整っている。
긴급 사태에도 신속하게 대응할 수 있는 체제가 갖추어져 있다.

0726 [N1] ☐☐☐

훈	뜻	こころざ(す)	**志す** 뜻을 두다, 지망하다
		こころざし	**志** 뜻, 마음, 친절
음	지	し	**意志**[★] 의지　**志望**[★] 지망　**志向** 지향　**有志** 유지, 마을이나 지역에서 영향력 있는 사람

私は生命科学の研究を**志し**ている。 나는 생명 과학 연구에 뜻을 두고 있다.
彼は**意志**が強くてどんなことにもくじけない。 그는 의지가 강해서 어떤 일에도 꺾이지 않는다.

0727 [N3] ☐☐☐

| 훈 | 미혹할 | まよ(う) | **迷う**[★] 헤매다　**迷い** 헤맴 |
| 음 | 미 | めい | **迷惑**[★] 폐, 귀찮음, 성가심　**迷路** 미로　**迷信** 미신　**低迷** 활발하지 않고 저조함 |

道に**迷って**待ち合わせの時間に遅れてしまった。 길을 헤매서 약속 시간에 늦어 버렸다.
他人に**迷惑**をかけないようにしている。 타인에게 폐를 끼치지 않도록 하고 있다.

★은 JLPT/JPT 기출 단어입니다.

0728 [N2] □□□

述

훈 펼/서술할	の(べる)	述べる★ 말하다, 고하다
음 술	じゅつ	記述 기술, 기록　叙述 서술　著述 저술　陳述 진술

討論会でプラスチックゴミに対する意見を述べた。
토론회에서 플라스틱 쓰레기에 대한 의견을 말했다.

下記の項目について自由に記述してください。 하기의 항목에 대해서 자유롭게 기술해 주세요.

0729 [N2] □□□

逆

훈 거스를	さか(らう)	逆らう★ 반항하다, 거스르다
	さか	逆立つ★ 거꾸로 서다, 곤두서다　逆さま 거꾸로 됨
음 역	ぎゃく	逆★ 거꾸로, 반대　逆効果★ 역효과　逆転 역전 逆上 욱함, 앞뒤 가리지 않고 발끈함

私は一度も親に逆らったことがない。 나는 한 번도 부모님에게 반항한 적이 없다.

間違ってTシャツを前後ろ逆に着て出かけた。 실수로 티셔츠를 앞뒤 거꾸로 입고 외출했다.

0730 [N2] □□□

造

훈 지을	つく(る)	造る 만들다
음 조	ぞう	製造★ 제조　改造 개조　無造作★ 아무렇게나 함 構造 구조, 만듦새　造花 조화, 인공적으로 만든 꽃

地元の米で造ったお酒が人気だ。 본고장의 쌀로 만든 술이 인기이다.

ここでは天然素材を原料とした化粧品を製造している。
이곳에서는 천연 소재를 원료로 한 화장품을 제조하고 있다.

0731 [N2] □□□

過

훈 지날/허물	す(ぎる)	過ぎる★ 지나다, 넘다　昼過ぎ 오후, 정오가 조금 지남
	す(ごす)	過ごす★ 보내다, 지내다
	あやま(つ)	過つ 실수하다, 잘못하다
	あやま(ち)	過ち★ 실수, 잘못
음 과	か	過去★ 과거　過剰★ 과잉　過密 과밀　通過★ 통과 過程 과정

楽しい時間はあっという間に過ぎてしまう。 즐거운 시간은 눈 깜짝할 사이에 지나 버린다.

今年度の貿易黒字は過去最大となった。 이번 연도의 무역 흑자는 과거 최대가 되었다.

★은 JLPT/JPT 기출 단어입니다.

0732 適 [N2] ☐☐☐

훈	맞을	—			
음	적	てき	適度* 적당한 정도	適切* 적절	快適 쾌적	最適 최적

適度な運動で生活習慣病を予防できる。 적당한 정도의 운동으로 생활 습관병을 예방할 수 있다.

ビジネスメールを書く時は適切な敬語を使うようにしましょう。
비즈니스 메일을 쓸 때는 적절한 경어를 사용하도록 합시다.

0733 導 [N2] ☐☐☐

훈	인도할	みちび(く)	導く* 이끌다, 인도하다	導き 인도, 이끄는 것, 길잡이	
음	도	どう	指導* 지도	導入* 도입	誘導 유도
			半導体 반도체		

部長の的確な判断がプロジェクトを成功に導いた。
부장님의 정확한 판단이 프로젝트를 성공으로 이끌었다.

プロ出身のコーチに指導を受ける機会を手に入れた。
프로 출신의 코치에게 지도를 받을 기회를 손에 넣었다.

0734 犯 [N2] ☐☐☐

훈	범할	おか(す)	犯す 저지르다, 범하다			
음	범	はん	犯人* 범인	犯罪 범죄	犯行 범행	共犯 공범

彼らは再び同じ犯罪を犯してしまった。 그들은 재차 같은 범죄를 저질러 버렸다.

ひき逃げ事件の犯人が逮捕された。 뺑소니 사건의 범인이 체포되었다.

0735 独 [N1] ☐☐☐

훈	홀로	ひと(り)	独り 혼자, 독신	独り者 독신자, 홀몸인 사람		
음	독	どく	独身* 독신	独立* 독립	独特* 독특	単独 단독
			独断* 독단			

彼女は誰にも頼らず独りで頑張っている。 그녀는 누구에게도 의지하지 않고 혼자서 노력하고 있다.

一生独身で暮らす人が増えている。 평생 독신으로 지내는 사람이 늘고 있다.

★은 JLPT/JPT 기출 단어입니다.

0736 [N1] □□□

훈	검사할	—			
음	검	けん	点検★ 점검　検討★ 검토　検査★ 검사 検定 검정, 검사하여 결정함　検問 검문		

あんぜん　　　　　　　　ねん　いちど　　　　　　　　　てんけん
安全のために年に一度はガスの点検をしている。 안전을 위해서 1년에 한 번은 가스 점검을 하고 있다.

あたら　　じぎょう　けいかく　しんけん　けんとう
新しい事業の計画を真剣に検討した。 새로운 사업의 계획을 진지하게 검토했다.

0737 [N2] □□□

훈	험할	けわ(しい)	険しい★ 험하다, 험상궂다　険しさ 험함		
음	험	けん	危険★ 위험　保険★ 보험　冒険 모험　険悪 험악		

　　　　ちょうじょう　　　ほそ　　けわ　　やまみち　つづ
ここから頂上までは細くて険しい山道が続きます。 여기부터 정상까지는 좁고 험한 산길이 계속됩니다.

　　　　　にんげん　か　　　　　きけん　しごと
ロボットが人間に代わって危険な仕事をしている。 로봇이 인간을 대신해서 위험한 일을 하고 있다.

0738 [N2] □□□

훈	머무를	と(まる)	留まる★ 앉다, 머물다		
		と(める)	留める★ 고정시키다, 만류하다		
		おび ど	帯留め 기모노의 띠 위에 매다는 장식물		
음	류(유)	りゅう	留学★ 유학　保留 보류　留意 유의　残留 잔류		
		る	留守★ 부재중		

とり　き　えだ　と
鳥が木の枝に留まっている。 새가 나뭇가지에 앉아 있다.

わたし　　　　　　　　　　ねんかんりゅうがく
私はアメリカに3年間留学していた。 나는 미국에 3년간 유학했었다.

0739 [N2] □□□

훈	독	—			
음	독	どく	消毒★ 소독　気の毒★ 딱함, 가여움, 미안스러움　中毒 중독 毒薬 독약　毒舌 독설		

きずぐち　しょうどく　　　　　くすり
傷口を消毒してから薬をぬった。 상처를 소독하고 나서 약을 발랐다.

かろう　　にゅういん　　　き どく　はなし
過労で入院とは気の毒な話だ。 과로로 입원이라니 딱한 이야기이다.

※ 책 속의 책 <쓰기노트>(p.82)로 각 한자를 획순에 따라 직접 써 보세요.

DAY 21 연습문제

맞은 개수: /32

색이 있는 한자의 발음을 밑줄에 쓴 다음, 괄호 안에 단어의 뜻을 써 보세요.

01	易しい	_____しい	( )	17	順序	じゅん_____	( )
02	得る	_____る	( )	18	応える	_____える	( )
03	複雑	_____ざつ	( )	19	志す	_____す	( )
04	回復	かい_____	( )	20	迷う	_____う	( )
05	興す	_____す	( )	21	述べる	_____べる	( )
06	液体	_____たい	( )	22	逆らう	_____らう	( )
07	演説	_____ぜつ	( )	23	製造	せい_____	( )
08	混ぜる	_____ぜる	( )	24	過ぎる	_____ぎる	( )
09	減る	_____る	( )	25	適度	_____ど	( )
10	簡潔	かん_____	( )	26	導く	_____く	( )
11	居る	_____る	( )	27	犯す	_____す	( )
12	所属	しょ_____	( )	28	独身	_____しん	( )
13	厚い	_____い	( )	29	点検	てん_____	( )
14	圧力	_____りょく	( )	30	険しい	_____しい	( )
15	経歴	けい_____	( )	31	留学	_____がく	( )
16	歴史	れき_____	( )	32	消毒	しょう_____	( )

정답 01 やさしい 쉽다 02 える 얻다, 획득하다, 이해하다 03 ふくざつ 복잡 04 かいふく 회복 05 おこす 흥하게 하다, 일으키다 06 えきたい 액체 07 えんぜつ 연설 08 まぜる 섞다, 혼합하다 09 へる 줄다, 적어지다 10 かんけつ 간결 11 いる 있다 12 しょぞく 소속 13 あつい 두껍다, 두텁다 14 あつりょく 압력 15 けいれき 경력 16 れきし 역사 17 じゅんじょ 순서 18 こたえる 응하다, 부응하다 19 こころざす 뜻을 두다, 지망하다 20 まよう 헤매다 21 のべる 말하다, 고하다 22 さからう 반항하다, 거스르다 23 せいぞう 제조 24 すぎる 지나다, 넘다 25 てきど 적당한 정도 26 みちびく 이끌다, 인도하다 27 おかす 저지르다, 범하다 28 どくしん 독신 29 てんけん 점검 30 けわしい 험하다, 험상궂다 31 りゅうがく 유학 32 しょうどく 소독

일본 문부과학성 지정
초등학교 5학년 한자 ④

오늘은 일본 문부과학성이 지정한 일본 초등학교 5학년 학습 한자 193개 중 32개를 익혀볼 거예요. 먼저 오늘 배울 한자 32개의 훈독과 음독을 일본어로 한 번씩 따라 읽은 후 본격적인 학습을 시작해 보아요.

🎧 해커스 일본어상용한자1026_Day22.mp3

| 示 보일 시 しめ(す) じ | 祖 할아비 조 — そ | 禁 금할 금 — きん | 刊 새길 간 — かん | 判 판단할 판 — はん | 制 절제할 제 — せい | 耕 밭 갈 경 たがや(す) こう | 設 베풀 설 もう(ける) せつ |

훈독 → 음독 → 훈독없음 →

| 評 평할 평 — ひょう | 許 허락할 허 ゆる(す) きょ | 証 증거 증 — しょう | 護 도울 호 — ご | 講 강론할 강 — こう | 構 얽을 구 かま(える) こう | 製 지을 제 — せい | 条 가지 조 — じょう |

| 準 준할 준 — じゅん | 率 거느릴 솔 ひき(いる) そつ | 素 본디 소 — そ | 築 쌓을 축 きず(く) ちく | 寄 부칠 기 よ(る) き | 妻 아내 처 つま さい | 義 옳을 의 — ぎ | 勢 형세 세 いきお(い) せい |

| 仮 거짓 가 かり か | 版 판목 판 — はん | 破 깨트릴 파 やぶ(る) は | 確 굳을 확 たし(か) かく | 格 격식 격 — かく | 略 간략할 략 — りゃく | 額 이마 액 ひたい がく | 領 거느릴 령 — りょう |

0740 [N3]

훈	보일	しめ(す)	示す* 보이다, 가리키다 　 示し 모범, 본보기
음	시	じ	展示* 전시　掲示* 게시　指示* 지시　示威 시위
		し	示唆 시사, 간접적으로 표현함

研究結果についてデータを示して説明した。 연구 결과에 대해서 데이터를 보이며 설명했다.
市立美術館でピカソの作品を展示している。 시립 미술관에서 피카소의 작품을 전시하고 있다.

0741 [N2]

훈	할아비	—	
음	조	そ	祖母* 할머니, 조모　祖父* 할아버지, 조부　元祖 원조　先祖 선조

祖母はよく昔の話を聞かせてくれる。 할머니는 자주 옛날이야기를 들려준다.
この店がとんこつラーメンの元祖だと言われている。 이 가게가 돈코츠 라멘의 원조라고 일컬어지고 있다.

0742 [N2]

훈	금할	—	
음	금	きん	禁止* 금지　禁煙 금연　禁物* 금물　禁じる* 금하다　厳禁 엄금

空港周辺はドローンの飛行が禁止されている。 공항 주변은 드론의 비행이 금지되어 있다.
新年から禁煙を始めるつもりだ。 새해부터 금연을 시작할 예정이다.

0743 [N2]

훈	새길	—	
음	간	かん	刊行 간행　新刊 신간　週刊誌* 주간지　朝刊* 조간　発刊 발간

この出版社は主に科学に関する本を刊行している。 이 출판사는 주로 과학에 관한 책을 간행하고 있다.
書店の新刊コーナーに面白そうな本がたくさん置いてあった。 서점의 신간 코너에 재미있어 보이는 책이 많이 놓여 있었다.

★은 JLPT/JPT 기출 단어입니다.

0744 [N2] □□□

훈	판단할	—				
음	판	はん	批判* 비판	判断* 판단	裁判* 재판	判明 판명
			判定 판정			
		ばん	A5判 A5 판	小判 (에도 시대의) 작은 금화		

正当な**批判**は受け止めて改善するようにしている。 정당한 비판은 받아들이고 개선하려고 하고 있다.
A5判は教科書やノートなどで多く用いられるサイズです。
A5 판은 교과서나 노트 등에서 많이 사용되는 사이즈입니다.

0745 [N2] □□□

훈	절제할	—				
음	제	せい	規制* 규제	制限* 제한	制度* 제도	強制* 강제
			予約制* 예약제			

通信販売に対する**規制**が強化された。 통신 판매에 대한 규제가 강화되었다.
このゲームはユーザーの年齢を**制限**している。 이 게임은 유저의 연령을 제한하고 있다.

0746 [N2] □□□

훈	밭 갈	たがや(す)	耕す (논밭을) 갈다		
음	경	こう	耕作 경작	耕地 경작지, 경지	農耕 농경

畑を**耕す**前に雑草を抜いておいた。 밭을 갈기 전에 잡초를 뽑아 두었다.
この農家では化学肥料を使わずに**耕作**している。 이 농가에서는 화학 비료를 쓰지 않고 경작하고 있다.

0747 [N2] □□□

設

훈	베풀	もう(ける)	設ける 마련하다, 만들다		
음	설	せつ	施設* 시설	建設* 건설	設備* 설비	設立 설립
			開設* 개설			

会社のホームページにお問い合わせフォームを**設けた**。 회사 홈페이지에 문의 폼을 마련했다.
60歳以上なら無料でこの**施設**を利用できます。 60세 이상이라면 무료로 이 시설을 이용할 수 있습니다.

★은 JLPT/JPT 기출 단어입니다.

0748 [N1] □□□

- 훈: 평할 —
- 음: 평　ひょう　　評価* 평가　評判* 평판, 잘 알려져 화제가 됨　批評* 비평　定評 정평　評論 평론

芸術作品を評価する基準は人それぞれである。 예술 작품을 평가하는 기준은 사람마다 제각각이다.
駅前の牛丼屋は安くておいしいと評判が高い。 역 앞의 규동 집은 싸고 맛있다고 평판이 높다.

0749 [N3] □□□

- 훈: 허락할　ゆる(す)　　許す* 허락하다, 용서하다　許し 승인, 용서
- 음: 허　きょ　　許可* 허가　特許 특허　免許 면허　許容 허용

体力の許す限り今の仕事を続けたい。 체력이 허락하는 한 지금의 일을 계속하고 싶다.
著作物を利用するには著作者の許可が必要だ。 저작물을 이용하려면 저작자의 허가가 필요하다.

0750 [N1] □□□

- 훈: 증거 —
- 음: 증　しょう　　証拠* 증거　証明 증명　保証* 보증　証言 증언　免許証 면허증

事件現場に決定的な証拠が残っていた。 사건 현장에 결정적인 증거가 남아 있었다.
受験当日は身分を証明できる書類をお持ちください。
수험 당일에는 신분을 증명할 수 있는 서류를 가져와 주세요.

0751 [N1] □□□

- 훈: 도울/보호할 —
- 음: 호　ご　　介護* 간호　看護師* 간호사　保護 보호　弁護 변호　護衛 호위

高齢化に伴って介護を必要とする人が増えている。 고령화에 따라 간호를 필요로 하는 사람이 늘고 있다.
国家試験に合格して看護師の資格を取得した。 국가 시험에 합격해서 간호사 자격을 취득했다.

0752 講 [N2]

훈 강론할 —

음 강　こう　　講師* 강사　受講 수강　講演* 강연　聴講 청강

彼女は数学の**講師**として活躍している。 그녀는 수학 강사로서 활약하고 있다.
古典文学に関する授業を**受講**しています。 고전 문학에 관한 수업을 수강하고 있습니다.

0753 構 [N2]

훈 얽을/맺을　かま(える)　構える 이루다, 갖추다　構え 외관, 태세, 자세
　　　　　　　　　　　　心構え* 마음가짐

　　　　　　　　かま(う)　構う* 마음을 쓰다, 상관하다
　　　　　　　　　　　　構わない 상관없다, 걱정하지 않다

음 구　こう　　構成* 구성　結構* 훌륭함, 좋음　構造 구조, 만듦새
　　　　　　　構想 구상　構内 구내, 건물이나 시설의 안

娘はもう結婚して一家を**構えて**いる。 딸은 이미 결혼해서 한 가정을 이루고 있다.
合唱団は県内在住の大学生で**構成**された。 합창단은 현내 거주 대학생으로 구성되었다.

0754 製 [N1]

훈 지을 —

음 제　せい　　製品* 제품　製造 제조　製作 제작　金属製* 금속제
　　　　　　　外国製 외제, 외국산

製品を使用する前に説明書を読んだ。 제품을 사용하기 전에 설명서를 읽었다.
当社では自動車の部品を**製造**しています。 당사에서는 자동차 부품을 제조하고 있습니다.

0755 条 [N1]

훈 가지/조목 —

음 조　じょう　条件* 조건　条約 조약　条例 조례
　　　　　　　　箇条 조항, 개조 (낱낱의 조목을 세는 단위)
　　　　　　　　条理 조리, 사물의 도리

希望する**条件**にぴったり合うバイト先が見つかった。 희망하는 조건에 딱 맞는 알바처를 찾았다.
不平等な**条約**の改正に力を入れている。 불평등한 조약의 개정에 힘을 쏟고 있다.

★은 JLPT/JPT 기출 단어입니다.

0756 [N2] □□□

훈	준할	—				
음	준	じゅん	基準* 기준	準備* 준비	標準 표준	水準 수준

人事評価の基準は客観的であるべきだ。 인사 평가의 기준은 객관적이어야 한다.
息子が食事の準備を手伝ってくれた。 아들이 식사 준비를 도와주었다.

0757 [N1] □□□

훈	거느릴/비율	ひき(いる)	率いる 인솔하다, 거느리다, 이끌다			
음	솔/률(율)	そつ	率直* 솔직	軽率 경솔	引率 인솔	率先 솔선
		りつ	確率* 확률	比率 비율	就職率* 취직률	
			百分率 백분율			

先生が生徒を率いてお菓子の工場の見学に行った。 선생님이 학생을 인솔하여 과자 공장의 견학을 하러 갔다.
利用者の率直な意見を聞くためアンケートを実施した。 이용자의 솔직한 의견을 듣기 위해 설문 조사를 실시했다.

0758 [N1] □□□

훈	본디	—				
음	소	そ	素材* 소재	質素* 검소	素朴 소박	要素 요소
		す	素手 맨손	素顔 맨얼굴, 민낯	素足 맨발	素肌 맨살
			素早い* 재빠르다, 날쌔다			

素材の味を生かすために化学調味料は使っていない。 소재의 맛을 살리기 위해서 화학조미료는 쓰고 있지 않다.
この薬品は決して素手で触らないでください。 이 약품은 절대 맨손으로 만지지 마세요.

0759 [N2] □□□

훈	쌓을	きず(く)	築く 쌓다			
			築き上げる 쌓아 올리다, 노력하여 훌륭히 만들어 내다			
음	축	ちく	建築* 건축	新築* 신축	改築 개축, 고쳐 지음	構築 구축

あいさつは良い人間関係を築くための第一歩です。 인사는 좋은 인간관계를 쌓기 위한 첫걸음입니다.
本館のとなりに別館が建築される予定だ。 본관 옆에 별관이 건축될 예정이다.

★은 JLPT/JPT 기출 단어입니다.

0760 [N2] ☐☐☐

寄

훈	부칠/이를	よ(る)	寄る★ 들르다, 다가가다　近寄る★ 접근하다, 가까이 가다 最寄り★ 가장 가까움　寄り道 가는 길에 들름　身寄り 친척
		よ(せる)	寄せる★ 밀려오다, 바싹 옆으로 대다 人寄せ 사람을 불러 모음
음	기	き	寄付★ 기부　寄与★ 기여　寄贈 기증

学校が終わったらどこにも寄らずすぐ帰ってきてね。학교가 끝나면 어디에도 들르지 말고 곧장 돌아오렴.
このジュースを買うと商品価格の一部が寄付される。이 주스를 사면 상품 가격의 일부가 기부된다.

0761 [N3] ☐☐☐

妻

| 훈 | 아내 | つま | 妻★ 아내　人妻 유부녀　新妻 새댁 |
| 음 | 처 | さい | 愛妻家 애처가　夫妻 부부　妻子 처자식 |

いつか妻と一緒に世界一周旅行がしたい。언젠가 아내와 함께 세계 일주 여행을 하고 싶다.
彼は自他ともに認める愛妻家だ。그는 자타 모두가 인정하는 애처가다.

0762 [N1] ☐☐☐

義

| 훈 | 옳을 | ─ | |
| 음 | 의 | ぎ | 正義 정의, 올바른 도리　意義★ 의의　義務 의무
講義★ 강의　義理 의리 |

正義の女神像は司法機関のシンボルとされている。정의의 여신상은 사법 기관의 심벌로 여겨지고 있다.
オリンピックは参加することに意義がある。올림픽은 참가하는 것에 의의가 있다.

0763 [N2] ☐☐☐

勢

| 훈 | 형세 | いきお(い) | 勢い★ 기세, 힘 |
| 음 | 세 | せい | 姿勢★ 자세　勢力 세력　大勢★ 많은 사람, 여럿
情勢 정세, 형세　優勢 우세 |

企業の成長は年々勢いを増している。기업의 성장은 해마다 기세를 더하고 있다.
いつも正しい姿勢を保つように心がけよう。언제나 바른 자세를 유지하도록 유의하자.

★은 JLPT/JPT 기출 단어입니다.

0764 [N1] ☐☐☐

훈	거짓	かり	仮採用* 임시 채용, 가채용　仮登録* 가등록 仮処分 가처분　仮に 만일, 만약　仮の住まい 임시 거처
음	가	か	仮説 가설　仮定* 가정　仮想 가상　仮面 가면 仮装 가장, 알아보지 못하게 다른 모습으로 꾸밈
		け	仮病 꾀병

人材の適性を判断するため仮採用の期間を設けている。
인재의 적성을 판단하기 위해 임시 채용 기간을 마련하고 있다.

実験を通して検証されるまでは仮説に過ぎない。실험을 통해서 검증될 때까지는 가설에 불과하다.

0765 [N2] ☐☐☐

훈	판목	―	
음	판	はん	版画 판화　出版* 출판　改訂版 개정판　版権 판권

版画は同じ作品を大量に生産できる。판화는 같은 작품을 대량으로 생산할 수 있다.

この小説は 20か国語に翻訳され多くの国で出版された。
이 소설은 20개국어로 번역되어 많은 나라에서 출판되었다.

0766 [N2] ☐☐☐

훈	깨트릴	やぶ(る)	破る* 깨다, 찢다　型破り 관행을 깸, 색다름
		やぶ(れる)	破れる* 깨지다, 찢어지다　破れ 찢어짐, 갈라진 틈
음	파	は	破壊 파괴　破損* 파손　破棄 파기　破片* 파편 破産 파산

彼は10年以上破られなかったマラソンの世界記録を更新した。
그는 10년 이상 깨지지 않았던 마라톤 세계 기록을 경신했다.

ビタミンCは熱に弱く、加熱すると破壊される。 비타민 C는 열에 약해서, 가열하면 파괴된다.

0767 [N2] ☐☐☐

確

훈	굳을	たし(か)	確かだ* 확실하다, 틀림없다　確かさ 확실함, 틀림없음
		たし(かめる)	確かめる* 확실히 하다, 확인하다
음	확	かく	確認* 확인　確率* 확률　確保* 확보　正確* 정확

孫に音楽の才能があることは確かだ。 손자에게 음악의 재능이 있는 것은 확실하다.

書類を提出する前に内容をもう一度確認してください。
서류를 제출하기 전에 내용을 한 번 더 확인해 주세요.

> ★은 JLPT/JPT 기출 단어입니다.

0768 [N3] □□□

훈	격식	—							
음	격	かく	せいかく 性格* 성격	かかく 価格* 가격	きかく 規格 규격	かくしき 格式 격식			
		こう	こうし 格子 격자, 격자문, 격자창						

ひと かんきょう せいかく か
人は環境によって性格が変わったりもする。 사람은 환경에 의해 성격이 바뀌기도 한다.
かかく たか しつ よ か
価格が高くても質の良いものを買うようにしている。 가격이 비싸도 질이 좋은 것을 사려고 하고 있다.

0769 [N2] □□□

훈	간략할	—			
음	략(약)	りゃく	しょうりゃく 省略* 생략	りゃく 略す* 줄이다, 간단히 하다, 생략하다	
			りゃくしょう 略称 약칭	かんりゃく 簡略 간략	りゃくご 略語 약어, 준말

じかん つごうじょう くわ せつめい しょうりゃく
時間の都合上、詳しい説明は省略します。 시간 사정상, 자세한 설명은 생략합니다.
さいきん ことば りゃく つか ひと おお
最近、言葉を略して使う人が多くなった。 최근, 말을 줄여서 쓰는 사람이 많아졌다.

0770 [N2] □□□

額

훈	이마	ひたい	ひたい 額* 이마	ねこ ひたい 猫の額 (고양이의 이마처럼) 작은 범위	
음	액	がく	きんがく 金額 금액	そうがく 総額* 총액	はんがく こうがく 半額* 반액 高額* 고액
			がくぶち 額縁 액자, 사진틀		

ねつ さ ひたい つめ
熱を下げるために額に冷たいタオルをのせた。 열을 내리기 위해서 이마에 차가운 수건을 올렸다.
すうりょう きんがく まちが
数量や金額に間違いがないようにしてください。 수량이나 금액에 오류가 없도록 해 주세요.

0771 [N2] □□□

훈	거느릴	—			
음	령(영)	りょう	りょういき 領域 영역	ようりょう 要領* 요령	りょうしゅうしょ 領収書 영수증
			だいとうりょう 大統領 대통령	りょうど 領土 영토	

うちゅう みち りょういき きょうみ
宇宙という未知の領域に興味がある。 우주라는 미지의 영역에 관심이 있다.
かのじょ ようりょう よ しごと
彼女は要領が良くて仕事ができる。 그녀는 요령이 좋아서 일을 잘한다.

※ 책 속의 책 <쓰기노트>(p.86)로 각 한자를 획순에 따라 직접 써 보세요.

DAY 22 연습문제

맞은 개수: /32

색이 있는 한자의 발음을 밑줄에 쓴 다음, 괄호 안에 단어의 뜻을 써 보세요.

01 示す   _____す   (   )
02 祖母   _____ぼ   (   )
03 禁止   _____し   (   )
04 刊行   _____こう (   )
05 批判   ひ_____   (   )
06 規制   き_____   (   )
07 耕す   _____す   (   )
08 設ける _____ける (   )
09 評価   _____か   (   )
10 許す   _____す   (   )
11 証拠   _____こ   (   )
12 介護   かい_____ (   )
13 講師   _____し   (   )
14 構える _____える (   )
15 製品   _____ひん (   )
16 条件   _____けん (   )

17 基準   き_____   (   )
18 率いる _____いる (   )
19 素材   _____ざい (   )
20 築く   _____く   (   )
21 寄る   _____る   (   )
22 妻   _____   (   )
23 正義   せい_____ (   )
24 勢い   _____い   (   )
25 仮採用 _____さいよう (   )
26 版画   _____が   (   )
27 破る   _____る   (   )
28 確かだ _____かだ (   )
29 性格   せい_____ (   )
30 省略   しょう_____ (   )
31 額   _____   (   )
32 領域   _____いき (   )

정답 01 しめす 보이다, 가리키다 02 そぼ 할머니, 조모 03 きんし 금지 04 かんこう 간행 05 ひはん 비판 06 きせい 규제 07 たがやす (논밭을) 갈다 08 もうける 마련하다, 만들다 09 ひょうか 평가 10 ゆるす 허락하다, 용서하다 11 しょうこ 증거 12 かいご 간호 13 こうし 강사 14 かまえる 이루다, 갖추다 15 せいひん 제품 16 じょうけん 조건 17 きじゅん 기준 18 ひきいる 인솔하다, 거느리다, 이끌다 19 そざい 소재 20 きずく 쌓다 21 よる 들르다, 다가가다 22 つま 아내 23 せいぎ 정의, 올바른 도리 24 いきおい 기세, 힘 25 かりさいよう 임시 채용, 가채용 26 はんが 판화 27 やぶる 깨다, 찢다 28 たしかだ 확실하다, 틀림없다 29 せいかく 성격 30 しょうりゃく 생략 31 ひたい 이마 32 りょういき 영역

DAY 23

일본 문부과학성 지정
초등학교 5학년 한자 ⑤

오늘은 일본 문부과학성이 지정한 일본 초등학교 5학년 학습 한자 193개 중 32개를 익혀볼 거예요. 먼저 오늘 배울 한자 32개의 훈독과 음독을 일본어로 한 번씩 따라 읽은 후 본격적인 학습을 시작해 보아요.

🎧 해커스 일본어상용한자1026_Day23.mp3

型	基	墓	状	態	能	旧	眼
모형 형 かた けい	터 기 もと き	무덤 묘 はか ぼ	형상 상 - じょう	모습 태 - たい	능할 능 - のう	옛 구 - きゅう	눈 안 まなこ がん

훈독 ↙   ↘ 음독   훈독없음

則	財	貯	測	現	規	断	絶
법칙 칙 - そく	재물 재 - ざい	쌓을 저 - ちょ	헤아릴 측 はか(る) そく	나타날 현 あらわ(れる) げん	법 규 - き	끊을 단 た(つ) だん	끊을 절 た(える) ぜつ

経	紀	統	総	編	綿	資	費
지날 경 へ(る) けい	벼리 기 - き	거느릴 통 す(べる) とう	거느릴 총 - そう	엮을 편 あ(む) へん	솜 면 わた めん	재물 자 - し	쓸 비 つい(やす) ひ

貧	貿	賛	質	賞	貸	責	績
가난할 빈 まず(しい) ひん	무역할 무 - ぼう	도울 찬 - さん	바탕 질 - しつ	상줄 상 - しょう	빌릴 대 か(す) たい	꾸짖을 책 せ(める) せき	길쌈할 적 - せき

★은 JLPT/JPT 기출 단어입니다.

0772 [N2] 型

훈	모형	かた	型 틀, 본, 거푸집 　血液型 혈액형　 大型 대형　 小型 소형
			新型 신형　 型紙 형지, 본으로 쓰려고 오려서 만든 종이
음	형	けい	模型 모형　 典型 전형, 일반적인 특성　 原型 원형, 근본 형태
			体型 체형

生地から型を抜いて焼いたらクッキーの完成だ。 반죽에서 틀을 빼내고 구우면 쿠키 완성이다.
東京タワーの模型を作った。 도쿄 타워의 모형을 만들었다.

0773 [N2] 基

훈	터	もと	基 토대, 디딤돌　 基づく 의거하다, 기초를 두다
		もとい	基 근본, 원인
음	기	き	基本 기본　 基準 기준　 基礎 기초　 基地 기지, 근거지
			基調 기조, 주된 흐름이나 방향

このドラマは実話を基に制作されたそうだ。 이 드라마는 실화를 토대로 제작되었다고 한다.
ベトナム語が基本から学べる本を探している。 베트남어를 기본부터 배울 수 있는 책을 찾고 있다.

0774 [N1] 墓

훈	무덤	はか	墓 묘　 お墓参り 성묘
음	묘	ぼ	墓地 묘지　 墓石 묘비
			墓穴 묘혈 (시체를 묻기 위해 판 구덩이), 무덤

毎年母の命日にはお墓参りに行っている。 매년 어머니의 기일에는 성묘하러 가고 있다.
日本では墓地が住宅街にある場合もある。 일본에서는 묘지가 주택가에 있는 경우도 있다.

0775 [N2] 状

| 훈 | 형상/문서 | ― | |
| 음 | 상/장 | じょう | 状況 상황　 症状 증상　 白状 자백 |

診察までの待ち状況をアプリで確認できる。 진찰까지의 대기 상황을 앱으로 확인할 수 있다.
薬を飲んでも症状が改善されない。 약을 먹어도 증상이 개선되지 않는다.

0776 [N1] ☐☐☐

훈	모습	—
음	태	たい

じょうたい 状態 상태　けいたい 形態 형태　たいど 態度 태도　たいせい 態勢 태세
ようたい 容態 용태, 모양

げんざい しょうがい　　　　　　せつぞく　じょうたい
現在サーバー障害のためサイトに接続できない状態です。
현재 서버 장애 때문에 사이트에 접속할 수 없는 상태입니다.

じゅぎょう ぎょるい たよう けいたい しゅうせい まな
授業で魚類の多様な形態や習性について学んだ。
수업에서 어류의 다양한 형태와 습성에 대해서 배웠다.

0777 [N2] ☐☐☐

훈	능할	—
음	능	のう

のうりょく 能力 능력　きのう 機能 기능　かのう 可能 가능　せいのう 性能 성능
さいのう 才能 재능

じぶん のうりょく い しごと
自分の能力を生かせる仕事がしたい。 자신의 능력을 살릴 수 있는 일을 하고 싶다.

そうじき きのう ついか つか
この掃除機は機能が追加されて使いやすくなった。 이 청소기는 기능이 추가되어서 쓰기 쉬워졌다.

0778 [N2] ☐☐☐

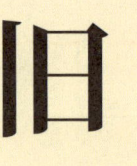

훈	옛	—
음	구	きゅう

ふっきゅう 復旧 복구　きゅうれき 旧暦 음력, 구력　きゅうせいど 旧制度 구제도
しんきゅう 新旧 신구, 새 것과 묵은 것

てつどうじこ かんぜん ふっきゅう じかん
鉄道事故の完全な復旧までには時間がかかりそうだ。
철도 사고의 완전한 복구까지는 시간이 걸릴 것 같다.

げんざい にほん きゅうれき つか
現在の日本ではもう旧暦をほとんど使わない。 현재의 일본에서는 이제 음력을 거의 사용하지 않는다.

0779 [N1] ☐☐☐

훈	눈	まなこ
음	안	がん
		げん

まなこ 眼 눈알, 눈　ちまなこ 血眼 혈안
がんか 眼科 안과　がんきゅう 眼球 안구　ろうがん 老眼 노안　しゅがん 主眼 주안, 주안점
がんりき 眼力 안력, 사물을 분간하는 눈의 능력
かいげん 開眼 개안 (불상에 눈을 그려 넣어 부처의 영혼을 맞아들임)

けいさつ ちまなこ はんにん さが
警察は血眼になって犯人を捜している。 경찰은 혈안이 되어 범인을 찾고 있다.

きゅう もの み がんか み
急に物がぼやけて見えて眼科で診てもらった。 갑자기 사물이 흐리게 보여서 안과에서 진찰받았다.

훈	법칙	―	
음	칙	そく	原則 원칙　法則 법칙　反則 반칙　鉄則 철칙 変則 변칙

無料体験レッスンは原則として一人一回までです。 무료 체험 레슨은 원칙적으로 1인 1회까지입니다.
万有引力の法則はニュートンが発見した。 만유인력의 법칙은 뉴턴이 발견했다.

훈	재물	―	
음	재	ざい	財産 재산　財政 재정　文化財 문화재 私財 사유 재산, 사재
		さい	財布 지갑

事業の成功によって莫大な財産を築いた。 사업의 성공으로 인해 막대한 재산을 쌓았다.
カードをたくさん収納できる財布を買うつもりだ。 카드를 많이 수납할 수 있는 지갑을 살 작정이다.

훈	쌓을	―	
음	저	ちょ	貯金 저금　貯蔵 저장　貯蓄 저축　貯水池 저수지

小さい頃から貯金する習慣を身に付けた方がいい。 어릴 적부터 저금하는 습관을 몸에 익히는 편이 좋다.
倉庫に貯蔵していた農産物を出荷した。 창고에 저장했던 농산물을 출하했다.

훈	헤아릴	はか(る)	測る (무게, 길이 등을) 재다
음	측	そく	予測 예측　観測 관측　測定 측정　推測 추측 計測 계측

毎月息子の身長を測って記録している。 매달 아들의 키를 재서 기록하고 있다.
地震を予測できれば被害を減らせるだろう。 지진을 예측할 수 있다면 피해를 줄일 수 있을 것이다.

0784 現 [N2]

훈	나타날	あらわ(れる)	現れる 나타나다, 드러나다
			現れ 나타남, 표시
		あらわ(す)	現す 나타내다, 드러내다
음	현	げん	現象 현상　現在 현재　表現 표현　実現 실현

暗がりから人が**現れて**びっくりした。 으슥한 곳에서 사람이 나타나서 깜짝 놀랐다.
都心でシンクホール**現象**が相次いでいる。 도심에서 싱크홀 현상이 잇따르고 있다.

0785 規 [N2]

훈	법	—	
음	규	き	規則 규칙　規制 규제　規律 규율　法規 법규
			規模 규모

規則を違反すると罰則が与えられる。 규칙을 위반하면 벌칙이 주어진다.
シンガポールではタバコの広告が**規制**されている。 싱가포르에서는 담배 광고가 규제되고 있다.

0786 断 [N2]

훈	끊을	た(つ)	断つ 끊다, 자르다　塩断ち 소금기 있는 음식을 먹지 않음
		ことわ(る)	断る 거절하다　断り 사절, 거절
음	단	だん	中断 중단　断念 단념　横断 횡단　判断 판단
			断定 단정, 결단

彼は突然連絡を**断って**姿を消した。 그는 돌연 연락을 끊고 모습을 감추었다.
ニュース速報が入って放送中の番組が**中断**された。 뉴스 속보가 들어와서 방송중인 프로그램이 중단되었다.

0787 絶 [N2]

훈	끊을	た(える)	絶える 끊어지다, 끝나다
		た(やす)	絶やす 끊어지게 하다, 전멸시키다
		た(つ)	絶つ 끊다, 그만두다
음	절	ぜつ	断絶 단절　絶滅 멸종, 절멸　拒絶 거절　絶対 절대

あのカフェはお客さんが**絶えない**人気店だ。 저 카페는 손님이 끊이지 않는 인기 가게이다.
長年**断絶**していた国交を回復して親善を図った。 오랜 세월 단절되었던 국교를 회복하고 친선을 도모했다.

★은 JLPT/JPT 기출 단어입니다.

0788 [N2] □□□

経

훈	지날	へ(る)	経る 거치다, 지나다, 경과하다
음	경	けい	経験 경험　経歴 경력　経済 경제　経路 경로 経由 경유
		きょう	お経 불경

3か月の試用期間を経て正社員になった。 3개월의 수습 기간을 거쳐 정사원이 되었다.
私は福祉分野で20年以上の経験を積んできた。 나는 복지 분야에서 20년 이상의 경험을 쌓아 왔다.

0789 [N1] □□□

紀

훈	벼리/쓸	—	
음	기	き	世紀 세기　紀元 기원, 연대의 기준이 되는 해 紀行 기행, 여행기　風紀 풍기, 도덕에 관한 규율

この絵は17世紀にフランスの画家によって描かれた。 이 그림은 17세기에 프랑스 화가에 의해 그려졌다.
紀元1年は西暦1年とも呼ぶ。 기원 1년은 서력 1년이라고도 부른다.

0790 [N1] □□□

統

훈	거느릴	す(べる)	統べる 총괄하다, 다스리다, 지배하다
음	통	とう	統一 통일　伝統 전통　統計 통계　系統 계통 統治 통치

大統領が国政全般を統べている。 대통령이 국정 전반을 총괄하고 있다.
名前の表記はひらがなに統一してください。 이름의 표기는 히라가나로 통일해 주세요.

0791 [N2] □□□

総

훈	거느릴	—	
음	총	そう	総額 총액　総務 총무　総合 종합　総括 총괄 総長 총장

今年度の予算の総額は過去最大に上る。 이번 연도의 예산 총액은 과거 최대에 달한다.
彼女は1年間生徒会の総務として活躍してくれた。 그녀는 1년간 학생회의 총무로서 활약해 주었다.

★은 JLPT/JPT 기출 단어입니다.

0792 [N2] ☐☐☐

훈	엮을	あ(む)	編む 짜다, 엮다 　編み物 뜨개질 　手編み 손뜨개질
음	편	へん	編集 편집 　編成 편성 　長編 장편

毛糸でセーターを編んで母にプレゼントした。 털실로 스웨터를 짜서 어머니에게 선물했다.
スマホで撮影した動画を自分で編集した。 스마트폰으로 촬영한 영상을 스스로 편집했다.

0793 [N2] ☐☐☐

훈	솜	わた	綿 솜 　真綿 풀솜, 허드레 고치로 만든 솜 　綿菓子 솜사탕
음	면	めん	綿 면, 목화 　綿密 면밀

布団に穴が空いて綿がはみ出ていた。 이불에 구멍이 뚫려서 솜이 비어져 나와 있었다.
このTシャツは綿で作られていて肌にやさしい。 이 티셔츠는 면으로 만들어져 있어서 피부에 순하다.

0794 [N2] ☐☐☐

훈	재물	─	
음	자	し	資金 자금 　資源 자원, 물자 　資格 자격 　資料 자료 　資本 자본

中小企業に無担保で資金を融資する制度があるそうだ。 중소기업에 무담보로 자금을 융자하는 제도가 있다고 한다.
限られた化石燃料に代わる資源が開発されている。 한정된 화석 연료를 대신할 자원이 개발되고 있다.

0795 [N2] ☐☐☐

훈	쓸	つい(やす)	費やす 쓰다, 써 없애다, 다 소비하다
		つい(える)	費える 줄다, 적어지다
음	비	ひ	消費 소비 　経費 경비 　会費 회비 　費用 비용 　旅費 여비

彼女は英語学習にかなりの時間を費やしている。 그녀는 영어 학습에 상당한 시간을 쓰고 있다.
健康への関心が高まり、サプリメントの消費が増加した。 건강으로의 관심이 높아져, 건강 보조 식품의 소비가 증가했다.

0796 [N2] ☐☐☐

훈	가난할	まず(しい)	貧しい 가난하다	貧しさ 가난함		
음	빈	ひん	貧富 빈부	貧困 빈곤	貧弱 빈약	
		びん	貧乏 궁핍, 가난			

ユニセフは貧しい国の子供たちを支援している。 유니세프는 가난한 나라의 아이들을 지원하고 있다.
資本主義の下で貧富の差が拡大し続けている。 자본주의 아래에서 빈부의 차가 계속 확대되고 있다.

0797 [N2] ☐☐☐

훈	무역할	—	
음	무	ぼう	貿易 무역

マラッカは東南アジアと南アジアを結ぶ貿易の中心地だ。
말라카는 동남아시아와 남아시아를 잇는 무역의 중심지이다.

0798 [N2] ☐☐☐

훈	도울	—			
음	찬	さん	賛成 찬성	賛否 찬반	絶賛 절찬, 지극히 칭찬함
			称賛 칭찬		

遠足はクラス全員が賛成して動物園に行くことになった。
소풍은 학급 전원이 찬성하여 동물원에 가게 되었다.
各議員は人事案件に対して賛否を表明した。 각 의원은 인사 안건에 대해 찬반을 표명했다.

0799 [N4] ☐☐☐

質

훈	바탕	—				
음	질	しつ	質 질, 품질	物質 물질	質問 질문	本質 본질
			性質 성질			
		しち	質屋 전당포	人質 인질, 볼모		
		ち	言質 언질			

ロボット掃除機を買って家事の負担が減り、暮らしの質が上がった。
로봇 청소기를 사서 가사의 부담이 줄어, 생활의 질이 올라갔다.
SNSで話題の洗剤から有害な物質が検出された。 SNS에서 화제인 세제에서 유해한 물질이 검출되었다.

★은 JLPT/JPT 기출 단어입니다.

[0800] [N2] □□□

훈	상줄	—
음	상	しょう	賞 상　文学賞 문학상　賞品 상품　鑑賞 감상 賞与 상여, 상여금

小学生の時にピアノのコンクールで賞をもらったことがある。
초등학생 때 피아노 콩쿠르에서 상을 받은 적이 있다.

今年の文学賞の受賞者が発表された。 올해의 문학상 수상자가 발표되었다.

[0801] [N4] □□□

훈	빌릴	か(す)	貸す 빌려주다　貸し 빌려줌, 꾸어 줌
음	대	たい	賃貸 임대　貸借 대차, 꾸어 줌　貸与 대여

読み終わった本を友達に貸した。 다 읽은 책을 친구에게 빌려주었다.
子育てに適した賃貸のマンションを探している。 육아에 적합한 임대 맨션을 찾고 있다.

[0802] [N2] □□□

훈	꾸짖을	せ(める)	責める 탓하다, 비난하다, 괴롭히다 責め 육체적·정신적 고통, 책망
음	책	せき	責任 책임　責務 책무　職責 직책 重責 중책, 중대한 책임　問責 문책, 잘못을 캐묻고 꾸짖음

そんなに自分を責めないでください。 그렇게 자신을 탓하지 말아 주세요.
社長が経営不振の責任を取って辞任した。 사장이 경영 부진의 책임을 지고 사임했다.

[0803] [N2] □□□

훈	길쌈할	—
음	적	せき	成績 성적　業績 업적　実績 실적　功績 공적 紡績 방적, 실을 잣는 것

学生時代はいつも成績が良かった。 학생 시절에는 항상 성적이 좋았다.
世のために偉大な業績を残した人を偉人という。
세상을 위해서 위대한 업적을 남긴 사람을 위인이라고 한다.

※ 책 속의 책 <쓰기노트>(p.90)로 각 한자를 획순에 따라 직접 써 보세요.

DAY 23 연습문제

맞은 개수: /32

색이 있는 한자의 발음을 밑줄에 쓴 다음, 괄호 안에 단어의 뜻을 써 보세요.

01 型 _____ ( )
02 基 _____ ( )
03 墓 _____ ( )
04 状況 _____きょう ( )
05 状態 じょう_____ ( )
06 能力 _____りょく ( )
07 復旧 ふっ_____ ( )
08 血眼 ち_____ ( )
09 原則 げん_____ ( )
10 財産 _____さん ( )
11 貯金 _____きん ( )
12 測る _____る ( )
13 現れる _____れる ( )
14 規則 _____そく ( )
15 断つ _____つ ( )
16 絶える _____える ( )
17 経る _____る ( )
18 世紀 せい_____ ( )
19 統べる _____べる ( )
20 総額 _____がく ( )
21 編む _____む ( )
22 綿 _____ ( )
23 資金 _____きん ( )
24 費やす _____やす ( )
25 貧しい _____しい ( )
26 貿易 _____えき ( )
27 賛成 _____せい ( )
28 質 _____ ( )
29 賞 _____ ( )
30 貸す _____す ( )
31 責める _____める ( )
32 成績 せい_____ ( )

정답 01 かた 틀, 본, 거푸집 02 もと 토대, 디딤돌 / もとい 근본, 원인 03 はか 묘 04 じょうきょう 상황 05 じょうたい 상태 06 のうりょく 능력 07 ふっきゅう 복구 08 ちまなこ 혈안 09 げんそく 원칙 10 ざいさん 재산 11 ちょきん 저금 12 はかる (무게, 길이 등을) 재다 13 あらわれる 나타나다, 드러나다 14 きそく 규칙 15 たつ 끊다, 자르다 16 たえる 끊어지다, 끝나다 17 へる 거치다, 지나다, 경과하다 18 せいき 세기 19 すべる 총괄하다, 다스리다, 지배하다 20 そうがく 총액 21 あむ 짜다, 엮다 22 わた 솜 / めん 면 23 しきん 자금 24 ついやす 쓰다, 써 없애다, 다 소비하다 25 まずしい 가난하다 26 ぼうえき 무역 27 さんせい 찬성 28 しつ 질, 품질 29 しょう 상 30 かす 빌려주다 31 せめる 탓하다, 비난하다, 괴롭히다 32 せいせき 성적

일본 문부과학성 지정
초등학교 5학년 한자 ⑥

오늘은 일본 문부과학성이 지정한 일본 초등학교 5학년 학습 한자 193개 중 32개를 익혀볼 거예요. 먼저 오늘 배울 한자 32개의 훈독과 음독을 일본어로 한 번씩 따라 읽은 후 본격적인 학습을 시작해 보아요.

🎧 해커스 일본어상용한자1026_Day24.mp3

政 정사 정 まつりごと せい	故 연고 고 ゆえ こ	救 구원할 구 すく(う) きゅう	務 힘쓸 무 つと(める) む	殺 죽일 살 ころ(す) さつ	雑 섞일 잡 — ざつ	酸 실 산 す(い) さん	授 줄 수 さず(ける) じゅ
接 이을 접 つ(ぐ) せつ	損 덜 손 そこ(なう) そん	提 끌 제 さ(げる) てい	災 재앙 재 わざわ(い) さい	燃 탈 연 も(える) ねん	術 재주 술 — じゅつ	衛 지킬 위 — えい	輸 보낼 수 — ゆ
幹 줄기 간 みき かん	報 갚을 보 むく(いる) ほう	解 풀 해 と(く) かい	肥 살찔 비 こ(える) ひ	脈 줄기 맥 — みゃく	航 배 항 — こう	師 스승 사 — し	婦 며느리 부 — ふ
張 베풀 장 は(る) ちょう	織 짤 직 お(る) しき	職 직분 직 — しょく	識 알 식 — しき	謝 사례할 사 あやま(る) しゃ	飼 기를 사 か(う) し	銅 구리 동 — どう	鉱 쇳돌 광 — こう

★은 JLPT/JPT 기출 단어입니다.

0804 [N3] ☐☐☐

政

훈	정사	まつりごと	**政** 나라를 다스리는 일, 정사
음	정	せい	**政治** 정치　**行政** 행정　**政策** 정책　**家政** 집안 살림
		しょう	**摂政** 섭정, 군주를 대신하여 나라를 다스림

政を 行う 人は 国民の 意見に 耳を 傾けるべきだ。
나라를 다스리는 일을 하는 사람은 국민의 의견에 귀를 기울여야 한다.
選挙は 市民が **政治**に 参加する 方法の 一つだ。 선거는 시민이 정치에 참가하는 방법 중 하나이다.

0805 [N1] ☐☐☐

故

훈	연고	ゆえ	**故** 때문, 이유, 까닭　**故に** 고로, 그러므로
음	고	こ	**故意**★ 고의　**故障**★ 고장　**事故** 사고　**故郷** 고향

体調 不良の **故**、本日は 休ませていただきます。 몸 상태가 안 좋기 때문에, 오늘은 쉬겠습니다.
資料を 捨てたのは **故意**では ありませんでした。 자료를 버린 것은 고의가 아니었습니다.

0806 [N1] ☐☐☐

救

훈	구원할	すく(う)	**救う**★ 구하다, 돕다　**救い** 구함, 도움
음	구	きゅう	**救助** 구조　**救急** 구급　**救援** 구원　**救命** 구명

おぼれた 子供を **救う**ために 川に 飛び込んだ。 물에 빠진 아이를 구하기 위해서 강에 뛰어들었다.
山で 遭難した 登山者を **救助**した。 산에서 조난된 등산객을 구조했다.

0807 [N2] ☐☐☐

務

훈	힘쓸	つと(める)	**務める**★ (임무를) 맡다　**務め** 맡은 직분, 임무
		つと(まる)	**務まる** 잘 수행해 내다, 감당해 내다
음	무	む	**勤務**★ 근무　**債務** 채무　**総務**★ 총무　**事務** 사무 **義務**★ 의무

同窓会の 幹事を **務める**ことに なった。 동창회의 간사를 맡게 되었다.
週 5日 **勤務**が 可能な 人を 募集している。 주 5일 근무가 가능한 사람을 모집하고 있다.

0808 [N2] 殺

훈 죽일/빠를	ころ(す)	殺す 죽이다　殺し 죽임, 살인　見殺し 못 본 체함	
음 살/쇄	さつ	殺菌* 살균　殺到* 쇄도　殺人 살인　殺害 살해	
	さい	相殺 상쇄	
	せつ	殺生 살생	

農薬を使わないで害虫を殺す方法を探している。 농약을 쓰지 않고 해충을 죽일 방법을 찾고 있다.
店内の全てのテーブルと椅子をアルコールで殺菌した。
점내의 모든 테이블과 의자를 알코올로 살균했다.

0809 [N2] 雑

훈 섞일	―	
음 잡	ざつ	混雑* 혼잡　雑談* 잡담　複雑* 복잡　雑音 잡음　雑草 잡초
	ぞう	雑木林 잡목림　雑炊 야채나 된장 등으로 끓인 죽

館内の混雑状況により入場を制限する場合がございます。
관내의 혼잡 상황에 따라 입장을 제한하는 경우가 있습니다.
仕事中に雑談をしないようにと注意された。 업무 중에 잡담을 하지 않도록 주의받았다.

0810 [N1] 酸

훈 실	す(い)	酸い 산미가 있다, 시다　酸っぱい 시다, 시큼하다
음 산	さん	酸味 신맛, 산미　酸素 산소　酸性 산성　炭酸 탄산　酸化 산화, 산소와 결합하거나 수소를 잃음

酸っぱいみかんはもむと甘くなるそうだ。 신 귤은 주무르면 달아진다고 한다.
私は苦味より酸味が強いコーヒーのほうが好みだ。 나는 쓴맛보다 신맛이 강한 커피 쪽이 취향이다.

0811 [N1] 授

훈 줄	さず(ける)	授ける 전수하다, 하사하다
	さず(かる)	授かる (내려) 주시다
음 수	じゅ	授業* 수업　教授* 교수, 교수님　授与 수여　伝授 전수, 전하여 가르침

祖父に人生に役立つ知恵を授けてもらった。 할아버지에게 인생에 도움이 되는 지혜를 전수받았다.
先生は授業を始める前に出席を取った。 선생님은 수업을 시작하기 전에 출석을 불렀다.

0812 [N2] ☐☐☐

接

훈	이을	つ(ぐ)	接ぐ 이어 붙이다, 접목하다	接ぎ木 접목	骨接ぎ 접골
음	접	せつ	直接* 직접 接続* 접속	接近* 접근	密接* 밀접
			接待 접대		

骨を接ぐためギプスで固定した。 뼈를 이어 붙이기 위해서 깁스로 고정했다.
旬の食材を農家から直接購入している。 제철 식재료를 농가에서 직접 구입하고 있다.

0813 [N2] ☐☐☐

損

훈	덜	そこ(なう)	損なう* 해치다, 파손하다	見損なう 잘못 보다
		そこ(ねる)	損ねる 상하게 하다, 해치다	
음	손	そん	損害* 손해 破損* 파손	損失 손실

睡眠不足は健康を損なう恐れがある。 수면 부족은 건강을 해칠 우려가 있다.
今回の台風で相当な損害を受けた。 이번 태풍으로 상당한 손해를 입었다.

0814 [N1] ☐☐☐

提

훈	끌	さ(げる)	提げる (손에) 들다	手提げ 손가방, 휴대
음	제	てい	提出* 제출 提供* 제공 提起* 제기	提携* 제휴
			提案* 제안	

弟は大きな買い物袋を両手に提げていた。 남동생은 큰 쇼핑백을 양손에 들고 있었다.
課題は来週の木曜日までに提出してください。 과제는 다음 주 목요일까지 제출해 주세요.

0815 [N1] ☐☐☐

災

훈	재앙	わざわ(い)	災い 화, 재앙		
음	재	さい	災害 재해 防災* 방재	火災 화재, 불	
			被災 재해 피해를 입음, 피재	災難 재난	

うっかり言った言葉が災いを招いてしまった。 무심코 한 말이 화를 부르고 말았다.
大雨や台風による災害が毎年発生している。 큰비나 태풍에 의한 재해가 매년 발생하고 있다.

★은 JLPT/JPT 기출 단어입니다.

0816 [N2] ☐☐☐

燃

훈	탈	も(える)	燃える* 타다, 불타다	燃え尽きる 완전히 타버리다
		も(やす)	燃やす* 불태우다	
		も(す)	燃す 태우다, 지피다	
음	연	ねん	燃料 연료 燃焼 연소 可燃性 가연성	

消防士の服は燃えない素材で作られている。 소방관의 옷은 타지 않는 소재로 만들어져 있다.
環境にやさしい燃料の開発に多くの国が取り組んでいる。
환경친화적인 연료의 개발에 많은 나라가 힘쓰고 있다.

0817 [N2] ☐☐☐

術

| 훈 | 재주 | — | |
| 음 | 술 | じゅつ | 芸術* 예술 手術 수술 技術* 기술 美術館* 미술관 |

近年、趣味で芸術を学びたいと思う人が多いようだ。
근래, 취미로 예술을 배우고 싶다고 생각하는 사람이 많은 것 같다.
母は先月胃の手術を受けた。 어머니는 지난달 위 수술을 받았다.

0818 [N1] ☐☐☐

衛

훈	지킬	—	
음	위	えい	衛生 위생 護衛 호위 防衛 방위, 방어
			自衛 자위, 스스로 지킴

夏は特に食品の衛生を徹底的に管理しましょう。 여름에는 특히 식품 위생을 철저하게 관리합시다.
数人の警官が首相を護衛している。 여러 명의 경관이 수상을 호위하고 있다.

0819 [N2] ☐☐☐

輸

훈	보낼	—	
음	수	ゆ	輸出* 수출 輸入 수입 輸送 수송 運輸 운수, 운반
			輸血 수혈

この企業は海外に自動車を輸出している。 이 기업은 해외에 자동차를 수출하고 있다.
日本で売られているバナナはほとんど輸入されたものだ。
일본에서 팔리고 있는 바나나는 대부분 수입된 것이다.

★은 JLPT/JPT 기출 단어입니다.

0820 [N1] ☐☐☐

훈	줄기	みき	幹 (나무의) 줄기, 줄거리, 골자
음	간	かん	幹部 간부　幹事 간사, 업무의 중심이 되는 담당자 新幹線★ 신칸센 (일본의 고속 철도)

幹の太さで木の寿命が分かる。 줄기의 두께로 나무의 수명을 알 수 있다.
彼女は入社15年目で幹部に昇進した。 그녀는 입사 15년차에 간부로 승진했다.

0821 [N2] ☐☐☐

훈	갚을/알릴	むく(いる)	報いる 보답하다, 갚다　報い 보답, 응보
음	보	ほう	報告★ 보고　情報★ 정보　予報★ 예보　報酬★ 보수 報じる★ 보도하다

育ててくれた親の恩に報いるために孝行したい。 길러준 부모님의 은혜에 보답하기 위해서 효도하고 싶다.
上司にアンケートの結果と今後の取り組みを報告した。
상사에게 설문 조사 결과와 앞으로의 대처를 보고했다.

0822 [N2] ☐☐☐

훈	풀	と(く)	解く 풀다, 뜯다
		と(かす)	解かす 녹이다, 빗다
		と(ける)	解ける 풀리다, 끌러지다, 해제되다
음	해	かい	解消★ 해소　解決★ 해결　理解★ 이해　解約★ 해약, 해지
		げ	解熱剤 해열제　解毒剤 해독제

試験を目前にして実戦形式の問題を解いてみた。 시험을 눈앞에 두고 실전 형식의 문제를 풀어 보았다.
大声で歌を歌うとストレスが解消される。 큰 소리로 노래를 부르면 스트레스가 해소된다.

0823 [N1] ☐☐☐

훈 살찔	こ(える)	肥える 살찌다
	こえ	肥 거름, 분뇨
	こ(やす)	肥やす 살찌우다
	こ(やし)	肥やし 거름, 비료
음 비	ひ	肥満* 비만 肥大 비대, 살이 쪄서 크고 뚱뚱함
		肥料 비료

私は最近運動不足で**肥えて**しまった。 나는 최근 운동 부족으로 살쪄 버렸다.
食べる速度が速い人は**肥満**になりやすいらしい。 먹는 속도가 빠른 사람은 비만이 되기 쉽다고 한다.

0824 [N1] ☐☐☐

| 훈 줄기 | — |
| 음 맥 | みゃく | 人脈* 인맥 山脈 산맥 脈絡* 맥락 動脈 동맥 |

人脈を作るために同好会に参加することにした。 인맥을 만들기 위해서 동호회에 참가하기로 했다.
アルプスは**山脈**が連なる美しい景観で有名だ。 알프스는 산맥이 줄지어 있는 아름다운 경관으로 유명하다.

0825 [N2] ☐☐☐

| 훈 배 | — |
| 음 항 | こう | 航空 항공 航海 항해 運航 운항 欠航 결항 |

航空での輸送は船便に比べて格段に速い。 항공으로의 수송은 배편에 비해서 현격하게 빠르다.
灯台は船舶の安全な**航海**を助けるためにある。 등대는 선박의 안전한 항해를 돕기 위해 있다.

0826 [N2] ☐☐☐

훈 스승	—
음 사	し	教師* 교사 講師* 강사 医師* 의사 看護師* 간호사
		師匠 스승, 선생

学生に信頼される**教師**を目指している。 학생에게 신뢰받는 교사를 목표로 하고 있다.
マナー教育は専門の**講師**を招いて行います。 매너 교육은 전문 강사를 초빙하여 실시하겠습니다.

★은 JLPT/JPT 기출 단어입니다.

0827 [N2] ☐☐☐

婦

훈	며느리	—				
음	부	ふ	主婦* 주부	夫婦* 부부	婦人 부인	新婦 신부

妻は仕事を辞めて**主婦**になった。 아내는 일을 그만두고 주부가 되었다.
私たち**夫婦**は共働きで家事を分担している。 우리 부부는 맞벌이라서 가사를 분담하고 있다.

0828 [N1] ☐☐☐

張

훈	베풀/뻗을	は(る)	張る 뻗다, 펴다	張り合う* 겨루다	引っ張る* 잡아당기다
			頑張る* 노력하다, 버티다	欲張る 지나치게 욕심을 부리다	
음	장	ちょう	拡張* 확장	主張* 주장	出張* 출장
			誇張 과장, 부풀림	張力 장력, 당기거나 당겨지는 힘	

しっかり根を**張**っている樹木は強風にも倒れない。 단단히 뿌리를 뻗고 있는 수목은 강풍에도 쓰러지지 않는다.
道路を**拡張**したことで交通事故が減少した。 도로를 확장한 것으로 교통사고가 감소했다.

0829 [N1] ☐☐☐

織

훈	짤	お(る)	織る 짜다	織物 직물
음	직	しき	組織* 조직	
		しょく	紡織 방직, 실을 잣고 직물을 짬	
			製織 제직, 직물을 짬	

ここでは機を使って布を**織**る体験ができる。 여기에서는 베틀을 사용해서 천을 짜는 체험을 할 수 있다.
組織の一員として与えられた役割を果たすべきだ。 조직의 일원으로서 주어진 역할을 다해야 한다.

0830 [N2] ☐☐☐

職

훈	직분	—				
음	직	しょく	就職* 취직	職員* 직원	職業* 직업	職場 직장
			退職* 퇴직			

卒業したら日本で**就職**したいと思う。 졸업하면 일본에서 취직하고 싶다고 생각한다.
あの企業は外国人の**職員**を積極的に採用している。 저 기업은 외국인 직원을 적극적으로 채용하고 있다.

★은 JLPT/JPT 기출 단어입니다.

0831 [N2] □□□

훈	알	—					
음	식	しき	常識 상식	知識★ 지식	意識★ 의식	面識★ 면식	識別 식별

人の物を盗んではいけないというのは**常識**だ。 다른 사람의 물건을 훔쳐서는 안 된다는 것은 상식이다.

プログラミングに関する基礎的な**知識**を習得したい。 프로그래밍에 관한 기초적인 지식을 습득하고 싶다.

0832 [N1] □□□

훈	사례할	あやま(る)	謝る★ 사과하다, 빌다	平謝り 진심으로 사과·사죄함
음	사	しゃ	感謝★ 감사	謝罪 사죄	謝礼 사례

遅刻して友人を1時間も待たせてしまい、何回も**謝**った。 지각해서 친구를 1시간이나 기다리게 해 버려, 몇 번이고 사과했다.

担任の先生に**感謝**の気持ちを伝えた。 담임 선생님에게 감사의 마음을 전했다.

0833 [N1] □□□

훈	기를	か(う)	飼う★ 기르다, 키우다	飼い主 (기르는) 주인
음	사	し	飼育★ 사육	飼料 사료

このアパートはペットを**飼**うことが禁止されている。 이 아파트는 반려동물을 기르는 것이 금지되어 있다.

田舎の実家では50羽の鶏を**飼育**している。 시골의 본가에서는 50마리의 닭을 사육하고 있다.

0834 [N2] □□□

훈	구리	—				
음	동	どう	銅 동, 구리	銅像 동상	銅メダル 동메달	青銅 청동

本社のロビーに創業者の**銅像**がある。 본사의 로비에 창업자의 동상이 있다.

日本は柔道種目で12個の**銅**メダルを取った。 일본은 유도 종목에서 12개의 동메달을 땄다.

0835 [N2] □□□

鉱

훈	쇳돌	—				
음	광	こう	鉱山 광산	鉱物 광물	鉄鉱 철광	炭鉱 탄광	鉱石 광석

この**鉱山**で採掘される金は年間で200トンを超える。 이 광산에서 채굴되는 금은 연간에 200톤을 넘는다.

火山灰にはいろんな**鉱物**が含まれている。 화산재에는 다양한 광물이 포함되어 있다.

※ 책 속의 책 <쓰기노트>(p.94)로 각 한자를 획순에 따라 직접 써 보세요.

DAY 24 연습문제

맞은 개수: /32

색이 있는 한자의 발음을 밑줄에 쓴 다음, 괄호 안에 단어의 뜻을 써 보세요.

01 政治　　＿＿＿じ　　（　　　　）
02 故　　　＿＿＿　　　（　　　　）
03 救う　　＿＿＿う　　（　　　　）
04 務める　＿＿＿める　（　　　　）
05 殺す　　＿＿＿す　　（　　　　）
06 混雑　　こん＿＿＿　（　　　　）
07 酸っぱい　＿＿＿っぱい（　　　　）
08 授業　　＿＿＿ぎょう（　　　　）
09 接ぐ　　＿＿＿ぐ　　（　　　　）
10 損なう　＿＿＿なう　（　　　　）
11 提出　　＿＿＿しゅつ（　　　　）
12 災害　　＿＿＿がい　（　　　　）
13 燃える　＿＿＿える　（　　　　）
14 芸術　　げい＿＿＿　（　　　　）
15 衛生　　＿＿＿せい　（　　　　）
16 輸出　　＿＿＿しゅつ（　　　　）

17 幹　　　＿＿＿　　　（　　　　）
18 報いる　＿＿＿いる　（　　　　）
19 解く　　＿＿＿く　　（　　　　）
20 肥える　＿＿＿える　（　　　　）
21 人脈　　じん＿＿＿　（　　　　）
22 航空　　＿＿＿くう　（　　　　）
23 教師　　きょう＿＿＿（　　　　）
24 主婦　　しゅ＿＿＿　（　　　　）
25 張る　　＿＿＿る　　（　　　　）
26 織る　　＿＿＿る　　（　　　　）
27 就職　　しゅう＿＿＿（　　　　）
28 常識　　じょう＿＿＿（　　　　）
29 謝る　　＿＿＿る　　（　　　　）
30 飼う　　＿＿＿う　　（　　　　）
31 銅像　　＿＿＿ぞう　（　　　　）
32 鉱山　　＿＿＿ざん　（　　　　）

정답　01 せいじ 정치　02 ゆえ 때문, 이유, 까닭　03 すくう 구하다, 돕다　04 つとめる (임무를) 맡다　05 ころす 죽이다　06 こんざつ 혼잡
07 すっぱい 시다, 시큼하다　08 じゅぎょう 수업　09 つぐ 이어 붙이다, 접목하다　10 そこなう 해치다, 파손하다　11 ていしゅつ 제출
12 さいがい 재해　13 もえる 타다, 불타다　14 げいじゅつ 예술　15 えいせい 위생　16 ゆしゅつ 수출　17 みき (나무의) 줄기, 줄거리, 골자
18 むくいる 보답하다, 갚다　19 とく 풀다, 뜯다　20 こえる 살찌다　21 じんみゃく 인맥　22 こうくう 항공　23 きょうし 교사　24 しゅふ 주부
25 はる 뻗다, 펴다　26 おる 짜다　27 しゅうしょく 취직　28 じょうしき 상식　29 あやまる 사과하다, 빌다　30 かう 기르다, 키우다
31 どうぞう 동상　32 こうざん 광산

JLPT/JPT 대비 테스트 ④

Day19부터 24까지 익힌 한자를 포함한 단어를 실제 JLPT/JPT 유형의 문제로 확인해 봅시다.

✓ 올바른 발음 고르기 [JLPT 한자읽기, JPT PART5 대비 유형]

밑줄 친 단어의 읽는 법으로 가장 적절한 것을 하나 고르세요.

01 この工場でカメラを<u>製造</u>している。
  A　せいさく B　せいそう C　せいざく D　せいぞう

02 先日の旅行で<u>余</u>ったドルを円に両替(りょうがえ)したい。
  A　はいった B　あまった C　のこった D　もどった

03 電気の<u>復旧</u>には、あと数時間かかりそうだ。
  A　ふきゅう B　ふきょう C　ふっきゅう D　ふっきょう

04 雪が降(ふ)る日の運転は<u>危険</u>だ。
  A　きけん B　いけん C　きげん D　いげん

05 週に3日働くと<u>仮定</u>すると、月に5万円はもらえる。
  A　けじょう B　かじょう C　けてい D　かてい

06 消防士は火災現場から多くの人を<u>救</u>った。
  A　まもった B　かぶった C　すくった D　なおった

07 出張の費用を<u>精算</u>してもらった。
  A　せいさん B　せいざん C　しょうさん D　しょうざん

08 今回のテストは前回よりも<u>易</u>しかった。
  A　むずかしかった B　やさしかった C　けわしかった D　まずしかった

09 これは今年の売上高を<u>示</u>した表だ。
  A　うつした B　しめした C　あらわした D　ほどこした

10 パソコンに異常(いじょう)があるなら、早く<u>修理</u>に出してください。
  A　しゅうり B　しゅうぜん C　しゅり D　しゅぜん

정답 p.353

올바른 한자 표기 고르기 [JLPT 표기, JPT PART5 대비 유형]

밑줄 친 단어의 한자 표기로 가장 적절한 것을 하나 고르세요.

01 進学するか就職するかでまよっている。
　A 逆って　　　B 迷って　　　C 迎って　　　D 述って

02 甘いものを食べてストレスをかいしょうしたい。
　A 触削　　　B 解削　　　C 触消　　　D 解消

03 この薬は約半日間こうかが持続する。
　A 効果　　　B 効巣　　　C 郊果　　　D 郊巣

04 駅の前に新しいホテルがけんせつされている。
　A 建立　　　B 建設　　　C 建築　　　D 建修

05 けんかが原因で、友人と連絡をたってしまった。
　A 停って　　　B 放って　　　C 断って　　　D 欠って

06 その少年は自分が犯したつみの大きさに気づいていないようだ。
　A 罪　　　B 置　　　C 罰　　　D 署

07 日頃からてきどな運動を心掛けてください。
　A 敵序　　　B 適序　　　C 敵度　　　D 適度

08 午前中のこうぎに出席した。
　A 構議　　　B 構義　　　C 講議　　　D 講義

09 データを一定のきそくに従って整理した。
　A 現則　　　B 規則　　　C 現測　　　D 規測

10 これは情報の流出をふせぐプログラムだ。
　A 制ぐ　　　B 備ぐ　　　C 防ぐ　　　D 除ぐ

정답 p.353

DAY 25 초등학교 6학년 한자 ①

일본 문부과학성 지정

오늘은 일본 문부과학성이 지정한 일본 초등학교 6학년 학습 한자 191개 중 32개를 익혀볼 거예요. 먼저 오늘 배울 한자 32개의 훈독과 음독을 일본어로 한 번씩 따라 읽은 후 본격적인 학습을 시작해 보아요.

해커스 일본어상용한자1026_Day25.mp3

背	骨	胃	亡	忘	冊	論	頂
등 배 せ はい	뼈 골 ほね こつ	밥통 위 — い	망할 망 な(い) ぼう	잊을 망 わす(れる) ぼう	책 책 — さつ	논할 론 — ろん	정수리 정 いただ(く) ちょう

(훈독 / 음독 / 훈독없음)

預	署	著	券	巻	机	処	収
맡길 예 あず(ける) よ	관청 서 — しょ	나타날 저 いちじる(しい) ちょ	문서 권 — けん	말 권 ま(く) かん	책상 궤 つくえ き	곳 처 — しょ	거둘 수 おさ(める) しゅう

枚	敵	敬	警	翌	晩	映	暖
낱 매 — まい	대적할 적 かたき てき	공경 경 うやま(う) けい	깨우칠 경 — けい	다음날 익 — よく	늦을 만 — ばん	비칠 영 うつ(る) えい	따뜻할 난 あたた(か) だん

舌	否	若	后	灰	届	展	層
혀 설 した ぜつ	아닐 부 いな ひ	젊을 약 わか(い) じゃく	왕후 후 — こう	재 회 はい かい	이를 계 とど(く) —	펼 전 — てん	층 층 — そう

(음독없음)

★은 JLPT/JPT 기출 단어입니다.

0836 [N3] ☐☐☐

훈	등	せ	背★ 키, 등　背中★ 등　背丈 신장
		せい	背 높이, 키
		そむ(く)	背く 등지다
		そむ(ける)	背ける (등을) 돌리다, 외면하다
음	배	はい	背景★ 배경　背後 배후

娘は同年代の子に比べて背が高いほうだ。 딸은 또래 아이에 비해서 키가 큰 편이다.
あざやかな紅葉を背景に写真を撮った。 선명한 단풍을 배경으로 사진을 찍었다.

0837 [N3] ☐☐☐

훈	뼈	ほね	骨 뼈　骨折り 노력, 수고
음	골	こつ	骨折★ 뼈가 부러짐, 골절　遺骨 유골　露骨★ 노골

カルシウムは骨を構成する重要な成分だ。 칼슘은 뼈를 구성하는 중요한 성분이다.
階段で転んで足を骨折した。 계단에서 굴러서 다리 뼈가 부러졌다.

0838 [N2] ☐☐☐

훈	밥통	—	
음	위	い	胃★ 위　胃薬 위약　胃酸 위산

胃の検査の当日は絶食でお越しください。 위 검사 당일은 단식하고 와 주세요.
胃もたれがひどくて胃薬を飲んだ。 더부룩함이 심해서 위약을 먹었다.

0839 [N3] ☐☐☐

훈	망할	な(い)	亡い 죽었다, 죽고 없다　亡くなる★ 죽다, 돌아가다
			亡くす 여의다, 잃다　亡き人 고인
음	망	ぼう	逃亡★ 도망　死亡 사망　滅亡 멸망　亡命 망명
		もう	亡者 망자

母が亡くなってから早くも5年の月日が流れた。 엄마가 죽고 나서 벌써 5년의 세월이 흘렀다.
逃亡していた指名手配犯が捕まった。 도망치고 있던 지명 수배범이 잡혔다.

★은 JLPT/JPT 기출 단어입니다.

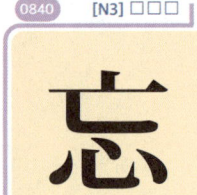

0840 [N3] ☐☐☐

| 훈 | 잊을 | わす(れる) | 忘れる* 잊다 | 忘れ物 분실물 | 物忘れ 건망, 건망증 |
| 음 | 망 | ぼう | 忘年会 망년회, 송년회 | 忘却 망각 | |

今日が結婚記念日だということを忘れていた。 오늘이 결혼기념일이라는 것을 잊고 있었다.
会社の忘年会の幹事を任せられた。 회사 망년회의 간사를 맡게 되었다.

0841 [N2] ☐☐☐

훈	책	—			
음	책	さつ	二冊* 두 권	別冊 별책	冊子 책자
		さく	短冊 단자쿠 (글씨를 쓰거나 물건에 매다는 좁고 긴 종이)		

保育士試験の参考書を二冊買った。 보육사 시험 참고서를 두 권 샀다.
七夕には短冊に叶えたい願い事を書きます。 칠석에는 단자쿠에 이루고 싶은 소원을 적습니다.

0842 [N3] ☐☐☐

훈	논할	—			
음	론(논)	ろん	結論* 결론　論文 논문　議論* 의논　論争* 논쟁		
			論理 논리		

プレゼンの際は結論から話すと内容が伝わりやすい。
프레젠테이션 때에는 결론부터 이야기하면 내용을 전달하기 쉽다.
英語の早期教育をテーマに論文を書くつもりです。 영어 조기 교육을 테마로 논문을 쓸 예정입니다.

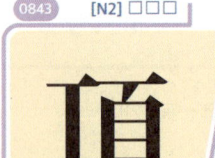

0843 [N2] ☐☐☐

훈	정수리	いただ(く)	頂く* 받다 (もらう의 겸양어)	頂き物 얻은 것	
		いただき	頂 꼭대기, 정상		
음	정	ちょう	頂上* 정상　頂点 정점　山頂 산꼭대기		
			有頂天* 기뻐서 어쩔 줄 모름　絶頂 절정		

文部科学省より感謝状を頂きました。 문부과학성으로부터 감사장을 받았습니다.
山の頂上から見た景色は美しかった。 산 정상에서 본 경치는 아름다웠다.

★은 JLPT/JPT 기출 단어입니다.

0844 [N2] ☐☐☐

훈	맡길	あず(ける)	預ける* 맡기다
		あず(かる)	預かる* 맡아 놓다
음	예	よ	預金 예금　預託 예탁

荷物はフロントに預けてください。 짐은 프런트에 맡겨 주세요.
現金が必要になって預金を下ろした。 현금이 필요해져서 예금을 찾았다.

0845 [N2] ☐☐☐

| 훈 | 관청 | — | |
| 음 | 서 | しょ | 部署* 부서　署名 서명　消防署 소방서　警察署 경찰서
署長 서장 |

社内に海外営業担当の部署ができるそうだ。 사내에 해외 영업 담당 부서가 생긴다고 한다.
書類の内容をよく読んでから署名しましょう。 서류의 내용을 잘 읽고 나서 서명합시다.

0846 [N2] ☐☐☐

훈	나타날	いちじる(しい)	著しい* 두드러지다, 현저하다　著しさ 두드러짐, 현저함
		あらわ(す)	著す 저술하다
음	저	ちょ	著者 저자　著書* 저서　著作 저작　著名 저명 顕著だ* 현저하다

前回のテストより化学の成績が著しく上がった。 지난 번 테스트보다 화학 성적이 두드러지게 올랐다.
本の頭に著者のプロフィールが書かれていた。 책머리에 저자의 프로필이 쓰여 있었다.

0847 [N2] ☐☐☐

| 훈 | 문서 | — | |
| 음 | 권 | けん | 乗車券* 승차권　割引券* 할인권　入場券* 입장권
定期券 정기권　旅券 여권 |

新幹線に乗るには乗車券と特急券が両方必要だ。 신칸센을 타려면 승차권과 특급권이 둘 다 필요하다.
この割引券を使えば全ての商品が半額で買える。 이 할인권을 쓰면 모든 상품을 반값에 살 수 있다.

0848 [N2] □□□

훈	말	ま(く)	巻く* 감다, 말다　巻き貝 소라, 고둥
		まき	絵巻 그림 두루마리
음	권	かん	上巻 상권　一巻 한 권, 제1권　巻頭 권두, 책의 첫머리 巻末 권말, 책의 맨 끝　圧巻 압권

傷口を消毒してから包帯を巻いた。 상처를 소독하고 나서 붕대를 감았다.
この小説は上巻と下巻に分かれている。 이 소설은 상권과 하권으로 나뉘어 있다.

0849 [N2] □□□

| 훈 | 책상 | つくえ | 机* 책상　勉強机 공부 책상 |
| 음 | 궤 | き | 机上 탁상　机辺 책상 부근 |

机にじっと座って勉強するのが苦手だ。 책상에 가만히 앉아서 공부하는 것을 잘하지 못한다.
席に着くやいなや机上の電話が鳴った。 자리에 앉자마자 탁상의 전화가 울렸다.

0850 [N2] □□□

| 훈 | 곳 | ─ | |
| 음 | 처 | しょ | 処理* 처리　処置* 처치　処分* 처분　処罰 처벌 |

公園でのごみの処理は各自行わなければならない。 공원에서의 쓰레기 처리는 각자 하지 않으면 안 된다.
医師の適切な処置で一命を取り留めた。 의사의 적절한 처치로 목숨을 건졌다.

0851 [N2] □□□

収

훈	거둘	おさ(める)	収める* 거두다, 얻다, 정리하다
		おさ(まる)	収まる 수습되다, 해결되다
음	수	しゅう	収集* 수집　収入* 수입　収穫* 수확 領収書* 영수증　押収* 압수

母校の野球部が大会ですばらしい結果を収めた。 모교의 야구부가 대회에서 훌륭한 결과를 거두었다.
趣味で収集したミニカーは200個にも上る。 취미로 수집한 미니카는 200개나 된다.

★은 JLPT/JPT 기출 단어입니다.

0852 [N2] ☐☐☐

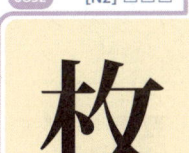

훈	낱	—	
음	매	まい	一枚★ 한 장 枚数 매수, 장수

入場券を大人一枚、子供二枚ください。 입장권을 어른 한 장, 어린이 두 장 주세요.
回収した解答用紙の枚数を数えた。 회수한 답안 용지의 매수를 셌다.

0853 [N1] ☐☐☐

훈	대적할	かたき	敵 적, 원수 目の敵 눈엣가시 敵役 악역
음	적	てき	敵★ 적, 경쟁자, 상대 素敵★ 매우 근사함 天敵 천적 敵意 적의, 적대하는 마음 匹敵 필적

彼はみんなから目の敵にされた。 그는 모두에게 눈엣가시로 여겨졌다.
クワガタは敵が現れると死んだふりをする。 사슴벌레는 적이 나타나면 죽은 척을 한다.

0854 [N2] ☐☐☐

훈	공경	うやま(う)	敬う 공경하다, 존경하다
음	경	けい	敬語★ 경어 尊敬★ 존경 敬意 경의 敬礼 경례

韓国には目上の人を敬う文化がある。 한국에는 손윗사람을 공경하는 문화가 있다.
大学卒業までに敬語を使いこなせるようになりたい。 대학 졸업 전까지 경어를 구사할 수 있게 되고 싶다.

0855 [N2] ☐☐☐

훈	깨우칠	—	
음	경	けい	警備★ 경비 警戒 경계 警察★ 경찰 警官 경관, 경찰관 警告 경고

大統領の来日に備え、空港の警備が強化された。 대통령의 방일에 대비하여, 공항의 경비가 강화되었다.
余震が多発しているため引き続き警戒が必要です。 여진이 다발하고 있으므로 계속 경계가 필요합니다.

0856 [N2]

翌

- 훈: 다음날 —
- 음: 익 よく
  - 翌日* (よくじつ) 다음날, 익일
  - 翌年* (よくねん) 다음해, 익년
  - 翌春 (よくしゅん) 다음해 봄

簡単(かんたん)な手術(しゅじゅつ)なので翌日(よくじつ)には退院(たいいん)できるそうだ。 간단한 수술이기 때문에 다음날에는 퇴원할 수 있다고 한다.

法案(ほうあん)の実施(じっし)は翌年(よくねん)に見送(みおく)られた。 법안의 실시는 다음 해로 미뤄졌다.

0857 [N3]

晩

- 훈: 늦을 —
- 음: 만 ばん
  - 晩* (ばん) 밤
  - 晩ご飯* (ばんごはん) 저녁 식사
  - 今晩* (こんばん) 오늘 밤
  - 晩年 (ばんねん) 만년, 늙어가는 시기
  - 早晩 (そうばん) 조만간

プロジェクト会議(かいぎ)は朝(あさ)から晩(ばん)まで続(つづ)いた。 프로젝트 회의는 아침부터 밤까지 계속됐다.

今日(きょう)の晩ご飯(ばんごはん)は焼(や)き魚(ざかな)と煮物(にもの)です。 오늘 저녁 식사는 생선구이와 조림입니다.

0858 [N4]

映

- 훈: 비칠
  - うつ(る) 映る* 비치다 映り 비침, 배색
  - うつ(す) 映す 비추다, 비치게 하다
  - は(える) 映える* 빛나다 夕映え 저녁노을
- 음: 영 えい
  - 映画* (えいが) 영화
  - 映像* (えいぞう) 영상
  - 上映 (じょうえい) 상영
  - 反映* (はんえい) 반영

鏡(かがみ)に映(うつ)る自分(じぶん)の疲(つか)れた顔(かお)に驚(おどろ)いた。 거울에 비친 나의 지친 얼굴에 놀랐다.

昨夜(さくや)は彼女(かのじょ)と映画(えいが)を見(み)て過(す)ごした。 어젯밤은 여자친구와 영화를 보며 보냈다.

0859 [N2]

暖

- 훈: 따뜻할
  - あたた(か) 暖かだ 따스하다
  - あたた(かい) 暖かい* 따뜻하다
  - あたた(まる) 暖まる 따뜻해지다
  - あたた(める) 暖める 따뜻하게 하다
- 음: 난 だん
  - 温暖* (おんだん) 온난
  - 暖房* (だんぼう) 난방
  - 暖流 (だんりゅう) 난류, 주변보다 온도가 높은 해류

居間(いま)に暖(あたた)かな日差(ひざ)しが降(ふ)り注(そそ)いでいる。 거실에 따스한 햇살이 내리쬐고 있다.

温暖(おんだん)な気候(きこう)の地域(ちいき)では果物(くだもの)がよく採(と)れる。 온난한 기후의 지역에서는 과일이 잘 수확된다.

★은 JLPT/JPT 기출 단어입니다.

0860 [N1]

舌

훈	혀	した	舌 혀　猫舌 뜨거운 음식을 잘 먹지 못하는 사람　舌先 혀끝 舌打ち 혀를 참
음	설	ぜつ	弁舌 말재주가 좋음, 변설　滑舌 발음 연습, 매끄러운 발음 毒舌 독설

キリンは舌の長さが30センチを超える。 기린은 혀 길이가 30센티를 넘는다.
部長は弁舌で誰をも納得させてしまう。 부장님은 말재주가 좋아서 누구든지 납득시켜 버린다.

0861 [N2]

否

훈	아닐	いな	否 아니, 동의하지 않음　否む 부정하다 否めない* 부정할 수 없다　~や否や ~하자마자
음	부	ひ	拒否* 거부　否定* 부정　賛否* 찬반　安否 안부 否認 부인, 인정하지 않음

けんかの原因が私にあったことは否めない。 싸움의 원인이 나에게 있었던 것은 부정할 수 없다.
学校になじめず登校を拒否する児童が増えている。
학교에 적응하지 못하고 등교를 거부하는 아동이 늘고 있다.

0862 [N3]

若

훈	젊을	わか(い)	若い* 젊다　若者* 청년, 젊은이　若々しい 무척 젊게 보이다
		も(しくは)	若しくは 또는, 혹은
음	약	じゃく	若干* 약간　若年 젊은 나이, 약년, 약관
		にゃく	老若男女 남녀노소

母は若いころ地元でも有名な美人だったらしい。
어머니는 젊은 시절 그 고장에서도 유명한 미인이었다고 한다.
こちらのぬいぐるみは手作りなので個々に若干違いがあります。
이 인형은 수제품이므로 각각에 약간 차이가 있습니다.

0863 [N1]

后

훈	왕후	―	
음	후	こう	后妃 후비, 제왕의 아내　皇后 황후　皇太后 황태후 王后 왕후

多くの后妃の中で正妻はたった一人だけだ。 많은 후비 중에 정실은 단 한 명뿐이다.
皇后様は国民に向け新年のあいさつをされた。 황후님은 국민을 향해 신년 인사를 하셨다.

0864 [N2] ☐☐☐ 灰

훈 재	はい	灰 재　灰色 회색, 잿빛　灰皿 재떨이　火山灰 화산재
음 회	かい	石灰 석회　灰白色 회백색

タバコの吸い殻や**灰**を道に捨ててはいけません。 담배꽁초나 재를 길에 버려서는 안 됩니다.
石灰は肥料として農業に幅広く使われている。 석회는 비료로써 농업에 폭넓게 쓰이고 있다.

0865 [N2] ☐☐☐ 届

훈 이를	とど(く)	届く★ 도착하다, 닿다　行き届く 구석구석까지 미치다
	とど(ける)	届ける★ 전하다, 보내다　届け 보내 줌, 신고(서)　届け先 보낼 곳　婚姻届 혼인 신고(서)
음 계	—	

取引先から**届いた**メールを確認した。 거래처로부터 도착한 메일을 확인했다.
郵便配達員は元日の朝、各家庭に年賀状を**届けた**。 우편배달원은 설날 아침, 각 가정에 연하장을 전했다.

0866 [N1] ☐☐☐ 展

훈 펼	—	
음 전	てん	展開★ 전개　発展★ 발전　展望 전망　展示★ 전시　展示会★ 전시회

今話題のドラマはストーリーの**展開**が早くて面白い。 지금 화제인 드라마는 스토리 전개가 빨라서 재미있다.
科学の**発展**は私たちに豊かな暮らしをもたらした。 과학의 발전은 우리들에게 풍족한 생활을 가져다 주었다.

0867 [N2] ☐☐☐ 層

훈 층	—	
음 층	そう	高層 고층　一層★ 한층　階層 계층　断層 단층　若年層 청년층

この辺りは**高層**ビルが立ち並ぶオフィス街だ。 이 주변은 고층 빌딩이 줄지어 선 오피스가이다.
時間が経つにつれ、雨は**一層**強くなった。 시간이 지남에 따라, 비는 한층 강해졌다.

※ 책 속의 책 <쓰기노트>(p.98)로 각 한자를 획순에 따라 직접 써 보세요.

DAY 25 연습문제

맞은 개수: /32

색이 있는 한자의 발음을 밑줄에 쓴 다음, 괄호 안에 단어의 뜻을 써 보세요.

01 背景 ____けい ( )
02 骨 ____ ( )
03 胃 ____ ( )
04 亡くなる ____くなる ( )
05 忘れる ____れる ( )
06 二冊 に____ ( )
07 結論 けつ____ ( )
08 頂上 ____じょう ( )
09 預ける ____ける ( )
10 部署 ぶ____ ( )
11 著しい ____しい ( )
12 乗車券 じょうしゃ____ ( )
13 巻く ____く ( )
14 机 ____ ( )
15 処理 ____り ( )
16 収める ____める ( )

17 一枚 いち____ ( )
18 目の敵 めの____ ( )
19 敬う ____う ( )
20 警備 ____び ( )
21 翌日 ____じつ ( )
22 晩 ____ ( )
23 映る ____る ( )
24 暖かだ ____かだ ( )
25 舌 ____ ( )
26 拒否 きょ____ ( )
27 若い ____い ( )
28 后妃 ____ひ ( )
29 灰 ____ ( )
30 届く ____く ( )
31 展開 ____かい ( )
32 高層 こう____ ( )

정답 01 はいけい 배경 02 ほね 뼈 03 い 위 04 なくなる 죽다, 돌아가다 05 わすれる 잊다 06 にさつ 두 권 07 けつろん 결론 08 ちょうじょう 정상 09 あずける 맡기다 10 ぶしょ 부서 11 いちじるしい 두드러지다, 현저하다 12 じょうしゃけん 승차권 13 まく 감다, 말다 14 つくえ 책상 15 しょり 처리 16 おさめる 거두다, 얻다, 정리하다 17 いちまい 한 장 18 めのかたき 눈엣가시 19 うやまう 공경하다, 존경하다 20 けいび 경비 21 よくじつ 다음날, 익일 22 ばん 밤 23 うつる 비치다 24 あたたかだ 따스하다 25 した 혀 26 きょひ 거부 27 わかい 젊다 28 こうひ 후비, 제왕의 아내 29 はい 재 30 とどく 도착하다, 닿다 31 てんかい 전개 32 こうそう 고층

DAY 26

일본 문부과학성 지정
초등학교 6학년 한자 ②

오늘은 일본 문부과학성이 지정한 일본 초등학교 6학년 학습 한자 191개 중 32개를 익혀볼 거예요. 먼저 오늘 배울 한자 32개의 훈독과 음독을 일본어로 한 번씩 따라 읽은 후 본격적인 학습을 시작해 보아요.

🎧 해커스 일본어상용한자1026_Day26.mp3

呼 부를 호 よ(ぶ) こ	吸 마실 흡 す(う) きゅう	存 있을 존 - そん	孝 효도 효 - こう	困 곤할 곤 こま(る) こん	染 물들 염 そ(める) せん	閉 닫을 폐 し(める) へい	閣 집 각 - かく
痛 아플 통 いた(い) つう	厳 엄할 엄 きび(しい) げん	寸 마디 촌 - すん	討 칠 토 う(つ) とう	射 쏠 사 い(る) しゃ	将 장차 장 - しょう	専 오로지 전 もっぱ(ら) せん	尊 높을 존 とうと(い) そん
延 늘일 연 の(ばす) えん	誕 낳을 탄 - たん	勤 부지런할 근 つと(める) きん	筋 힘줄 근 すじ きん	己 몸 기 おのれ こ	私 사사 사 わたし し	秘 숨길 비 ひ(める) ひ	庁 관청 청 - ちょう
座 자리 좌 すわ(る) ざ	就 이룰 취 つ(く) しゅう	並 나란할 병 なら(ぶ) へい	善 착할 선 よ(い) ぜん	推 밀 추 お(す) すい	難 어려울 난 むずか(しい) なん	垂 드리울 수 た(らす) すい	郵 우편 우 - ゆう

★은 JLPT/JPT 기출 단어입니다.

0868 [N3] □□□

훈	부를	よ(ぶ)	呼ぶ* 부르다　呼び声 부르는 소리, 평판
음	호	こ	連呼 (큰 소리로) 계속 부름, 연호　点呼 점호　呼応 호응

両親はお互いをあだ名で呼ぶほど仲が良い。 부모님은 서로를 별명으로 부를 정도로 사이가 좋다.
先生に名前を連呼されていたが全く気付かなかった。
선생님이 이름을 계속 부르고 있었는데 전혀 눈치채지 못했다.

0869 [N2] □□□

훈	마실	す(う)	吸う (공기 따위를) 들이마시다
음	흡	きゅう	呼吸* 호흡　吸収 흡수　吸引 흡인, 빨아들임

春は花粉がひどくて息を吸うのも苦しい。 봄에는 꽃가루가 심해서 숨을 들이마시는 것도 괴롭다.
不安を感じると呼吸が速くなりがちだ。 불안을 느끼면 호흡이 빨라지기 쉽다.

0870 [N3] □□□

훈	있을	—	
음	존	そん	存在* 존재　存続* 존속　既存 기존
		ぞん	保存* 보존, 저장　存分 뜻대로, 마음껏　生存 생존
			存じる* 생각하다, 알다 (思う, 知る의 겸양어)

お化けが存在すると信じている人もいる。 요괴가 존재한다고 믿고 있는 사람도 있다.
過去の資料は全て外付けディスクに保存している。 과거의 자료는 모두 외장형 디스크에 보존하고 있다.

0871 [N1] □□□

훈	효도	—	
음	효	こう	親孝行 효도　親不孝 불효

親孝行したくて両親を温泉旅行に連れて行った。 효도하고 싶어서 부모님을 온천 여행에 데리고 갔다.
親に借金を残して消えるなんて親不孝な息子だ。 부모에게 빚을 남기고 사라지다니 불효 자식이다.

★은 JLPT/JPT 기출 단어입니다.

0872 [N2] □□□

훈	곤할/난처할	こま(る)	困る★ 곤란하다, 난처하다
음	곤	こん	困難★ 곤란　貧困 빈곤　困惑 곤혹　困窮 곤궁

急に会議の日程を変えろと言われても困ります。 갑자기 회의 일정을 바꾸라고 말해도 곤란합니다.
経済的に修学が困難な学生を支援する団体がある。 경제적으로 학업이 곤란한 학생을 지원하는 단체가 있다.

0873 [N1] □□□

훈	물들	そ(める)	染める 염색하다, 물들이다　染め物 염색, 염색물
		そ(まる)	染まる 물들다
		し(みる)	染みる★ 스며들다, 배다
		し(み)	染み 얼룩, 기미
음	염	せん	汚染★ 오염　染料 염료, 물감　染色 염색　伝染 전염

印象を変えたくて髪を明るく染めた。 인상을 바꾸고 싶어서 머리를 밝게 염색했다.
大気の汚染で空がくすんで見える。 대기 오염으로 하늘이 칙칙해 보인다.

0874 [N3] □□□

閉

훈	닫을	し(める)	閉める★ 닫다
		し(まる)	閉まる 닫히다
		と(じる)	閉じる★ 닫다, 닫히다　閉じ込める 가두다
		と(ざす)	閉ざす 잠그다
음	폐	へい	閉店★ 폐점　閉鎖 폐쇄　閉会 폐회　密閉★ 밀폐

暖房中のためドアを閉めてください。 난방 중이므로 문을 닫아 주세요.
駅前のパン屋がいつの間にか閉店していた。 역 앞의 빵집이 어느샌가 폐점해 있었다.

0875 [N1] □□□

훈	집	—	
음	각	かく	内閣 내각　閣僚 각료, 내각을 구성하는 각 장관 閣議 각의, 내각 회의

内閣から育児休業に関する法案が提出された。 내각에서 육아 휴직에 관한 법안이 제출되었다.
閣僚たちが首相官邸の階段で記念撮影を行った。 각료들이 수상 관저의 계단에서 기념 촬영을 했다.

★은 JLPT/JPT 기출 단어입니다.

0876 [N3] 痛

훈	아플	いた(い)	痛い* 아프다 / 痛さ 아픔, 아픈 정도
		いた(む)	痛む 아프다, 괴롭다 / 痛み 통증, 아픔 / 痛み止め 진통제
			痛ましい 애처롭다
		いた(める)	痛める 아프게 하다
음	통	つう	頭痛* 두통 / 腹痛 복통 / 苦痛 고통 / 痛感 통감
			痛快 통쾌

世界の貧困の現状を知り、胸が痛くなった。 세계 빈곤의 현상을 알고, 가슴이 아팠다.
薬を飲んでも頭痛が治まらず、会社を欠勤した。 약을 먹어도 두통이 가라앉지 않아, 회사를 결근했다.

0877 [N1] 厳

훈	엄할	きび(しい)	厳しい* 엄하다 / 厳しさ 엄함
		おごそ(か)	厳かだ 엄숙하다
음	엄	げん	厳正* 엄정, 엄격 / 厳重* 엄중 / 厳守* 엄수 / 厳格 엄격
			威厳 위엄
		ごん	荘厳 장엄

祖母は礼儀にとても厳しい人だ。 할머니는 예의에 아주 엄한 사람이다.
問題を起こした役員に厳正な処分が下った。 문제를 일으킨 임원에게 엄정한 처분이 내려졌다.

0878 [N1] 寸

훈	마디	ー	
음	촌	すん	寸法 치수, 길이 / 寸前 직전 / 一寸先 한 치 앞

スーツを注文する前に体の寸法を測った。 양복을 주문하기 전에 몸의 치수를 쟀다.
赤字続きで会社は倒産寸前といった状態だ。 적자가 계속되어 회사는 도산 직전과 같은 상태이다.

0879 [N1] 討

훈	칠	う(つ)	討つ 무찌르다, 치다 / 敵討ち 앙갚음, 복수
음	토	とう	討論* 토론 / 検討* 검토 / 討議 토의

家族の敵を討つ話はよく小説の題材にされる。 가족의 원수를 무찌르는 이야기는 곧잘 소설의 소재가 된다.
今日の討論のテーマは制服の必要性についてです。
오늘 토론의 테마는 교복의 필요성에 대해서 입니다.

★은 JLPT/JPT 기출 단어입니다.

0880 [N1] ☐☐☐

훈 쏠	い(る)	射る★ (활을) 쏘다, (쏘아서) 맞히다
음 사	しゃ	注射★ 주사 反射 반사 発射 발사 射撃 사격 日射病 일사병

彼女は矢を射た瞬間、勝利を確信したという。 그녀는 화살을 쏜 순간, 승리를 확신했다고 한다.
インフルエンザ予防の注射を打ちに病院へ行った。 독감 예방 주사를 맞으러 병원에 갔다.

0881 [N2] ☐☐☐

훈 장차	—	
음 장	しょう	将来★ 장래, 미래 主将 (운동부의) 주장 将軍 장군 大将 대장 将棋★ 장기

将来は田舎で小さなカフェを開きたい。 장래에는 시골에서 작은 카페를 열고 싶다.
彼はこの一年間主将としてチームを引っ張ってくれた。 그는 지난 1년간 주장으로서 팀을 이끌어 주었다.

0882 [N2] ☐☐☐

훈 오로지	もっぱ(ら)	専ら 오로지, 한결같이
음 전	せん	専念★ 전념 専門★ 전문 専攻 전공 専用 전용 専属 전속

時間ができると専ら美術館ばかり行っている。 시간이 생기면 오로지 미술관에만 가고 있다.
高校3年生になったので受験勉強に専念したい。 고교 3학년이 되었기 때문에 수험 공부에 전념하고 싶다.

0883 [N2] ☐☐☐

훈 높을	とうと(い)	尊い★ 소중하다
	とうと(ぶ)	尊ぶ 공경하다
	たっと(い)	尊い 귀하다
	たっと(ぶ)	尊ぶ 떠받들다
음 존	そん	尊敬★ 존경 尊重★ 존중 自尊心★ 자존심 尊大 거만함, 건방짐

戦争でたくさんの尊い命が失われた。 전쟁으로 많은 소중한 생명을 잃어버렸다.
作曲家として最も尊敬している音楽家はバッハです。 작곡가로서 가장 존경하고 있는 음악가는 바흐입니다.

0884 延 [N2]

훈	늘일	の(ばす)	延ばす* 연기하다, 연장시키다, 늘이다 引き延ばす* 지연시키다
		の(びる)	延びる 늘어나다, 길어지다
		の(べる)	延べる 늘이다 延べ 늘임, 합계
음	연	えん	延長* 연장 延期* 연기 遅延* 지연 延滞 연체

教授に課題の締め切りを延ばしてもらった。 교수님이 과제의 마감일을 연기해 주었다.
ミュージカルの公演期間が延長されたそうだ。 뮤지컬의 공연 기간이 연장되었다고 한다.

0885 誕 [N1]

훈	낳을	—	
음	탄	たん	誕生 탄생 誕生日* (탄)생일 生誕 탄생, 출생

新しい命の誕生を祝ってください。 새로운 생명의 탄생을 축하해 주세요.
今年の誕生日は家族と過ごせなくて残念だ。 올해 생일은 가족과 보낼 수 없어서 아쉽다.

0886 勤 [N2]

훈	부지런할	つと(める)	勤める* 근무하다 勤め先 근무처
		つと(まる)	勤まる 감당하다
음	근	きん	出勤* 출근 通勤* 통근 転勤* 전근 勤勉 근면
		ごん	勤行 근행, 불전에서 독경함

大学で学んだことを生かせる企業に勤めたい。 대학에서 배운 것을 살릴 수 있는 기업에서 근무하고 싶다.
我が社の社員たちは毎朝8時までに出勤している。 우리 회사 사원들은 매일 아침 8시까지 출근하고 있다.

0887 筋 [N1]

훈	힘줄	すじ	筋 힘줄, 줄거리 大筋* 요점, 대강 本筋 본론 筋書 줄거리, 계획 粗筋 개요, 대충의 줄거리
음	근	きん	筋肉 근육 筋力 근력 筋骨 근골, 체격 鉄筋 철근

話の大筋をつかむのにあまり時間はかからなかった。
이야기의 요점을 파악하는 데에 그다지 시간은 걸리지 않았다.
運動前は準備体操をして筋肉をしっかり伸ばそう。 운동 전에는 준비 체조를 해서 근육을 충분히 늘이자.

★은 JLPT/JPT 기출 단어입니다.

[N1] ☐☐☐ 0888

훈	몸	おのれ	己 자신, 자기 자신
음	기	こ	自己★ 자기 利己 이기
		き	知己 지기, 자신을 잘 이해해 주는 친구
			克己 극기, 자기 감정·충동을 눌러 이김

新人賞受賞は己を信じて努力してきた結果です。 신인상 수상은 자신을 믿고 노력해 온 결과입니다.
自己の判断による薬の服用は危険だ。 자기 판단에 따른 약의 복용은 위험하다.

[N4] ☐☐☐ 0889

훈	사사	わたし	私★ 나, 저
		わたくし	私 저
음	사	し	公私 공과 사, 공사 私立 사립 私用 사용, 사적인 일에 씀
			私有 사유 私腹 사욕, 사리사욕

私の夢は警察官になることだ。 나의 꿈은 경찰관이 되는 것이다.
今晩、公私ともに親しい上司とご飯に行く。 오늘 밤, 공과 사 모두 친한 상사와 식사하러 간다.

[N1] ☐☐☐ 0890

훈	숨길	ひ(める)	秘める★ (내부에) 가지다, 숨기다
음	비	ひ	秘密★ 비밀 秘書 비서 神秘 신비

誰もが無限の可能性を秘めている。 누구나 무한한 가능성을 가지고 있다.
私には絶対ばれたくない秘密が一つある。 나에게는 절대 들키고 싶지 않은 비밀이 하나 있다.

[N2] ☐☐☐ 0891

훈	관청	-	
음	청	ちょう	気象庁 기상청 県庁 현청 官庁 관청 庁舎 청사

気象庁は北海道に大雪注意報を発表した。 기상청은 홋카이도에 대설 주의보를 발표했다.
まもなく県庁で県知事の記者会見が行われる。 곧 현청에서 현지사의 기자 회견이 진행된다.

★은 JLPT/JPT 기출 단어입니다.

0892 [N3] ☐☐☐

훈	자리	すわ(る)	座る★ 앉다	居座る 눌러앉다	座り込み 농성, 눌러앉음
음	좌	ざ	座席★ 좌석, 자리　即座★ 즉시　座布団 방석　座談 좌담		
			星座 성좌, 별자리		

長時間同じ体勢で座り続けるのは体に良くない。 장시간 같은 자세로 계속 앉아 있는 것은 몸에 좋지 않다.
飛行機の座席はいつも通路側を予約している。 비행기의 좌석은 언제나 통로 쪽을 예약하고 있다.

0893 [N1] ☐☐☐

훈	이룰	つ(く)	就く★ 취직하다, 취임하다
		つ(ける)	就ける 지위에 앉히다, 자리에 오르게 하다
음	취	しゅう	就任 취임　就職★ 취직　就業 취업　就寝 취침
		じゅ	成就 성취

新しい仕事に就いて半年が経った。 새로운 일에 취직하고 반 년이 지났다.
この度、理事に就任しました青山です。 이번에, 이사에 취임한 아오야마입니다.

0894 [N2] ☐☐☐

훈	나란할	なら(ぶ)	並ぶ★ 늘어서다, 한 줄로 서다　並び 늘어선 모양, 유례
		なら(べる)	並べる★ 늘어놓다, 나란히 하다
		なら(びに)	並びに 및
		なみ	並木 가로수　足並 보조, 발걸음　月並 평범함
음	병	へい	並行★ 나란히 감, 병행　並列 병렬　並立 병립, 양립

この周辺には有名なレストランが並んでいる。 이 주변에는 유명한 레스토랑이 늘어서 있다.
二人の選手が並行して走っている。 두 명의 선수가 나란히 달리고 있다.

0895 [N1] ☐☐☐

훈	착할	よ(い)	善い 착하다, 바람직하다
음	선	ぜん	改善★ 개선　最善 최선　善悪 선악　善人 선인　慈善 자선

一日一回は善い行いをするようにしている。 1일 1회는 착한 행동을 하려고 하고 있다.
先輩のアドバイスを踏まえて論文を改善した。 선배의 조언을 토대로 논문을 개선했다.

★은 JLPT/JPT 기출 단어입니다.

0896 推 [N1] ☐☐☐

훈	밀	お(す)	推す 추천하다, 헤아리다
음	추	すい	推進*(すいしん) 추진　推移*(すいい) 추이　推薦(すいせん) 추천　推理*(すいり) 추리 推測(すいそく) 추측

部長(ぶちょう)は水野(みずの)さんを次期(じき)係長(かかりちょう)に推(お)した。 부장님은 미즈노 씨를 차기 계장으로 추천했다.
政府(せいふ)は再生可能(さいせいかのう)エネルギーの導入(どうにゅう)を推進(すいしん)している。 정부는 재생 가능 에너지의 도입을 추진하고 있다.

0897 難 [N2] ☐☐☐

훈	어려울	むずか(しい)	難(むずか)しい* 어렵다　難(むずか)しさ 어려움
		かた(い)	許(ゆる)し難(がた)い 용서하기 어렵다　有(あ)り難(がた)い 감사하다
음	난	なん	難題(なんだい) 난제　難関(なんかん)* 난관　難易度(なんいど) 난이도　難点(なんてん)* 난점 非難(ひなん) 비난

他人(たにん)の気持(きも)ちを完全(かんぜん)に理解(りかい)するのは難(むずか)しいことだ。 타인의 기분을 완전히 이해하는 것은 어려운 일이다.
古(ふる)びた商店街(しょうてんがい)の活性化(かっせいか)という難題(なんだい)に挑(いど)んだ。 오래된 상점가의 활성화라는 난제에 도전했다.

0898 垂 [N1] ☐☐☐

훈	드리울	た(らす)	垂(た)らす 늘어뜨리다
		た(れる)	垂(た)れる 늘어지다　雨垂(あまだ)れ 낙숫물
음	수	すい	垂直(すいちょく)* 수직　懸垂(けんすい) 매달림, 턱걸이 胃下垂(いかすい) 위 처짐, 위하수

犬(いぬ)がしっぽを垂(た)らしてしょんぼりしている。 개가 꼬리를 늘어뜨리고 풀죽어 있다.
三角形(さんかくけい)の底辺(ていへん)に垂直(すいちょく)な線(せん)を引(ひ)いてください。 삼각형의 밑변에 수직인 선을 그어 주세요.

0899 郵 [N2] ☐☐☐

훈	우편	—	
음	우	ゆう	郵送(ゆうそう)* 우송, 우편 발송　郵便局(ゆうびんきょく)* 우체국　郵便(ゆうびん)* 우편 郵券(ゆうけん) 우표　郵政(ゆうせい) 우정, 우편 행정

賞品(しょうひん)は追(お)ってご自宅(じたく)に郵送(ゆうそう)いたします。 상품은 추후에 자택으로 우송하겠습니다.
小包(こづつみ)を送(おく)るため郵便局(ゆうびんきょく)に行(い)った。 소포를 보내기 위해 우체국에 갔다.

※ 책 속의 책 <쓰기노트>(p.102)로 각 한자를 획순에 따라 직접 써 보세요.

DAY 26 연습문제

맞은 개수: /32

색이 있는 한자의 발음을 밑줄에 쓴 다음, 괄호 안에 단어의 뜻을 써 보세요.

01 呼ぶ　　_____ぶ　　(　　　)　　17 延ばす　_____ばす　(　　　)
02 呼吸　　こ_____　　(　　　)　　18 誕生　　_____じょう　(　　　)
03 存在　　_____ざい　(　　　)　　19 出勤　　しゅつ_____　(　　　)
04 親孝行　おや_____こう　(　　　)　　20 大筋　　おお_____　(　　　)
05 困る　　_____る　　(　　　)　　21 己　　　_____　　　(　　　)
06 染める　_____める　(　　　)　　22 公私　　こう_____　(　　　)
07 閉める　_____める　(　　　)　　23 秘密　　_____みつ　(　　　)
08 内閣　　ない_____　(　　　)　　24 気象庁　きしょう_____　(　　　)
09 頭痛　　ず_____　　(　　　)　　25 座る　　_____る　　(　　　)
10 厳しい　_____しい　(　　　)　　26 就任　　_____にん　(　　　)
11 寸法　　_____ぽう　(　　　)　　27 並ぶ　　_____ぶ　　(　　　)
12 討つ　　_____つ　　(　　　)　　28 改善　　かい_____　(　　　)
13 注射　　ちゅう_____　(　　　)　　29 推す　　_____す　　(　　　)
14 将来　　_____らい　(　　　)　　30 難しい　_____しい　(　　　)
15 専ら　　_____ら　　(　　　)　　31 垂らす　_____らす　(　　　)
16 尊い　　_____い　　(　　　)　　32 郵送　　_____そう　(　　　)

정답　01 よぶ 부르다　02 こきゅう 호흡　03 そんざい 존재　04 おやこうこう 효도　05 こまる 곤란하다, 난처하다　06 そめる 염색하다, 물들이다　07 しめる 닫다　08 ないかく 내각　09 ずつう 두통　10 きびしい 엄하다　11 すんぽう 치수, 길이　12 うつ 무찌르다, 치다　13 ちゅうしゃ 주사　14 しょうらい 장래, 미래　15 もっぱら 오로지, 한결같이　16 とうとい 소중하다 / たっとい 귀하다　17 のばす 연기하다, 연장시키다, 늘이다　18 たんじょう 탄생　19 しゅつきん 출근　20 おおすじ 요점, 대강　21 おのれ 자신, 자기 자신　22 こうし 공과 사, 공사　23 ひみつ 비밀　24 きしょうちょう 기상청　25 すわる 앉다　26 しゅうにん 취임　27 ならぶ 늘어서다, 한 줄로 서다　28 かいぜん 개선　29 おす 추천하다, 헤아리다　30 むずかしい 어렵다　31 たらす 늘어뜨리다　32 ゆうそう 우송, 우편 발송

일본 문부과학성 지정
초등학교 6학년 한자 ③

오늘은 일본 문부과학성이 지정한 일본 초등학교 6학년 학습 한자 191개 중 32개를 익혀볼 거예요. 먼저 오늘 배울 한자 32개의 훈독과 음독을 일본어로 한 번씩 따라 읽은 후 본격적인 학습을 시작해 보아요.

해커스 일본어상용한자1026_Day27.mp3

姿 모양 자 すがた し	欲 하고자 할 욕 ほ(しい) よく	系 이어맬 계 ー けい	至 이를 지 いた(る) し	穴 구멍 혈 あな けつ	宅 집 택 ー たく	宝 보배 보 たから ほう	宗 마루 종 ー しゅう

훈독   음독   훈독없음

宇 집 우 ー う	宙 집 주 ー ちゅう	宣 베풀 선 ー せん	密 빽빽할 밀 ー みつ	窓 창 창 まど そう	党 무리 당 ー とう	賃 품삯 임 ー ちん	貴 귀할 귀 とうと(い) き

異 다를 이 こと い	片 조각 편 かた へん	尺 자 척 ー しゃく	訳 통변할 역 わけ やく	危 위태할 위 あぶ(ない) き	卵 알 란 たまご らん	簡 간략할 간 ー かん	策 꾀 책 ー さく

乱 어지러울 란 みだ(れる) らん	乳 젖 유 ちち にゅう	仁 어질 인 ー じん	供 이바지할 공 そな(える) きょう	値 값 치 ね ち	俵 나누어줄 표 たわら ひょう	優 뛰어날 우 すぐ(れる) ゆう	傷 다칠 상 きず しょう

★은 JLPT/JPT 기출 단어입니다.

0900 [N1] ☐☐☐

姿

훈	모양	すがた	姿* 모습, 모양, 형편, 상태　後ろ姿 뒷모습
음	자	し	容姿* 외모, 용모와 자태　姿勢* 자세, 태도 雄姿 웅장한 모습

久しぶりに見る娘の姿に成長を感じた。 오랜만에 보는 딸의 모습에 성장을 느꼈다.
竹田さんは容姿だけでなく頭もいい。 다케다 씨는 외모뿐 아니라 머리도 좋다.

0901 [N2] ☐☐☐

欲

훈	하고자 할	ほ(しい)	欲しい* 원하다, 갖고 싶다　欲しがる* 탐내다
		ほっ(する)	欲する 바라다, 갖고 싶다
음	욕	よく	意欲* 의욕　食欲 식욕　欲求 욕구　欲張り 욕심꾸러기 欲望 욕망

欲しい情報が何でも手に入る時代になった。 원하는 정보가 뭐든지 손에 들어오는 시대가 되었다.
当社は意欲がある人材を募集しています。 당사는 의욕이 있는 인재를 모집하고 있습니다.

0902 [N1] ☐☐☐

系

훈	이어맬	—	
음	계	けい	系統* 계통　家系 가문, 가계　体系* 체계　系列 계열

家具を同じ系統の色で統一した。 가구를 같은 계통의 색으로 통일했다.
彼女は代々続く医者の家系に生まれた。 그녀는 대대로 이어지는 의사 가문에서 태어났다.

0903 [N1] ☐☐☐

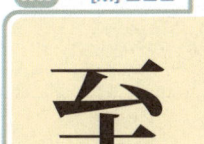
至

훈	이를	いた(る)	至る* 이르다　至って 지극히, 매우, 대단히
음	지	し	至急* 급히, 지급　至当 지당　冬至* 동지　夏至 하지

取引先との契約に至るまで苦労の連続だった。 거래처와의 계약에 이르기까지 고생의 연속이었다.
故障の原因について至急お調べいたします。 고장의 원인에 대해서 급히 조사하겠습니다.

★은 JLPT/JPT 기출 단어입니다.

0904 [N1] ☐☐☐

穴

| 훈 | 구멍 | あな | 穴★ 구멍, 구덩이 |
| 음 | 혈 | けつ | 墓穴 무덤, 무덤 구덩이 |

お気に入りのシャツに穴が空いた。 마음에 드는 셔츠에 구멍이 뚫렸다.
つい口が滑って墓穴を掘ってしまった。 무심코 입을 잘못 놀려서 무덤을 파 버렸다.

0905 [N3] ☐☐☐

宅

| 훈 | 집 | ― | |
| 음 | 택 | たく | 自宅★ 자택 帰宅★ 귀가 住宅★ 주택 |

母は自宅で料理教室を開いている。 엄마는 자택에서 요리 교실을 열고 있다.
帰宅した後はすぐに手を洗うようにしている。 귀가한 뒤에는 바로 손을 씻도록 하고 있다.

0906 [N2] ☐☐☐

宝

훈	보배	たから	宝 보배, 보물 宝物★ 보물 宝くじ★ 복권 子宝 자식
음	보	ほう	国宝★ 국보 重宝 귀중한 보물, 편리함, 소중히 여김
			宝石 보석 財宝 재산과 보물

彼は韓国の演劇界を背負う宝です。 그는 한국의 연극계를 짊어질 보배입니다.
この寺には国宝の仏像が所蔵されている。 이 절에는 국보인 불상이 소장되어 있다.

0907 [N1] ☐☐☐

宗

훈	마루	―	
음	종	しゅう	宗教 종교 改宗 개종 宗派 종파
		そう	宗家 종가, 큰집

日本では宗教に関する自由が法律で守られている。 일본에서는 종교에 관한 자유가 법률로 지켜지고 있다.
私は改宗してキリスト教信者になった。 나는 개종해서 기독교 신자가 되었다.

0908 [N2] ☐☐☐

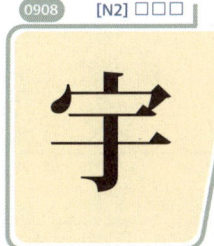

훈	집	—
음	우	う

宇宙* 우주

旅行で宇宙に行ける日もそう遠くはないだろう。
여행으로 우주에 갈 수 있는 날도 그렇게 멀지는 않을 것이다.

0909 [N1] ☐☐☐

훈	집	—
음	주	ちゅう

宙 공중, 하늘   宙返り 공중제비, 재주넘기   宇宙* 우주

ここでは体が宙に浮く無重力空間が体験できる。
여기에서는 몸이 공중에 뜨는 무중력 공간을 체험할 수 있다.

運動神経がいい彼は宙返りも余裕だ。 운동 신경이 좋은 그는 공중제비도 여유롭다.

0910 [N1] ☐☐☐

훈	베풀/ 널리 펼	—
음	선	せん

宣伝* 선전   宣言* 선언   宣告 선고   宣誓 선서

新商品をテレビ広告で大々的に宣伝しましょう。 신상품을 텔레비전 광고로 대대적으로 선전합시다.

彼はダイエットを宣言しても3日と続かない。 그는 다이어트를 선언해도 3일도 계속하지 못한다.

0911 [N1] ☐☐☐

훈	빽빽할	—
음	밀	みつ

過密* 빽빽함, 과밀   密集* 밀집   厳密 엄밀

過密なスケジュールで昼食をとる時間もない。 빽빽한 스케줄로 점심을 먹을 시간도 없다.

住宅が密集した地域に住んでいる。 주택이 밀집한 지역에 살고 있다.

0912 [N2] 窓

훈 창	まど	窓 창문　窓口 창구 出窓 내닫이창, 벽 일부를 내밀어 만든 창
음 창	そう	車窓 차창　同窓会 동창회

窓を開けて部屋の換気を行った。 창문을 열어서 방의 환기를 했다.
トンネルを抜けると車窓から海が見えます。 터널을 빠져나가면 차창으로 바다가 보입니다.

0913 [N2] 党

훈 무리	—	
음 당	とう	政党 정당　与党 여당　野党 야당　党派 당파

予算案をめぐって政党内で対立が起きた。 예산안을 둘러싸고 정당 내에서 대립이 일어났다.
与党とは政権を握っている政党のことです。 여당이란 정권을 쥐고 있는 정당을 말합니다.

0914 [N1] 賃

훈 품삯	—	
음 임	ちん	運賃 운임　家賃 집세　賃金 임금　電車賃 전철 요금 賃上げ 임금 인상

来月からバスの運賃が値上げされるらしい。 다음 달부터 버스 운임이 인상된다고 한다.
固定費を減らすために家賃が安い物件を探している。 고정비를 줄이기 위해서 집세가 싼 물건을 찾고 있다.

0915 [N1] 貴

훈 귀할	とうと(い)	貴い 귀중하다
	とうと(ぶ)	貴ぶ 공경하다
	たっと(い)	貴い 고귀하다
	たっと(ぶ)	貴ぶ 존경하다
음 귀	き	貴重 귀중　貴族 귀족　高貴 고귀 騰貴 급등, 등귀, 물건값이 뛰어오름

留学先でお金では買えない貴い経験をした。 유학처에서 돈으로는 살 수 없는 귀중한 경험을 했다.
昔、塩は高価で貴重な物でした。 옛날, 소금은 고가에 귀중한 것이었습니다.

★은 JLPT/JPT 기출 단어입니다.

0916 [N1] ☐☐☐

훈	다를	こと	異なる*다르다, 같지 않다
음	이	い	異例*이례　異常*이상　異色*이색, 색다름 異動*(직위, 근무처의) 이동　異文化*이문화

裁判で事実と異なる発言をすると罪に問われます。
재판에서 사실과 다른 발언을 하면 문책당합니다.

30代での代表任命は異例の出世だ。30대에서의 대표 임명은 이례적인 출세이다.

0917 [N2] ☐☐☐

훈	조각	かた	片方*한쪽　片手*한 손　片道*편도 片付ける*정리하다
음	편	へん	破片*파편　断片 단편

たいこの演奏中に片方のばちを落としてしまった。북 연주 중에 한쪽 채를 떨어뜨려 버렸다.

窓ガラスが割れて破片が飛び散った。창문 유리가 깨져서 파편이 튀었다.

0918 [N1] ☐☐☐

훈	자	―	
음	척	しゃく	尺度 기준, 척도, 치수　縮尺 축척

自分の尺度で物事を決めつけてはいけない。자신의 기준으로 만사를 단정지어서는 안 된다.

縮尺200分の1の船の模型が飾られている。축척 200분의 1의 배 모형이 장식되어 있다.

0919 [N1] ☐☐☐

훈	통변할	わけ	訳 이유, 의미, 도리　言い訳*핑계　申し訳*변명 内訳*내역, 명세
음	역	やく	翻訳*번역　通訳*통역　直訳 직역　訳文 번역문 訳す*번역하다, 해석하다

部下は遅刻の言い訳をずらずら並べた。부하는 지각의 핑계를 줄줄 늘어놓았다.

文章を写真に撮ると自動で翻訳してくれるアプリがある。
글을 사진으로 찍으면 자동으로 번역해 주는 앱이 있다.

★은 JLPT/JPT 기출 단어입니다.

0920 [N3] ☐☐☐

危

훈 위태할	あぶ(ない)	危ない★ 위험하다
	あや(うい)	危うい 위태롭다　危うく 하마터면
	あや(ぶむ)	危ぶむ★ 위태로워하다
음 위	き	危機 위기　危険★ 위험　危害 위해

雨の日に自転車に乗るのは危ない。비 오는 날에 자전거를 타는 것은 위험하다.
大規模なリコールで父の会社は存続の危機にある。대규모 리콜로 아버지의 회사는 존속의 위기에 있다.

0921 [N2] ☐☐☐

卵

훈 알	たまご	卵★ 달걀, 알
음 란(난)	らん	産卵 산란　鶏卵 계란　卵黄 난황, 노른자
		卵白 난백, 흰자　卵子 난자

卵は色々な料理に使える万能な食材です。달걀은 여러 가지 요리에 사용할 수 있는 만능 식재료입니다.
ウミガメは水辺の砂の中に産卵する。바다거북은 물가의 모래 속에 산란한다.

0922 [N2] ☐☐☐

簡

훈 간략할	─	
음 간	かん	簡略 간략　簡素★ 간소　簡潔 간결　簡単★ 간단
		簡易 간이

転出入などの行政手続きが簡略になった。전출입 등의 행정 수속이 간략해졌다.
身内だけで行う簡素な結婚式が流行している。가족만으로 진행하는 간소한 결혼식이 유행하고 있다.

0923 [N1] ☐☐☐

策

훈 꾀	─	
음 책	さく	対策★ 대책　政策 정책　策略 책략, 계략

熱中症の対策に水分補給は欠かせません。열사병 대책에 수분 보급은 빠트릴 수 없습니다.
政府は若者向けの住宅政策を打ち出した。정부는 청년용 주택 정책을 내세웠다.

★은 JLPT/JPT 기출 단어입니다.

0924 [N2] 乱

훈	어지러울	みだ(れる)	乱れる* 흐트러지다, 혼란해지다　乱れ 흐트러짐, 혼란
		みだ(す)	乱す 어지럽히다, 흩뜨리다
음	란(난)	らん	混乱* 혼란　乱暴* 난폭, 난동　反乱 반란 乱戦 난전, 두 편이 뒤섞여 혼란스럽게 싸움

大雪で電車のダイヤが乱れてしまった。 대설로 전철의 운행 예정이 흐트러져 버렸다.
面接で予想外の質問をされて頭が混乱した。 면접에서 예상 외의 질문을 받아 머리가 혼란했다.

0925 [N2] 乳

훈	젖	ちち	乳 젖, 유방
		ち	乳飲み子 젖먹이
음	유	にゅう	牛乳 우유　乳製品 유제품　乳児 유아　乳液 유액, 에멀젼

ヤギの乳で作られたチーズは臭みがなくおいしい。 염소의 젖으로 만들어진 치즈는 구린내가 없고 맛있다.
牛乳にはカルシウムが豊富に含まれている。 우유에는 칼슘이 풍부하게 함유되어 있다.

0926 [N1] 仁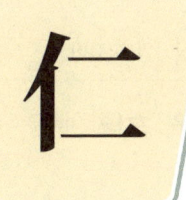

훈	어질	—	
음	인	じん	仁義 인의, 어짊과 이로움　仁術 인술, 인덕을 베푸는 방법 仁愛 인애, 어진 마음으로 사랑함
		に	仁王 인왕

私の上司は仁義を重んじて行動する人だ。 나의 상사는 인의를 중시하며 행동하는 사람이다.
仁王は仏教の守り神と言われている。 인왕은 불교의 수호신이라고 일컬어지고 있다.

0927 [N2] 供

훈	이바지할	そな(える)	供える 바치다, 올리다　お供え 제물, 공물
		とも	お供 모시고 따라감, 모시고 따라가는 사람, 수행원 子供* 아이, 자식, 어린이
음	공	きょう	提供* 제공　供給 공급　自供 자백　供述 진술
		く	供養 공양

祖父のお墓に供える花を買ってお墓参りに行った。 할아버지의 묘에 바칠 꽃을 사서 성묘하러 갔다.
彼女は多くの歌手に曲を提供している作曲家だ。 그녀는 많은 가수에게 곡을 제공하고 있는 작곡가다.

★은 JLPT/JPT 기출 단어입니다.

0928 [N2] 値

훈	값	ね	ね 値 값	ねだん 値段* 가격	ねあ 値上げ 값을 올림	ねふだ 値札* 가격표
		あたい	あたい 値 값어치, 가치	あたい 値する* (~할) 가치가 있다		
음	치	ち	かち 価値* 가치	すうち 数値 수치	へいきんち 平均値 평균치	けっとうち 血糖値 혈당치
			へんさち 偏差値* 편찻값, 평균값과의 차이값			

きかん　　　　てごろ　ねだん　さいふ　か
セール期間だったため手頃な**値段**で財布が買えた。 세일 기간이었기 때문에 적당한 가격으로 지갑을 살 수 있었다.

みせ　りょうり　なら　　　　　た　かち
この店の料理は並んででも食べる**価値**がある。 이 가게의 요리는 줄 서서라도 먹을 가치가 있다.

0929 [N1] 俵

훈	나누어줄	たわら	たわら 俵 (쌀, 숯 등을 담는) 섬, 가마니	こめだわら 米俵 쌀가마니
음	표	ひょう	どひょう 土俵 씨름판, 흙을 담은 포대	いっぴょう 一俵 한 가마

あに　おも　こめだわら　いえ　　はこ
兄は重い**米俵**を家まで運んだ。 형은 무거운 쌀가마니를 집까지 옮겼다.

りきし　どひょう　すもう　と
力士が**土俵**で相撲を取っている。 씨름꾼이 씨름판에서 씨름을 하고 있다.

0930 [N2] 優

훈	뛰어날	すぐ(れる)	すぐ 優れる* 뛰어나다, 우수하다			
		やさ(しい)	やさ 優しい* 상냥하다, 다정하다	やさ 優しさ 상냥함, 다정함		
음	우	ゆう	ゆうしゅう 優秀* 우수	ゆうしょう 優勝* 우승	はいゆう 俳優 배우	じょゆう 女優* 여배우
			ゆうい 優位* 우위			

くつ　ぼうすいせい　すぐ　　　　みず　とお
この靴は防水性に**優れて**いて水を通さない。 이 신발은 방수성이 뛰어나서 물을 통과시키지 않는다.

あね　ゆうしゅう　せいせき　だいがく　そつぎょう
姉は**優秀**な成績で大学を卒業した。 언니는 우수한 성적으로 대학을 졸업했다.

0931 [N1] 傷

훈	다칠	きず	きず 傷* 흠집, 상처	きず 傷つく 다치다, 상처 입다		
		いた(む)	いた 傷む* 상하다, 파손되다			
		いた(める)	いた 傷める 흠내다, 상하게 하다			
음	상	しょう	ふしょう 負傷 부상	けいしょう 軽傷* 경상	じゅうしょう 重傷 중상	そんしょう 損傷 손상	しょうがい 傷害 상해

ともだち　くるま　あやま　きず　つ
友達の車に誤って**傷**を付けてしまった。 친구의 차에 실수로 흠집을 내고 말았다.

ふしょう　かた　かんち　　　　　げつ　い
負傷した肩が完治するまで2か月はかかると言われた。 부상한 어깨가 완치되기까지 2개월은 걸린다고 들었다.

※ 책 속의 책 <쓰기노트>(p.106)로 각 한자를 획순에 따라 직접 써 보세요.

DAY 27 연습문제

맞은 개수: /32

색이 있는 한자의 발음을 밑줄에 쓴 다음, 괄호 안에 단어의 뜻을 써 보세요.

01	姿	_____	(	)	17	異なる	_____なる	(	)
02	欲しい	_____しい	(	)	18	片方	_____ほう	(	)
03	系統	_____とう	(	)	19	尺度	_____ど	(	)
04	至る	_____る	(	)	20	言い訳	いい_____	(	)
05	穴	_____	(	)	21	危ない	_____ない	(	)
06	自宅	じ_____	(	)	22	卵	_____	(	)
07	宝	_____	(	)	23	簡略	_____りゃく	(	)
08	宗教	_____きょう	(	)	24	対策	たい_____	(	)
09	宇宙	_____ちゅう	(	)	25	乱れる	_____れる	(	)
10	宙	_____	(	)	26	牛乳	ぎゅう_____	(	)
11	宣伝	_____でん	(	)	27	仁義	_____ぎ	(	)
12	過密	か_____	(	)	28	供える	_____える	(	)
13	窓	_____	(	)	29	価値	か_____	(	)
14	政党	せい_____	(	)	30	土俵	ど_____	(	)
15	運賃	うん_____	(	)	31	優れる	_____れる	(	)
16	貴い	_____い	(	)	32	傷	_____	(	)

정답 01 すがた 모습, 모양, 형편, 상태 02 ほしい 원하다, 갖고 싶다 03 けいとう 계통 04 いたる 이르다 05 あな 구멍, 구덩이 06 じたく 자택
07 たから 보배, 보물 08 しゅうきょう 종교 09 うちゅう 우주 10 ちゅう 공중, 하늘 11 せんでん 선전 12 かみつ 빽빽함, 과밀 13 まど 창문
14 せいとう 정당 15 うんちん 운임 16 とうとい 귀중하다 / たっとい 고귀하다 17 ことなる 다르다, 같지 않다 18 かたほう 한쪽
19 しゃくど 기준, 척도, 치수 20 いいわけ 핑계 21 あぶない 위험하다 22 たまご 달걀, 알 23 かんりゃく 간략 24 たいさく 대책
25 みだれる 흐트러지다, 혼란해지다 26 ぎゅうにゅう 우유 27 じんぎ 인의, 어짊과 이로움 28 そなえる 바치다, 올리다 29 かち 가치
30 どひょう 씨름판, 흙을 담은 포대 31 すぐれる 뛰어나다, 우수하다 32 きず 흠집, 상처

일본 문부과학성 지정

DAY 28 초등학교 6학년 한자 ④

오늘은 일본 문부과학성이 지정한 일본 초등학교 6학년 학습 한자 191개 중 32개를 익혀볼 거예요. 먼저 오늘 배울 한자 32개의 훈독과 음독을 일본어로 한 번씩 따라 읽은 후 본격적인 학습을 시작해 보아요.

🎧 해커스 일본어상용한자1026_Day28.mp3

| 探 찾을 탐
さが(す) たん | 捨 버릴 사
す(てる) しゃ | 担 멜 담
にな(う) たん | 批 비평할 비
- ひ | 拡 넓힐 확
- かく | 揮 휘두를 휘
- き | 干 마를 건
ほ(す) かん | 洗 씻을 세
あら(う) せん |

(훈독 / 음독 / 훈독없음)

| 沿 따를 연
そ(う) えん | 派 갈래 파
- は | 済 건널 제
す(む) さい | 源 근원 원
みなもと げん | 激 격할 격
はげ(しい) げき | 潮 밀물 조
しお ちょう | 割 벨 할
わ(る) かつ | 刻 새길 각
きざ(む) こく |

| 劇 심할 극
- げき | 創 비롯할 창
つく(る) そう | 泉 샘 천
いずみ せん | 皇 임금 황
- こう | 聖 성인 성
- せい | 盛 성할 성
も(る) せい | 盟 맹세 맹
- めい | 衆 무리 중
- しゅう |

| 降 내릴 강
ふ(る) こう | 除 덜 제
のぞ(く) じょ | 陛 대궐 섬돌 폐
- へい | 障 막을 장
さわ(る) しょう | 株 그루 주
かぶ - (음독없음) | 権 권세 권
- けん | 模 본뜰 모
- も | 樹 나무 수
- じゅ |

320 무료 학습 자료 제공 | japan.Hackers.com

0932 [N2] ☐☐☐

훈	찾을	さが(す)	**探す**★ 찾다		
		さぐ(る)	**探る** 뒤지다, 더듬어 찾다	**手探り** 손끝으로 더듬음	
음	탐	たん	**探検** 탐험	**探求** 탐구	**探知** 탐지

アンケートにご協力くださる方を探しています。 설문 조사에 협력해 주실 분을 찾고 있습니다.
この絵本は主人公が無人島を探検する物語だ。 이 그림책은 주인공이 무인도를 탐험하는 이야기이다.

0933 [N2] ☐☐☐

훈	버릴	す(てる)	**捨てる**★ 버리다
음	사	しゃ	**取捨選択** 취사선택, 쓸 것은 쓰고 버릴 것은 버림

ごみを捨てる時は市指定のごみ袋をご利用ください。 쓰레기를 버릴 때에는 시 지정 쓰레기봉투를 이용해 주세요.
あふれる情報を正確に取捨選択する力が必要だ。 넘치는 정보를 정확하게 취사선택하는 힘이 필요하다.

0934 [N2] ☐☐☐

훈	멜	にな(う)	**担う**★ 떠맡다, 짊어지다		
		かつ(ぐ)	**担ぐ**★ 메다, 지다		
음	담	たん	**担当**★ 담당	**負担**★ 부담	**分担**★ 분담	**担任** 담임

新入社員の教育係を担うことになった。 신입 사원의 교육 담당을 떠맡게 되었다.
商品開発を担当する部署で働いている。 상품 개발을 담당하는 부서에서 일하고 있다.

0935 [N1] ☐☐☐

훈	비평할	—	
음	비	ひ	**批評**★ 비평　**批難** 비난　**批判**★ 비판

趣味で映画を批評するブログを運営している。 취미로 영화를 비평하는 블로그를 운영하고 있다.
何気ない一言が誤解を招き、批難を浴びてしまった。 무심한 한마디가 오해를 불러와, 비난을 받아 버렸다.

0936 拡 [N1]

훈	넓힐	—
음	확	かく

かくじゅう 拡充* 확충　かくさん 拡散 확산　かくちょう 拡張* 확장　かくだい 拡大 확대

大学図書館を拡充するための寄付金を集めています。
대학 도서관을 확충하기 위한 기부금을 모으고 있습니다.

ウイルスは空気が乾いた冬に拡散しやすい。 바이러스는 공기가 건조한 겨울에 확산하기 쉽다.

0937 揮 [N1]

훈	휘두를	—
음	휘	き

はっき 発揮* 발휘　しき 指揮 지휘

試合で本来の力を発揮できず悔しかった。 시합에서 본래의 힘을 발휘하지 못해 분했다.

今季から国の代表チームの指揮をとることになった。 이번 시즌부터 국가 대표 팀의 지휘를 맡게 되었다.

0938 干 [N2]

훈	마를/방패	ほ(す)	ほ 干す* 말리다
		ひ(る)	ひあ 干上がる 바싹 마르다　ひもの 干物 건어물　しおひが 潮干狩り 조개잡이
음	건/간	かん	かんしょう 干渉* 간섭　じゃっかん 若干* 약간

日光を当てて干した布団はぽかぽかしていた。 햇볕을 쬐어 말린 이불은 따끈따끈했다.

身近な人にでも私生活を干渉されたくない。 가까운 사람에게라도 사생활을 간섭 받고 싶지 않다.

0939 洗 [N3]

훈	씻을	あら(う)	あら 洗う* 씻다, 빨다
음	세	せん	せんたく 洗濯* 세탁　せんがん 洗顔 세안　せんざい 洗剤 세제　せんれん 洗練 세련

園児にはこまめに手を洗わせています。 원아에게는 자주 손을 씻게 하고 있습니다.

毎日洗濯しても洗濯物がたまる一方だ。 매일 세탁해도 세탁물이 쌓이기만 한다.

★은 JLPT/JPT 기출 단어입니다.

0940 [N1]

훈	따를	そ(う)	沿う* 따르다　線路沿い* 철길을 따라 난 길 山沿い 산기슭을 따라 난 길
음	연	えん	沿岸 연안　沿海 연해　沿線 연선, 선로를 따라 난 땅

小川に沿ってイチョウの木が並んでいる。 개울을 따라 은행나무가 늘어서 있다.
海に近い沿岸エリアでは強風に注意してください。
바다에 가까운 연안 지역에서는 강풍에 주의해 주세요.

0941 [N1]

훈	갈래	—	
음	파	は	派生 파생　派手* 화려함　派遣 파견　賛成派* 찬성파 流派 유파, 생각이나 방법이 비슷한 사람의 무리

スペイン語はラテン語から派生した言語だ。 스페인어는 라틴어로부터 파생한 언어이다.
司会者は人目を引く派手なドレスで登場した。 사회자는 남의 눈을 끄는 화려한 드레스로 등장했다.

0942 [N2]

훈	건널/도울 /이룰	す(む)	済む* 끝나다, 완료되다　使用済み 사용이 끝남
		す(ます)	済ます* 끝내다, 마치다
음	제	さい	救済 구제, 돕거나 구함　経済* 경제　返済 변제

予定より早く用事が済むかもしれない。 예정보다 빨리 볼일이 끝날지도 모른다.
政府は失業者を救済する制度を見直すことにした。
정부는 실업자를 구제하는 제도를 재검토하기로 했다.

0943 [N1]

훈	근원	みなもと	源 원천, 근원, 시초
음	원	げん	起源 기원, 근원　資源* 자원　電源* 전원　水源 수원 源泉 원천

私の元気の源は子供たちの笑顔です。 제 기력의 원천은 아이들의 웃는 얼굴입니다.
ひな祭りは古代中国の風習が起源だと言われている。
히나마쓰리는 고대 중국의 풍습이 기원이라고 일컬어지고 있다.

0944 [N1] 激

훈 격할	はげ(しい)	激しい* 격렬하다, 세차다	激しさ 격렬함, 세참
음 격	げき	激増 급증, 격증　刺激* 자극　急激* 급격　感激 감격 激動 격동	

予防接種当日は**激しい**運動を控えてください。 예방 접종 당일에는 격렬한 운동을 삼가 주세요.
韓流ドラマの影響により訪韓観光客が**激増**した。
한류 드라마의 영향으로 인해 한국을 방문하는 관광객이 급증했다.

0945 [N1] 潮

훈 밀물	しお	潮 바닷물, 조수, 밀물과 썰물　潮風 바닷바람	
음 조	ちょう	満潮 만조, 밀물　干潮 간조, 썰물 風潮 풍조, 시대의 경향에 따른 흐름	

潮が引いて海面が下がった状態を**干潮**という。 바닷물이 빠져 해면이 내려간 상태를 간조라고 한다.
この橋は**満潮**になると水につかり通れない。 이 다리는 만조가 되면 물에 잠겨 지나갈 수 없다.

0946 [N3] 割

훈 벨	わ(る)	割る* 깨다, 나누다	
	わ(れる)	割れる* 갈라지다　ひび割れ 금이 감, 균열	
	わり	割合* 비율　五割 5할　割に 비교적, 생각한 것보다는	
	さ(く)	割く 가르다	
음 할	かつ	分割 분할　割愛 할애, 아까운 것을 내줌	

洗っていた皿を落として**割って**しまった。 씻고 있던 접시를 떨어뜨려 깨 버렸다.
スマホ本体代を毎月**分割**して支払うことにした。 스마트폰 본체 대금을 매달 분할하여 지불하기로 했다.

0947 [N2] 刻

훈 새길	きざ(む)	刻む* 새기다, 잘게 썰다　刻み 새김, 잘게 썲	
음 각	こく	彫刻 조각　深刻* 심각　時刻* 시각　遅刻* 지각	

先代の社長の教えを心に**刻んで**働いている。 선대 사장님의 가르침을 마음에 새기고 일하고 있다.
教会の柱に美しい**彫刻**が施されていた。 교회의 기둥에 아름다운 조각이 장식되어 있었다.

0948 [N2] ☐☐☐

劇

훈	심할	—				
음	극	げき	劇 극, 드라마, 연극	演劇* 연극	劇場* 극장	劇団 극단

娘は演劇の主人公を見事に演じ切った。 딸은 연극의 주인공을 훌륭하게 연기해냈다.

オペラ公演を見ようと劇場に多くの観客が集まった。
오페라 공연을 보려고 극장에 많은 관객이 모였다.

0949 [N1] ☐☐☐

創

훈	비롯할	つく(る)	創る 만들다			
음	창	そう	創業 창업	創立 창립	創作 창작	創造 창조
			独創 독창			

何か月も部屋にこもって創った作品を出展した。 몇 개월이나 방에 틀어박혀 만든 작품을 출품했다.

この和菓子屋は百年前に創業した伝統あるお店だ。
이 화과자집은 백 년 전에 창업한 전통 있는 가게이다.

0950 [N2] ☐☐☐

泉

훈	샘	いずみ	泉 샘, 샘물, 원천, 근원	
음	천	せん	温泉* 온천	源泉 원천
			泉水 뜰에 만든 연못, 샘에서 나온 물	

泉から清らかな水がわき出ている。 샘에서 맑은 물이 솟아 나오고 있다.

温泉につかって日々の疲れをいやしたい。 온천에 몸을 담그고 하루하루의 피로를 풀고 싶다.

0951 [N1] ☐☐☐

皇

훈	임금	—			
음	황	こう	皇帝 황제	皇室 황실, 천황의 집안	皇后 황후
		おう	法皇 법황 (불문에 든 전 천황을 이르는 말)		

かつて中国に女性の皇帝がいた。 일찍이 중국에 여성 황제가 있었다.

皇室には一般国民と違って名字がない。 황실에는 일반 국민과 달리 성씨가 없다.

0952 聖 [N1]

훈	성인	—
음	성	せい	神聖 신성 　聖書 성서 　聖人 성인, 성자 　聖なる 성스러운

神社は神が宿る神聖な場所です。 신사는 신이 머무는 신성한 곳입니다.
キリスト教の聖書は世界で最も売れた本だという。 기독교 성서는 세계에서 가장 많이 팔린 책이라고 한다.

0953 盛 [N1]

훈	성할/담을	も(る)	盛る 담다, 높이 쌓아 올리다
			盛り上がる* 부풀어 오르다, (기세가) 높아지다
		さか(る)	燃え盛る 활활 타다, 한창 타다　盛り 한창, 붐빔
		さか(ん)	盛んに* 왕성하게, 활발하게
음	성	せい	盛大* 성대　盛況 성황　全盛 전성, 가장 왕성함
		じょう	繁盛* 번성, 번창

皿に盛ったカレーを子供たちに配った。 접시에 담은 카레를 아이들에게 나누어 주었다.
チームの優勝を選手全員で盛大に祝った。 팀의 우승을 선수 전원이 성대하게 축하했다.

0954 盟 [N1]

훈	맹세	—
음	맹	めい	同盟 동맹　加盟 가맹　連盟 연맹

両国は同盟を結び協力し合うことを宣言した。 양국은 동맹을 맺고 서로 협력할 것을 선언했다.
WHOに加盟している国は194か国に及ぶ。 WHO에 가맹한 나라는 194개국에 달한다.

0955 衆 [N1]

훈	무리	—
음	중	しゅう	公衆* 공중, 사회의 일반 사람들　聴衆 청중　民衆 민중
		しゅ	衆生 중생, 생명을 지닌 모든 존재

最近、公衆電話をあまり見かけなくなった。 최근, 공중전화를 그다지 볼 수 없게 되었다.
政治家の街頭演説に多くの聴衆が集まった。 정치가의 가두연설에 많은 청중이 모였다.

0956 [N2]

훈	내릴	ふ(る)	降る* (비, 눈이) 내리다	大降り (비, 눈이) 세차게 쏟아짐
		お(りる)	降りる* (탈것에서) 내리다	乗り降り 타고 내림
		お(ろす)	降ろす 내려놓다	
음	강	こう	下降 하강　以降* 이후　降水 강수　降雨 강우	

少々雨が降っても夏祭りは予定通り行われます。 조금 비가 내려도 여름 축제는 예정대로 시행됩니다.
個人消費の減少が景気の下降をもたらした。 개인 소비 감소가 경기 하강을 초래했다.

0957 [N2]

훈	덜	のぞ(く)	除く* 빼다, 제외하다, 없애다	
음	제	じょ	削除* 삭제　免除* 면제　解除* 해제　除外 제외	
		じ	掃除* 청소	

土日祝日を除いて毎日営業しています。 토·일·공휴일을 빼고 매일 영업하고 있습니다.
間違って重要なデータを削除してしまった。 잘못해서 중요한 데이터를 삭제해 버렸다.

0958 [N1]

| 훈 | 대궐 섬돌 | — | | |
| 음 | 폐 | へい | 陛下 폐하 | |

記念式典に皇后陛下が出席される予定です。 기념식전에 황후 폐하께서 참석하실 예정입니다.

0959 [N1]

훈	막을	さわ(る)	障る* 거슬리다, 방해가 되다	目障り 방해물, 눈에 거슬림
			差し障り 지장이 있음	
음	장	しょう	支障* 지장　故障* 고장　保障* 보장　障害 장애, 방해	
			障子 장지, 미닫이문	

課長は彼の無責任な言動が気に障ったようだ。 과장님은 그의 무책임한 언동이 마음에 거슬린 것 같다.
代表の急な退任が事業計画に支障をきたした。 대표의 갑작스러운 퇴임이 사업 계획에 지장을 초래했다.

★은 JLPT/JPT 기출 단어입니다.

0960 [N1] ☐☐☐ 株

훈	그루	かぶ	株* 주식, 그루터기　株式 주식　株主 주주　株価 주가
음	주	—	

化学メーカーの株を持っている。화학 제조 회사의 주식을 가지고 있다.
その会社は年に二回株主に利益を配当している。그 회사는 한 해에 2번 주주에게 이익을 배당하고 있다.

0961 [N2] ☐☐☐ 権

훈	권세	—	
음	권	けん	権利 권리　権力 권력　人権 인권　権威 권위
		ごん	権化 권화 (부처가 중생 구제를 위해 다른 모습으로 세상에 나타나는 것)

会社は労働者の権利を保障するべきだ。회사는 노동자의 권리를 보장해야 한다.
国の権力は国会、内閣、裁判所の三つに分かれている。
국가의 권력은 국회, 내각, 재판소 3개로 나뉘어 있다.

0962 [N1] ☐☐☐ 模

훈	본뜰	—	
음	모	も	模範* 모범　模型* 모형　模倣 모방
		ぼ	規模* 규모

高橋部長は部下達の模範になるような人物だ。다카하시 부장은 부하들의 모범이 될 만한 인물이다.
規模が大きい音楽イベントの運営を任された。규모가 큰 음악 이벤트의 운영을 맡았다.

0963 [N1] ☐☐☐ 樹

훈	나무	—	
음	수	じゅ	樹木* 수목, 나무　街路樹 가로수　果樹園 과수원 樹立 수립

森に樹木を植えるボランティアに参加したい。숲에 수목을 심는 자원봉사에 참가하고 싶다.
きれいに紅葉した街路樹を見ながら散歩した。예쁘게 단풍 든 가로수를 보면서 산책했다.

※ 책 속의 책 <쓰기노트>(p.110)로 각 한자를 획순에 따라 직접 써 보세요.

DAY 28 연습문제

맞은 개수:　　/32

색이 있는 한자의 발음을 밑줄에 쓴 다음, 괄호 안에 단어의 뜻을 써 보세요.

01	探す	＿＿す	( )		17	演劇	えん＿＿	( )
02	捨てる	＿＿てる	( )		18	創業	＿＿ぎょう	( )
03	担う	＿＿う	( )		19	泉	＿＿	( )
04	批評	＿＿ひょう	( )		20	皇帝	＿＿てい	( )
05	拡充	＿＿じゅう	( )		21	神聖	しん＿＿	( )
06	発揮	はっ＿＿	( )		22	盛る	＿＿る	( )
07	干す	＿＿す	( )		23	同盟	どう＿＿	( )
08	洗う	＿＿う	( )		24	公衆	こう＿＿	( )
09	沿う	＿＿う	( )		25	降る	＿＿る	( )
10	派生	＿＿せい	( )		26	削除	さく＿＿	( )
11	済む	＿＿む	( )		27	陛下	＿＿か	( )
12	起源	き＿＿	( )		28	障る	＿＿る	( )
13	激しい	＿＿しい	( )		29	株	＿＿	( )
14	潮	＿＿	( )		30	権利	＿＿り	( )
15	割る	＿＿る	( )		31	模範	＿＿はん	( )
16	刻む	＿＿む	( )		32	樹木	＿＿もく	( )

정답　01 さがす 찾다　02 すてる 버리다　03 になう 떠맡다, 짊어지다　04 ひひょう 비평　05 かくじゅう 확충　06 はっき 발휘　07 ほす 말리다　08 あらう 씻다, 빨다　09 そう 따르다　10 はせい 파생　11 すむ 끝나다, 완료되다　12 きげん 기원, 근원　13 はげしい 격렬하다, 세차다　14 しお 바닷물, 조수　15 わる 깨다, 나누다　16 きざむ 새기다, 잘게 썰다　17 えんげき 연극　18 そうぎょう 창업　19 いずみ 샘, 샘물, 원천, 근원　20 こうてい 황제　21 しんせい 신성　22 もる 담다, 높이 쌓아 올리다　23 どうめい 동맹　24 こうしゅう 공중　25 ふる (비, 눈이) 내리다　26 さくじょ 삭제　27 へいか 폐하　28 さわる 거슬리다, 방해가 되다　29 かぶ 주식, 그루터기　30 けんり 권리　31 もはん 모범　32 じゅもく 수목, 나무

DAY 29

일본 문부과학성 지정
초등학교 6학년 한자 ⑤

오늘은 일본 문부과학성이 지정한 일본 초등학교 6학년 학습 한자 191개 중 32개를 익혀볼 거예요. 먼저 오늘 배울 한자 32개의 훈독과 음독을 일본어로 한 번씩 따라 읽은 후 본격적인 학습을 시작해 보아요.

🎧 해커스 일본어상용한자1026_Day29.mp3

한자	뜻/음	훈독	음독
我	나 아	われ	が
忠	충성 충	-	ちゅう
恩	은혜 은	-	おん
憲	법 헌	-	けん
域	지경 역	-	いき
蔵	곳간 장	くら	ぞう
裁	결단할 재	さば(く)	さい
退	물러날 퇴	しりぞ(く)	たい
遺	남길 유	-	い
幕	장막 막	-	まく
暮	저물 모	く(らす)	ぼ
奮	떨칠 분	ふる(う)	ふん
承	받들 승	うけたまわ(る)	しょう
蒸	찔 증	む(す)	じょう
熟	익을 숙	う(れる)	じゅく
操	부릴 조	あやつ(る)	そう
臨	임할 림	のぞ(む)	りん
朗	밝을 랑	ほが(らか)	ろう
郷	시골 향	-	きょう
従	좇을 종	したが(う)	じゅう
縦	세로 종	たて	じゅう
拝	절 배	おが(む)	はい
俳	배우 배	-	はい
棒	막대 봉	-	ぼう
律	법칙 률	-	りつ
班	나눌 반	-	はん
肺	허파 폐	-	はい
胸	가슴 흉	むね	きょう
脳	머리 뇌	-	のう
腹	배 복	はら	ふく
腸	창자 장	-	ちょう
臓	오장 장	-	ぞう

★은 JLPT/JPT 기출 단어입니다.

0964 [N1] ☐☐☐

훈	나	われ	我 나　我々*우리들　我ら 우리
		わ	我が国 우리나라　我が家 우리집　我がまま 제멋대로
음	아	が	自我 자아　我慢*참음　怪我*부상, 다침

我々は若年層の結婚観について調査しました。 우리들은 청년층의 결혼관에 대해 조사했습니다.
二歳前後は自我が芽生え始める重要な時期だ。 2살 전후는 자아가 싹트기 시작하는 중요한 시기이다.

0965 [N1] ☐☐☐

| 훈 | 충성 | — | |
| 음 | 충 | ちゅう | 忠実 충실　忠告*충고　忠誠 충성 |

報告書には災害当時の様子が忠実に記録されていた。 보고서에는 재해 당시의 상황이 충실히 기록되어 있었다.
医者の忠告を聞いて毎日運動をするように心掛けている。 의사의 충고를 듣고 매일 운동을 하도록 유의하고 있다.

0966 [N1] ☐☐☐

| 훈 | 은혜 | — | |
| 음 | 은 | おん | 恩 은혜, 은공, 은덕　恩恵 은혜　恩人 은인
恩師 은사, 은혜로운 스승　謝恩 사은, 은혜에 사례함 |

就職活動をサポートしてくれた大学の教授に恩を返したい。 취직 활동을 서포트해 준 대학교 교수님께 은혜를 갚고 싶다.
彼女は私を救ってくれた命の恩人だ。 그녀는 나를 구해 준 생명의 은인이다.

0967 [N1] ☐☐☐

| 훈 | 법 | — | |
| 음 | 헌 | けん | 憲法 헌법　違憲 위헌　立憲 입헌, 헌법을 제정함 |

日本最初の憲法はドイツの憲法を手本にして作られた。 일본 최초의 헌법은 독일의 헌법을 본보기로 하여 만들어졌다.
在外国民の投票を制限するのは違憲だと認められた。 재외 국민의 투표를 제한하는 것은 위헌이라고 인정되었다.

★은 JLPT/JPT 기출 단어입니다.

0968 [N2] ☐☐☐

- 훈 지경 —
- 음 역 いき 　地域* 지역　区域 구역　領域 영역　海域 해역

市長は地域の経済活性化に特に力を入れている。 시장은 지역의 경제 활성화에 특히 힘을 쏟고 있다.
ここは遊泳が禁止されている区域です。 이곳은 수영이 금지되어 있는 구역입니다.

0969 [N2] ☐☐☐

- 훈 곳간 くら 　蔵 창고, 곳간　酒蔵 술 창고
- 음 장 ぞう 　貯蔵 저장　埋蔵 매장　冷蔵庫* 냉장고
　　　　　　 内蔵 내장, 안에 가지고 있음　蔵書 장서

最近古い蔵を改装した飲食店が人気を集めている。 최근 낡은 창고를 리모델링한 음식점이 인기를 모으고 있다.
昔は穴を掘って土の中に食料を貯蔵していた。 옛날에는 구멍을 파서 땅속에 식량을 저장했었다.

0970 [N1] ☐☐☐

- 훈 결단할/마를 さば(く) 　裁く 판가름하다, 시비를 가리다　裁き 심판, 재판
　　　　　　　 た(つ) 　裁つ 재단하다, (옷감 등을) 치수에 맞게 자르다
- 음 재 さい 　裁判* 재판　仲裁 중재　制裁 제재, 금지하고 나무람
　　　　　　 体裁 외관, 체재, 일정한 형식　裁縫 재봉

人は身分に関係なく公平に裁かれるべきだ。 사람은 신분에 관계없이 공평하게 판가름되어야 한다.
裁判で被告人は無罪を言い渡された。 재판에서 피고인은 무죄를 선고받았다.

0971 [N2] ☐☐☐

- 훈 물러날 しりぞ(く) 　退く* 물러나다
　　　　　　 しりぞ(ける) 　退ける 치우다
- 음 퇴 たい 　引退* 은퇴　辞退* 사퇴　退院* 퇴원　退屈* 지루함
　　　　　　 退却 퇴각, 후퇴

県知事は今期限りで知事を退く意向を示した。 현지사는 이번 분기를 끝으로 지사에서 물러날 의향을 밝혔다.
田中選手は20代半ばで現役を引退した。 다나카 선수는 20대 중반에 현역에서 은퇴했다.

0972 [N1] ☐☐☐

훈	남길	—	
음	유	い	遺跡* 유적　遺失物* 유실물　遺産 유산 遺棄 유기, 내다 버림
		ゆい	遺言 유언

考古学者になってこの巨大な遺跡のなぞを解き明かしたい。
고고학자가 되어 이 거대한 유적의 수수께끼를 밝혀내고 싶다.

父の遺言は私達家族への感謝の言葉だった。 아버지의 유언은 우리 가족에게의 감사의 말이었다.

0973 [N1] ☐☐☐

幕

훈	장막	—	
음	막	まく	開幕 개막　閉幕 폐막　幕切れ 연극의 한 막이 끝남, 끝 暗幕 암막　天幕 천막
		ばく	幕府 막부 (1192~1868년에 일본을 통치한 정부) 幕末 막부 시대 말기

オリンピックの開幕を告げる花火が打ち上げられた。 올림픽 개막을 알리는 불꽃이 쏘아 올려졌다.
幕府とは将軍によって設けられた政府のことを指す。 막부란 쇼군에 의해 만들어진 정부를 가리킨다.

0974 [N2] ☐☐☐

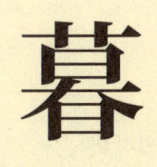

훈	저물	く(らす)	暮らす* 생활하다　暮らし 생활
		く(れる)	暮れる 저물다　暮れ 해질녘　夕暮れ 황혼, 해질녘
음	모	ぼ	お歳暮 오세이보 (연말에 선물을 보내는 풍습)　暮春 늦은 봄

お年寄りが一人で暮らす世帯が急増している。 노인이 혼자서 생활하는 세대가 급증하고 있다.
お歳暮はお世話になった人へ年末におくり物をする風習だ。
오세이보는 신세를 진 사람에게 연말에 선물을 하는 풍습이다.

0975 [N1] ☐☐☐

훈	떨칠	ふる(う)	奮う (용기를) 내다, 떨치다　奮い立つ 분기하다, 분발하다 奮って 분발해서, 자진해서
음	분	ふん	興奮* 흥분　奮起 분기, 분발　奮発 분발　奮闘 분투

勇気を奮って部活のキャプテンに立候補した。 용기를 내서 부 활동의 주장에 입후보했다.
修学旅行の前日は興奮して眠れなかった。 수학여행 전날은 흥분해서 잘 수 없었다.

★은 JLPT/JPT 기출 단어입니다.

0976 [N2] 承

훈 받들	うけたまわ(る)	承る 받다, 승낙하다 (引き受ける, 承諾する의 겸양어)
음 승	しょう	承認 승인 承諾★ 승낙 承知★ 알아들음, 승낙 了承★ 납득 継承 계승

宿泊のご予約はお電話でのみ承っております。 숙박 예약은 전화로만 받고 있습니다.
自社で開発した新薬がついに国の承認を得た。 자사에서 개발한 신약이 드디어 나라의 승인을 얻었다.

0977 [N2] 蒸

훈 찔	む(す)	蒸す 찌다 蒸し暑い 무덥다
	む(れる)	蒸れる 뜸들다
	む(らす)	蒸らす 뜸들이다
음 증	じょう	蒸気 증기 水蒸気 수증기 蒸発 증발

これは白身魚を野菜と一緒に蒸した料理です。 이것은 흰 살 생선을 야채와 함께 찐 요리입니다.
昔は蒸気の力で動く汽車が主流だった。 옛날에는 증기의 힘으로 움직이는 기차가 주류였다.

0978 [N1] 熟

훈 익을	う(れる)	熟れる 익다, 여물다
음 숙	じゅく	成熟 성숙 熟知★ 숙지 熟練 숙련 未熟 미숙 熟成 숙성

ももが程よく熟れていておいしそうだ。 복숭아가 알맞게 익어 있어 맛있을 것 같다.
彼は年の割に精神的に成熟しているようだ。 그는 나이에 비해서 정신적으로 성숙한 것 같다.

0979 [N1] 操

훈 부릴	あやつ(る)	操る★ 조종하다, 다루다 操り人形 꼭두각시 인형
	みさお	操 지조, 절개, 정조
음 조	そう	操作 조작 体操★ 체조 操縦 조종

文楽は人形を操って劇を行う日本の伝統芸能です。
분라쿠는 인형을 조종해서 극을 하는 일본의 전통 예능입니다.
新しく買ったカメラの操作にまだ慣れていない。 새로 산 카메라의 조작에 아직 익숙하지 않다.

0980 臨 [N1]

훈	임할	のぞ(む)	臨む* 임하다, 당면하다
음	림(임)	りん	臨時* 임시 臨床 임상 君臨 군림

復習を重ねて万全の態勢で試験に臨んだ。 복습을 거듭해서 만전의 태세로 시험에 임했다.
職員が出産休暇で抜ける間、臨時にアルバイトを雇った。 직원이 출산 휴가로 빠지는 동안, 임시로 아르바이트를 고용했다.

0981 朗 [N1]

훈	밝을/소리 높을	ほが(らか)	朗らかだ* 명랑하다, 쾌활하다, 쾌청하다 朗らかさ 명랑함, 쾌활함
음	랑(낭)	ろう	朗報* 낭보 朗読* 낭독 明朗 명랑 朗々と 낭랑하게

保健の先生は人柄が朗らかで話しかけやすい。 보건 선생님은 성품이 명랑해서 말을 걸기 쉽다.
友人から第一子が誕生したと朗報が届いた。 친구로부터 첫째가 탄생했다고 낭보가 도착했다.

0982 郷 [N1]

훈	시골	ー	
음	향	きょう	故郷* 고향 郷土 향토, 고향 異郷 타향
		ごう	郷土 향사, 옛날 농촌의 토착 무사

年末年始は故郷に帰ってゆっくり過ごすつもりだ。 연말연시에는 고향에 돌아가 느긋이 보낼 셈이다.
駅弁は郷土の特産品を生かしたものが多い。 역에서 파는 도시락은 향토 특산품을 활용한 것이 많다.

0983 従 [N1]

훈	좇을	したが(う)	従う* 따르다, 좇다
		したが(える)	従える 따르게 하다, 복종시키다, 거느리다
음	종	じゅう	従来* 종래 従事* 종사 服従 복종 従順 순종
		しょう	従容 종용, 침착한 모습
		じゅ	従三位 종삼위 (일본의 벼슬 품계 중 하나)

非常時には係員の指示に従ってください。 비상시에는 담당자의 지시에 따라 주세요.
新型モデルは従来のものより大分軽くなった。 신형 모델은 종래의 것보다 꽤 가벼워졌다.

★은 JLPT/JPT 기출 단어입니다.

0984 [N1]

縦

| 훈 | 세로 | たて | 縦 세로 縦書き 세로쓰기 |
| 음 | 종 | じゅう | 縦断 종단, 남북의 방향으로 가로지름
縦横 종횡, 세로와 가로, 마음대로 操縦 조종 |

トマトはへたを取って縦に半分に切ってください。 토마토는 꼭지를 떼고 세로로 반으로 잘라 주세요.
いつかアフリカ大陸を縦断してみたい。 언젠가 아프리카 대륙을 종단해 보고 싶다.

0985 [N2]

拝

| 훈 | 절 | おが(む) | 拝む 절하다, 빌다 |
| 음 | 배 | はい | 参拝 참배, 신이나 부처에게 절함 拝見 배견 (見る의 겸양어)
拝読★ 배독 (読む의 겸양어) 崇拝 숭배
拝借 배차 (借りる의 겸양어) |

神様を拝む際の作法は知っておいた方がいい。 신에게 절할 때의 관례는 알아두는 편이 좋다.
新年に神社に参拝して一年の幸せを願った。 새해에 신사에 참배해서 일 년의 행복을 빌었다.

0986 [N1]

俳

| 훈 | 배우 | — | |
| 음 | 배 | はい | 俳優 배우 俳句 하이쿠 (일본의 짧은 시)
俳人 하이쿠를 짓는 사람 |

最近はアイドル出身の俳優が多い。 최근에는 아이돌 출신의 배우가 많다.
俳句とは五・七・五の十七音からなる短い詩のことだ。 하이쿠란 5·7·5의 17음으로 구성된 짧은 시를 말한다.

0987 [N2]

棒

| 훈 | 막대 | — | |
| 음 | 봉 | ぼう | 棒 막대, 봉 鉄棒 철봉 綿棒 면봉
棒グラフ 막대 그래프 棒読み 단조롭게 읽어 내림 |

アイスの棒に「当たり」の文字が書かれていた。 아이스크림의 막대에 '당첨' 글자가 쓰여 있었다.
公園の鉄棒で父と逆上がりの練習をした。 공원 철봉에서 아버지와 거꾸로 오르기 연습을 했다.

★은 JLPT/JPT 기출 단어입니다.

0988 [N2] ☐☐☐

律

	훈	법칙	—
	음	률(율)	りつ	一律* 일률 　法律* 법률 　規律 규율
			りち	律儀 의리 있음

開店セールで 商品が一律に半額で売られている。 개점 세일로 상품이 일률적으로 반액에 팔리고 있다.
教え子が毎年律儀に年賀状を送ってくれる。 제자가 매년 의리 있게 연하장을 보내 준다.

0989 [N1] ☐☐☐

班

훈	나눌	—
음	반	はん	班 조, 반　班長 반장

四つの班に分かれて理科の実験を行った。 네 개 조로 나뉘어 이과 실험을 했다.
うちの地域では町内会の班長を順番に任される。 우리 지역에서는 반상회의 반장을 순번대로 맡는다.

0990 [N1] ☐☐☐

肺

훈	허파	—
음	폐	はい	肺 폐　肺炎 폐렴　肺活量 폐활량

たばこは肺に炎症を起こし得る有害なものだ。 담배는 폐에 염증을 일으킬 수 있는 유해한 것이다.
ただの風邪かと思ったら肺炎にかかっていた。 그냥 감기인가 했더니 폐렴에 걸려 있었다.

0991 [N2] ☐☐☐

胸

	훈	가슴	むね	胸* 가슴
			むな	胸騒ぎ 가슴이 두근거림, 설렘
	음	흉	きょう	胸中 심정, 가슴 속　胸部 흉부　胸囲 가슴둘레　度胸 담력, 배짱

初めての舞台を控えて胸がどきどきする。 첫 무대를 앞두고 가슴이 두근거린다.
被害者はマスコミに悲痛な胸中を語った。 피해자는 매스컴에 비통한 심정을 말했다.

★은 JLPT/JPT 기출 단어입니다.

0992 [N2] □□□

| 훈 | 머리 | — |
| 음 | 뇌 | のう | **脳** 뇌　**頭脳** 두뇌　**首脳** 수뇌 |

人間は他の動物に比べて**脳**がとりわけ大きい。 인간은 다른 동물에 비해서 뇌가 유난히 크다.
各国の**首脳**が集まって環境問題について話し合った。 각국의 수뇌가 모여 환경 문제에 대해서 이야기를 나눴다.

0993 [N2] □□□

훈	배	はら	**腹** 배　**腹立つ**★ 화가 나다　**裏腹**★ 정반대, 모순됨
			太っ腹 도량이 큼, 배짱이 있음
음	복	ふく	**空腹** 공복　**腹痛** 복통　**満腹** 배부름　**山腹** 산허리

緊張のせいか急に**腹**が痛くなってきた。 긴장 탓인지 갑자기 배가 아파졌다.
空腹の時にこの薬を飲むと胃が荒れる恐れがあります。 공복 때 이 약을 먹으면 위가 아파질 우려가 있습니다.

0994 [N1] □□□

| 훈 | 창자 | — |
| 음 | 장 | ちょう | **腸** 장, 창자　**胃腸** 위장　**大腸** 대장　**腸炎** 장염 |

ヨーグルトは**腸**の調子を整える効果があるらしい。 요구르트는 장의 상태를 조절하는 효과가 있다고 한다.
胃腸が弱くて、辛いものは食べないようにしている。 위장이 약해서, 매운 것은 먹지 않도록 하고 있다.

0995 [N2] □□□

臟

| 훈 | 오장 | — |
| 음 | 장 | ぞう | **臓器** 장기　**肝臓**★ 간장, 간　**心臓** 심장　**内臓** 내장 |

臓器の提供には本人や家族の同意が必要だ。 장기 제공에는 본인이나 가족의 동의가 필요하다.
過度な飲酒により**肝臓**の病気になった。 과도한 음주로 인해 간장병에 걸렸다.

※ 책 속의 책 <쓰기노트>(p.114)로 각 한자를 획순에 따라 직접 써 보세요.

DAY 29 연습문제

맞은 개수: /32

색이 있는 한자의 발음을 밑줄에 쓴 다음, 괄호 안에 단어의 뜻을 써 보세요.

01	自我	じ_____	( )	17	臨む	_____む	( )
02	忠実	_____じつ	( )	18	朗らかだ	_____らかだ	( )
03	恩	_____	( )	19	故郷	こ_____	( )
04	憲法	_____ぽう	( )	20	従う	_____う	( )
05	地域	ち_____	( )	21	縦	_____	( )
06	蔵	_____	( )	22	拝む	_____む	( )
07	裁く	_____く	( )	23	俳優	_____ゆう	( )
08	退く	_____く	( )	24	棒	_____	( )
09	遺跡	_____せき	( )	25	一律	いち_____	( )
10	開幕	かい_____	( )	26	班	_____	( )
11	暮らす	_____らす	( )	27	肺	_____	( )
12	奮う	_____う	( )	28	胸	_____	( )
13	承る	_____る	( )	29	脳	_____	( )
14	蒸す	_____す	( )	30	腹	_____	( )
15	熟れる	_____れる	( )	31	腸	_____	( )
16	操る	_____る	( )	32	臓器	_____き	( )

정답 01 じが 자아 02 ちゅうじつ 충실 03 おん 은혜, 은공, 은덕 04 けんぽう 헌법 05 ちいき 지역 06 くら 창고, 곳간 07 さばく 판가름하다, 시비를 가리다 08 しりぞく 물러나다 09 いせき 유적 10 かいまく 개막 11 くらす 생활하다 12 ふるう (용기를) 내다, 떨치다 13 うけたまわる 받다, 승낙하다 14 むす 찌다 15 うれる 익다, 여물다 16 あやつる 조종하다, 다루다 17 のぞむ 임하다, 당면하다 18 ほがらかだ 명랑하다, 쾌활하다, 쾌청하다 19 こきょう 고향 20 したがう 따르다, 좇다 21 たて 세로 22 おがむ 절하다, 빌다 23 はいゆう 배우 24 ぼう 막대, 봉 25 いちりつ 일률 26 はん 조, 반 27 はい 폐 28 むね 가슴 29 のう 뇌 30 はら 배 31 ちょう 장, 창자 32 ぞうき 장기

일본 문부과학성 지정
초등학교 6학년 한자 ⑥

오늘은 일본 문부과학성이 지정한 일본 초등학교 6학년 학습 한자 191개 중 31개를 익혀볼 거예요. 먼저 오늘 배울 한자 31개의 훈독과 음독을 일본어로 한 번씩 따라 읽은 후 본격적인 학습을 시작해 보아요.

🎧 해커스 일본어상용한자1026_Day30.mp3

訪	詞	誌	認	誠	諸	誤	疑
찾을 방	말 사	기록할 지	알 인	정성 성	모두 제	그르칠 오	의심할 의
たず(ねる) ほう	ー し	ー し	みと(める) にん	まこと せい	ー しょ	あやま(る) ご	うたが(う) ぎ

훈독 ↙   음독 ↙   훈독없음 ↙

視	看	覧	段	穀	磁	砂	糖
볼 시	볼 간	볼 람	층계 단	곡식 곡	자석 자	모래 사	엿 당
ー し	ー かん	ー らん	ー だん	ー こく	ー じ	すな さ	ー とう

幼	紅	純	納	縮	絹	蚕	革
어릴 유	붉을 홍	순수할 순	들일 납	줄일 축	비단 견	누에 잠	가죽 혁
おさな(い) よう	べに こう	ー じゅん	おさ(める) のう	ちぢ(む) しゅく	きぬ けん	かいこ さん	かわ かく

奏	裏	装	補	針	銭	鋼
아뢸 주	속 리	꾸밀 장	기울 보	바늘 침	돈 전	강철 강
かな(でる) そう	うら り	よそお(う) そう	おぎな(う) ほ	はり しん	ぜに せん	はがね こう

★은 JLPT/JPT 기출 단어입니다.

0996 [N2] ☐☐☐

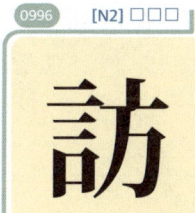

훈	찾을	たず(ねる)	訪ねる 찾다, 방문하다, 탐사하다
		おとず(れる)	訪れる* 방문하다, 찾아오다, 소식을 보내다, 안부하다 訪れ 방문, 찾아옴
음	방	ほう	訪問* 방문　来訪 내방, 만나러 찾아옴 訪日 방일, 일본을 방문함　探訪 탐방

論文について助言を受けようと担当教授を**訪ねた**。 논문에 대해 조언을 받으려고 담당 교수를 찾았다.
打ち合わせのため午後に取引先を**訪問**する。 협의를 위해서 오후에 거래처를 방문한다.

0997 [N2] ☐☐☐

훈	말	—	
음	사	し	品詞 품사　歌詞 가사　作詞 작사

初回の授業では英語の**品詞**について習います。 첫 회 수업에서는 영어의 품사에 대해 배웁니다.
入院中にこの歌の前向きな**歌詞**に元気をもらった。 입원 중에 이 노래의 긍정적인 가사에 힘을 받았다.

0998 [N2] ☐☐☐

훈	기록할	—	
음	지	し	雑誌* 잡지　週刊誌* 주간지　日誌 일지　誌面 지면

うちの出版社では十代向けの**雑誌**を刊行している。 우리 출판사에서는 십대를 대상으로 한 잡지를 간행하고 있다.
議員の違法行為が**週刊誌**にスクープされた。 의원의 위법 행위가 주간지에 특종 기사화되었다.

0999 [N2] ☐☐☐

훈	알	みと(める)	認める* 인정하다
음	인	にん	認識 인식　確認* 확인　認定 인정　否認 부인 承認 승인

個人の多様性を**認めよう**という風潮が広がっている。 개인의 다양성을 인정하자는 풍조가 퍼지고 있다.
大学生の「ボランティア」に対する**認識**を調査した。 대학생의 '봉사 활동'에 대한 인식을 조사했다.

★은 JLPT/JPT 기출 단어입니다.

1000 [N1] ☐☐☐

誠

훈	정성	まこと	**誠** 진심, 진실	**誠に**★ 진심으로, 참으로
음	성	せい	**誠実** 성실	**誠意** 성의

ご多忙の中、ご来場いただき**誠に**ありがとうございます。
바쁘신 가운데, 와 주셔서 진심으로 감사합니다.

彼は**誠実**で仕事仲間から信頼が厚い。 그는 성실해서 직장 동료로부터 신뢰가 두텁다.

1001 [N2] ☐☐☐

諸

훈	모두/여럿	―		
음	제	しょ	**諸国** 여러 나라　**諸問題**★ 여러 문제　**諸島** 여러 섬	**諸君** 여러분, 제군

首相が欧米の**諸国**を訪問して会談を行った。 수상이 구미의 여러 나라를 방문해서 회담을 했다.

その国は貧困から派生する**諸問題**を抱えている。 그 나라는 빈곤에서 파생되는 여러 문제를 안고 있다.

1002 [N2] ☐☐☐

誤

훈	그르칠	あやま(る)	**誤る** 잘못되다, 실수하다	**誤り**★ 잘못, 실수
음	오	ご	**誤算**★ 오산, 잘못 계산함　**誤解** 오해　**誤差** 오차　**錯誤** 착오　**誤字** 오자	

電子レンジは使用方法を**誤る**と発火する恐れがある。
전자레인지는 사용 방법이 잘못되면 발화할 우려가 있다.

参加人数の**誤算**により急いで会場を変更した。 참가 인원 수의 오산으로 인해 서둘러 회장을 변경했다.

1003 [N2] ☐☐☐

疑

훈	의심할	うたが(う)	**疑う**★ 의심하다　**疑い** 혐의, 의심　**疑わしい** 의심스럽다	
음	의	ぎ	**疑問**★ 의문　**容疑** 용의, 혐의　**疑惑** 의혹　**疑念** 의념, 의심	

警察は店の主人が放火事件の犯人だと**疑って**いる。
경찰은 가게 주인이 방화 사건의 범인이라고 의심하고 있다.

災害に対する市の対応に**疑問**の声が上がった。 재해에 대한 시의 대응에 의문의 목소리가 높아졌다.

★은 JLPT/JPT 기출 단어입니다.

1004 [N1] □□□

훈	볼	—
음	시	し

視野*시야　重視*중시　凝視*응시　視覚 시각
視力 시력

運転中は視野を広く持つことが大切です。 운전 중에는 시야를 넓게 가지는 것이 중요합니다.
部屋の大きさと日当たりを重視して家を選んだ。 방의 크기와 채광을 중시하여 집을 골랐다.

1005 [N1] □□□

훈	볼	—
음	간	かん

看板*간판　看病 간병　看護 간호

お店までは大通りの看板を目印にお越しください。 가게까지는 큰길의 간판을 표지로 삼아 와 주세요.
風邪を引いた息子を寝ずに看病した。 감기에 걸린 아들을 자지 않고 간병했다.

1006 [N1] □□□

훈	볼	—
음	람	らん

閲覧*열람　一覧 일람　観覧 관람　展覧会 전람회

転職を目標に毎日求人サイトを閲覧している。 이직을 목표로 매일 구인 사이트를 열람하고 있다.
電車の中で新着ニュースの一覧に軽く目を通した。 전철 안에서 새로 도착한 뉴스 일람을 가볍게 훑어보았다.

1007 [N2] □□□

훈	층계	—
음	단	だん

階段*계단　手段*수단　段階*단계　値段*가격
普段*평소

駅西口の階段を上がるとすぐ銀行が見えます。 역 서쪽 출구의 계단을 올라가면 바로 은행이 보입니다.
コンテンツを違法な手段で入手するのは犯罪だ。 콘텐츠를 위법한 수단으로 입수하는 것은 범죄다.

1008 [N1] ☐☐☐

穀

훈	곡식	—	
음	곡	こく	穀物 곡물, 곡식 雑穀 잡곡 脱穀 탈곡

世界で一番多く生産されている穀物はとうもろこしだ。
세계에서 가장 많이 생산되고 있는 곡물은 옥수수이다.

雑穀には栄養素が豊富に含まれていて体にいい。 잡곡에는 영양소가 풍부하게 함유되어 있어 몸에 좋다.

1009 [N1] ☐☐☐

훈	자석	—	
음	자	じ	磁石 자석 磁気 자기 (자석이 지니는 물리적 성질) 陶磁器 도자기

冷蔵庫に磁石でメモを貼っておいた。 냉장고에 자석으로 메모를 붙여 두었다.

カードは磁気やICチップでデータを読み取る。 카드는 자기나 IC칩으로 데이터를 읽어 들인다.

1010 [N2] ☐☐☐

砂

훈	모래	すな	砂* 모래 砂浜* 모래사장 砂場 모래밭
음	사	さ	砂漠 사막 砂丘 사구, 모래 언덕
		しゃ	土砂 토사, 흙과 모래

子供たちが砂で城を作って遊んでいる。 아이들이 모래로 성을 만들며 놀고 있다.

砂漠に暮らす動物は夜行性のものが多いらしい。 사막에 사는 동물은 야행성인 것이 많다고 한다.

1011 [N1] ☐☐☐

糖

훈	엿	—	
음	당/탕	とう	砂糖 설탕 糖分 당분 糖尿病 당뇨병

このケーキは砂糖を使っていません。 이 케이크는 설탕을 사용하고 있지 않습니다.

健康のため糖分を制限することにした。 건강을 위해 당분을 제한하기로 했다.

1012 [N2] ☐☐☐

幼

훈	어릴	おさな(い)	幼い* 어리다	幼なじみ 소꿉친구
음	유	よう	幼稚* 유치, 수준이 낮거나 미숙함	幼児 유아 幼虫 유충

幼い頃から泳ぎが得意だった。 어릴 때부터 헤엄이 특기였다.
思い通りにいかないと感情的になる幼稚な面を直したい。
마음대로 되지 않으면 감정적이 되는 유치한 면을 고치고 싶다.

1013 [N2] ☐☐☐

紅

훈	붉을	べに	紅 연지	紅色 붉은색, 홍색	口紅 입술 연지
		くれない	紅 다홍색, 주홍색		
음	홍	こう	紅白 붉은색과 흰색, 홍백	紅葉* 단풍, 홍엽	紅茶 홍차
		く	真紅 진홍색		

あざやかな紅色のハスの花が水面に咲いた。 선명한 붉은색의 연꽃이 수면에 피었다.
日本で紅白はおめでたい時に用いる色です。 일본에서 붉은색과 흰색은 경사스러운 때에 쓰는 색입니다.

1014 [N2] ☐☐☐

純

훈	순수할	—				
음	순	じゅん	純粋 순수	清純 청순	単純* 단순	純真 순진	不純 불순

少年のころの純粋な気持ちを取り戻したい。 소년일 적의 순수한 마음을 되찾고 싶다.
その女優は清純なイメージで人気を集めた。 그 여배우는 청순한 이미지로 인기를 모았다.

1015 [N1] ☐☐☐

納

훈	들일	おさ(める)	納める* 내다, 납입하다	
		おさ(まる)	納まる 납입되다	納まり 매듭짓는 일, 수습
음	납	のう	収納* 수납	納品 납품
		なっ	納得* 납득	納豆 낫토 (일본의 전통 발효 식품)
		な	納屋 헛간	
		なん	納戸 골방, 옷·세간 따위를 두는 방	
		とう	出納 출납, 내어 주거나 받아들임	

税金を納めるのは国民の義務です。 세금을 내는 것은 국민의 의무입니다.
押し入れに収納していた来客用の座布団を出した。 벽장에 수납했던 손님용 방석을 꺼냈다.

1016 [N1]

훈	줄일	ちぢ(む)	縮む* 줄어들다, 오그라들다	伸び縮み 신축, 늘어나고 줄어듦
		ちぢ(まる)	縮まる 짧아지다	
		ちぢ(める)	縮める* 줄이다, 단축하다	
		ちぢ(れる)	縮れる 오그라지다, 곱슬곱슬해지다	縮れ毛 곱슬머리
		ちぢ(らす)	縮らす 오그라들게 하다, 곱슬곱슬하게 만들다	
음	축	しゅく	縮小* 축소 凝縮* 응축 恐縮* 송구함, 죄송함, 황송함	
			短縮 단축 縮図 축도, 축소도	

お湯で洗濯したせいか服が縮んでしまった。 뜨거운 물로 세탁해서인지 옷이 줄어들고 말았다.
賃金格差の縮小は政府の重要な課題の一つだ。 임금 격차의 축소는 정부의 중요한 과제 중 하나이다.

1017 [N1]

絹

훈	비단	きぬ	絹 비단, 명주
음	견	けん	絹糸 비단실, 견사

群馬県は古くから絹の生産が盛んだった。 군마현은 옛날부터 비단 생산이 활발했다.
母から受け継いだ着物は絹糸でできている。 엄마로부터 물려받은 기모노는 비단실로 만들어져 있다.

1018 [N1]

훈	누에	かいこ	蚕 누에		
음	잠	さん	蚕糸 명주실, 잠사	養蚕 양잠, 누에치기	蚕業 잠업, 양잠업

虫眼鏡で蚕の幼虫の観察を行った。 돋보기로 누에 유충 관찰을 했다.
昔の貴族は蚕糸で作った衣服を好んだという。 옛날 귀족은 명주실로 만든 의복을 선호했다고 한다.

1019 [N2]

훈	가죽/고칠	かわ	革* 가죽	革靴 가죽 구두	
음	혁	かく	改革* 개혁	革新 혁신	革命 혁명

就職祝いに父が革の財布を買ってくれた。 취직 축하로 아빠가 가죽 지갑을 사 주었다.
教育制度の改革で入試の形態が変わるそうだ。 교육 제도 개혁으로 입시의 형태가 바뀐다고 한다.

★은 JLPT/JPT 기출 단어입니다.

1020 [N1] ☐☐☐

- 훈: 아뢸/연주할 — かな(でる) — 奏でる 연주하다
- 음: 주 — そう — 演奏 연주, 合奏 합주, 伴奏★ 반주, 独奏 독주
  - 奏楽 주악, 음악 연주

バイオリンを奏でる音がとても心地良かった。 바이올린을 연주하는 소리가 매우 기분 좋았다.
今晩ベルリンから来たオーケストラの演奏を聞きに行く。
오늘 밤 베를린에서 온 오케스트라의 연주를 들으러 간다.

1021 [N2] ☐☐☐

- 훈: 속 — うら — 裏★ 뒤쪽, 裏づけ★ (뒷받침이 되는) 확실한 증거
  - 裏口 뒷문, 부정한 수단
- 음: 리(이) — り — 裏面 뒷면, 이면, 表裏 표리, 겉과 속, 脳裏 뇌리, 머릿속

家の裏の庭でガーデニングを楽しんでいる。 집의 뒤쪽 마당에서 가드닝을 즐기고 있다.
免許証は表面と裏面の両方をコピーしてください。 면허증은 앞면과 뒷면 양쪽을 복사해 주세요.

1022 [N2] ☐☐☐

- 훈: 꾸밀 — よそお(う) — 装う★ 치장하다, 그런 체하다, 装い 치장, 단장
- 음: 장 — そう — 改装★ 리모델링, 개장, 服装★ 복장, 包装★ 포장
  - 装置★ 장치
  - しょう — 衣装★ 의상

着物で装い親族の結婚式に出席した。 기모노로 치장하고 친척의 결혼식에 참석했다.
足が悪い祖母のために家をバリアフリーに改装した。
다리가 안 좋은 할머니를 위해서 집을 배리어 프리로 리모델링했다.

1023 [N2] ☐☐☐

- 훈: 기울/도울 — おぎな(う) — 補う★ 보충하다, 메우다, 벌충하다, 補い 보충, 벌충
- 음: 보 — ほ — 補助 보조, 補足★ 보족, 보충, 補充 보충, 補欠 보결, 보궐
  - 候補 후보

まぶたが震えるときはマグネシウムを補うといい。 눈꺼풀이 떨릴 때에는 마그네슘을 보충하면 좋다.
自治体から補助を受けて安く引っ越しができた。 지자체로부터 보조를 받아 싸게 이사할 수 있었다.

1024 針 [N2]

| 훈 | 바늘 | はり | 針* 바늘, 침　針金 철사 |
| 음 | 침 | しん | 方針* 방침　秒針 초침 |

大人になっても注射の針が苦手だ。 어른이 되어도 주삿바늘이 질색이다.
調査の結果を踏まえ今後の方針を決めた。 조사 결과에 입각하여 앞으로의 방침을 정했다.

1025 銭 [N1]

| 훈 | 돈 | ぜに | 銭 동전　小銭* 잔돈, 적은 돈　銭入れ 지갑 |
| 음 | 전 | せん | 金銭 금전　銭湯 목욕탕 |

日本の銀行では小銭を両替すると手数料がかかる。 일본의 은행에서는 잔돈을 바꾸면 수수료가 든다.
友達でも金銭の貸し借りはしないようにしている。 친구라도 금전을 꾸어 주거나 꾸지 않도록 하고 있다.

1026 鋼 [N1]

| 훈 | 강철 | はがね | 鋼 강철, 굳고 단단한 쇠 |
| 음 | 강 | こう | 鉄鋼 철강　鋼鉄 강철　製鋼 제강 |

俳優になるという息子の意志は鋼のように固かった。 배우가 되겠다는 아들의 의지는 강철처럼 단단했다.
鉄鋼の生産量が年々減少している。 철강의 생산량이 해마다 감소하고 있다.

※ 책 속의 책 <쓰기노트>(p.118)로 각 한자를 획순에 따라 직접 써 보세요.

DAY 30 연습문제

맞은 개수: /31

색이 있는 한자의 발음을 밑줄에 쓴 다음, 괄호 안에 단어의 뜻을 써 보세요.

01 訪ねる ＿＿ねる （ ）
02 品詞 ひん＿＿ （ ）
03 雑誌 ざっ＿＿ （ ）
04 認める ＿＿める （ ）
05 誠実 ＿＿じつ （ ）
06 諸国 ＿＿こく （ ）
07 誤る ＿＿る （ ）
08 疑う ＿＿う （ ）
09 視野 ＿＿や （ ）
10 看板 ＿＿ばん （ ）
11 閲覧 えつ＿＿ （ ）
12 階段 かい＿＿ （ ）
13 穀物 ＿＿もつ （ ）
14 磁石 ＿＿しゃく （ ）
15 砂 ＿＿ （ ）
16 砂糖 さ＿＿ （ ）
17 幼い ＿＿い （ ）
18 紅白 ＿＿はく （ ）
19 純粋 ＿＿すい （ ）
20 納める ＿＿める （ ）
21 縮む ＿＿む （ ）
22 絹 ＿＿ （ ）
23 蚕 ＿＿ （ ）
24 改革 かい＿＿ （ ）
25 奏でる ＿＿でる （ ）
26 裏 ＿＿ （ ）
27 装う ＿＿う （ ）
28 補う ＿＿う （ ）
29 針 ＿＿ （ ）
30 金銭 きん＿＿ （ ）
31 鉄鋼 てっ＿＿ （ ）

정답 01 たずねる 찾다, 방문하다, 탐사하다 02 ひんし 품사 03 ざっし 잡지 04 みとめる 인정하다 05 せいじつ 성실 06 しょこく 여러 나라 07 あやまる 잘못되다, 실수하다 08 うたがう 의심하다 09 しや 시야 10 かんばん 간판 11 えつらん 열람 12 かいだん 계단 13 こくもつ 곡물, 곡식 14 じしゃく 자석 15 すな 모래 16 さとう 설탕 17 おさない 어리다 18 こうはく 홍백 19 じゅんすい 순수 20 おさめる 내다, 납입하다 21 ちぢむ 줄어들다, 오그라들다 22 きぬ 비단, 명주 23 かいこ 누에 24 かいかく 개혁 25 かなでる 연주하다 26 うら 뒤쪽 27 よそおう 치장하다, 그런 체하다 28 おぎなう 보충하다, 메우다, 벌충하다 29 はり 바늘, 침 30 きんせん 금전 31 てっこう 철강

JLPT/JPT 대비 테스트 ⑤

Day25부터 30까지 익힌 한자를 포함한 단어를 실제 JLPT/JPT 유형의 문제로 확인해 봅시다.

✓ 올바른 발음 고르기 [JLPT 한자읽기, JPT PART5 대비 유형]

밑줄 친 단어의 읽는 법으로 가장 적절한 것을 하나 고르세요.

01   <u>厳正</u>な<u>審査</u>の下、<u>最優秀</u>作品が選ばれた。
   A げんせい   B げんしょう   C ごんせい   D ごんしょう

02   私が最も<u>尊敬</u>している人は母だ。
   A そうけい   B そうげい   C そんけい   D そんげい

03   我が国の未来を<u>担う</u>若者は社会の宝である。
   A あつかう   B になう   C おもう   D やしなう

04   コンサートが終わっても、<u>興奮</u>が収まらなかった。
   A こふん   B きょふん   C こうふん   D きょうふん

05   この公園の<u>樹木</u>は市が管理している。
   A じゅき   B じゅもく   C じょき   D じょもく

06   このまま赤字経営が続くと、病院の<u>存続</u>が危ない。
   A しょぞく   B そぞく   C ぞんぞく   D そんぞく

07   今日は<u>朗らか</u>で暖かい日だ。
   A ほがらか   B やすらか   C きよらか   D おおらか

08   どんなスポーツでも広い<u>視野</u>が必要だ。
   A みや   B みの   C しや   D しの

09   しょう油は様々な料理に<u>重宝</u>する。
   A じょうほ   B ちょうほ   C じょうほう   D ちょうほう

10   彼女は三か国語を<u>操る</u>トリリンガルだ。
   A もる   B まさる   C あやつる   D はかる

정답 p.353

올바른 한자 표기 고르기 [JLPT 표기, JPT PART5 대비 유형]

밑줄 친 단어의 한자 표기로 가장 적절한 것을 하나 고르세요.

01 高齢者(こうれいしゃ)向けの新サービスの<u>ていきょう</u>を始めた。
A 堤供　　B 提供　　C 堤徃　　D 提徃

02 このアパートは一人で<u>くらす</u>のにちょうど良い。
A 暮らす　　B 住らす　　C 過らす　　D 営らす

03 同じアジアでも国によって文化が<u>ことなる</u>。
A 胃なる　　B 違なる　　C 異なる　　D 遣なる

04 去年に比べて、国の<u>けいざい</u>が急激に発展した。
A 経済　　B 経剤　　C 径済　　D 径剤

05 保健室でけがの<u>しょち</u>をしてもらった。
A 配置　　B 治置　　C 対置　　D 処置

06 嘘(うそ)がばれて動揺(どうよう)したが、平然を<u>よそおった</u>。
A 飾った　　B 装った　　C 演った　　D 被った

07 このまま症状(しょうじょう)が<u>かいぜん</u>すれば早く退院できるだろう。
A 改修　　B 改善　　C 改変　　D 改好

08 書面の分かりにくい説明を口頭で<u>ほそく</u>した。
A 補足　　B 捕足　　C 補促　　D 捕促

09 先日から<u>さがして</u>いるファイルがまだ見つからない。
A 持して　　B 拾して　　C 探して　　D 捨して

10 自分の業務のことならしっかり<u>じゅくち</u>している。
A 塾智　　B 熟智　　C 塾知　　D 熟知

정답 p.353

JLPT/JPT 대비 테스트 정답&해석

JLPT/JPT 대비테스트 ①   p.88

▽ 올바른 발음 고르기

01 B	02 A	03 C	04 B	05 A
06 A	07 D	08 B	09 A	10 A

01 오늘은 사람이 적습니다.
02 집 뒤에 광대한 마당이 있습니다.
03 이 수업은 1반과 2반이 합동으로 합니다.
04 평소보다 이른 버스를 탔습니다.
05 그의 이름을 가르쳐 주세요.
06 비인 경우에는 시합을 중지합니다.
07 창문으로 예쁜 바다가 보입니다.
08 점점 인구가 줄고 있습니다.
09 이번 주 새로운 구두를 샀습니다.
10 일요일은 언제나 가족이서 외출입니다.

▽ 올바른 한자 표기 고르기

01 A	02 D	03 B	04 C	05 D
06 B	07 A	08 B	09 A	10 A

01 저는 봄에 태어났습니다.
02 질문에 대답했습니다.
03 여동생이 그림책을 읽고 있습니다.
04 친구에게 빨간 우산을 빌려 주었습니다.
05 아파트의 남쪽에 공원이 있습니다.
06 학생으로부터 전화가 왔습니다.
07 접시가 세 장 부족합니다.
08 점심 식사 후에 교실을 청소합니다.
09 이것은 유명한 작품입니다.
10 리 씨는 모두에게 친절한 사람입니다.

JLPT/JPT 대비테스트 ②   p.160

▽ 올바른 발음 고르기

01 D	02 A	03 A	04 B	05 C
06 A	07 D	08 B	09 A	10 C

01 실력이 있는 선수가 모였습니다.
02 역에서 지갑을 주웠습니다.
03 입구에서 티켓 대금을 지불해 주세요.
04 옆 자리는 비어있나요?
05 자동차를 한 대 소유하고 있습니다.
06 엄마는 등산이 취미입니다.
07 옆 방에서 쾌활한 음악이 들립니다.
08 이 영화는 슬픈 이야기입니다.
09 최근 긴 스커트가 유행하고 있습니다.
10 짐을 보내 주세요.

▽ 올바른 한자 표기 고르기

01 B	02 C	03 A	04 D	05 A
06 B	07 C	08 A	09 D	10 B

01 시험은 오후 한 시에 개시합니다.
02 계단에서 굴러서 다쳤습니다.
03 포도와 사과의 가격이 같습니다.
04 저쪽 방향에서부터 바람이 불어옵니다.
05 정원에 여러 꽃을 심었습니다.
06 케이크 가게에 행렬이 생겼습니다.
07 업무 메일의 답장은 빠른 편이 좋다.
08 이 섬에서는 맛있는 생선을 많이 잡을 수 있습니다.
09 공항에서 택시에 승차했다.
10 따뜻한 커피를 주문해 주세요.

JLPT/JPT 대비테스트 ③   p.226

▽ 올바른 발음 고르기

01 B	02 A	03 D	04 A	05 A
06 C	07 D	08 A	09 C	10 B

01 이곳은 자연이 많아서 살기 좋은 마을입니다.
02 이 가방은 부드러운 소재로 만들어져 있다.
03 준비가 순조롭게 진행되고 있습니다.
04 회의에 늦은 것을 반성하고 있습니다.
05 트럭에 상품을 쌓아 주세요.
06 부장은 참가자 전원의 의견을 구했다.
07 두 사람은 단단한 우정으로 연결되어있습니다.
08 자전거는 평소 타지 않기 때문에, 창고에 두고 있다.
09 영어 테스트는 간단했습니다.
10 리더로서의 역할을 제대로 다하고 싶다.

✓ 올바른 한자 표기 고르기

01 C	02 B	03 D	04 B	05 A
06 D	07 C	08 A	09 B	10 A

01 다카하시 씨는 어떤 때에도 냉정합니다.
02 회사를 그만두고, 고향으로 돌아갑니다.
03 일본은 만 18살부터 선거에서 투표할 수 있다.
04 꽃병의 바닥이 더러워져있었다.
05 약속을 지키지 않는 친구에게 불만이 있다.
06 정월만의 특별한 메뉴를 준비했습니다.
07 매일 밤 30분 정도 근처를 산책한다.
08 각국의 대표 팀이 우승을 다투었다.
09 8월에 들어, 더운 날이 계속되고 있습니다.
10 그는 실패했던 경험이 성공으로 이어졌다고 말했다.

JLPT/JPT 대비테스트 ④   p.288

✓ 올바른 발음 고르기

01 D	02 B	03 C	04 A	05 D
06 C	07 A	08 B	09 B	10 A

01 이 공장에서 카메라를 제조하고 있다.
02 지난 여행에서 남은 달러를 엔으로 환전하고 싶다.
03 전기 복구에는, 앞으로 수 시간이 걸릴 것 같다.
04 눈이 내리는 날의 운전은 위험하다.
05 주에 3일 일한다고 가정하면, 월에 5만 엔은 받을 수 있다.
06 소방관은 화재 현장에서 많은 사람을 구했다.
07 출장 비용을 정산 받았다.
08 이번 테스트는 지난 번보다도 쉬웠다.
09 이것은 올해의 매상을 나타낸 표이다.
10 컴퓨터에 이상이 있으면, 빨리 수리를 보내 주세요.

✓ 올바른 한자 표기 고르기

01 B	02 D	03 A	04 B	05 C
06 A	07 D	08 D	09 B	10 C

01 진학할지 취직할지로 헤매고 있다.
02 단 것을 먹고 스트레스를 해소하고 싶다.
03 이 약은 약 반나절간 효과가 지속된다.
04 역 앞에 새로운 호텔이 건설되고 있다.
05 싸움이 원인으로, 친구와 연락을 끊어 버렸다.
06 그 소년은 자신이 범한 죄의 크기를 모르는 것 같다.
07 평소부터 적당한 운동에 유념해 주세요.

08 오전중의 강의에 출석했다.
09 데이터를 일정한 규칙에 따라 정리했다.
10 이것은 정보의 유출을 막는 프로그램이다.

JLPT/JPT 대비테스트 ⑤   p.350

✓ 올바른 발음 고르기

01 A	02 C	03 B	04 C	05 B
06 D	07 A	08 C	09 D	10 C

01 엄정한 심사 아래, 최우수 작품이 선정되었다.
02 내가 가장 존경하고 있는 사람은 어머니다.
03 우리나라의 미래를 짊어질 젊은이는 사회의 보물이다.
04 콘서트가 끝나도, 흥분이 가라앉지 않았다.
05 이 공원의 수목은 시가 관리하고 있다.
06 이대로 적자 경영이 계속되면, 병원의 존속이 위험하다.
07 오늘은 쾌청하고 따뜻한 날이다.
08 어떤 스포츠라도 넓은 시야가 필요하다.
09 간장은 여러 요리에 자주 쓰인다.
10 그녀는 3개 국어를 다루는 트라이링구얼이다.

✓ 올바른 한자 표기 고르기

01 B	02 A	03 C	04 A	05 D
06 B	07 B	08 A	09 C	10 D

01 고령자 대상의 새 서비스 제공을 시작했다.
02 이 아파트는 혼자서 살기에 딱 좋다.
03 같은 아시아여도 나라에 따라 문화가 다르다.
04 작년에 비해, 나라의 경제가 급격히 발전했다.
05 보건실에서 상처 처치를 받았다.
06 거짓말이 들켜서 동요했지만, 평온을 가장했다.
07 이대로 증상이 개선되면 빨리 퇴원할 수 있을 것이다.
08 서면의 알기 어려운 설명을 구두로 보충했다.
09 요전부터 찾고 있는 파일이 아직 발견되지 않는다.
10 자신의 업무라면 확실히 숙지하고 있다.

**일본어도 역시,
1위 해커스**

japan.Hackers.com

해커스 일본어 상용한자 1026+

JLPT N3·N2 추가 기출한자 178

상용한자 1026자 이외, JLPT N3와 N2의 문자·어휘 과목에
기출된 178자의 한자를 추가로 학습해 보아요.

JLPT N3 추가 기출한자 74

JLPT N2 추가 기출한자 104

JLPT N3 추가 기출한자 74

단어 바로 듣기 ▶
해커스 일본어상용한자1026_추가기출N3.mp3

한자와 기출 단어를 음독과 훈독 중 JLPT N3에서 출제된 발음을 중심으로 익혀 보아요.

'00는 기출연도입니다.

001 恋	훈	こい(しい)	恋しい '14'18'21	그립다	014 影	음	えい	影響 '11	영향
002 慰	훈	なぐさ(める)	慰める '14'18'21	위로하다, 달래다	015 響	음	きょう	影響 '11	영향
003 怒	훈	おこ(る)	怒る '20	화내다, 노하다	016 距	음	きょ	距離 '18	거리
	음	ど	怒鳴る '14'17	큰 소리로 부르다, 호통치다	017 離	훈	はな(す)	離す '14	(잡은 것) 놓다, (간격을) 벌리다
004 恐	훈	おそ(ろしい)	恐ろしい '11	두렵다	018 隔	음	かく	間隔 '16'19	간격
005 怖	훈	こわ(い)	怖い '11	무섭다	019 隠	훈	かく(す)	隠す '15	숨기다
006 惜	훈	お(しい)	惜しい '16	아깝다	020 涙	훈	なみだ	涙 '11	눈물
007 悔	훈	くや(しい)	悔しい '14	분하다	021 汗	훈	あせ	汗 '12	땀
008 懐	훈	なつ(かしい)	懐かしい '12'18	그립다, 반갑다	022 泡	훈	あわ	泡 '10	거품
009 慢	음	まん	我慢 '11'14'20	참음, 견딤	023 汚	훈	きたな(い)	汚い '17'19	더럽다
010 畳	훈	たた(む)	畳む '13'18	(이불, 옷 등을) 개다		훈	よご(れる)	汚れる '11'15	더러워지다
011 偶	음	ぐう	偶然 '18'20	우연, 우연히	024 溺	훈	おぼ(れる)	溺れる '13'16'18	(물에) 빠지다
012 黙	훈	だま(る)	黙る '15'19	말을 하지 않다	025 沈	훈	しず(む)	沈む '16	가라앉다
013 募	음	ぼ	募集 '12'16	모집	026 溶	훈	と(ける)	溶ける '19'21	녹다, 풀리다

'00는 기출연도입니다.

027 渋	음 じゅう	じゅうたい 渋滞 '13'15'21	정체	040 翻	음 ほん	ほんやく 翻訳 '12	번역
028 滞	음 たい	じゅうたい 渋滞 '13'15'21	정체	041 到	음 とう	とうちゃく 到着 '11'16	도착
029 沸	음 ふつ	ふっとう 沸騰する '16	(액체가) 끓어오르다	042 倒	훈 たお(れる)	たお 倒れる '11'16	쓰러지다, 넘어지다
030 騰	음 とう	ふっとう 沸騰する '16	(액체가) 끓어오르다	043 剥	훈 む(く)	む 剥く '12	(껍질을) 벗기다, 까다
031 腰	훈 こし	こし 腰 '19	허리	044 偉	훈 えら(い)	えら 偉い '19	훌륭하다
032 肩	훈 かた	かた 肩 '19	어깨	045 逃	훈 に(げる)	に 逃げる '13'16'18'21	도망치다
033 払	훈 はら(う)	はら 払う '16	지불하다	046 込	훈 こ(む)	もう こ 申し込み '16	신청
034 扱	훈 あつか(う)	あつか 扱う '10	다루다, 취급하다	047 遅	훈 おそ(い)	おそ 遅い '13'19	늦다
035 握	훈 にぎ(る)	にぎ 握る '13	쥐다, 잡다		훈 おく(れる)	おく 遅れる '11	늦다, 더디다
036 振	훈 ふ(る)	ふ 振る '12	흔들다	048 屈	음 くつ	たいくつ 退屈だ '18'21	지루하다
037 援	음 えん	おうえん 応援 '12'21	응원	049 互	훈 たが(い)	たが お互いに '19	서로
038 換	훈 か(える)	か 換える '18	교환하다	050 冗	음 じょう	じょうだん 冗談 '16'19	농담
	음 かん	こうかん 交換 '13	교환	051 突	음 とつ	とつぜん 突然 '13'19	돌연, 갑자기
039 替	훈 か(える)	か 替える '14	교체하다	052 眠	훈 ねむ(る)	ねむ 眠る '16	자다

번호	한자	구분	읽기	예시	뜻
053	眩	훈	まぶ(しい)	眩しい '12'17'18	눈부시다
054	鮮	음	せん	新鮮だ '15'19	신선하다
055	嫌	훈	きら(う)	嫌う '18'20	싫어하다
056	飽	훈	あ(きる)	飽きる '14	질리다, 싫증나다
057	枯	훈	か(れる)	枯れる '12'17'19'21	시들다
058	較	음	かく	比較 '17'20	비교
059	乾	음	かん	乾燥 '18	건조
060	燥	음	そう	乾燥 '18	건조
061	繰	훈	く(る)	繰り返す '16	반복하다, 되풀이하다
062	芋	훈	いも	芋 '16	감자, 고구마
063	埋	훈	う(める)	埋める '18'20	묻다, 메우다
064	壊	훈	こわ(れる)	壊れる '11	부서지다
065	癖	훈	くせ	癖 '14	버릇
066	疲	훈	つか(れる)	疲れる '10'13'14	지치다
067	緊	음	きん	緊張 '12'19	긴장
068	締	훈	し(める)	締め切り '15'19	마감
069	叱	훈	しか(る)	叱る '18	야단치다
070	吠	훈	ほ(える)	吠える '19	짖다
071	旬	음	じゅん	中旬 '19	중순
072	頼	훈	たの(む)	頼む '13'21	부탁하다
073	般	음	はん	一般的だ '14'19	일반적이다
074	越	훈	こ(える)	越える '16	넘다, 건너다

JLPT N2 추가 기출한자 104

단어 바로 듣기 ▶
해커스 일본어상용한자1026_추가기출N2.mp3

한자와 기출 단어를 음독과 훈독 중 JLPT N2에서 출제된 발음을 중심으로 익혀 보아요.

'00는 기출연도입니다.

번호	한자	음/훈	읽기	단어	뜻
001	介	음	かい	介護 '18 '21	간호
002	企	음	き	企画 '18	기획
003	含	훈	ふく(める)	含める '15	포함시키다, 품게 하다
004	徐	음	じょ	徐々に '10	서서히
005	途	음	と	用途 '15	용도
006	剣	음	けん	真剣だ '13 '20	진지하다
007	刺	음	げき	刺激 '19	자극
008	削	훈	けず(る)	削る '13	깎다, 삭감하다
		음	さく	削除 '12	삭제
009	拒	음	きょ	拒否 '15	거부
010	抵	음	てい	抵抗 '12	저항
011	摘	음	てき	指摘 '15	지적
012	抽	음	ちゅう	抽象 '12	추상
013	撮	음	さつ	撮影 '10 '12	촬영
014	掲	음	けい	掲示 '13	게시
015	抱	훈	かか(える)	抱える '12 '17	떠안다, 책임지다
016	与	훈	あた(える)	与える '11	주다, 수여하다
017	乏	훈	とぼ(しい)	乏しい '12 '15	(경험, 물자가) 부족하다
018	丈	음	じょう	頑丈だ '14	튼튼하다
019	奇	음	き	奇妙だ '12	기묘하다
020	契	음	けい	契機 '17	계기
021	甘	훈	あま(やかす)	甘やかす '15	응석 부리게 하다
022	辛	훈	から(い)	辛い '13	맵다
		훈	つら(い)	辛い '10	괴롭다
023	培	음	ばい	栽培 '19 '21	재배
024	塞	훈	ふさ(ぐ)	塞ぐ '12	막다, 메우다
025	端	음	たん	極端 '12 '14	극단
026	隣	훈	となり	隣 '10	이웃, 옆

'00는 기출연도입니다.

027 昇	음	しょう	上昇 じょうしょう '10'21	상승	041 継	훈	つ(ぐ)	乗り継ぐ のつ '18	환승하다
028 湿	훈	しめ(る)	湿る しめ '12'18	눅눅해지다, 젖다		음	けい	継続 けいぞく '14	계속
029 恵	훈	めぐ(む)	恵む めぐ '15	(은혜를) 베풀다	042 怪	훈	あや(しい)	怪しい あや '16	수상하다
030 愚	음	ぐ	愚痴 ぐち '12	푸념	043 憧	훈	あこが(れる)	憧れる あこが '19	동경하다
031 症	음	しょう	症状 しょうじょう '16	증상	044 憎	훈	にく(い)	憎い にく '15	밉다
032 療	음	りょう	治療 ちりょう '10'16	치료	045 愉	음	ゆ	愉快 ゆかい '16	유쾌
033 邪	음	じゃ	邪魔 じゃま '16	방해	046 凍	훈	こお(る)	凍る こお '17	얼다
034 魔	음	ま	邪魔 じゃま '16	방해	047 漬	훈	つ(ける)	勉強漬け べんきょうづ '16	공부에 찌듦
035 廃	음	はい	廃止 はいし '12'19	폐지	048 濃	훈	こ(い)	濃い こ '19	진하다, 짙다
036 衰	훈	おとろ(える)	衰える おとろ '19	쇠약해지다	049 旦	음	たん	一旦 いったん '15	일단
037 普	음	ふ	普及 ふきゅう '10'16	보급	050 迫	훈	せま(る)	迫る せま '11	다가오다, 육박하다
038 占	훈	し(める)	占める し '12	차지하다, 자리 잡다	051 秀	음	しゅう	優秀だ ゆうしゅう '11	우수하다
039 叶	훈	かな(う)	叶う かな '11	이루어지다	052 劣	훈	おと(る)	劣る おと '14'16	뒤떨어지다
040 絞	훈	しぼ(る)	絞る しぼ '17	조이다, (쥐어) 짜다	053 勧	음	かん	勧誘 かんゆう '13'21	권유

'00는 기출연도입니다.

번호	한자	음훈	읽기	예	뜻
054	誘	훈	さそ(う)	誘う '11	꾀다, 권유하다
055	更	음	こう	変更 '11	변경
056	硬	음	こう	硬貨 '16	동전
057	騒	음	そう	騒々しい '14	시끄럽다
058	驚	훈	おどろ(く)	驚く '15	놀라다
059	鋭	훈	するど(い)	鋭い '15	날카롭다
060	鈍	훈	にぶ(い)	鈍い '18	무디다
061	了	음	りょう	完了 '15	완료
062	矛	음	む	矛盾 '12	모순
063	柔	음	じゅう	柔軟だ '15 '17	유연하다
064	訂	음	てい	訂正 '14	정정
065	詳	훈	くわ(しい)	詳しい '14	상세하다, 자세하다
066	詰	훈	つ(まる)	詰まる '11	가득 차다, 막히다
067	敏	음	びん	敏感だ '18	민감하다
068	徴	음	ちょう	象徴 '11	상징
069	趣	음	しゅ	趣味 '19	취미
070	薄	훈	うす(い)	薄暗い '13	어둑어둑하다, 침침하다
071	覆	훈	おお(う)	覆う '17	덮다, 씌우다
072	伴	훈	ともな(う)	伴う '16	함께 가다, 동반하다
073	依	음	い	依然 '21	의연, 여전
074	傾	훈	かたむ(く)	傾く '13 '21	기울다
		음	けい	傾向 '21	경향
075	儀	음	ぎ	礼儀 '10	예의
076	杯	음	はい	精一杯 '19	힘껏, 최대한, 고작
077	析	음	せき	分析 '11 '17	분석
078	婚	음	こん	結婚観 '16	결혼관
079	蓄	훈	たくわ(える)	蓄える '14	저축하다, 대비하다
080	範	음	はん	模範 '13	모범

'00는 기출연도입니다.

번호	한자	구분	읽기	단어	뜻
081	籍	음	せき	在籍 '17	재적
082	贅	음	ぜい	贅沢 '13	사치
083	尽	훈	つ(きる)	尽きる '19	끝나다, 다하다
084	戻	훈	もど(す)	戻す '14	되돌리다
085	偏	훈	かたよ(る)	偏る '12	치우치다
086	漏	훈	も(れる)	漏れる '21	새다, 누설되다
087	幅	훈	はば	大幅 '14	대폭, 큰 폭
088	輝	훈	かがや(く)	輝かしい '15	빛나다, 훌륭하다
089	充	음	じゅう	充満 '19	충만
090	荒	훈	あら(い)	荒い '17	거칠다, 난폭하다
091	彩	음	さい	多彩だ '18	다채롭다
092	穏	훈	おだ(やか)	穏やかだ '17	온화하다
093	焦	훈	あせ(る)	焦る '10 '21	안달하다, 초조해하다
		음	しょう	焦点 '12	초점
094	稚	음	ち	幼稚だ '14	유치하다
095	催	훈	もよお(す)	催し '16	행사
		음	さい	開催 '10	개최
096	促	음	そく	催促 '13	재촉
097	却	음	きゃく	返却 '12	반환, 반납
098	即	음	そく	即座 '13 '19	즉석, 당장
099	迎	훈	むか(える)	迎える '18	맞이하다, 마중하다
100	腕	훈	うで	腕 '15	팔
101	触	훈	ふ(れる)	触れる '10	접촉하다, 닿다
		훈	さわ(る)	触る '20	닿다, 손을 대다
102	濁	훈	にご(る)	濁る '15	탁해지다, 흐려지다
103	殊	음	しゅ	特殊 '19	특수
104	違	훈	ちが(う)	違う '14	다르다, 틀리다, 잘못되다
		음	い	相違 '15	상이, 서로 다름

해커스 일본어 상용한자 1026+

가나다순으로 바로 찾는
상용한자 1026

일본어 상용한자 1026자를 우리말 음독 기준 가나다순으로
정렬한 색인입니다.

ㄱ~ㅎ

ㄱ

漢	訓	音	쪽	漢	訓	音	쪽	漢	訓	音	쪽	漢	訓	音	쪽
価	값 あたい	가 か	236	講	강론할 —	강 こう	262	犬	개 いぬ	견 けん	21	係	맬 かか(る)	계 けい	153
街	거리 まち	가 がい	207	鋼	강철 はがね	강 こう	348	見	볼 み(る)	견 けん	29	階	섬돌 —	계 かい	156
仮	거짓 かり	가 か	265	強	강할 つよ(い)	강 きょう	74	絹	비단 きぬ	견 けん	346	計	셀 はか(る)	계 けい	82
歌	노래 うた	가 か	61	降	내릴 ふ(る)	강 こう	327	決	결단할 き(める)	결 けつ	145	届	이를 とど(く)	계 —	298
加	더할 くわ(える)	가 か	175	岡	언덕 おか	강 —	203	潔	깨끗할 いさぎよ(い)	결 けつ	251	系	이어맬 —	계 けい	311
可	옳을 —	가 か	232	康	편안할 —	강 こう	198	結	맺을 むす(ぶ)	결 けつ	211	界	지경 —	계 かい	115
家	집 いえ	가 か	77	改	고칠 あらた(める)	개 かい	200	欠	이지러질 か(ける)	결 けつ	164	告	고할 つ(げる)	고 こく	239
各	각각 おのおの	각 かく	187	個	낱 —	개 こ	236	軽	가벼울 かる(い)	경 けい	121	庫	곳집 —	고 こ	122
覚	깨달을 さ(める)	각 かく	188	開	열 ひら(く)	개 かい	104	鏡	거울 かがみ	경 きょう	220	固	굳을 かた(い)	고 こ	203
角	뿔 つの	각 かく	68	客	손 —	객 きゃく	95	敬	공경 うやま(う)	경 けい	295	高	높을 たか(い)	고 こう	71
刻	새길 きざ(む)	각 こく	324	去	갈 さ(る)	거 きょ	124	警	깨우칠 —	경 けい	295	考	생각할 かんが(える)	고 こう	57
閣	집 —	각 かく	302	挙	들 あ(げる)	거 きょ	214	競	다툴 きそ(う)	경 きょう	220	苦	쓸 くる(しい)	고 く	106
簡	간략할 —	간 かん	316	居	있을 い(る)	거 きょ	251	耕	밭 갈 たがや(す)	경 こう	260	故	연고 ゆえ	고 こ	279
看	볼 —	간 かん	343	干	마를 ほ(す)	간 かん	322	景	볕 —	경 けい	197	古	예 ふる(い)	고 こ	44
間	사이 あいだ	간 かん	78	件	물건 —	건 けん	235	京	서울 —	경 きょう	86	穀	곡식 —	곡 こく	344
刊	새길 —	간 かん	259	建	세울 た(てる)	건 けん	198	境	지경 さかい	경 きょう	244	谷	골 たに	곡 こく	47
幹	줄기 みき	간 かん	283	健	튼튼할 すこ(やか)	건 けん	198	経	지날 へ(る)	경 けい	273	曲	굽을 ま(がる)	곡 きょく	112
感	느낄 —	감 かん	91	検	검사할 —	검 けん	256	径	지름길 —	경 けい	207	困	곤할 こま(る)	곤 こん	302
減	덜 へ(る)	감 げん	251	格	격식 —	격 かく	266	季	계절 —	계 き	178	骨	뼈 ほね	골 こつ	291
				激	격할 はげ(しい)	격 げき	324	械	기계 —	계 かい	220	功	공 —	공 こう	175

漢	뜻	음	쪽	漢	뜻	음	쪽	漢	뜻	음	쪽	漢	뜻	음	쪽
公	공평할 おおやけ	공 こう	72	交	사귈 まじ(わる)	교 こう	55	宮	집 みや	궁 きゅう	93	級	등급 —	급 きゅう	154
空	빌 そら	공 くう	17	校	학교 —	교 こう	33	弓	활 ゆみ	궁 きゅう	58	給	줄 —	급 きゅう	211
供	이바지할 そな(える)	공 きょう	317	具	갖출 —	구 ぐ	108	権	권세 —	권 けん	328	岐	갈림길 —	기 き	223
工	장인 —	공 こう	81	球	공 たま	구 きゅう	151	巻	말 ま(く)	권 かん	294	埼	갑 さい	기 —	214
共	함께 とも	공 きょう	163	区	구분할 —	구 く	109	券	문서 —	권 けん	293	器	그릇 うつわ	기 き	184
科	과목 —	과 か	82	救	구원할 すく(う)	구 きゅう	279	机	책상 つくえ	궤 き	294	旗	기 はた	기 き	200
課	과정 —	과 か	177	求	구할 もと(める)	구 きゅう	164	貴	귀할 とうと(い)	귀 き	314	記	기록할 しる(す)	기 き	60
果	열매 は(たす)	과 か	177	句	글귀 —	구 く	233	帰	돌아갈 かえ(る)	귀 き	86	期	기약할 —	기 き	143
過	지날 す(ぎる)	과 か	254	九	아홉 ここの	구 く	13	規	법 —	규 き	272	気	기운 —	기 き	17
関	관계할 かか(わる)	관 かん	204	構	얽을 かま(える)	구 こう	262	均	고를 —	균 きん	241	己	몸 おのれ	기 こ	306
管	대롱 くだ	관 かん	192	究	연구할 きわ(める)	구 きゅう	95	極	다할 きわ(まる)	극 きょく	221	汽	물 끓는 김 —	기 き	86
官	벼슬 —	관 かん	192	旧	옛 —	구 きゅう	270	劇	심할 —	극 げき	325	紀	벼리 —	기 き	273
観	볼 —	관 かん	219	久	오랠 ひさ(しい)	구 きゅう	230	近	가까울 ちか(い)	근 きん	73	寄	부칠 よ(る)	기 き	264
慣	익숙할 な(れる)	관 かん	230	口	입 くち	구 く	28	勤	부지런할 つと(める)	근 きん	305	起	일어날 お(きる)	기 き	153
館	집 やかた	관 かん	129	国	나라 くに	국 こく	77	根	뿌리 ね	근 こん	129	技	재주 わざ	기 ぎ	234
広	넓을 ひろ(い)	광 こう	81	局	판 —	국 きょく	97	筋	힘줄 すじ	근 きん	305	基	터 もと	기 き	269
光	빛 ひか(る)	광 こう	45	郡	고을 —	군 ぐん	222	禁	금할 —	금 きん	259	機	틀 はた	기 き	220
鉱	쇳돌 —	광 こう	286	軍	군사 —	군 ぐん	189	金	쇠 かね	금 きん	16	崎	험할 さき	기 —	223
教	가르칠 おし(える)	교 きょう	61	群	무리 む(れ)	군 ぐん	221	今	이제 いま	금 こん	39			**ㄴ**	
橋	다리 はし	교 きょう	155	君	임금 きみ	군 くん	107	急	급할 いそ(ぐ)	급 きゅう	92	奈	어찌 —	나 な	214

漢字	訓	音	쪽	漢字	訓	音	쪽	漢字	訓	音	쪽	漢字	訓	音	쪽
暖	따뜻할 あたた(か)	난 だん	296	単	홑 ―	단 たん	218	都	도읍 みやこ	도 と	156	灯	등잔 ひ	등 とう	217
難	어려울 むずか(しい)	난 なん	308	達	통달할 ―	달 たつ	176	徒	무리 ―	도 と	207	登	오를 のぼ(る)	등 とう	158
南	남녘 みなみ	남 なん	65	談	말씀 ―	담 だん	134	度	법도 たび	도 ど	122			ㄹ	
男	사내 おとこ	남 だん	31	担	멜 にな(う)	담 たん	321	島	섬 しま	도 とう	157	落	떨어질 お(ちる)	락 らく	152
納	들일 おさ(める)	납 のう	345	答	대답 こた(える)	답 とう	79	導	인도할 みちび(く)	도 どう	255	楽	즐거울 たの(しい)	락 らく	62
内	안 うち	내 ない	66	当	마땅할 あ(たる)	당 とう	58	刀	칼 かたな	도 とう	57	卵	알 たまご	란 らん	316
女	여자 おんな	녀 じょ	31	党	무리 ―	당 とう	314	毒	독 ―	독 どく	256	乱	어지러울 みだ(れる)	란 らん	317
年	해 とし	년 ねん	14	糖	엿 ―	당 とう	344	読	읽을 よ(む)	독 どく	60	覧	볼 ―	람 らん	343
念	생각 ―	념 ねん	179	堂	집 ―	당 どう	245	独	홀로 ひと(り)	독 どく	255	朗	밝을 ほが(らか)	랑 ろう	335
努	힘쓸 つと(める)	노 ど	170	待	기다릴 ま(つ)	대 たい	134	冬	겨울 ふゆ	동 とう	45	来	올 く(る)	래 らい	39
農	농사 ―	농 のう	115	台	대 ―	대 だい	79	銅	구리 ―	동 どう	286	冷	찰 つめ(たい)	랭 れい	181
脳	머리 ―	뇌 のう	338	代	대신할 か(わる)	대 だい	146	働	굼닐 はたら(く)	동 どう	202	略	간략할 ―	략 りゃく	266
能	능할 ―	능 のう	270	対	대할 ―	대 たい	131	東	동녘 ひがし	동 とう	65	両	두 ―	량 りょう	144
		ㄷ		帯	띠 おび	대 たい	199	童	아이 わらべ	동 どう	139	良	어질 よ(い)	량 りょう	163
多	많을 おお(い)	다 た	74	隊	무리 ―	대 たい	222	動	움직일 うご(く)	동 どう	120	量	헤아릴 はか(る)	량 りょう	197
茶	차 ―	다 ちゃ	72	貸	빌릴 か(す)	대 たい	276	同	한가지 おな(じ)	동 どう	79	旅	나그네 たび	려 りょ	130
断	끊을 た(つ)	단 だん	272	大	클 おお	대 だい	25	頭	머리 あたま	두 ず	56	歴	지낼 ―	력 れき	252
団	둥글 ―	단 だん	229	徳	덕 ―	덕 とく	207	豆	콩 まめ	두 とう	96	力	힘 ちから	력 りょく	31
短	짧을 みじか(い)	단 たん	96	図	그림 はか(る)	도 ず	62	得	얻을 え(る)	득 とく	249	連	이을 つら(なる)	련 れん	189
段	층계 ―	단 だん	343	道	길 みち	도 どう	67	等	등급 ひと(しい)	등 とう	135	練	익힐 ね(る)	련 れん	154

한자	훈	음	쪽	한자	훈	음	쪽	한자	훈	음	쪽	한자	훈	음	쪽
列	벌릴 —	렬 れつ	131	里	마을 さと	리 り	80	梅	매화 うめ	매 ばい	221	牧	칠 まき	목 ぼく	201
領	거느릴 —	령 りょう	266	梨	배나무 なし	리 —	187	買	살 か(う)	매 ばい	70	夢	꿈 ゆめ	몽 む	246
令	하여금 —	령 れい	180	裏	속 うら	리 り	347	売	팔 う(る)	매 ばい	71	墓	무덤 はか	묘 ぼ	269
例	비슷할 たと(える)	례 れい	208	利	이로울 き(く)	리 り	187	麦	보리 むぎ	맥 ばく	70	貿	무역할 —	무 ぼう	275
礼	예절 —	례 れい	123	林	수풀 はやし	림 りん	19	脈	줄기 —	맥 みゃく	284	無	없을 な(い)	무 む	171
路	길 じ	로 ろ	133	臨	임할 のぞ(む)	림 りん	335	盟	맹세 —	맹 めい	326	武	호반 —	무 ぶ	242
老	늙을 ふ(ける)	로 ろう	169	立	설 た(つ)	립 りつ	29	面	낯 おも	면 めん	144	務	힘쓸 つと(める)	무 む	279
労	일할 —	로 ろう	170	**ㅁ**				綿	솜 わた	면 めん	274	文	글월 ふみ	문 ぶん	33
録	기록할 —	록 ろく	219	馬	말 うま	마 ば	68	勉	힘쓸 —	면 べん	120	聞	들을 き(く)	문 ぶん	78
鹿	사슴 しか	록 —	198	幕	장막 —	막 まく	333	皿	그릇 さら	명 —	110	門	문 かど	문 もん	77
緑	초록빛 みどり	록 りょく	154	晩	늦을 —	만 ばん	296	命	목숨 いのち	명 めい	98	問	물을 と(う)	문 もん	104
論	논할 —	론 ろん	292	万	일만 —	만 まん	66	明	밝을 あか(るい)	명 めい	46	物	물건 もの	물 ぶつ	133
料	헤아릴 —	료 りょう	210	満	찰 み(たす)	만 まん	224	鳴	울 な(く)	명 めい	86	味	맛 あじ	미 み	117
留	머무를 と(まる)	류 りゅう	256	末	끝 すえ	말 まつ	165	名	이름 な	명 めい	26	迷	미혹할 まよ(う)	미 めい	253
類	무리 たぐ(い)	류 るい	210	亡	망할 な(い)	망 ぼう	291	模	본뜰 —	모 も	328	米	쌀 こめ	미 まい	70
流	흐를 なが(れる)	류 りゅう	105	望	바랄 のぞ(む)	망 ぼう	172	母	어미 はは	모 ぼ	53	未	아닐 —	미 み	165
陸	뭍 —	륙 りく	222	忘	잊을 わす(れる)	망 ぼう	292	暮	저물 く(らす)	모 ぼ	333	美	아름다울 うつく(しい)	미 び	100
輪	바퀴 わ	륜 りん	189	枚	낱 —	매 まい	295	毛	터럭 け	모 もう	69	民	백성 たみ	민 みん	163
律	법칙 —	률 りつ	337	妹	누이 いもうと	매 まい	54	木	나무 き	목 もく	15	密	빽빽할 —	밀 みつ	313
理	다스릴 —	리 り	80	毎	매양 —	매 まい	40	目	눈 め	목 もく	28	**ㅂ**			

漢字	訓	音	페이지	漢字	訓	音	페이지	漢字	訓	音	페이지	漢字	訓	音	페이지
博	넓을 —	박 はく	212	法	법 —	법 ほう	168	部	나눌 —	부 ぶ	156	批	비평할 —	비 ひ	321
班	나눌 —	반 はん	337	辺	가 あた(り)	변 へん	176	府	마을 —	부 ふ	169	肥	살찔 こ(える)	비 ひ	284
返	돌아올 かえ(す)	반 へん	142	弁	말씀 —	변 べん	232	婦	며느리 —	부 ふ	285	秘	숨길 ひ(める)	비 ひ	306
反	돌이킬 そ(る)	반 はん	141	変	변할 か(わる)	변 へん	180	副	버금 —	부 ふく	202	悲	슬플 かな(しい)	비 ひ	93
半	반 なか(ば)	반 はん	42	別	나눌 わか(れる)	별 べつ	201	富	부유할 とみ	부 ふ	202	費	쓸 つい(やす)	비 ひ	274
飯	밥 めし	반 はん	223	並	나란할 なら(ぶ)	병 へい	307	付	붙일 つ(ける)	부 ふ	168	非	아닐 —	비 ひ	231
発	필 —	발 はつ	157	病	병 やまい	병 びょう	122	不	아닐 —	부 ふ	165	鼻	코 はな	비 び	157
放	놓을 はな(す)	방 ほう	130	兵	병사 —	병 へい	182	否	아닐 いな	부 ひ	297	貧	가난할 まず(しい)	빈 ひん	275
防	막을 ふせ(ぐ)	방 ぼう	244	報	갚을 むく(いる)	보 ほう	283	父	아비 ちち	부 ふ	53	氷	얼음 こおり	빙 ひょう	148
方	모 かた	방 ほう	66	歩	걸을 ある(く)	보 ほ	67	阜	언덕 —	부 ふ	192			ㅅ	
訪	찾을 たず(ねる)	방 ほう	341	補	기울 おぎな(う)	보 ほ	347	夫	지아비 おっと	부 ふう	165	飼	기를 か(う)	사 し	286
倍	곱 —	배 ばい	140	宝	보배 たから	보 ほう	312	負	질 ま(ける)	부 ふ	127	四	넉 よ	사 し	12
配	나눌 くば(る)	배 はい	152	保	지킬 たも(つ)	보 ほ	235	北	북녘 きた	북 ほく	65	似	닮을 に(る)	사 じ	235
背	등 せ	배 はい	291	複	겹칠 —	복 ふく	249	粉	가루 こな	분 ふん	234	詞	말 —	사 し	341
俳	배우 —	배 はい	336	腹	배 はら	복 ふく	338	分	나눌 わ(ける)	분 ぶん	42	辞	말씀 や(める)	사 じ	212
拝	절 おが(む)	배 はい	336	福	복 —	복 ふく	116	奮	떨칠 ふる(う)	분 ふん	333	司	맡을 —	사 し	203
百	일백 —	백 ひゃく	14	服	옷 —	복 ふく	143	仏	부처 ほとけ	불 ぶつ	235	砂	모래 すな	사 さ	344
白	흰 しろ	백 はく	21	復	회복할 —	복 ふく	249	備	갖출 そな(える)	비 び	236	社	모일 やしろ	사 しゃ	85
番	차례 —	번 ばん	43	本	근본 もと	본 ほん	35	比	견줄 くら(べる)	비 ひ	241	捨	버릴 す(てる)	사 しゃ	321
犯	범할 おか(す)	범 はん	255	棒	막대 —	봉 ぼう	336	飛	날 と(ぶ)	비 ひ	170	写	베낄 うつ(す)	사 しゃ	97

漢字	訓	音	頁	漢字	訓	音	頁	漢字	訓	音	頁	漢字	訓	音	頁
使	부릴 つか(う)	사 し	140	殺	죽일 ころ(す)	살 さつ	280	西	서녘 にし	서 せい	65	性	성품 —	성 せい	230
史	사기 —	사 し	252	三	석 み	삼 さん	11	序	차례 —	서 じょ	253	盛	성할 も(る)	성 せい	326
謝	사례할 あやま(る)	사 しゃ	286	森	수풀 もり	삼 しん	20	潟	개펄 かた	석 —	224	声	소리 こえ	성 せい	61
私	사사 わたし	사 し	306	傷	다칠 きず	상 しょう	318	石	돌 いし	석 せき	19	成	이룰 な(る)	성 せい	191
思	생각 おも(う)	사 し	57	像	모양 —	상 ぞう	232	昔	예 むかし	석 せき	107	誠	정성 まこと	성 せい	342
士	선비 —	사 し	242	箱	상자 はこ	상 —	117	席	자리 —	석 せき	199	細	가늘 ほそ(い)	세 さい	73
仕	섬길 つか(える)	사 し	139	賞	상줄 —	상 しょう	276	夕	저녁 ゆう	석 せき	18	税	세금 —	세 ぜい	241
師	스승 —	사 し	284	想	생각 —	상 そう	91	選	가릴 えら(ぶ)	선 せん	176	洗	씻을 あら(う)	세 せん	322
糸	실 いと	사 し	33	相	서로 あい	상 そう	118	先	먼저 さき	선 せん	34	世	인간 よ	세 せ	124
射	쏠 い(る)	사 しゃ	304	上	윗 うえ	상 じょう	26	船	배 ふね	선 せん	85	勢	형세 いきお(い)	세 せい	264
事	일 こと	사 じ	133	商	장사 あきな(う)	상 しょう	105	宣	베풀 —	선 せん	313	所	바 ところ	소 しょ	94
寺	절 てら	사 じ	72	象	코끼리 —	상 ぞう	232	線	줄 —	선 せん	84	昭	밝을 —	소 しょう	119
査	조사할 —	사 さ	240	常	항상 つね	상 じょう	245	善	착할 よ(い)	선 ぜん	307	巣	보금자리 す	소 そう	218
死	죽을 し(ぬ)	사 し	131	状	형상 —	상 じょう	269	雪	눈 ゆき	설 せつ	49	素	본디 —	소 そ	263
舎	집 —	사 しゃ	239	色	빛 いろ	색 しょく	50	説	말씀 と(く)	설 せつ	209	焼	불사를 や(く)	소 しょう	217
産	낳을 う(む)	산 さん	199	生	날 うまれる	생 せい	34	設	베풀 もう(ける)	설 せつ	260	消	사라질 き(える)	소 しょう	151
山	메 やま	산 さん	19	省	덜 はぶ(く)	생 せい	187	舌	혀 した	설 ぜつ	297	笑	웃음 わら(う)	소 しょう	178
算	셈할 —	산 さん	82	署	관청 —	서 しょ	293	星	별 ほし	성 せい	45	小	작을 ちい(さい)	소 しょう	25
酸	실 す(い)	산 さん	280	書	글 か(く)	서 しょ	60	城	성 しろ	성 じょう	191	少	적을 すく(ない)	소 しょう	74
散	흩을 ち(る)	산 さん	200	暑	더울 あつ(い)	서 しょ	109	聖	성인 —	성 せい	326	続	계속 つづ(く)	속 ぞく	211

漢字	뜻	음	페이지	漢字	뜻	음	페이지	漢字	뜻	음	페이지	漢字	뜻	음	페이지
属	무리 —	속 ぞく	251	守	지킬 まも(る)	수 しゅ	95	矢	화살 や	시 し	58	我	나 われ	아 が	331
束	묶을 たば	속 そく	177	熟	익을 う(れる)	숙 じゅく	334	食	먹을 た(べる)	식 しょく	70	芽	싹 め	아 が	193
速	빠를 はや(い)	속 そく	142	宿	잘 やど	숙 しゅく	93	式	법 —	식 しき	146	児	아이 —	아 じ	169
損	덜 そこ(なう)	손 そん	281	純	순수할 —	순 じゅん	345	息	쉴 いき	식 そく	92	悪	악할 わる(い)	악 あく	92
孫	손자 まご	손 そん	211	順	순할 —	순 じゅん	210	植	심을 う(える)	식 しょく	155	眼	눈 まなこ	안 がん	270
率	거느릴 ひき(いる)	솔 そつ	263	術	재주 —	술 じゅつ	282	識	알 —	식 しき	286	岸	언덕 きし	안 がん	153
送	보낼 おく(る)	송 そう	142	述	펼 の(べる)	술 じゅつ	254	身	몸 み	신 しん	127	顔	얼굴 かお	안 がん	56
松	소나무 まつ	송 しょう	183	習	익힐 なら(う)	습 しゅう	108	信	믿을 —	신 しん	166	案	책상 —	안 あん	217
刷	인쇄할 す(る)	쇄 さつ	201	拾	주울 ひろ(う)	습 しゅう	133	新	새 あたら(しい)	신 しん	43	安	편안 やす(い)	안 あん	91
収	거둘 おさ(める)	수 しゅう	294	承	받들 うけたまわ(る)	승 しょう	334	神	신 かみ	신 しん	116	岩	바위 いわ	암 がん	47
樹	나무 —	수 じゅ	328	縄	밧줄 なわ	승 じょう	194	臣	신하 —	신 じん	191	暗	어두울 くら(い)	암 あん	118
修	닦을 おさ(める)	수 しゅう	236	勝	이길 か(つ)	승 しょう	144	申	펼 もう(す)	신 しん	111	圧	누를 —	압 あつ	252
垂	드리울 た(らす)	수 すい	308	乗	탈 の(る)	승 じょう	104	実	열매 み	실 じつ	99	央	가운데 —	앙 おう	96
首	머리 くび	수 しゅ	55	時	때 とき	시 じ	41	失	잃을 うしな(う)	실 しつ	164	愛	사랑 —	애 あい	180
水	물 みず	수 すい	15	示	보일 しめ(す)	시 じ	259	室	집 むろ	실 しつ	61	額	이마 ひたい	액 がく	266
受	받을 う(ける)	수 じゅ	121	視	볼 —	시 し	343	深	깊을 ふか(い)	심 しん	152	液	진 —	액 えき	250
輸	보낼 —	수 ゆ	282	詩	시 —	시 し	134	心	마음 こころ	심 しん	56	桜	앵두나무 さくら	앵 おう	234
数	셀 かず	수 すう	83	試	시험 ため(す)	시 し	218	十	열 とお	십 じゅう	14	野	들 の	야 や	48
手	손 て	수 しゅ	27	市	저자 いち	시 し	81	氏	성씨 うじ	씨 し	182	夜	밤 よる	야 や	41
授	줄 さず(ける)	수 じゅ	280	始	처음 はじ(める)	시 し	117					約	맺을 —	약 やく	190

한자	훈	음	쪽	한자	훈	음	쪽	한자	훈	음	쪽	한자	훈	음	쪽
薬	약 くすり	약 やく	106	訳	통변할 わけ	역 やく	315	誤	그르칠 あやま(る)	오 ご	342	雨	비 あめ	우 う	17
弱	약할 よわ(い)	약 じゃく	74	研	갈 と(ぐ)	연 けん	119	午	낮 —	오 ご	41	牛	소 うし	우 ぎゅう	68
若	젊을 わか(い)	약 じゃく	297	然	그럴 —	연 ぜん	171	五	다섯 いつ	오 ご	12	右	오른쪽 みぎ	우 う	25
養	기를 やしな(う)	양 よう	223	延	늘일 の(ばす)	연 えん	305	玉	구슬 たま	옥 ぎょく	32	郵	우편 —	우 ゆう	308
様	모양 さま	양 よう	103	沿	따를 そ(う)	연 えん	323	屋	집 や	옥 おく	98	宇	집 —	우 う	313
陽	볕 —	양 よう	156	燃	탈 も(える)	연 ねん	282	温	따뜻할 あたた(か)	온 おん	111	雲	구름 くも	운 うん	49
羊	양 ひつじ	양 よう	105	演	펼 —	연 えん	250	完	완전할 —	완 かん	166	運	옮길 はこ(ぶ)	운 うん	142
洋	큰 바다 —	양 よう	105	熱	더울 あつ(い)	열 ねつ	213	往	갈 —	왕 おう	243	熊	곰 くま	웅 —	213
漁	고기 잡을 —	어 ぎょ	224	染	물들 そ(める)	염 せん	302	王	임금 —	왕 おう	32	源	근원 みなもと	원 げん	323
語	말씀 かた(る)	어 ご	59	塩	소금 しお	염 えん	214	外	바깥 そと	외 がい	66	園	동산 その	원 えん	72
魚	물고기 さかな	어 ぎょ	69	葉	잎 は	엽 よう	107	曜	빛날 —	요 よう	40	円	둥글 まる(い)	원 えん	32
億	억 —	억 おく	209	営	경영할 いとな(む)	영 えい	245	要	요긴할 い(る)	요 よう	204	遠	멀 とお(い)	원 えん	73
言	말씀 い(う)	언 げん	59	永	길 なが(い)	영 えい	229	浴	목욕할 あ(びる)	욕 よく	168	原	언덕 はら	원 げん	47
厳	엄할 きび(しい)	엄 げん	303	英	뛰어날 —	영 えい	179	欲	하고자 할 ほ(しい)	욕 よく	311	媛	여자 —	원 えん	175
業	업 わざ	업 ぎょう	103	映	비칠 うつ(る)	영 えい	296	勇	날랠 いさ(む)	용 ゆう	170	願	원할 ねが(う)	원 がん	210
余	남을 あま(る)	여 よ	239	栄	영화로울 さか(える)	영 えい	179	用	쓸 もち(いる)	용 よう	59	元	으뜸 もと	원 げん	83
逆	거스를 さか(らう)	역 ぎゃく	254	泳	헤엄칠 およ(ぐ)	영 えい	148	容	얼굴 —	용 よう	239	員	인원 —	원 いん	108
役	부릴 —	역 やく	132	預	맡길 あず(ける)	예 よ	293	羽	깃 はね	우 う	69	院	집 —	원 いん	157
駅	정거장 —	역 えき	121	予	미리 —	예 よ	94	優	뛰어날 すぐ(れる)	우 ゆう	318	月	달 つき	월 げつ	15
域	지경 —	역 いき	332	芸	재주 —	예 げい	178	友	벗 とも	우 ゆう	54	囲	둘레 かこ(む)	위 い	229

漢字	訓	音	頁	漢字	訓	音	頁	漢字	訓	音	頁	漢字	訓	音	頁
委	맡길 ゆだ(ねる)	위 い	91	応	응할 こた(える)	응 おう	253	因	인할 よ(る)	인 いん	229	蚕	누에 かいこ	잠 さん	346
胃	밥통 —	위 い	291	意	뜻 —	의 い	92	日	날 ひ	일 にち	16	雑	섞일 —	잡 ざつ	280
危	위태할 あぶ(ない)	위 き	316	義	옳을 —	의 ぎ	264	一	한 ひと	일 いち	11	蔵	곳간 くら	장 ぞう	332
位	자리 くらい	위 い	181	衣	옷 ころも	의 い	164	任	맡길 まか(せる)	임 にん	243	章	글 —	장 しょう	136
衛	지킬 —	위 えい	282	議	의논할 —	의 ぎ	219	賃	품삯 —	임 ちん	314	長	길 なが(い)	장 ちょう	71
油	기름 あぶら	유 ゆ	112	疑	의심할 うたが(う)	의 ぎ	342	入	들 はい(る)	입 にゅう	30	装	꾸밀 よそお(う)	장 そう	347
遺	남길 —	유 い	333	医	의원 —	의 い	110					場	마당 ば	장 じょう	81
遊	놀 あそ(ぶ)	유 ゆう	131	耳	귀 みみ	이 じ	29	ㅈ				障	막을 さわ(る)	장 しょう	327
由	말미암을 よし	유 ゆ	112	異	다를 こと	이 い	315	茨	가시나무 いばら	자 —	193	張	베풀 は(る)	장 ちょう	285
幼	어릴 おさな(い)	유 よう	345	二	두 ふた	이 に	11	字	글자 あざ	자 じ	34	臓	오장 —	장 ぞう	338
有	있을 あ(る)	유 ゆう	128	易	쉬울 やさ(しい)	이 い	249	者	놈 もの	자 しゃ	155	帳	장막 —	장 ちょう	117
乳	젖 ちち	유 にゅう	317	以	써 —	이 い	168	姿	모양 すがた	자 し	311	将	장차 —	장 しょう	304
肉	고기 —	육 にく	69	移	옮길 うつ(す)	이 い	242	滋	불을 —	자 じ	224	腸	창자 —	장 ちょう	338
育	기를 そだ(てる)	육 いく	128	翌	다음날 —	익 よく	296	姉	손윗누이 あね	자 し	54	裁	결단할 さば(く)	재 さい	332
六	여섯 む	육 ろく	12	益	더할 —	익 えき	240	自	스스로 みずか(ら)	자 じ	55	再	두 ふたた(び)	재 さい	240
銀	은 —	은 ぎん	129	引	당길 ひ(く)	인 いん	84	子	아들 こ	자 し	32	在	있을 あ(る)	재 ざい	243
恩	은혜 —	은 おん	331	印	도장 しるし	인 いん	193	磁	자석 —	자 じ	344	材	재목 —	재 ざい	183
飲	마실 の(む)	음 いん	128	人	사람 ひと	인 にん	30	資	재물 —	자 し	274	財	재물 —	재 ざい	271
音	소리 おと	음 おん	29	認	알 みと(める)	인 にん	341	昨	어제 —	작 さく	193	災	재앙 わざわ(い)	재 さい	281
泣	울 な(く)	읍 きゅう	181	仁	어질 —	인 じん	317	作	지을 つく(る)	작 さく	82	才	재주 —	재 さい	59
								残	남을 のこ(る)	잔 ざん	213				

漢字	訓	音	頁	漢字	訓	音	頁	漢字	訓	音	頁	漢字	訓	音	頁
争	다툴 あらそ(う)	쟁 そう	188	全	온전 まった(く)	전 ぜん	98	政	정사 まつりごと	정 せい	279	操	부릴 あやつ(る)	조 そう	334
著	나타날 いちじる(しい)	저 ちょ	293	伝	전할 つた(える)	전 でん	166	頂	정수리 いただ(く)	정 ちょう	292	照	비칠 て(らす)	조 しょう	212
低	낮을 ひく(い)	저 てい	182	展	펼 —	전 てん	298	定	정할 さだ(める)	정 てい	94	鳥	새 とり	조 ちょう	68
底	밑 そこ	저 てい	182	畑	화전 はたけ	전 —	115	精	정할 —	정 せい	231	朝	아침 あさ	조 ちょう	40
貯	쌓을 —	저 ちょ	271	折	꺾을 お(る)	절 せつ	183	程	한도 ほど	정 てい	242	早	이를 はや(い)	조 そう	18
的	과녁 まと	적 てき	190	切	끊을 き(る)	절 せつ	58	済	건널 す(む)	제 さい	323	兆	조짐 きざ(し)	조 ちょう	169
績	길쌈할 —	적 せき	276	絶	끊을 た(える)	절 ぜつ	272	提	끌 さ(げる)	제 てい	281	造	지을 つく(る)	조 ぞう	254
敵	대적할 かたき	적 てき	295	節	마디 ふし	절 せつ	192	除	덜 のぞ(く)	제 じょ	327	組	짤 く(む)	조 そ	84
適	맞을 —	적 てき	255	店	가게 みせ	점 てん	71	諸	모두 —	제 しょ	342	祖	할아비 —	조 そ	259
赤	붉을 あか	적 せき	22	点	점 —	점 てん	83	弟	아우 おとうと	제 で	53	族	겨레 —	족 ぞく	130
積	쌓을 つ(む)	적 せき	191	接	이을 つ(ぐ)	접 せつ	281	制	절제할 —	제 せい	260	足	발 あし	족 そく	28
笛	피리 ふえ	적 てき	116	整	가지런할 ととの(える)	정 せい	158	題	제목 —	제 だい	158	尊	높을 とうと(い)	존 そん	304
転	구를 ころ(がる)	전 てん	120	丁	고무래 —	정 ちょう	123	祭	제사 まつ(り)	제 さい	158	存	있을 —	존 そん	301
銭	돈 ぜに	전 せん	348	静	고요할 しず(か)	정 せい	190	際	즈음 きわ	제 さい	245	卒	마칠 —	졸 そつ	177
田	밭 た	전 でん	36	庭	뜰 にわ	정 てい	123	製	지을 —	제 せい	262	宗	마루 —	종 しゅう	312
電	번개 —	전 でん	49	情	뜻 なさ(け)	정 じょう	231	第	차례 —	제 だい	135	終	마칠 お(わる)	종 しゅう	154
典	법 —	전 てん	171	停	머무를 —	정 てい	235	条	가지 —	조 じょう	262	縦	세로 たて	종 じゅう	336
戦	싸움 たたか(う)	전 せん	218	正	바를 ただ(しい)	정 せい	35	調	고를 しら(べる)	조 ちょう	135	種	씨 たね	종 しゅ	202
前	앞 まえ	전 ぜん	42	町	밭두둑 まち	정 ちょう	36	助	도울 たす(ける)	조 じょ	119	従	좇을 したが(う)	종 じゅう	335
専	오로지 もっぱ(ら)	전 せん	304	井	우물 い	정 しょう	163	潮	밀물 しお	조 ちょう	324	佐	도울 —	좌 さ	167

漢字	訓	音	쪽	漢字	訓	音	쪽	漢字	訓	音	쪽	漢字	訓	音	쪽
左	왼 ひだり	좌 さ	25	衆	무리 —	중 しゅう	326	進	나아갈 すす(む)	진 しん	143	策	꾀 —	책 さく	316
座	자리 すわ(る)	좌 ざ	307	仲	버금 なか	중 ちゅう	194	真	참 ま	진 しん	108	責	꾸짖을 せ(める)	책 せき	276
罪	허물 つみ	죄 ざい	231	増	더할 ふ(える)	증 ぞう	241	質	바탕 —	질 しつ	275	冊	책 —	책 さつ	292
州	고을 す	주 しゅう	115	証	증거 —	증 しょう	261	集	모을 あつ(める)	집 しゅう	103	処	곳 —	처 しょ	294
株	그루 かぶ	주 —	328	蒸	찔 む(す)	증 じょう	334			ㅊ		妻	아내 つま	처 さい	264
柱	기둥 はしら	주 ちゅう	148	指	가리킬 さ(す)	지 し	132	差	다를 さ(す)	차 さ	167	尺	자 —	척 しゃく	315
昼	낮 ひる	주 ちゅう	41	枝	가지 えだ	지 し	233	次	버금 つ(ぐ)	차 じ	145	川	내 かわ	천 せん	19
走	달릴 はし(る)	주 そう	67	持	가질 も(つ)	지 じ	134	借	빌릴 か(りる)	차 しゃく	208	泉	샘 いずみ	천 せん	325
周	두루 まわ(り)	주 しゅう	203	止	그칠 と(まる)	지 し	67	車	수레 くるま	차 しゃ	36	浅	얕을 あさ(い)	천 せん	213
注	부을 そそ(ぐ)	주 ちゅう	147	誌	기록할 —	지 し	341	着	붙을 き(る)	착 ちゃく	109	千	일천 ち	천 せん	14
住	살 す(む)	주 じゅう	147	地	땅 —	지 ち	48	賛	도울 —	찬 さん	275	天	하늘 あま	천 てん	18
酒	술 さけ	주 しゅ	152	志	뜻 こころざ(す)	지 し	253	察	살필 —	찰 さつ	217	鉄	쇠 —	철 てつ	129
奏	아뢸 かな(でる)	주 そう	347	池	못 いけ	지 ち	48	札	패 ふだ	찰 さつ	183	晴	갤 は(れる)	청 せい	46
主	임금 ぬし	주 しゅ	147	知	알 し(る)	지 ち	80	参	참여할 まい(る)	참 さん	213	庁	관청 —	청 ちょう	306
週	주일 —	주 しゅう	40	至	이를 いた(る)	지 し	311	倉	곳집 くら	창 そう	223	清	맑을 きよ(い)	청 せい	190
宙	집 —	주 ちゅう	313	紙	종이 かみ	지 し	85	唱	부를 とな(える)	창 しょう	184	青	푸를 あお	청 せい	22
竹	대 たけ	죽 ちく	20	支	지탱할 ささ(える)	지 し	233	創	비롯할 つく(る)	창 そう	325	体	몸 からだ	체 たい	56
準	준할 —	준 じゅん	263	直	곧을 なお(す)	직 じき	57	窓	창 まど	창 そう	314	招	부를 まね(く)	초 しょう	240
中	가운데 なか	중 ちゅう	26	職	직분 —	직 しょく	285	菜	나물 な	채 さい	194	秒	분초 —	초 びょう	151
重	무거울 おも(い)	중 じゅう	139	織	짤 お(る)	직 しき	285	採	캘 と(る)	채 さい	234	初	처음 はじ(め)	초 しょ	176

한자	훈	음	쪽	한자	훈	음	쪽	한자	훈	음	쪽	한자	훈	음	쪽	한자	훈	음	쪽
草	풀 くさ	초 そう	20	層	층 —	층 そう	298	宅	집 —	택 たく	312	敗	패할 やぶ(れる)	패 はい	200
寸	마디 —	촌 すん	303	値	값 ね	치 ち	318	討	칠 う(つ)	토 とう	303	編	엮을 あ(む)	편 へん	274
村	마을 むら	촌 そん	36	治	다스릴 おさ(める)	치 ち	167	土	흙 つち	토 ど	16	片	조각 かた	편 へん	315
総	거느릴 —	총 そう	273	置	둘 お(く)	치 ち	197	統	거느릴 す(べる)	통 とう	273	便	편할 たよ(り)	편 べん	189
最	가장 もっと(も)	최 さい	197	歯	이 は	치 し	110	痛	아플 いた(い)	통 つう	303	平	평평할 たい(ら)	평 へい	96
秋	가을 あき	추 しゅう	45	則	법칙 —	칙 そく	271	通	통할 とお(る)	통 つう	80	評	평할 —	평 ひょう	261
推	밀 お(す)	추 すい	308	親	친할 した(しい)	친 しん	54	退	물러날 しりぞ(く)	퇴 たい	332	閉	닫을 し(める)	폐 へい	302
追	쫓을 お(う)	추 つい	99	七	일곱 なな	칠 しち	13	投	던질 な(げる)	투 とう	132	陛	대궐 섬돌 —	폐 へい	327
祝	빌 いわ(う)	축 しゅく	209	針	바늘 はり	침 しん	348	特	특별할 —	특 とく	201	肺	허파 —	폐 はい	337
築	쌓을 きず(く)	축 ちく	263	ㅋ							ㅍ			包	꾸러미 つつ(む)	포 ほう	199
縮	줄일 ちぢ(む)	축 しゅく	346	快	쾌할 こころよ(い)	쾌 かい	230	派	갈래 —	파 は	323	布	베 ぬの	포 ふ	243
春	봄 はる	춘 しゅん	44	ㅌ					破	깨트릴 やぶ(る)	파 は	265	暴	사나울 あば(れる)	폭 ぼう	246
出	날 で(る)	출 しゅつ	30	他	다를 ほか	타 た	140	波	물결 なみ	파 は	146	表	겉 おもて	표 ひょう	155
虫	벌레 むし	충 ちゅう	21	打	칠 う(つ)	타 だ	123	坂	고개 さか	판 はん	141	俵	나누어줄 たわら	표 ひょう	318
忠	충성 —	충 ちゅう	331	誕	낳을 —	탄 たん	305	板	널 いた	판 ばん	141	票	표 —	표 ひょう	204
沖	화할 おき	충 ちゅう	194	炭	숯 すみ	탄 たん	153	阪	언덕 —	판 はん	222	標	표할 —	표 ひょう	204
取	가질 と(る)	취 しゅ	119	探	찾을 さが(す)	탐 たん	321	判	판단할 —	판 はん	260	品	물건 しな	품 ひん	98
就	이룰 つ(く)	취 しゅう	307	湯	끓일 ゆ	탕 とう	111	版	판목 —	판 はん	265	風	바람 かぜ	풍 ふう	48
側	곁 がわ	측 そく	208	態	모습 —	태 たい	270	八	여덟 や	팔 はち	13	豊	풍년 ゆた(か)	풍 ほう	246
測	헤아릴 はか(る)	측 そく	271	太	클 ふと(い)	태 たい	73	貝	조개 かい	패 —	21	皮	가죽 かわ	피 ひ	145

漢字	뜻	음독	페이지	漢字	뜻	음독	페이지	漢字	뜻	음독	페이지	漢字	뜻	음독	페이지
必	반드시 かなら(ず)	필 ひつ	179	行	다닐 い(く)	행 こう	39	呼	부를 よ(ぶ)	호 こ	301	回	돌아올 まわ(る)	회 かい	78
筆	붓 ふで	필 ひつ	135	幸	다행 さいわ(い)	행 こう	97	好	좋을 す(く)	호 こう	175	会	모일 あ(う)	회 かい	85
		ㅎ		郷	시골 —	향 きょう	335	戸	집 と	호 こ	77	栃	상수리나무 とち	회 —	221
荷	멜 に	하 か	106	香	향기 かお(り)	향 こう	178	湖	호수 みずうみ	호 こ	143	灰	재 はい	회 かい	298
河	물 かわ	하 か	233	向	향할 む(く)	향 こう	99	混	섞을 ま(ぜる)	혼 こん	250	横	가로 よこ	횡 おう	116
下	아래 した	하 か	27	許	허락할 ゆる(す)	허 きょ	261	紅	붉을 べに	홍 こう	345	効	본받을 き(く)	효 こう	244
何	어찌 なに	하 か	78	憲	법 —	헌 けん	331	画	그림 —	화 が	62	孝	효도 —	효 こう	301
夏	여름 なつ	하 か	44	験	시험할 —	험 けん	219	花	꽃 はな	화 か	20	候	기후 そうろう	후 こう	208
賀	하례할 —	하 が	188	険	험할 けわ(しい)	험 けん	256	化	될 ば(ける)	화 か	140	厚	두터울 あつ(い)	후 こう	252
学	배울 まな(ぶ)	학 がく	33	革	가죽 かわ	혁 かく	346	話	말씀 はなし	화 わ	60	後	뒤 あと	후 ご	43
寒	찰 さむ(い)	한 かん	95	現	나타날 あらわ(れる)	현 げん	272	火	불 ひ	화 か	15	后	왕후 —	후 こう	297
漢	한수 —	한 かん	107	県	매달 —	현 けん	127	貨	재물 —	화 か	188	訓	가르칠 —	훈 くん	209
限	한할 かぎ(る)	한 げん	244	穴	구멍 あな	혈 けつ	312	和	화할 やわ(らぐ)	화 わ	118	揮	휘두를 —	휘 き	322
割	벨 わ(る)	할 かつ	324	血	피 ち	혈 けつ	110	確	굳을 たし(か)	확 かく	265	休	쉴 やす(む)	휴 きゅう	35
合	합할 あ(う)	합 ごう	79	協	화합할 —	협 きょう	212	拡	넓힐 —	확 かく	322	胸	가슴 むね	흉 きょう	337
航	배 —	항 こう	284	形	모양 かたち	형 けい	84	丸	둥글 まる(い)	환 がん	83	黒	검을 くろ	흑 こく	49
港	항구 みなと	항 こう	151	型	모형 かた	형 けい	269	活	살 —	활 かつ	55	吸	마실 す(う)	흡 きゅう	301
海	바다 うみ	해 かい	47	兄	형 あに	형 きょう	53	黄	누를 き	황 おう	50	興	일 おこ(す)	흥 こう	250
解	풀 と(く)	해 かい	283	護	도울 —	호 ご	261	皇	임금 —	황 こう	325	喜	기쁠 よろこ(ぶ)	희 き	246
害	해할 —	해 がい	166	号	부르짖을 —	호 ごう	97	絵	그림 —	회 え	62	希	바랄 —	희 き	171

해커스
일본어
상용한자
1026+

초판 9쇄 발행 2025년 11월 3일
초판 1쇄 발행 2022년 2월 8일

지은이	해커스 일본어연구소
펴낸곳	㈜해커스 어학연구소
펴낸이	해커스 어학연구소 출판팀

주소	서울특별시 서초구 강남대로61길 23 ㈜해커스 어학연구소
고객센터	02-537-5000
교재 관련 문의	publishing@hackers.com
	해커스일본어 사이트(japan.Hackers.com) 교재 Q&A 게시판
동영상강의	japan.Hackers.com

ISBN	978-89-6542-463-5 (13730)
Serial Number	01-09-01

저작권자 ⓒ 2022, 해커스 어학연구소
이 책 및 음성파일의 모든 내용, 이미지, 디자인, 편집 형태에 대한 저작권은 저자에게 있습니다.
서면에 의한 저자와 출판사의 허락 없이 내용의 일부 혹은 전부를 인용, 발췌하거나 복제, 배포할 수 없습니다.

일본어 교육 1위
해커스일본어(japan.Hackers.com)

해커스 일본어

- 해커스 스타강사의 **본 교재 인강**(교재 내 할인쿠폰 수록)
- QR코드를 통해 예시단어와 예문을 원어민 발음으로 쉽게 듣는 **무료 MP3**
- **일본어 문법/어휘 무료 동영상강의** 등 다양한 일본어 학습 콘텐츠

한경비즈니스 선정 2020 한국브랜드선호도 교육(온·오프라인 일본어) 부문 1위

일본어 교육 1위 해커스일본어
한경비즈니스 선정 2020 한국브랜드선호도 교육(온·오프라인 일본어) 부문 1위

쉽고 재미있는 일본어 학습을 위한
체계적 학습자료

무료 일본어 레벨테스트
5분 만에 일본어 실력 확인
& 본인의 실력에 맞는 학습법 추천!

선생님과의 1:1 Q&A
학습 내용과 관련된 질문사항을
Q&A를 통해 직접 답변!

해커스일본어 무료 강의
실시간 가장 핫한 해커스일본어
과목별 무료 강의 제공!

데일리 무료 학습 콘텐츠
일본어 단어부터 한자, 회화 콘텐츠까지
매일매일 확인하는 데일리 무료 콘텐츠!

일본어 교육 1위 해커스일본어
japan.Hackers.com

무료 학습자료 확인하기 ▶

해커스
일본어
상용한자
1026+

쓰기노트

해커스 어학연구소

해커스 일본어 상용한자 1026+

쓰기노트

해커스 어학연구소

DAY 01 초등학교 1학년 한자 ①

한자	훈	음	일본어		
一	한	일	ひと	いち	총 1획 一
二	두	이	ふた	に	총 2획 二 二
三	석	삼	み	さん	총 3획 三 三 三
四	넉	사	よ	し	총 5획 四 四 四 四
五	다섯	오	いつ	ご	총 4획 五 五 五 五
六	여섯	육	む	ろく	총 4획 六 六 六 六
七	일곱	칠	なな	しち	총 2획 七 七
八	여덟	팔	や	はち	총 2획 八 八
九	아홉	구	ここの	く	총 2획 九 九
十	열	십	とお	じゅう	총 2획 十 十

DAY 01 초등학교 1학년 한자 ①

DAY 02 초등학교 1학년 한자 ②

한자	훈	음		
大	클	대	おお	だい

총 3획 大 ナ 大

| 小 | 작을 | 소 | ちい(さい) | しょう |

총 3획 小 小 小

| 左 | 왼 | 좌 | ひだり | さ |

총 5획 左 左 左 左 左

| 右 | 오른쪽 | 우 | みぎ | う |

총 5획 右 右 右 右 右

| 名 | 이름 | 명 | な | めい |

총 6획 名 ク タ 名 名 名

| 上 | 윗 | 상 | うえ | じょう |

총 3획 上 上 上

| 中 | 가운데 | 중 | なか | ちゅう |

총 4획 中 中 中 中

| 下 | 아래 | 하 | した | か |

총 3획 下 丁 下

| 手 | 손 | 수 | て | しゅ |

총 4획 手 手 手 手

| 足 | 발 | 족 | あし | そく |

총 7획 足 足 足 足 足 足

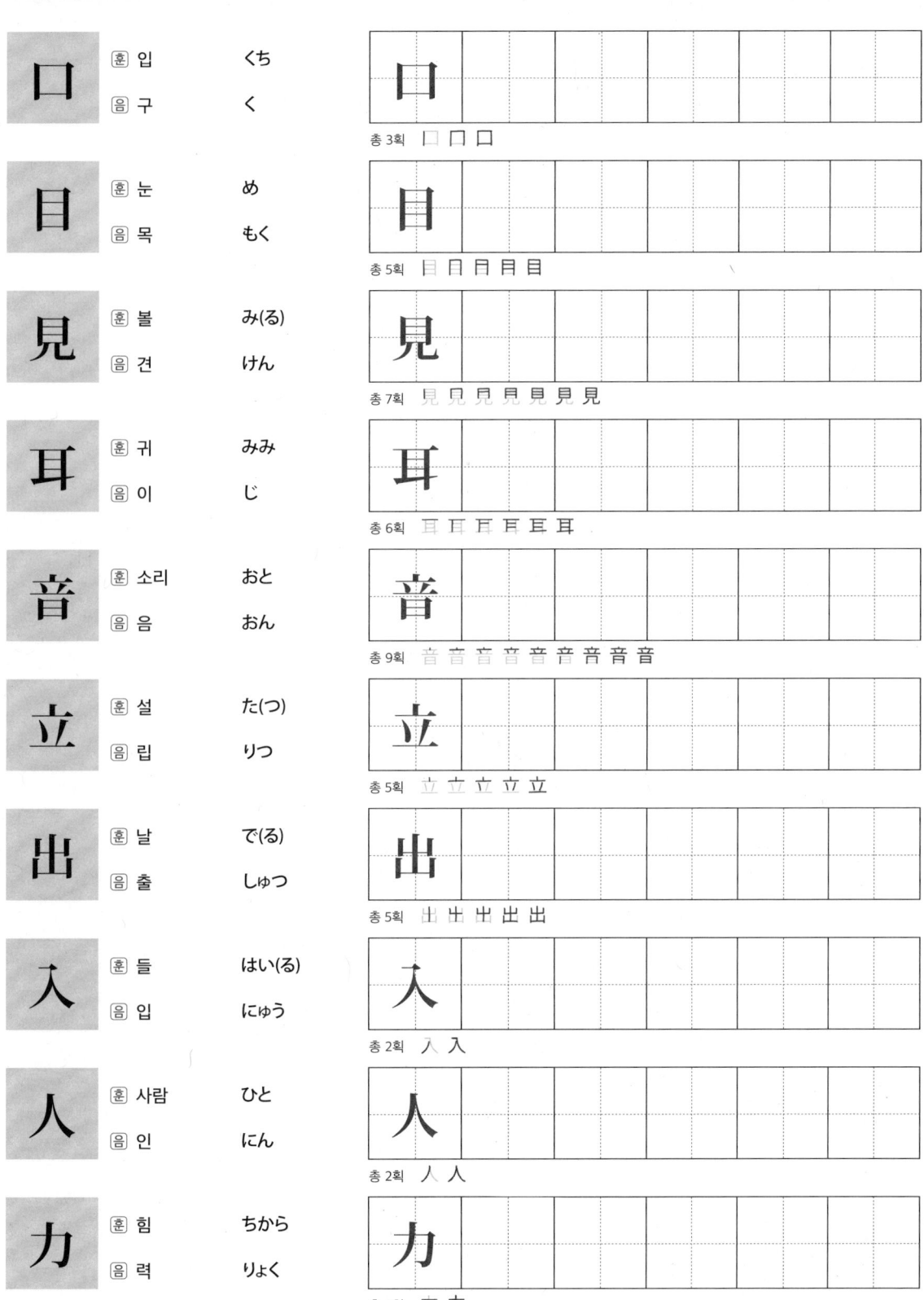

DAY 02 초등학교 1학년 한자 ②

DAY 03 초등학교 2학년 한자 ①

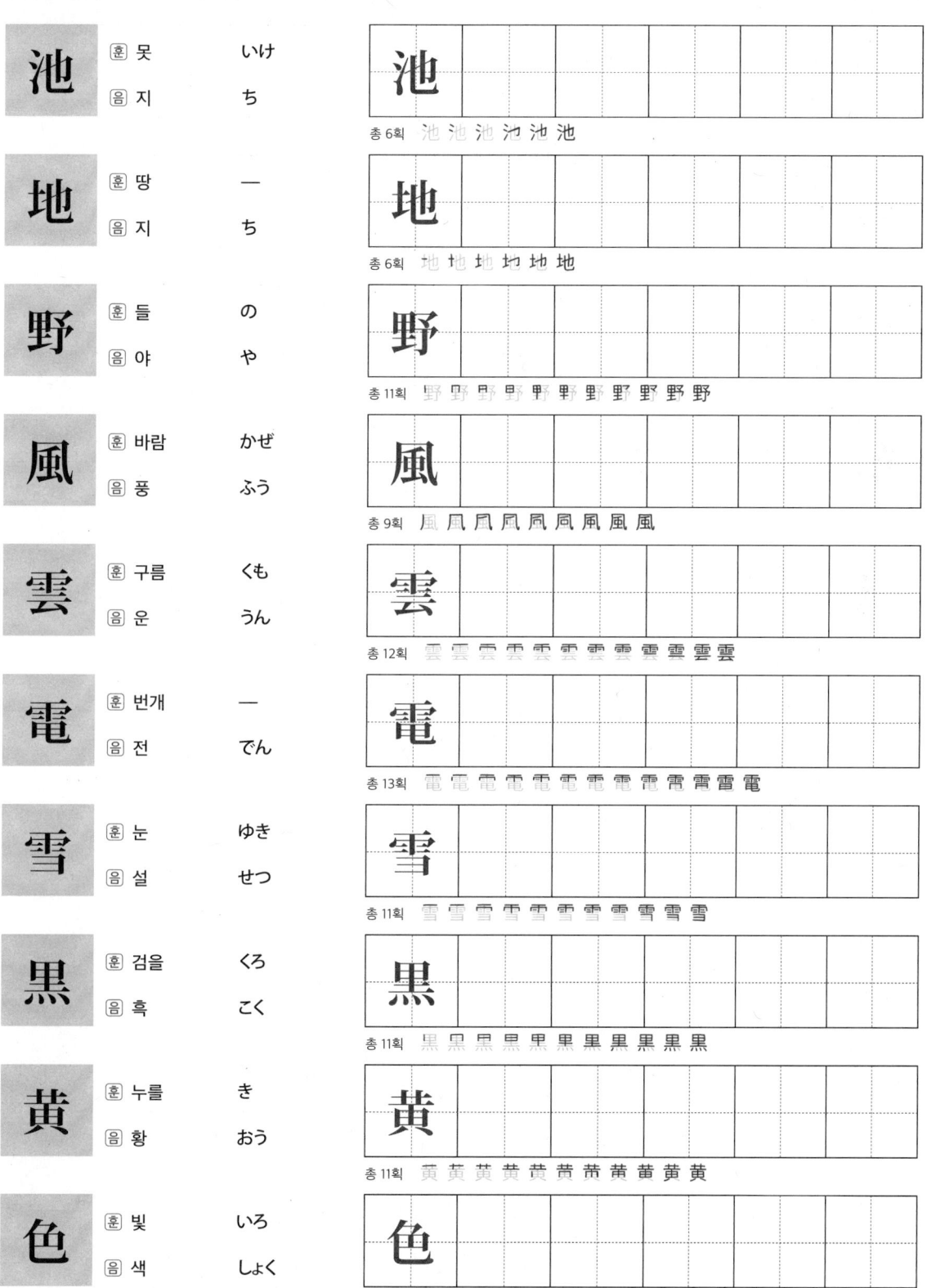

DAY 04 초등학교 2학년 한자 ②

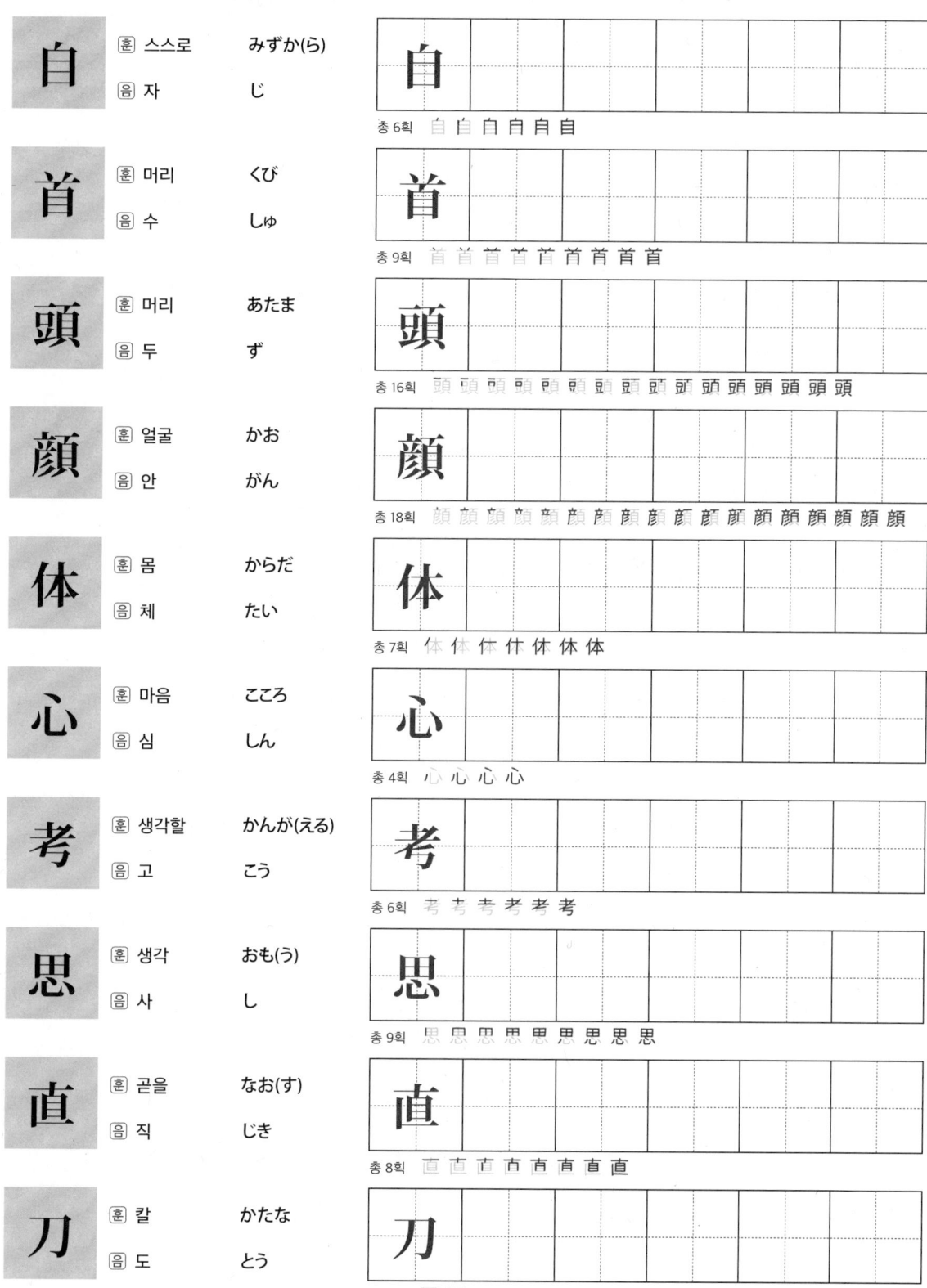

DAY 04 초등학교 2학년 한자 ②

DAY 05　초등학교 2학년 한자 ③

한자	훈	음	よみ	よみ
東	동녘	동	ひがし	とう

총 8획　東 東 東 東 東 東 東 東

| 西 | 서녘 | 서 | にし | せい |

총 6획　西 西 西 西 西 西

| 南 | 남녘 | 남 | みなみ | なん |

총 9획　南 南 南 南 南 南 南 南 南

| 北 | 북녘 | 북 | きた | ほく |

총 5획　北 北 北 北 北

| 内 | 안 | 내 | うち | ない |

총 4획　内 内 内 内

| 外 | 바깥 | 외 | そと | がい |

총 5획　外 外 外 外 外

| 万 | 일만 | 만 | ― | まん |

총 3획　万 万 万

| 方 | 모 | 방 | かた | ほう |

총 4획　方 方 方 方

| 道 | 길 | 도 | みち | どう |

총 12획　道 道 道 道 道 道 道 道 道 道 道 道

| 止 | 그칠 | 지 | と(まる) | し |

총 4획　止 止 止 止

DAY 05 초등학교 2학년 한자 ③

園	훈 동산 음 원	その えん	園 총 13획
寺	훈 절 음 사	てら じ	寺 총 6획
遠	훈 멀 음 원	とお(い) えん	遠 총 13획
近	훈 가까울 음 근	ちか(い) きん	近 총 7획
太	훈 클 음 태	ふと(い) たい	太 총 4획
細	훈 가늘 음 세	ほそ(い) さい	細 총 11획
多	훈 많을 음 다	おお(い) た	多 총 6획
少	훈 적을 음 소	すく(ない) しょう	少 총 4획
強	훈 강할 음 강	つよ(い) きょう	強 총 11획
弱	훈 약할 음 약	よわ(い) じゃく	弱 총 10획

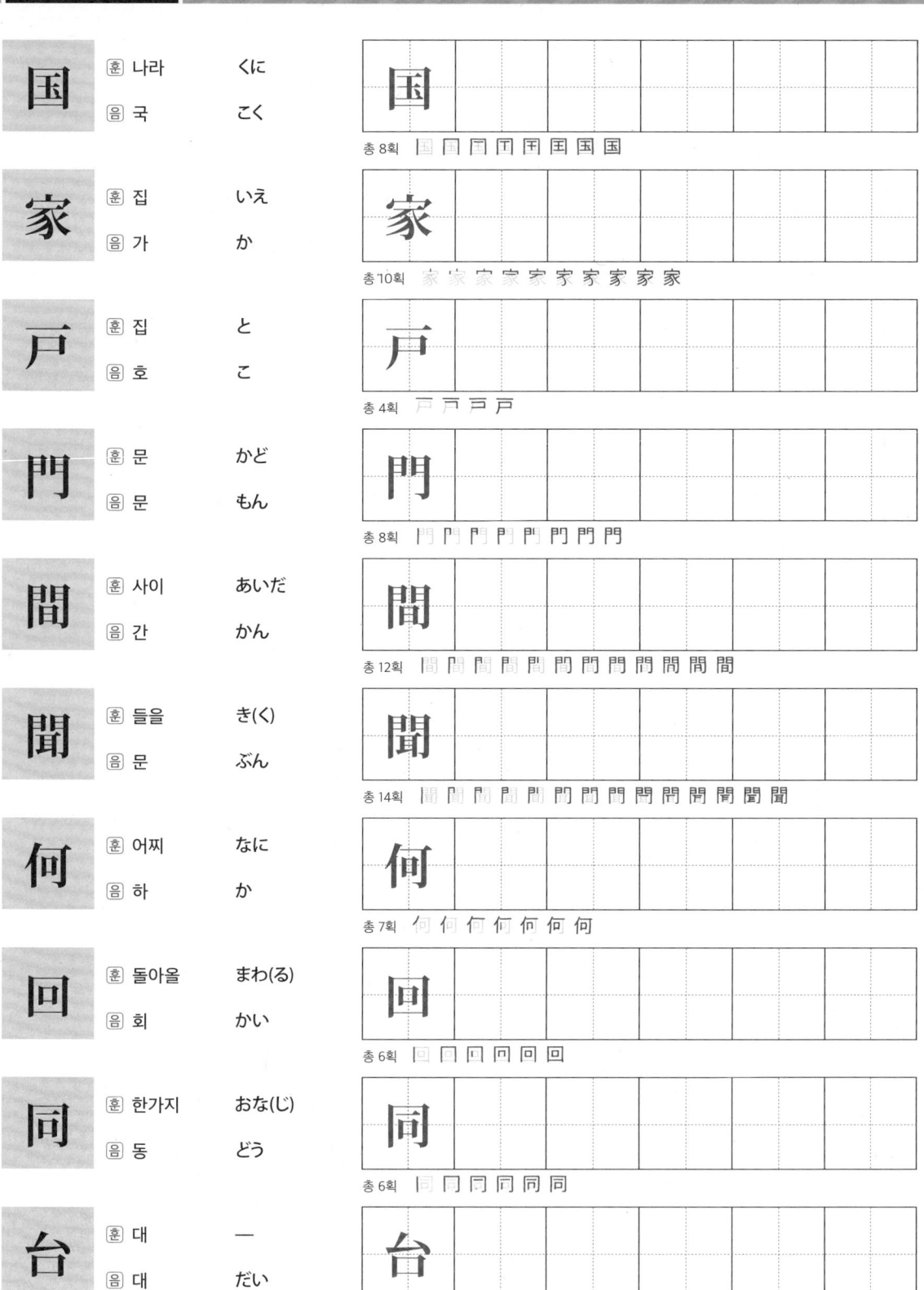

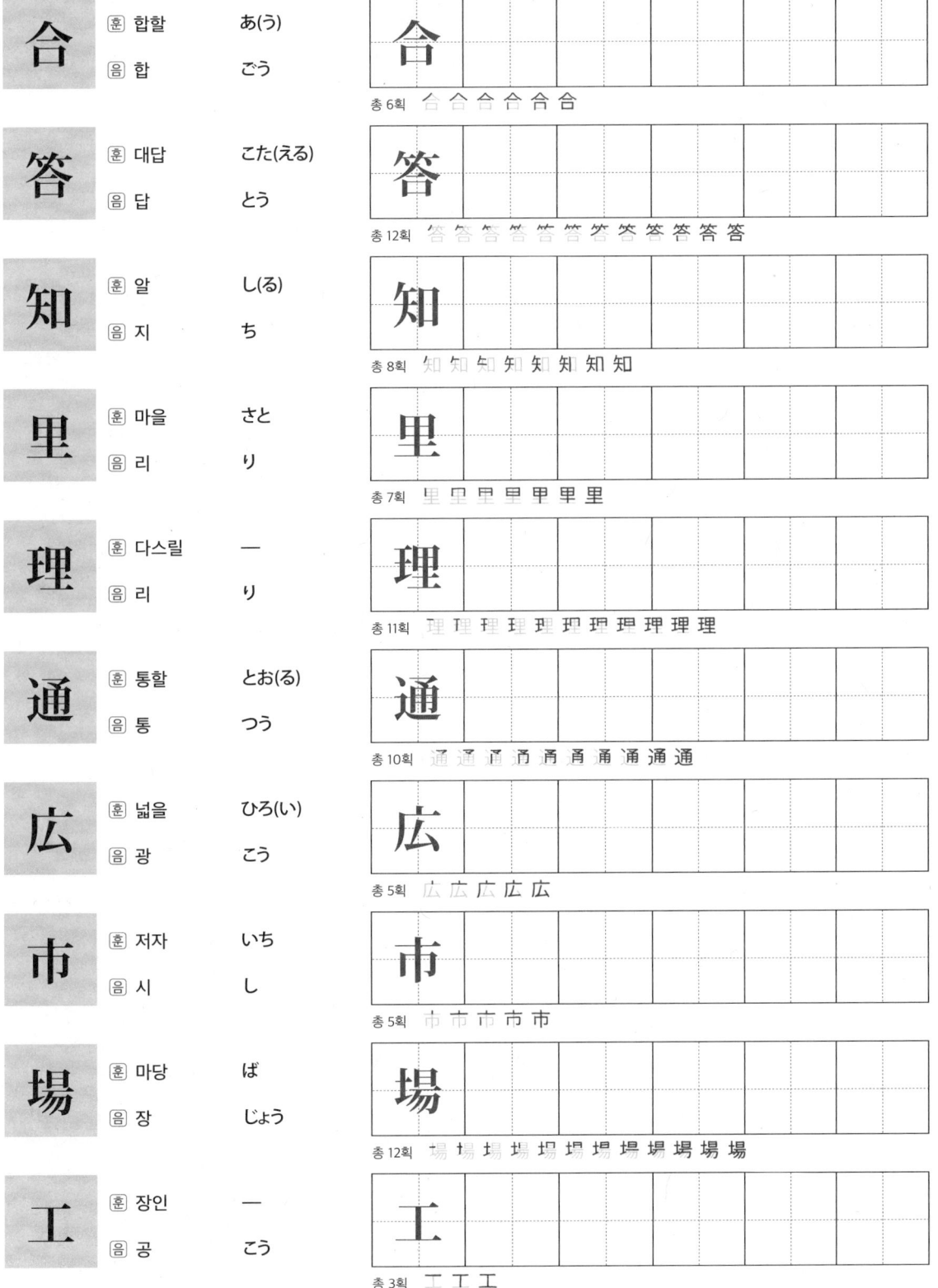

DAY 07 초등학교 3학년 한자 ①

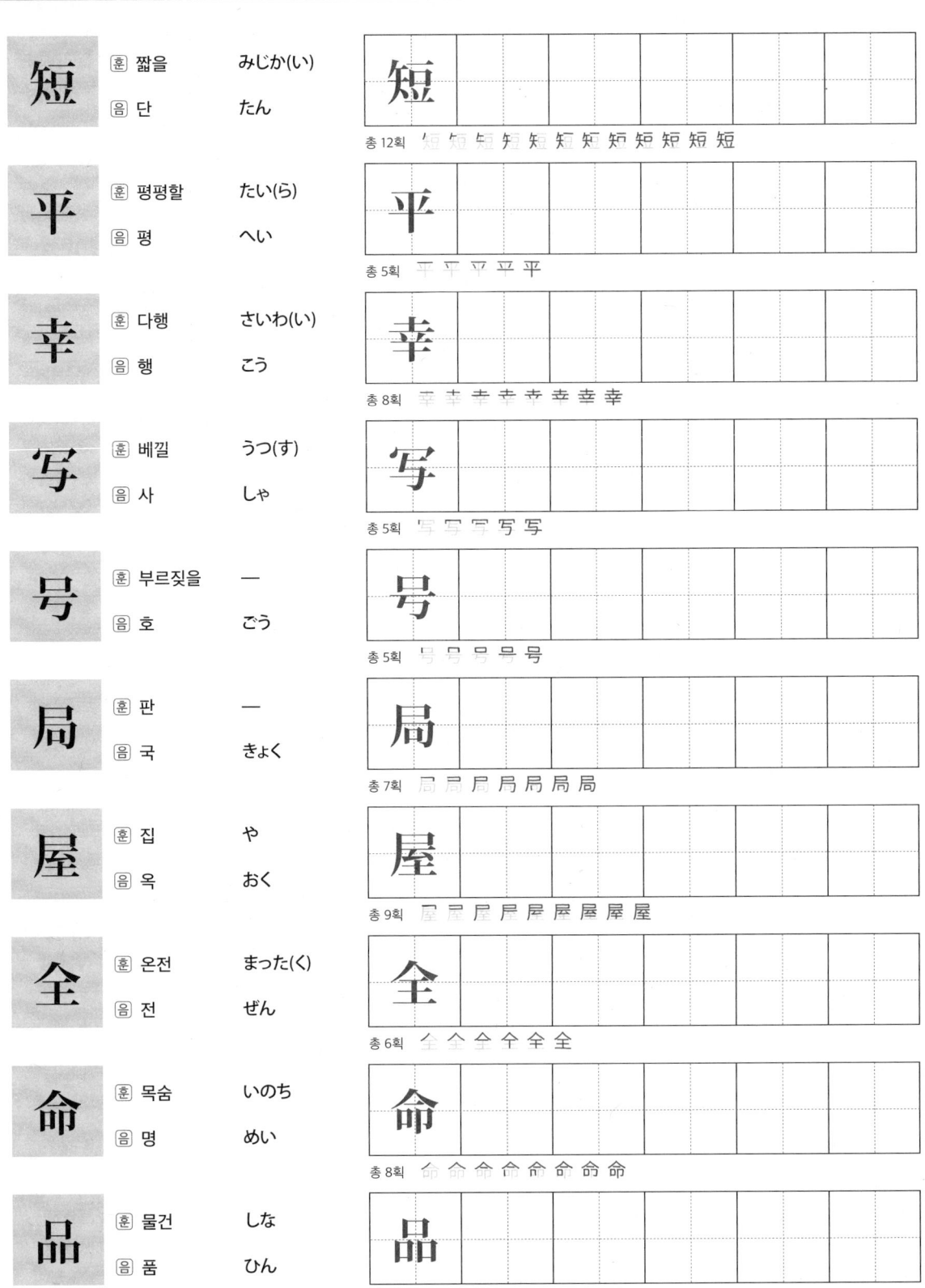

DAY 07 초등학교 3학년 한자 ①

DAY 08 초등학교 3학년 한자 ②

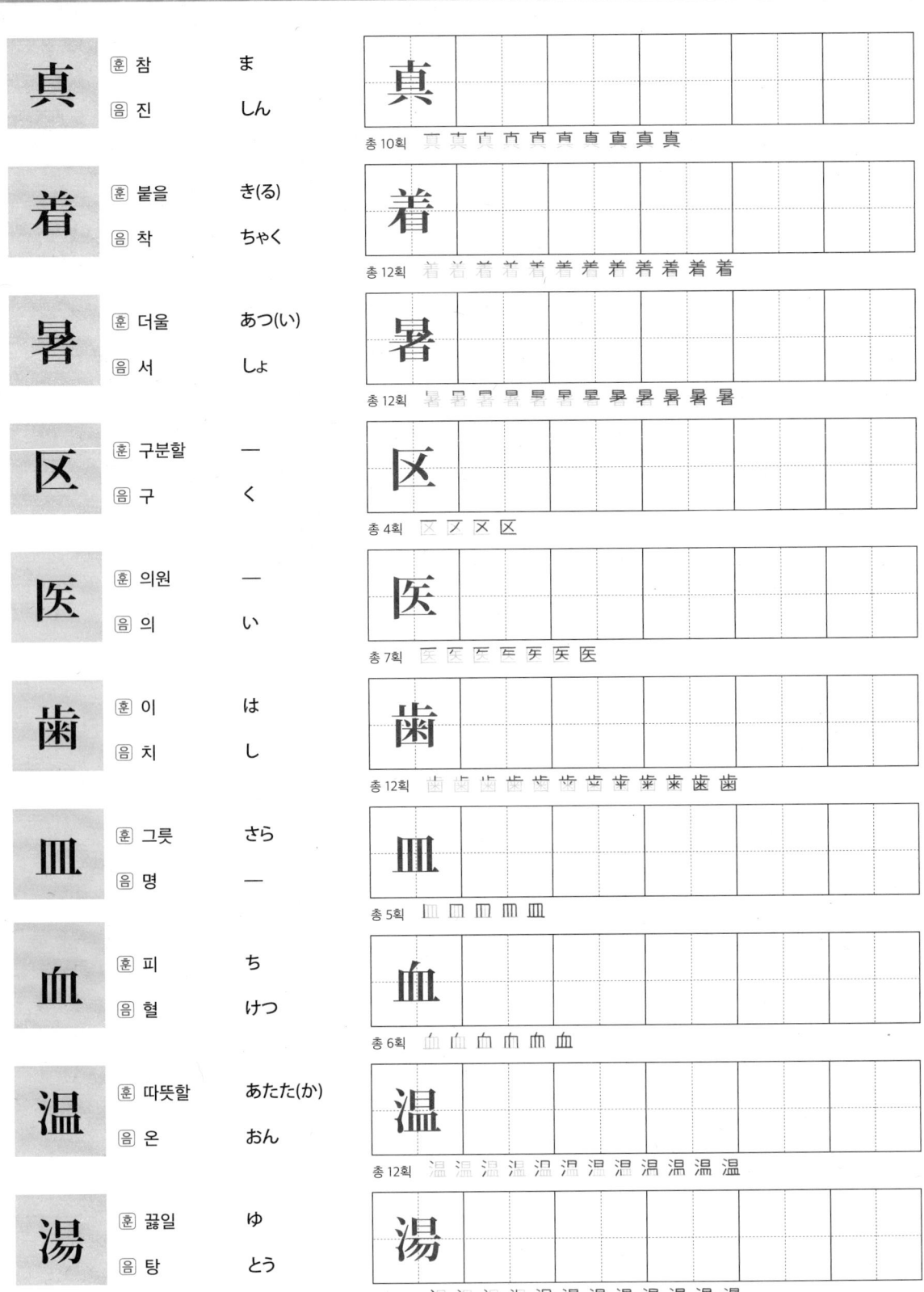

DAY 08 초등학교 3학년 한자 ②

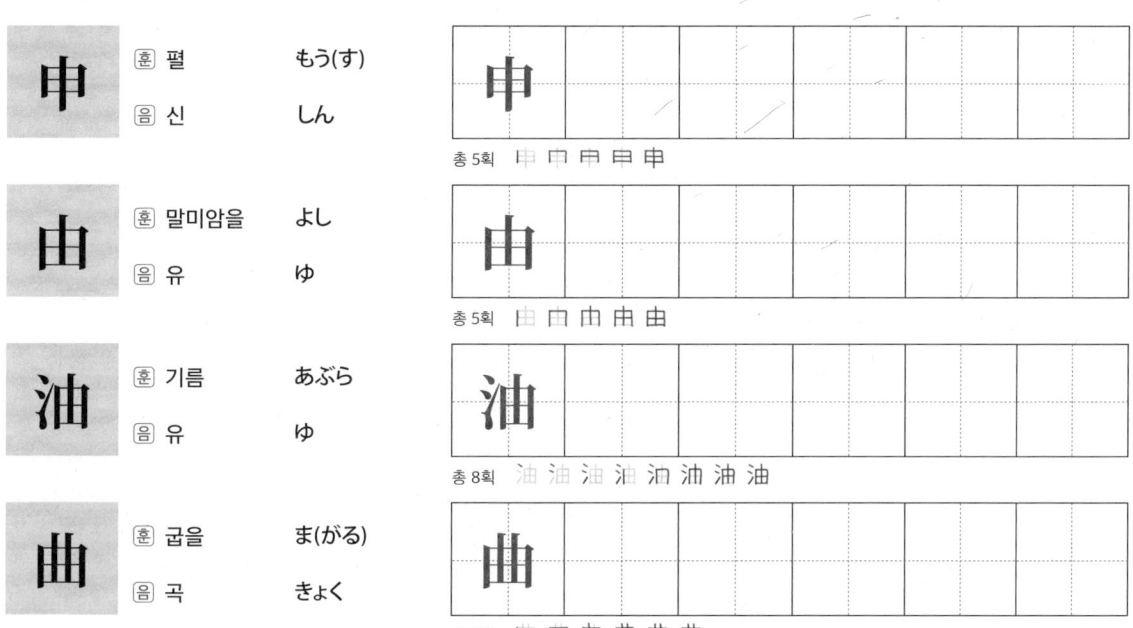

DAY 09 초등학교 3학년 한자 ③

한자	훈	음	요미
州	고을	주	す / しゅう
農	농사	농	― / のう
畑	화전	전	はたけ / ―
界	지경	계	― / かい
神	신	신	かみ / しん
福	복	복	― / ふく
横	가로	횡	よこ / おう
笛	피리	적	ふえ / てき
箱	상자	상	はこ / ―
帳	장막	장	― / ちょう

총 6획 州 州 州 州 州 州
총 13획 農 農 農 農 農 農 農 農 農 農 農 農 農
총 9획 畑 畑 畑 畑 畑 畑 畑 畑 畑
총 9획 界 界 界 界 界 界 界 界 界
총 9획 神 神 神 神 神 神 神 神 神
총 13획 福 福 福 福 福 福 福 福 福 福 福 福 福
총 15획 横 横 横 横 横 横 横 横 横 横 横 横 横 横 横
총 11획 笛 笛 笛 笛 笛 笛 笛 笛 笛 笛 笛
총 15획 箱 箱 箱 箱 箱 箱 箱 箱 箱 箱 箱 箱 箱 箱 箱
총 11획 帳 帳 帳 帳 帳 帳 帳 帳 帳 帳 帳

한자	훈	음	일본어 훈독	일본어 음독
始	처음	시	はじ(める)	し
味	맛	미	あじ	み
和	화할	화	やわ(らぐ)	わ
相	서로	상	あい	そう
暗	어두울	암	くら(い)	あん
昭	밝을	소	―	しょう
研	갈	연	と(ぐ)	けん
助	도울	조	たす(ける)	じょ
取	가질	취	と(る)	しゅ
動	움직일	동	うご(く)	どう

총 8획 始始始始始始始始
총 8획 味味味味味味味味
총 8획 和和和和和和和和
총 9획 相相相相相相相相相
총 13획 暗暗暗暗暗暗暗暗暗暗暗
총 9획 昭昭昭昭昭昭昭昭
총 9획 研研研研研研研研
총 7획 助助助助助助助
총 8획 取取取取取取取取
총 11획 動動動動動動動動動

DAY 09 | 초등학교 3학년 한자 ③

DAY 09 초등학교 3학년 한자 ③

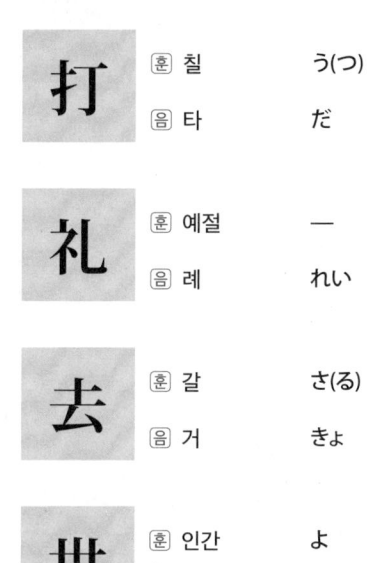
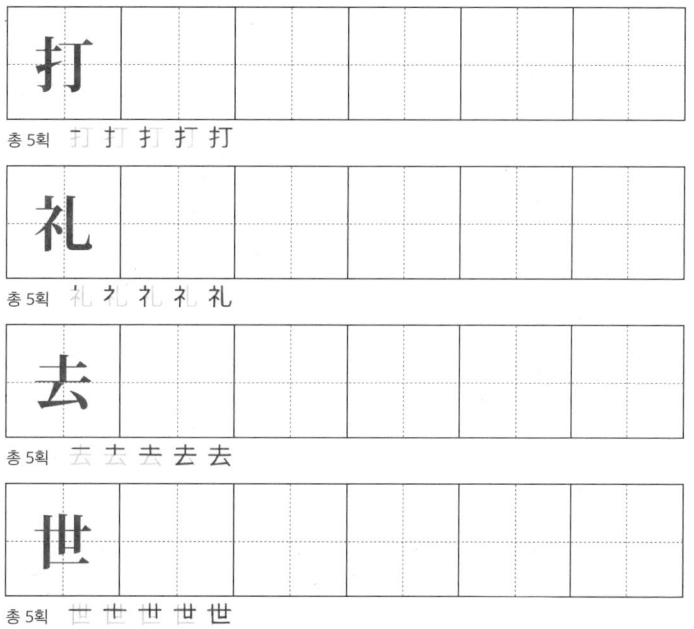

DAY 10　초등학교 3학년 한자 ④

한자	훈	음	일본어 훈	일본어 음
放	놓을	방	はな(す)	ほう
族	겨레	족	—	ぞく
旅	나그네	려	たび	りょ
遊	놀	유	あそ(ぶ)	ゆう
対	대할	대	—	たい
列	벌릴	렬	—	れつ
死	죽을	사	し(ぬ)	し
役	부릴	역	—	やく
投	던질	투	な(げる)	とう
指	가리킬	지	さ(す)	し

- 放 총 8획
- 族 총 11획
- 旅 총 10획
- 遊 총 12획
- 対 총 7획
- 列 총 6획
- 死 총 6획
- 役 총 7획
- 投 총 7획
- 指 총 9획

DAY 10 | 초등학교 3학년 한자 ④

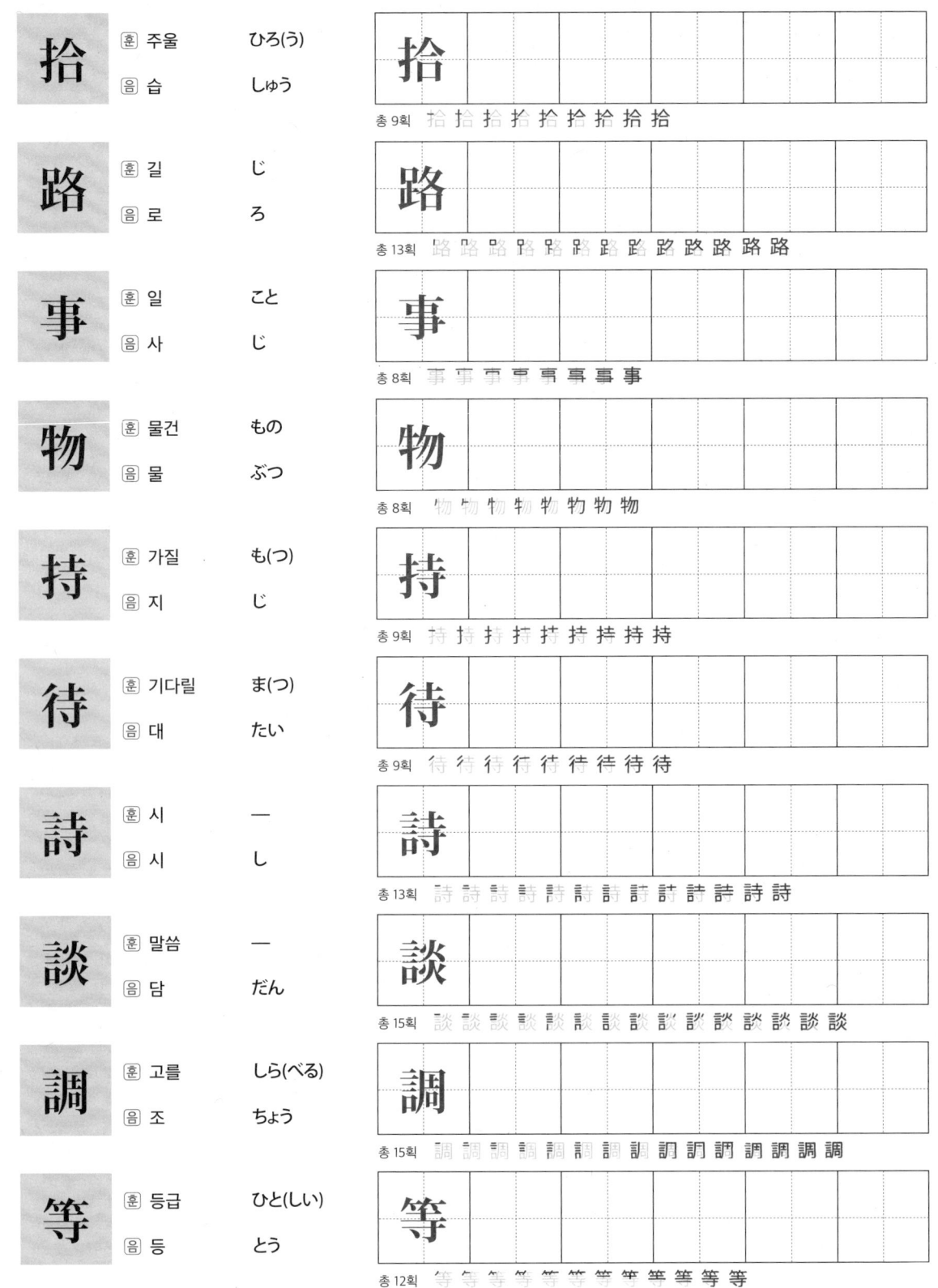

DAY 10 초등학교 3학년 한자 ④

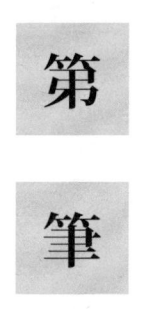

第 훈 차례 —
  음 제 だい

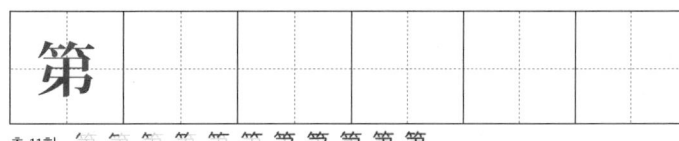

筆 훈 붓 ふで
  음 필 ひつ

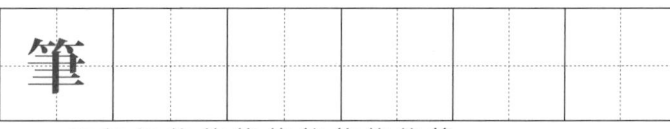

章 훈 글 —
  음 장 しょう

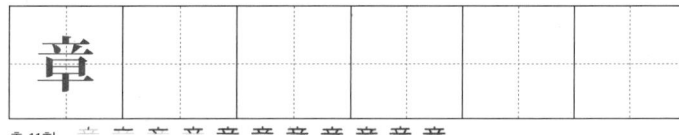

DAY 11 초등학교 3학년 한자 ⑤

童
- 훈: 아이 / わらべ
- 음: 동 / どう

총 12획 童童童童童童童童童童童童

重
- 훈: 무거울 / おも(い)
- 음: 중 / じゅう

총 9획 重重重重重重重重重

仕
- 훈: 섬길 / つか(える)
- 음: 사 / し

총 5획 仕仕仕仕仕

化
- 훈: 될 / ば(ける)
- 음: 화 / か

총 4획 化化化化

他
- 훈: 다를 / ほか
- 음: 타 / た

총 5획 他他他他他

使
- 훈: 부릴 / つか(う)
- 음: 사 / し

총 8획 使使使使使使使使

倍
- 훈: 곱 / —
- 음: 배 / ばい

총 10획 倍倍倍倍倍倍倍倍倍倍

反
- 훈: 돌이킬 / そ(る)
- 음: 반 / はん

총 4획 反反反反

坂
- 훈: 고개 / さか
- 음: 판 / はん

총 7획 坂坂坂坂坂坂坂

板
- 훈: 널 / いた
- 음: 판 / ばん

총 8획 板板板板板板板板

漢字	訓	音	음독	훈독	총획
返	돌아올	반	へん	かえ(す)	총 7획
運	옮길	운	うん	はこ(ぶ)	총 12획
送	보낼	송	そう	おく(る)	총 9획
速	빠를	속	そく	はや(い)	총 10획
進	나아갈	진	しん	すす(む)	총 11획
期	기약할	기	き	—	총 12획
湖	호수	호	こ	みずうみ	총 12획
服	옷	복	ふく	—	총 8획
勝	이길	승	しょう	か(つ)	총 12획
両	두	량	りょう	—	총 6획

DAY 11 | 초등학교 3학년 한자 ⑤

DAY 11 초등학교 3학년 한자 ⑤

柱	훈 기둥	はしら
	음 주	ちゅう

총 9획 柱柱柱柱柱柱柱柱柱

氷	훈 얼음	こおり
	음 빙	ひょう

총 5획 氷氷氷氷氷

泳	훈 헤엄칠	およ(ぐ)
	음 영	えい

총 8획 泳泳泳泳泳泳泳泳

DAY 12 초등학교 3학년 한자 ⑥

한자	훈	음	쓰기
球	공 / たま	구 / きゅう	총 11획
秒	분초 / ―	초 / びょう	총 9획
消	사라질 / き(える)	소 / しょう	총 10획
港	항구 / みなと	항 / こう	총 12획
深	깊을 / ふか(い)	심 / しん	총 11획
落	떨어질 / お(ちる)	락 / らく	총 12획
酒	술 / さけ	주 / しゅ	총 10획
配	나눌 / くば(る)	배 / はい	총 10획
起	일어날 / お(きる)	기 / き	총 10획
岸	언덕 / きし	안 / がん	총 8획

| 炭 | 훈 숯 | すみ |
| | 음 탄 | たん |

총 9획

| 係 | 훈 맬 | かか(る) |
| | 음 계 | けい |

총 9획

| 級 | 훈 등급 | ― |
| | 음 급 | きゅう |

총 9획

| 終 | 훈 마칠 | お(わる) |
| | 음 종 | しゅう |

총 11획

| 緑 | 훈 초록빛 | みどり |
| | 음 록 | りょく |

총 14획

| 練 | 훈 익힐 | ね(る) |
| | 음 련 | れん |

총 14획

| 植 | 훈 심을 | う(える) |
| | 음 식 | しょく |

총 12획

| 橋 | 훈 다리 | はし |
| | 음 교 | きょう |

총 16획

| 者 | 훈 놈 | もの |
| | 음 자 | しゃ |

총 8획

| 表 | 훈 겉 | おもて |
| | 음 표 | ひょう |

총 8획

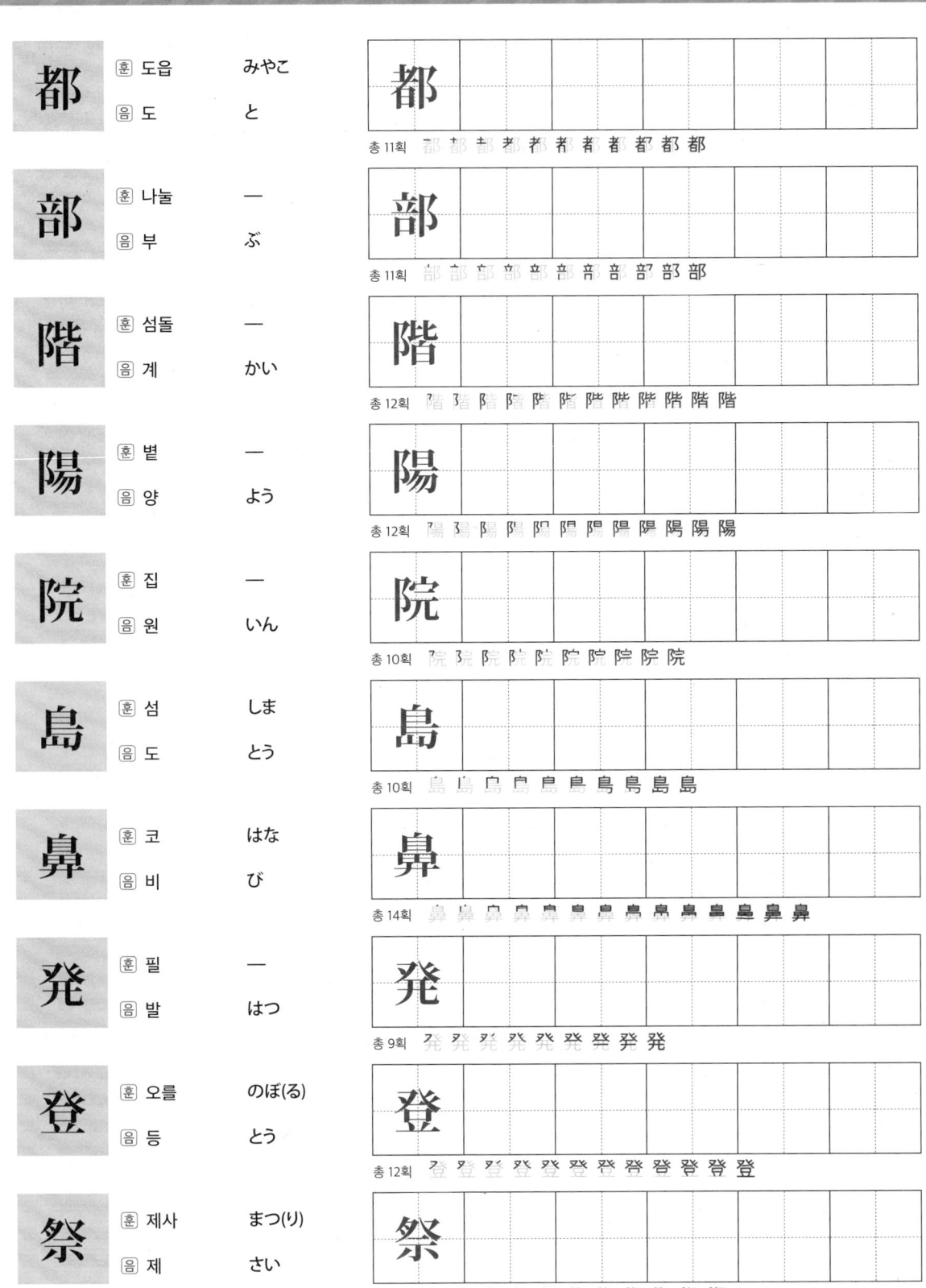

DAY 12 초등학교 3학년 한자 ⑥

整
- 훈 가지런할   ととの(える)
- 음 정   せい

총 16획

題
- 훈 제목   —
- 음 제   だい

총 18획

DAY 13 초등학교 4학년 한자 ①

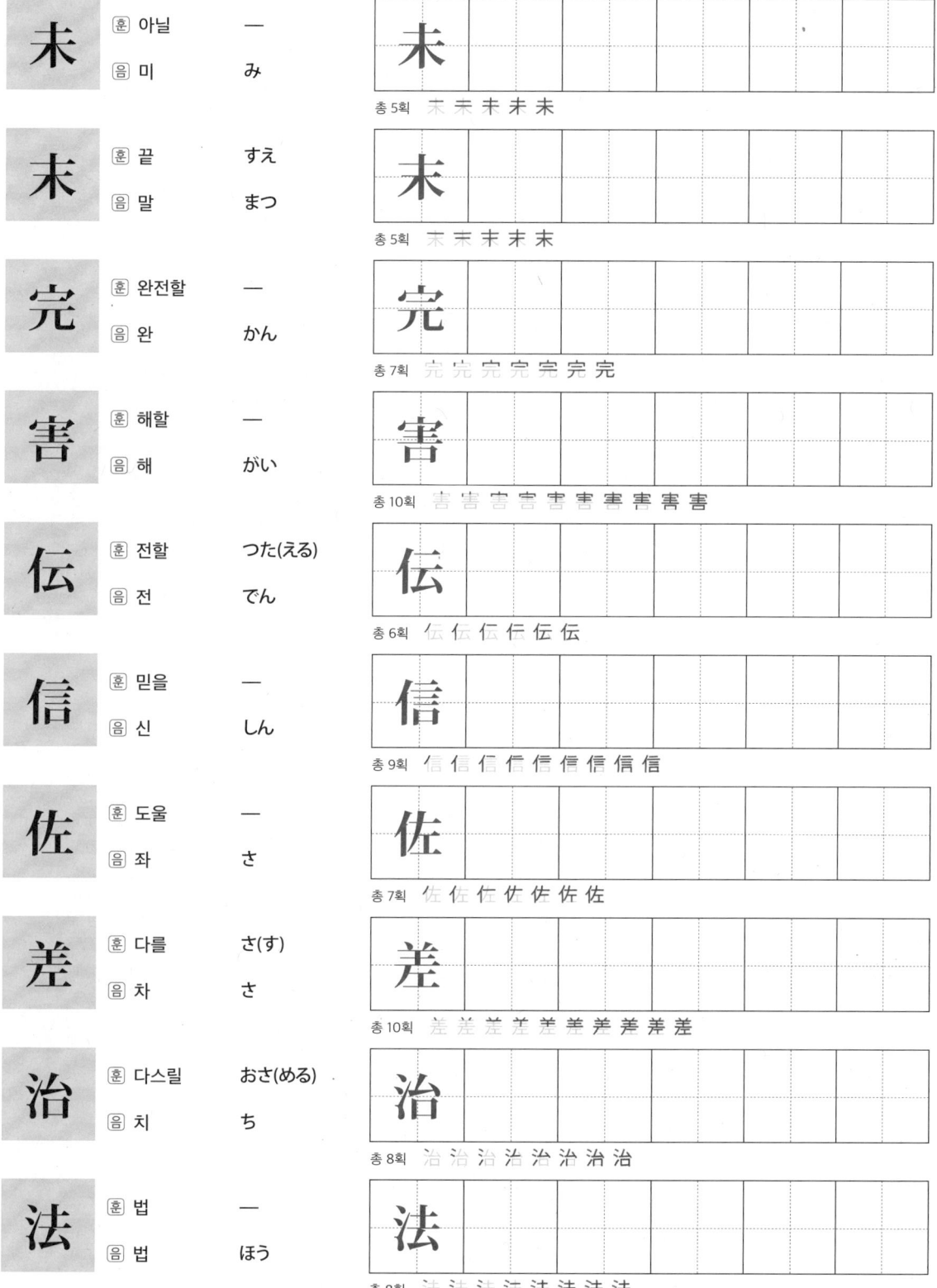

DAY 13 초등학교 4학년 한자 ①

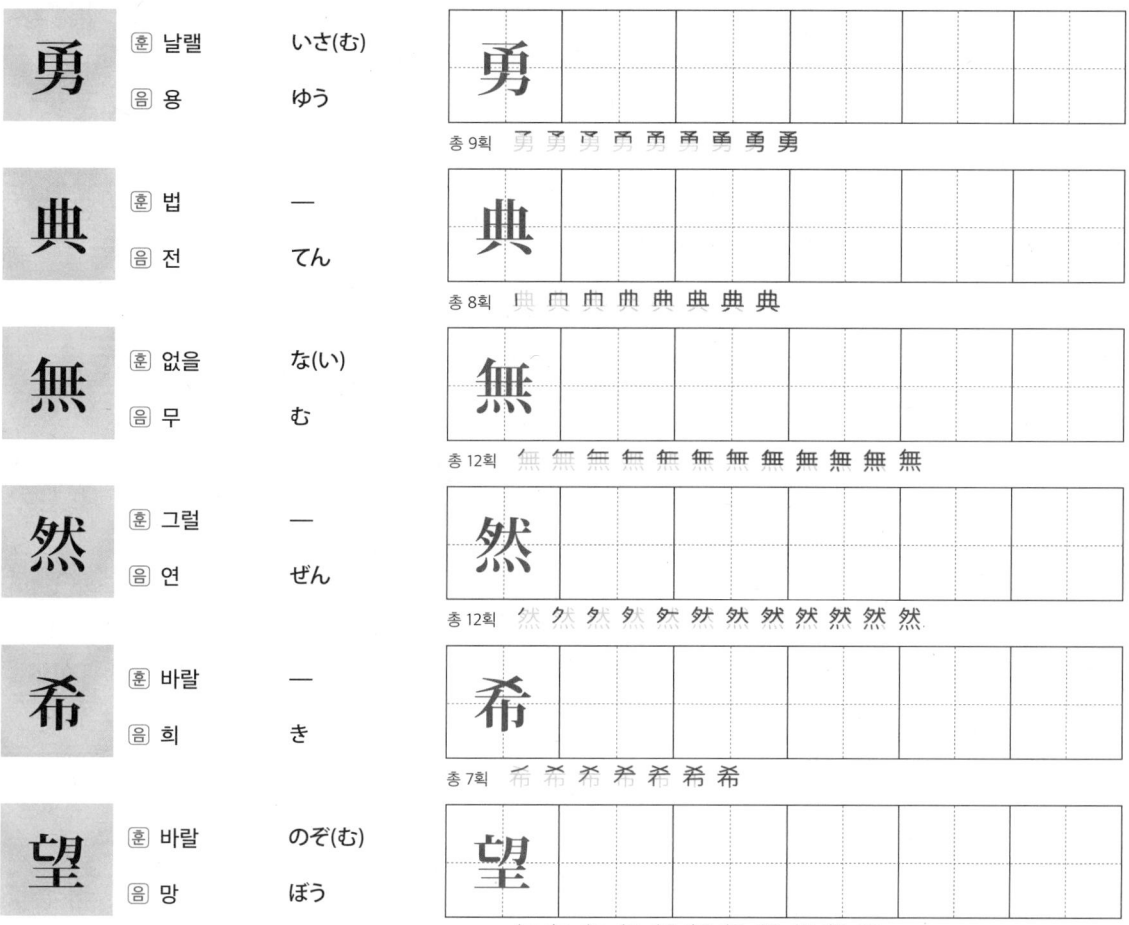

DAY 14 초등학교 4학년 한자 ②

한자	훈	음	일본어 훈독	일본어 음독
好	좋을	호	す(く)	こう
媛	여자	원	—	えん
加	더할	가	くわ(える)	か
功	공	공	—	こう
初	처음	초	はじ(め)	しょ
辺	가	변	あた(り)	へん
達	통달할	달	—	たつ
選	가릴	선	えら(ぶ)	せん
束	묶을	속	たば	そく
卒	마칠	졸	—	そつ

총 6획 好好好好好好

총 12획 媛媛媛媛媛媛媛媛媛媛媛媛

총 5획 加加加加加

총 5획 功功功功功

총 7획 初初初初初初初

총 5획 辺辺辺辺辺

총 12획 達達達達達達達達達達達達

총 15획 選選選選選選選選選選選選選選選

총 7획 束束束束束束束

총 8획 卒卒卒卒卒卒卒卒

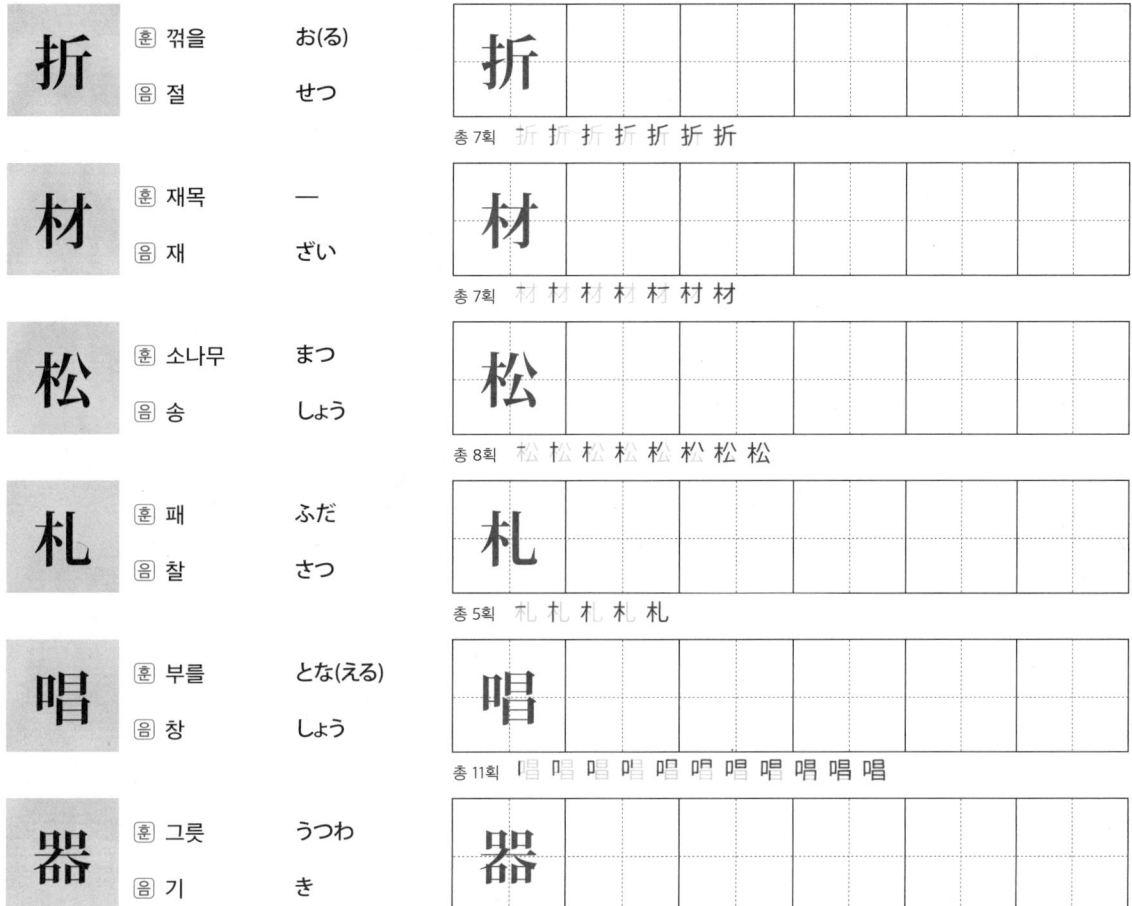

DAY 15 초등학교 4학년 한자 ③

利
- 훈: 이로울
- 음: 리
- き(く)
- り

총 7획 利利利利利利利

梨
- 훈: 배나무
- 음: 리
- なし
- ―

총 11획 梨梨梨梨梨梨梨梨梨梨梨

各
- 훈: 각각
- 음: 각
- おのおの
- かく

총 6획 各各各各各各

省
- 훈: 덜
- 음: 생
- はぶ(く)
- せい

총 9획 省省省省省省省省省

貨
- 훈: 재물
- 음: 화
- ―
- か

총 11획 貨貨貨貨貨貨貨貨貨貨貨

賀
- 훈: 하례할
- 음: 하
- ―
- が

총 12획 賀賀賀賀賀賀賀賀賀賀賀賀

覚
- 훈: 깨달을
- 음: 각
- さ(める)
- かく

총 12획 覚覚覚覚覚覚覚覚覚覚覚覚

争
- 훈: 다툴
- 음: 쟁
- あらそ(う)
- そう

총 6획 争争争争争争

軍
- 훈: 군사
- 음: 군
- ―
- ぐん

총 9획 軍軍軍軍軍軍軍軍軍

便
- 훈: 편할
- 음: 편
- たよ(り)
- べん

총 9획 便便便便便便便便便

漢字	訓	音	일본어 훈	일본어 음	총획
連	이을	련	つら(なる)	れん	총 10획
輪	바퀴	륜	わ	りん	총 15획
的	과녁	적	まと	てき	총 8획
約	맺을	약	—	やく	총 9획
清	맑을	청	きよ(い)	せい	총 11획
静	고요할	정	しず(か)	せい	총 14획
積	쌓을	적	つ(む)	せき	총 16획
成	이룰	성	な(る)	せい	총 6획
城	성	성	しろ	じょう	총 9획
臣	신하	신	—	じん	총 7획

DAY 15 | 초등학교 4학년 한자 ③

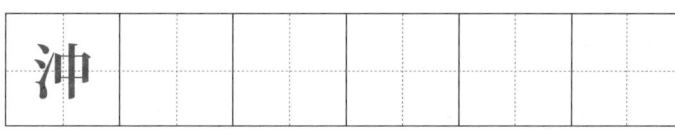

沖
- 훈 화할 / おき
- 음 충 / ちゅう

총 7획 沖 沖 沖 沖 沖 沖 沖

繩
- 훈 밧줄 / なわ
- 음 승 / じょう

총 15획 繩 繩 繩 繩 繩 繩 繩 繩 繩 繩 繩 繩

DAY 16 초등학교 4학년 한자 ④

DAY 16 초등학교 4학년 한자 ④

票 훈 표 —
  음 표 ひょう

총 11획 票票票票票票票票票票票

標 훈 표할 —
  음 표 ひょう

총 15획 標標標標標標標標標標標標標標標

DAY 17 초등학교 4학년 한자 ⑤

한자	훈	음	요미
街	거리	가	まち / がい
徒	무리	도	— / と
德	덕	덕	— / とく
径	지름길	경	— / けい
候	기후	후	そうろう / こう
例	비슷할	례	たと(える) / れい
側	곁	측	がわ / そく
借	빌릴	차	か(りる) / しゃく
億	억	억	— / おく
祝	빌	축	いわ(う) / しゅく

街 총 12획
徒 총 10획
德 총 14획
径 총 8획
候 총 10획
例 총 8획
側 총 11획
借 총 10획
億 총 15획
祝 총 9획

한자	훈	음	일본어 훈독	일본어 음독
説	말씀	설	と(く)	せつ
訓	가르칠	훈	—	くん
順	순할	순	—	じゅん
願	원할	원	ねが(う)	がん
類	무리	류	たぐ(い)	るい
料	헤아릴	료	—	りょう
孫	손자	손	まご	そん
給	줄	급	—	きゅう
続	계속	속	つづ(く)	ぞく
結	맺을	결	むす(ぶ)	けつ

説 총 14획
訓 총 10획
順 총 12획
願 총 19획
類 총 18획
料 총 10획
孫 총 10획
給 총 12획
続 총 13획
結 총 12획

DAY 17 | 초등학교 4학년 한자 ⑤

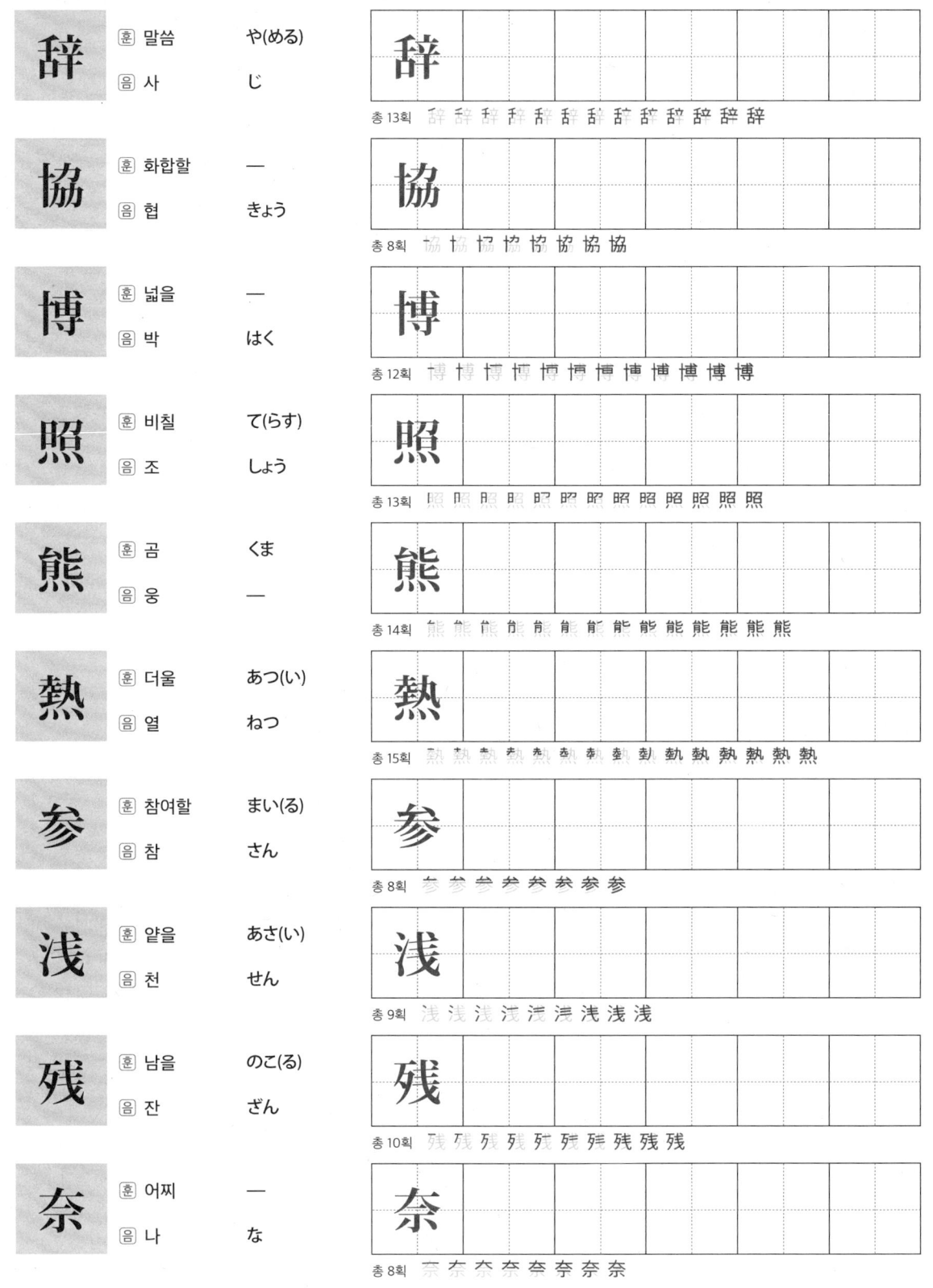

DAY 17 초등학교 4학년 한자 ⑤

挙	훈 들	あ(げる)
	음 거	きょ

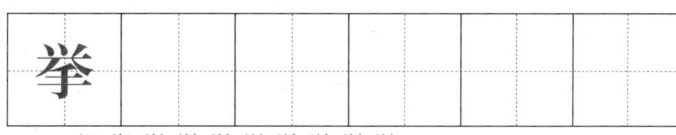
총 10획

埼	훈 갑	さい
	음 기	―

총 11획

塩	훈 소금	しお
	음 염	えん

총 13획

DAY 18 　초등학교 4학년 한자 ⑥

한자	훈	음	읽기
灯	등잔	ひ	
	등	とう	

총 6획　灯 灯 灯 灯 灯 灯

焼	불사를	や(く)
	소	しょう

총 12획　焼 焼 焼 焼 焼 焼 焼 焼 焼 焼 焼 焼

案	책상	―
	안	あん

총 10획　案 案 案 案 案 案 案 案 案 案

察	살필	―
	찰	さつ

총 14획　察 察 察 察 察 察 察 察 察 察 察 察 察 察

単	홑	―
	단	たん

총 9획　単 単 単 単 単 単 単 単 単

巣	보금자리	す
	소	そう

총 11획　巣 巣 巣 巣 巣 巣 巣 巣 巣 巣 巣

戦	싸움	たたか(う)
	전	せん

총 13획　戦 戦 戦 戦 戦 戦 戦 戦 戦 戦 戦 戦 戦

試	시험	ため(す)
	시	し

총 13획　試 試 試 試 試 試 試 試 試 試 試 試 試

議	의논할	―
	의	ぎ

총 20획　議 議 議 議 議 議 議 議 議 議 議 議 議 議 議 議 議 議 議 議

観	볼	―
	관	かん

총 18획　観 観 観 観 観 観 観 観 観 観 観 観 観 観 観 観 観 観

漢字	훈	음		
験	시험할	험	—	けん
録	기록할	록	—	ろく
鏡	거울	경	かがみ	きょう
競	다툴	경	きそ(う)	きょう
機	틀	기	はた	き
械	기계	계	—	かい
極	다할	극	きわ(まる)	きょく
栃	상수리나무	회	とち	—
梅	매화	매	うめ	ばい
群	무리	군	む(れ)	ぐん

- 験 총 18획
- 録 총 16획
- 鏡 총 19획
- 競 총 20획
- 機 총 16획
- 械 총 11획
- 極 총 12획
- 栃 총 9획
- 梅 총 10획
- 群 총 13획

DAY 18 | 초등학교 4학년 한자 ⑥

DAY 18 초등학교 4학년 한자 ⑥

漁
- 훈 고기 잡을 —
- 음 어   ぎょ

潟
- 훈 개펄 かた
- 음 석 —

滋
- 훈 붙을 —
- 음 자 じ

漁
총 14획 漁漁漁漁漁漁漁漁漁漁漁漁漁漁

潟
총 15획 潟潟潟潟潟潟潟潟潟潟潟潟潟潟潟

滋
총 12획 滋滋滋滋滋滋滋滋滋滋滋滋

DAY 19 초등학교 5학년 한자 ①

한자	훈	음	뜻	음독
因	인할	인	よ(る)	いん
団	둥글	단	—	だん
囲	둘레	위	かこ(む)	い
永	길	영	なが(い)	えい
久	오랠	구	ひさ(しい)	きゅう
性	성품	성	—	せい
快	쾌할	쾌	こころよ(い)	かい
慣	익숙할	관	な(れる)	かん
情	뜻	정	なさ(け)	じょう
精	정할	정	—	せい

因 총 6획 因因因因因因
団 총 6획 団団団団団団
囲 총 7획 囲囲囲囲囲囲囲
永 총 5획 永永永永永
久 총 3획 久久久
性 총 8획 性性性性性性性性
快 총 7획 快快快快快快快
慣 총 14획 慣慣慣慣慣慣慣慣慣慣慣慣慣慣
情 총 11획 情情情情情情情情情情情
精 총 14획 精精精精精精精精精精精精精精

DAY 19 초등학교 5학년 한자 ①

個
- 훈: 낱 —
- 음: 개 こ

총 10획 個 個 個 個 個 個 個 個 個 個

備
- 훈: 갖출 そな(える)
- 음: 비 び

총 12획 備 備 備 備 備 備 備 備 備 備 備 備

修
- 훈: 닦을 おさ(める)
- 음: 수 しゅう

총 10획 修 修 修 修 修 修 修 修 修 修

DAY 20 초등학교 5학년 한자 ②

한자	훈	음	총획
余	남을 / あま(る)	여 / よ	총 7획
舎	집 / ―	사 / しゃ	총 8획
容	얼굴 / ―	용 / よう	총 10획
告	고할 / つ(げる)	고 / こく	총 7획
招	부를 / まね(く)	초 / しょう	총 8획
再	두 / ふたた(び)	재 / さい	총 6획
査	조사할 / ―	사 / さ	총 9획
益	더할 / ―	익 / えき	총 10획
比	견줄 / くら(べる)	비 / ひ	총 4획
均	고를 / ―	균 / きん	총 7획

한자	훈	음	일본어
增	더할	증	ふ(える) / ぞう
稅	세금	세	— / ぜい
程	한도	정	ほど / てい
移	옮길	이	うつ(す) / い
武	호반	무	— / ぶ
士	선비	사	— / し
任	맡길	임	まか(せる) / にん
往	갈	왕	— / おう
布	베	포	ぬの / ふ
在	있을	재	あ(る) / ざい

增 총 14획
稅 총 12획
程 총 12획
移 총 11획
武 총 8획
士 총 3획
任 총 6획
往 총 8획
布 총 5획
在 총 6획

DAY 20 초등학교 5학년 한자 ②

夢
- 훈: 꿈　ゆめ
- 음: 몽　む

총 13획　夢夢夢夢夢夢夢夢萝萝夢夢

暴
- 훈: 사나울　あば(れる)
- 음: 폭　ぼう

총 15획　暴暴暴暴暴暴暴暴暴暴暴暴暴暴暴

DAY 21 초등학교 5학년 한자 ③

한자	훈	음 (일본어 훈)	일본어 음
易	쉬울	やさ(しい)	い
	이		

易 — 총 8획

한자	훈	음 (일본어 훈)	일본어 음
得	얻을	え(る)	とく
	득		

得 — 총 11획

한자	훈	음 (일본어 훈)	일본어 음
複	겹칠	—	ふく
	복		

複 — 총 14획

한자	훈	음 (일본어 훈)	일본어 음
復	회복할	—	ふく
	복		

復 — 총 12획

한자	훈	음 (일본어 훈)	일본어 음
興	일	おこ(す)	こう
	흥		

興 — 총 16획

한자	훈	음 (일본어 훈)	일본어 음
液	진	—	えき
	액		

液 — 총 11획

한자	훈	음 (일본어 훈)	일본어 음
演	펼	—	えん
	연		

演 — 총 14획

한자	훈	음 (일본어 훈)	일본어 음
混	섞을	ま(ぜる)	こん
	혼		

混 — 총 11획

한자	훈	음 (일본어 훈)	일본어 음
減	덜	へ(る)	げん
	감		

減 — 총 12획

한자	훈	음 (일본어 훈)	일본어 음
潔	깨끗할	いさぎよ(い)	けつ
	결		

潔 — 총 15획

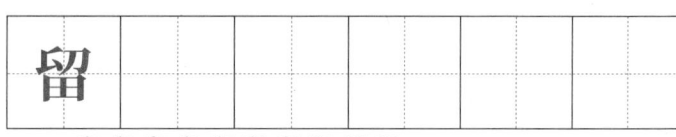

- 훈 머무를 と(まる)
- 음 류 りゅう

총 10획

毒
- 훈 독 ―
- 음 독 どく

총 8획

DAY 22　초등학교 5학년 한자 ④

한자	훈	음	일본어 훈독	일본어 음독	총 획수
示	보일	시	しめ(す)	じ	총 5획　示 示 示 示 示
祖	할아비	조	—	そ	총 9획　祖 祖 祖 祖 祖 祖 祖 祖 祖
禁	금할	금	—	きん	총 13획　禁 禁 禁 禁 禁 禁 禁 禁 禁 禁 禁 禁 禁
刊	새길	간	—	かん	총 5획　刊 刊 刊 刊 刊
判	판단할	판	—	はん	총 7획　判 判 判 判 判 判 判
制	절제할	제	—	せい	총 8획　制 制 制 制 制 制 制 制
耕	밭 갈	경	たがや(す)	こう	총 10획　耕 耕 耕 耕 耕 耕 耕 耕 耕 耕
設	베풀	설	もう(ける)	せつ	총 11획　設 設 設 設 設 設 設 設 設 設 設
評	평할	평	—	ひょう	총 12획　評 評 評 評 評 評 評 評 評 評 評 評
許	허락할	허	ゆる(す)	きょ	총 11획　許 許 許 許 許 許 許 許 許 許 許

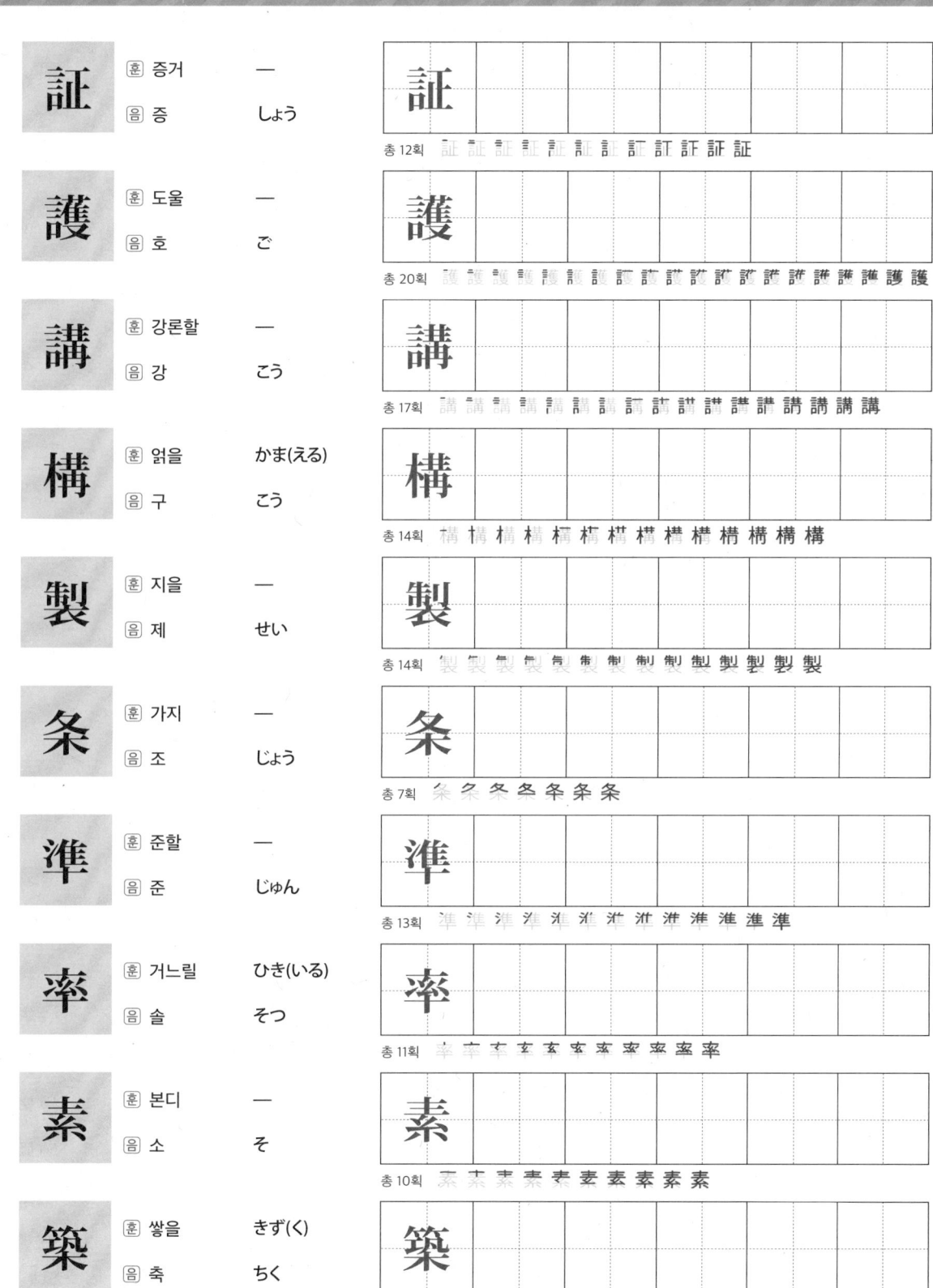

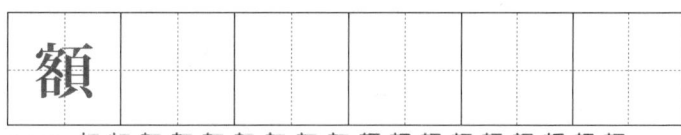

額
- 훈: 이마　ひたい
- 음: 액　がく

領
- 훈: 거느릴　—
- 음: 령　りょう

총 18획
총 14획

DAY 23　초등학교 5학년 한자 ⑤

한자	훈	음		총 획수
型	모형 かた	형 けい		총 9획
基	터 もと	기 き		총 11획
墓	무덤 はか	묘 ぼ		총 13획
状	형상 ―	상 じょう		총 7획
態	모습 ―	태 たい		총 14획
能	능할 ―	능 のう		총 10획
旧	옛 ―	구 きゅう		총 5획
眼	눈 まなこ	안 がん		총 11획
則	법칙 ―	칙 そく		총 9획
財	재물 ―	재 ざい		총 10획

한자	훈	음	쓰기
貯	쌓을 / 저	— / ちょ	貯 (총 12획)
測	헤아릴 / 측	はか(る) / そく	測 (총 12획)
現	나타날 / 현	あらわ(れる) / げん	現 (총 11획)
規	법 / 규	— / き	規 (총 11획)
断	끊을 / 단	た(つ) / だん	断 (총 11획)
絶	끊을 / 절	た(える) / ぜつ	絶 (총 12획)
経	지날 / 경	へ(る) / けい	経 (총 11획)
紀	벼리 / 기	— / き	紀 (총 9획)
統	거느릴 / 통	す(べる) / とう	統 (총 12획)
総	거느릴 / 총	— / そう	総 (총 14획)

DAY 23 | 초등학교 5학년 한자 ⑤

DAY 23 초등학교 5학년 한자 ⑤

責
- 훈 꾸짖을   ㅡ 세(める)
- 음 책   ㅡ 세키

績
- 훈 길쌈할   ㅡ
- 음 적   ㅡ 세키

責
총 11획

績
총 17획

DAY 24 초등학교 5학년 한자 ⑥

한자	훈	음	훈독	음독
政	정사	정	まつりごと	せい
故	연고	고	ゆえ	こ
救	구원할	구	すく(う)	きゅう
務	힘쓸	무	つと(める)	む
殺	죽일	살	ころ(す)	さつ
雑	섞일	잡	―	ざつ
酸	실	산	す(い)	さん
授	줄	수	さず(ける)	じゅ
接	이을	접	つ(ぐ)	せつ
損	덜	손	そこ(なう)	そん

총 9획 政
총 9획 故
총 11획 救
총 11획 務
총 10획 殺
총 14획 雑
총 14획 酸
총 11획 授
총 11획 接
총 13획 損

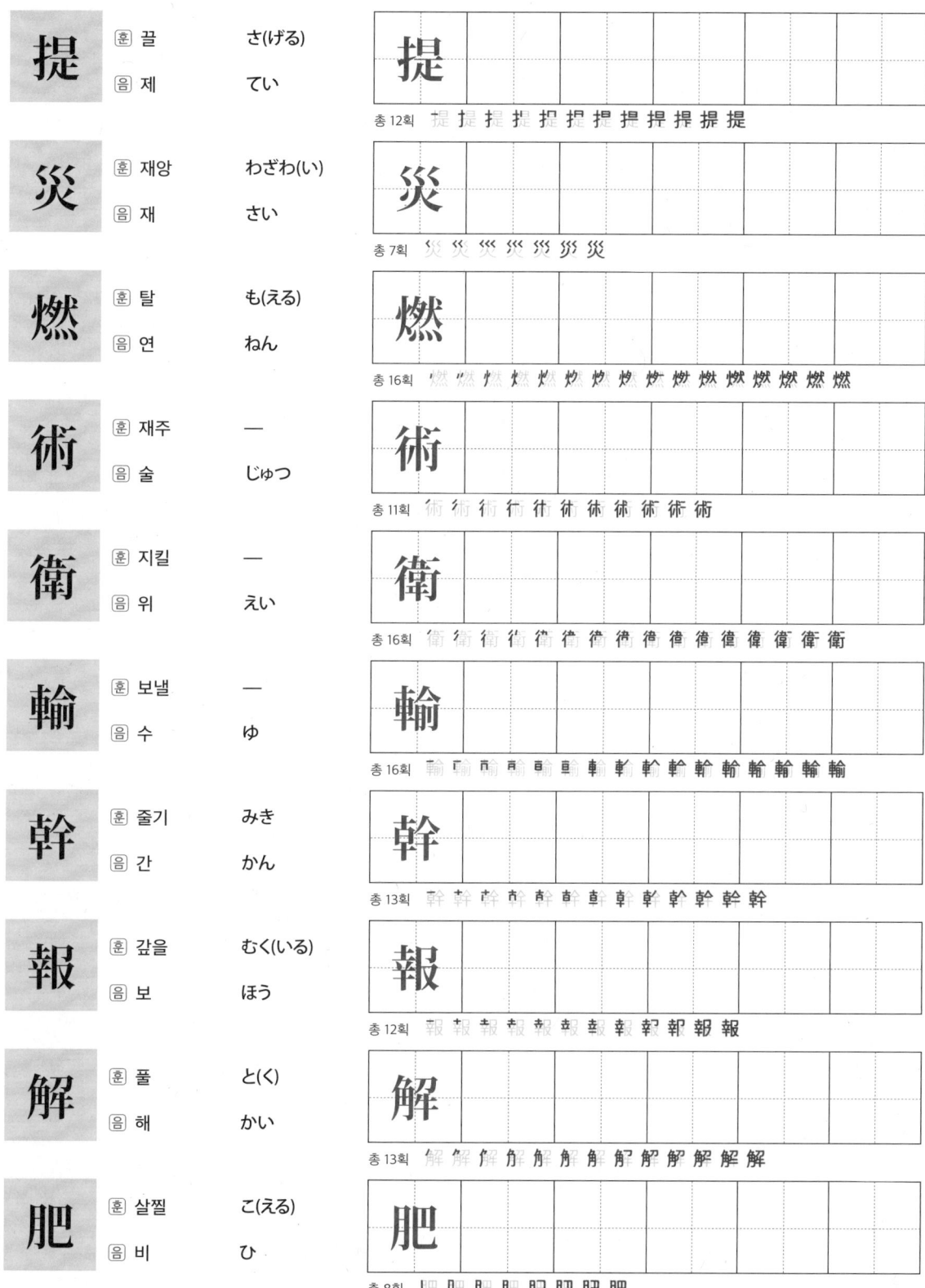

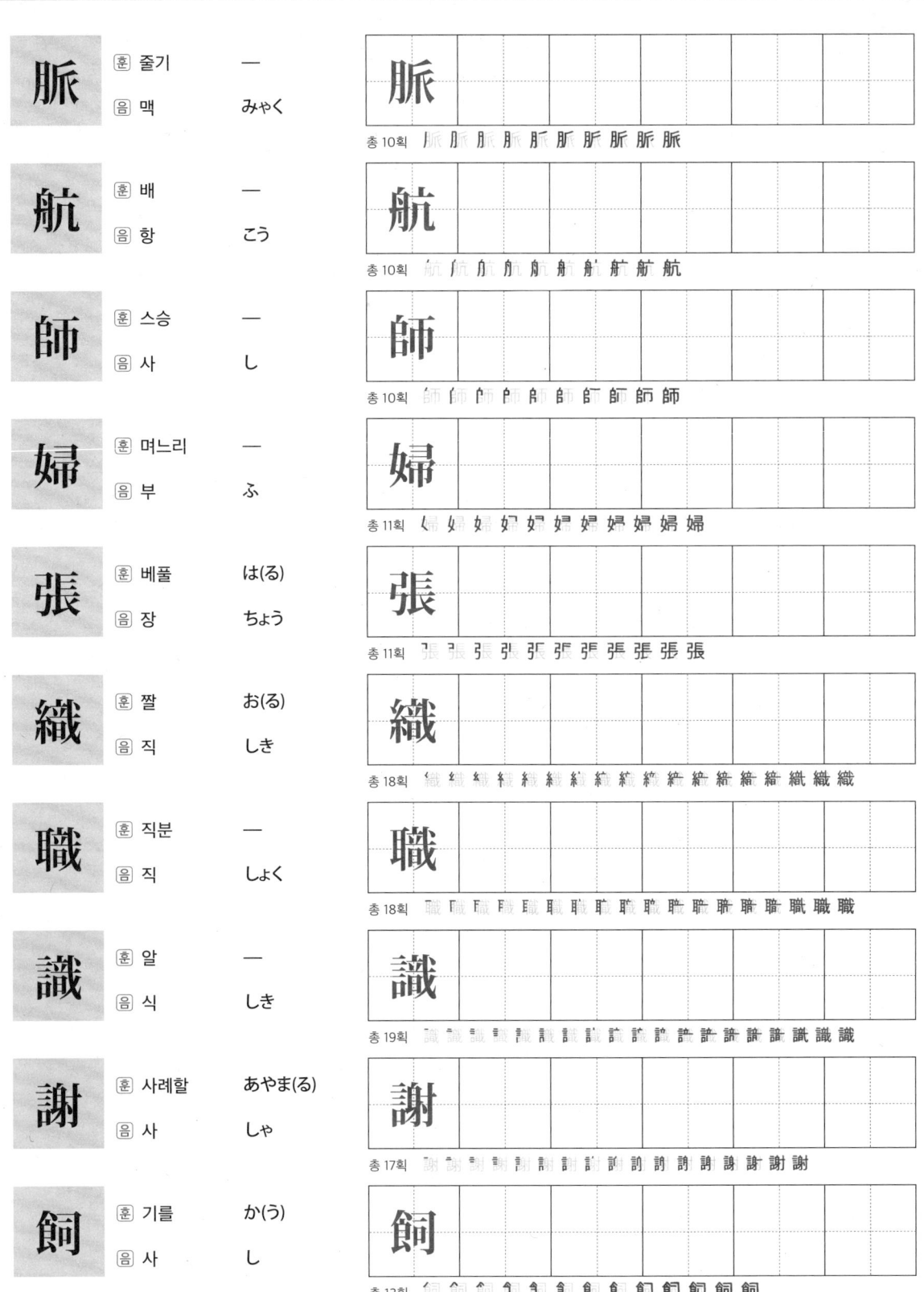

DAY 24 초등학교 5학년 한자 ⑥

銅
- 훈 구리 —
- 음 동   どう

鉱
- 훈 쇳돌 —
- 음 광   こう

DAY 25 | 초등학교 6학년 한자 ①

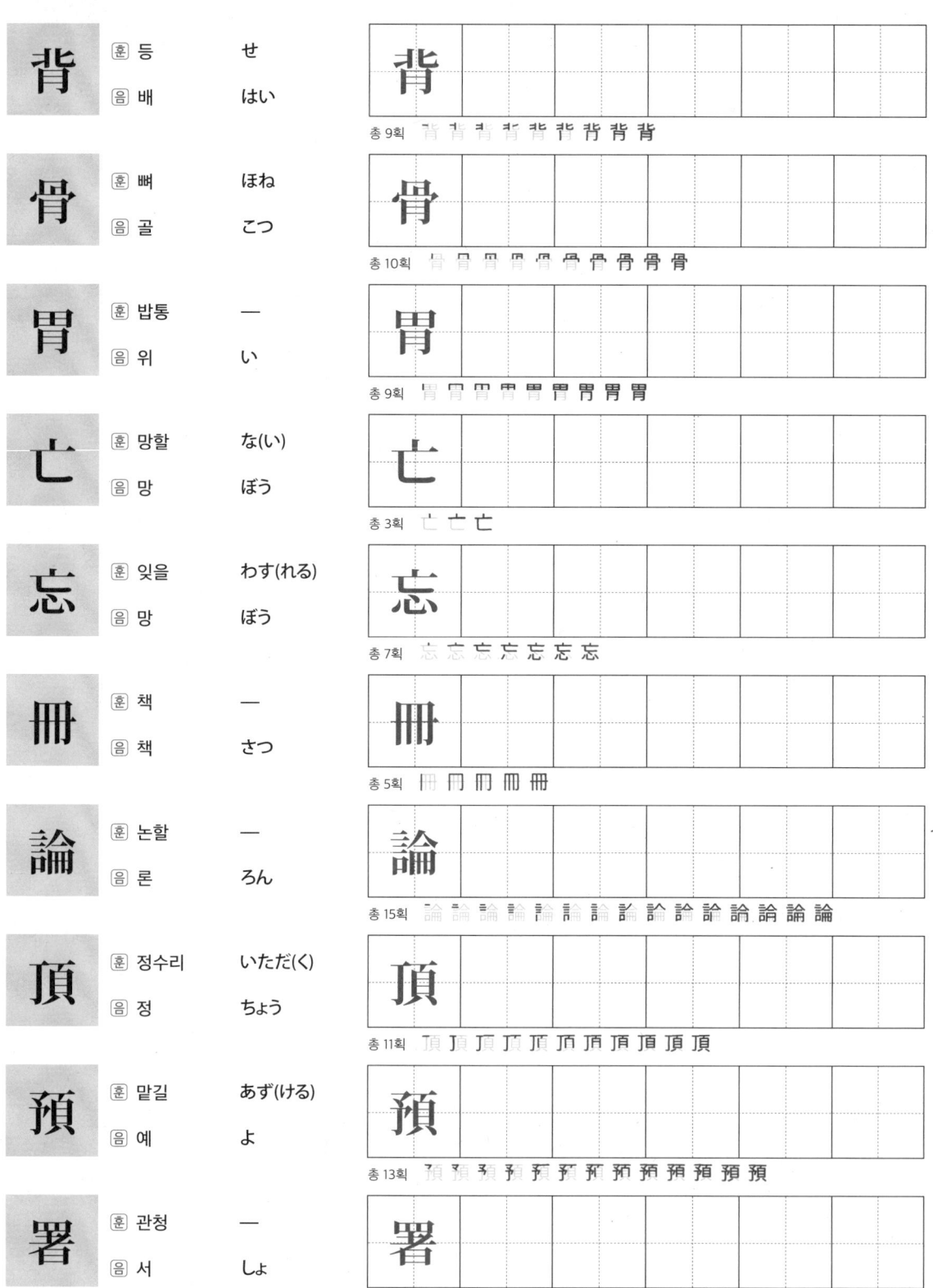

漢字	훈	음	획수
翌	다음날 —	익 よく	총 11획
晩	늦을 —	만 ばん	총 12획
映	비칠 うつ(る)	영 えい	총 9획
暖	따뜻할 あたた(か)	난 だん	총 13획
舌	혀 した	설 ぜつ	총 6획
否	아닐 いな	부 ひ	총 7획
若	젊을 わか(い)	약 じゃく	총 8획
后	왕후 —	후 こう	총 6획
灰	재 はい	회 かい	총 6획
届	이를 とど(く)	계 —	총 8획

DAY 25 초등학교 6학년 한자 ①

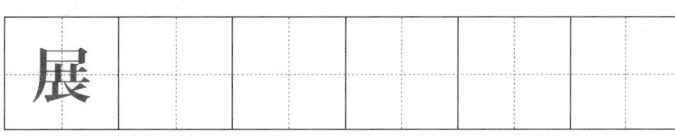

展 훈 펼 / 음 전 — てん

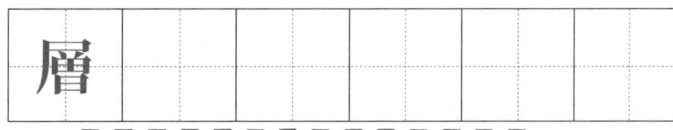

層 훈 층 / 음 층 — そう

DAY 26 | 초등학교 6학년 한자 ②

DAY 26 초등학교 6학년 한자 ②

한자	훈	음	읽기	총획
寸	마디	촌	— / すん	총 3획 寸寸寸
討	칠	토	う(つ) / とう	총 10획 討討討討討討討討討討
射	쏠	사	い(る) / しゃ	총 10획 射射射射射射射射射射
將	장차	장	— / しょう	총 10획 將將將將將將將將將將
專	오로지	전	もっぱ(ら) / せん	총 9획 專專專專專專專專專
尊	높을	존	とうと(い) / そん	총 12획 尊尊尊尊尊尊尊尊尊尊尊尊
延	늘일	연	の(ばす) / えん	총 8획 延延延延延延延延
誕	낳을	탄	— / たん	총 15획 誕誕誕誕誕誕誕誕誕誕誕誕誕誕誕
勤	부지런할	근	つと(める) / きん	총 12획 勤勤勤勤勤勤勤勤勤勤勤勤
筋	힘줄	근	すじ / きん	총 12획 筋筋筋筋筋筋筋筋筋筋筋筋

DAY 26 초등학교 6학년 한자 ②

垂
- 훈: 드리울 た(らす)
- 음: 수 すい

총 8획

郵
- 훈: 우편 ―
- 음: 우 ゆう

총 11획

DAY 27 초등학교 6학년 한자 ③

한자	훈	음	획수
姿	모양 / すがた	자 / し	총 9획
欲	하고자 할 / ほ(しい)	욕 / よく	총 11획
系	이어맬 / —	계 / けい	총 7획
至	이를 / いた(る)	지 / し	총 6획
穴	구멍 / あな	혈 / けつ	총 5획
宅	집 / —	택 / たく	총 6획
宝	보배 / たから	보 / ほう	총 8획
宗	마루 / —	종 / しゅう	총 8획
宇	집 / —	우 / う	총 6획
宙	집 / —	주 / ちゅう	총 8획

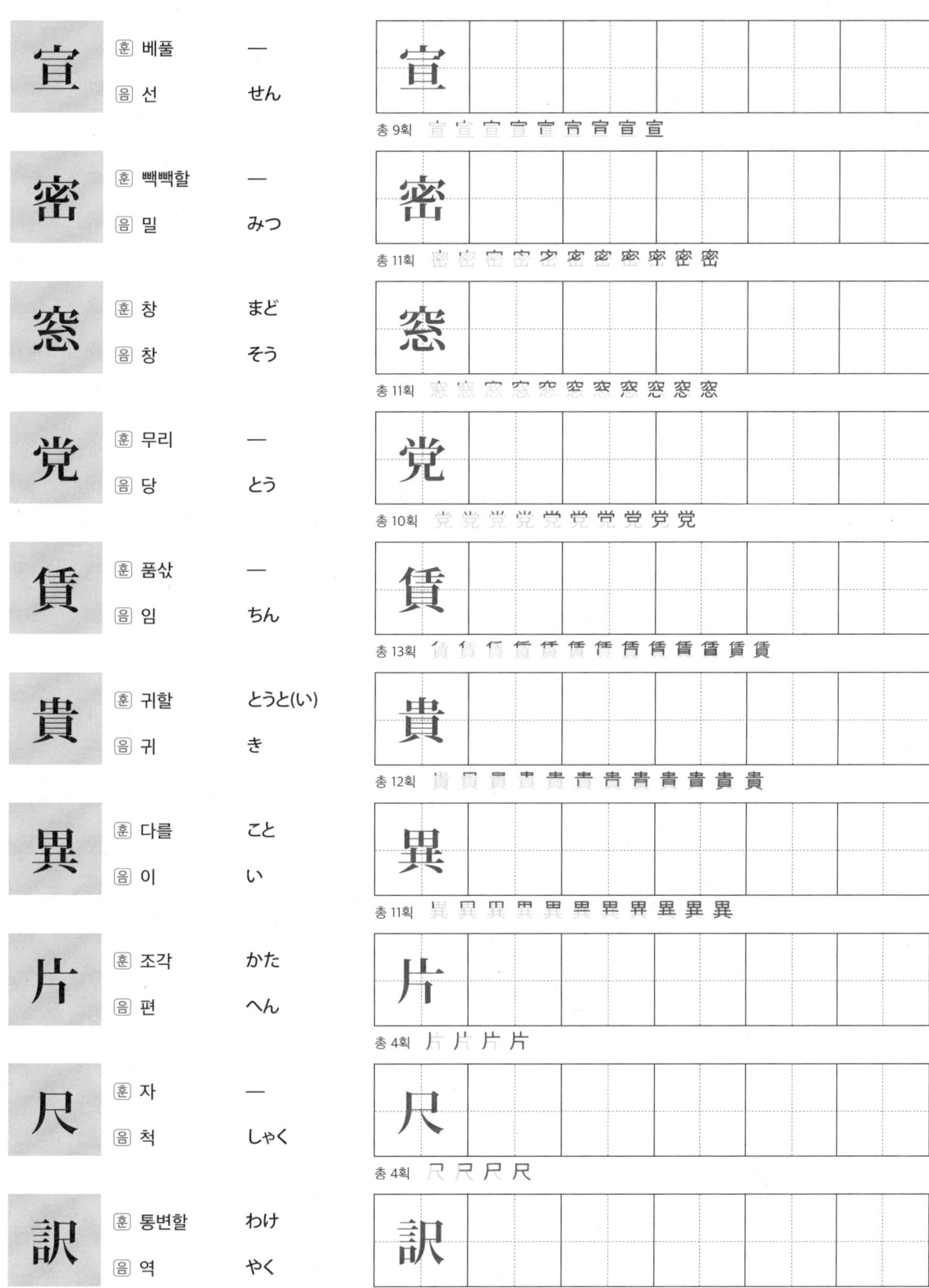

DAY 27 초등학교 6학년 한자 ③

優
- 훈: 뛰어날　すぐ(れる)
- 음: 우　　　　ゆう

총 17획

傷
- 훈: 다칠　　きず
- 음: 상　　　しょう

총 13획

DAY 28 초등학교 6학년 한자 ④

한자	훈	음	획수
探	찾을 さが(す)	탐 たん	총 11획
捨	버릴 す(てる)	사 しゃ	총 11획
担	멜 にな(う)	담 たん	총 8획
批	비평할 —	비 ひ	총 7획
拡	넓힐 —	확 かく	총 8획
揮	휘두를 —	휘 き	총 12획
干	마를 ほ(す)	건 かん	총 3획
洗	씻을 あら(う)	세 せん	총 9획
沿	따를 そ(う)	연 えん	총 8획
派	갈래 —	파 は	총 9획

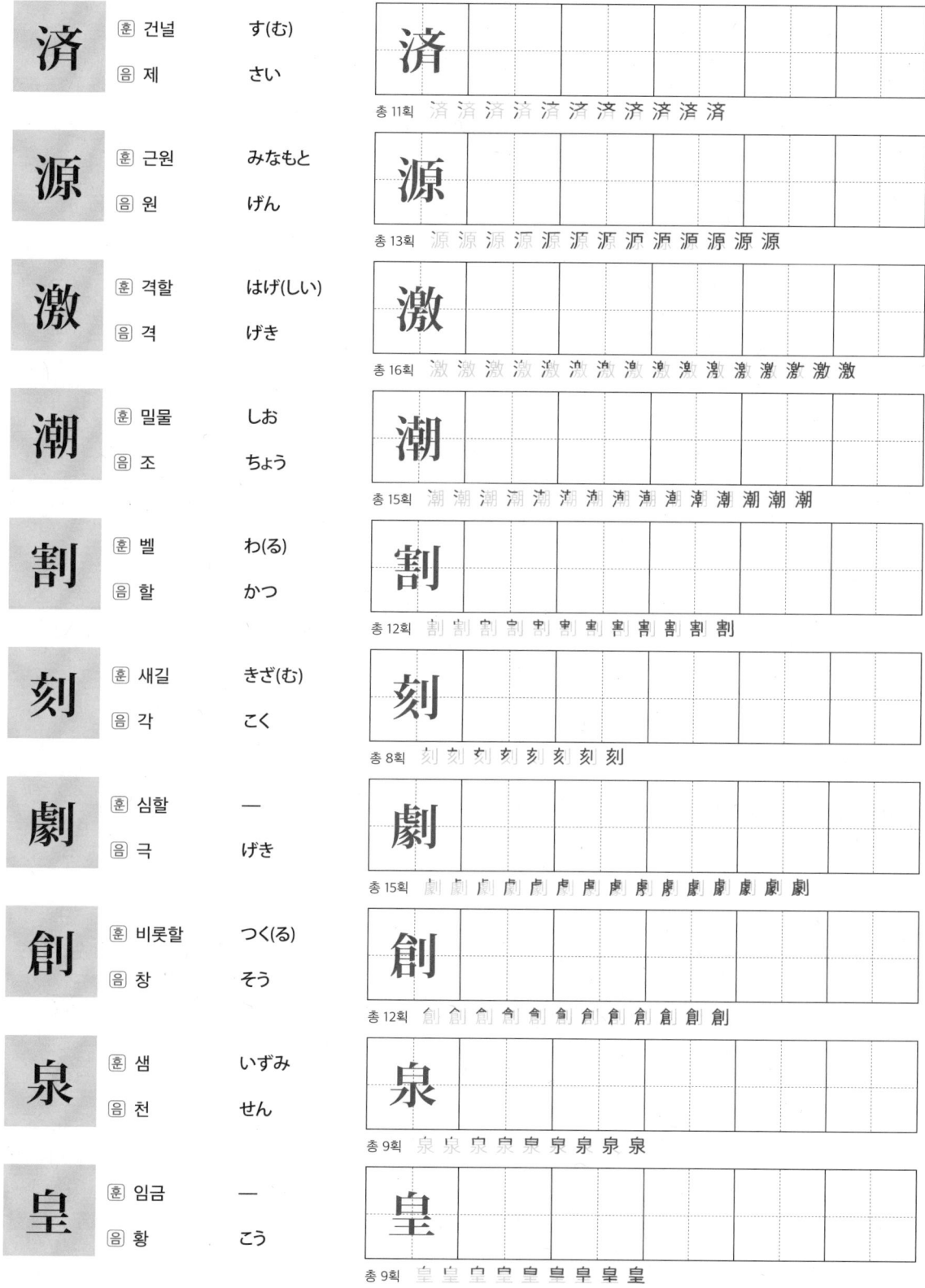

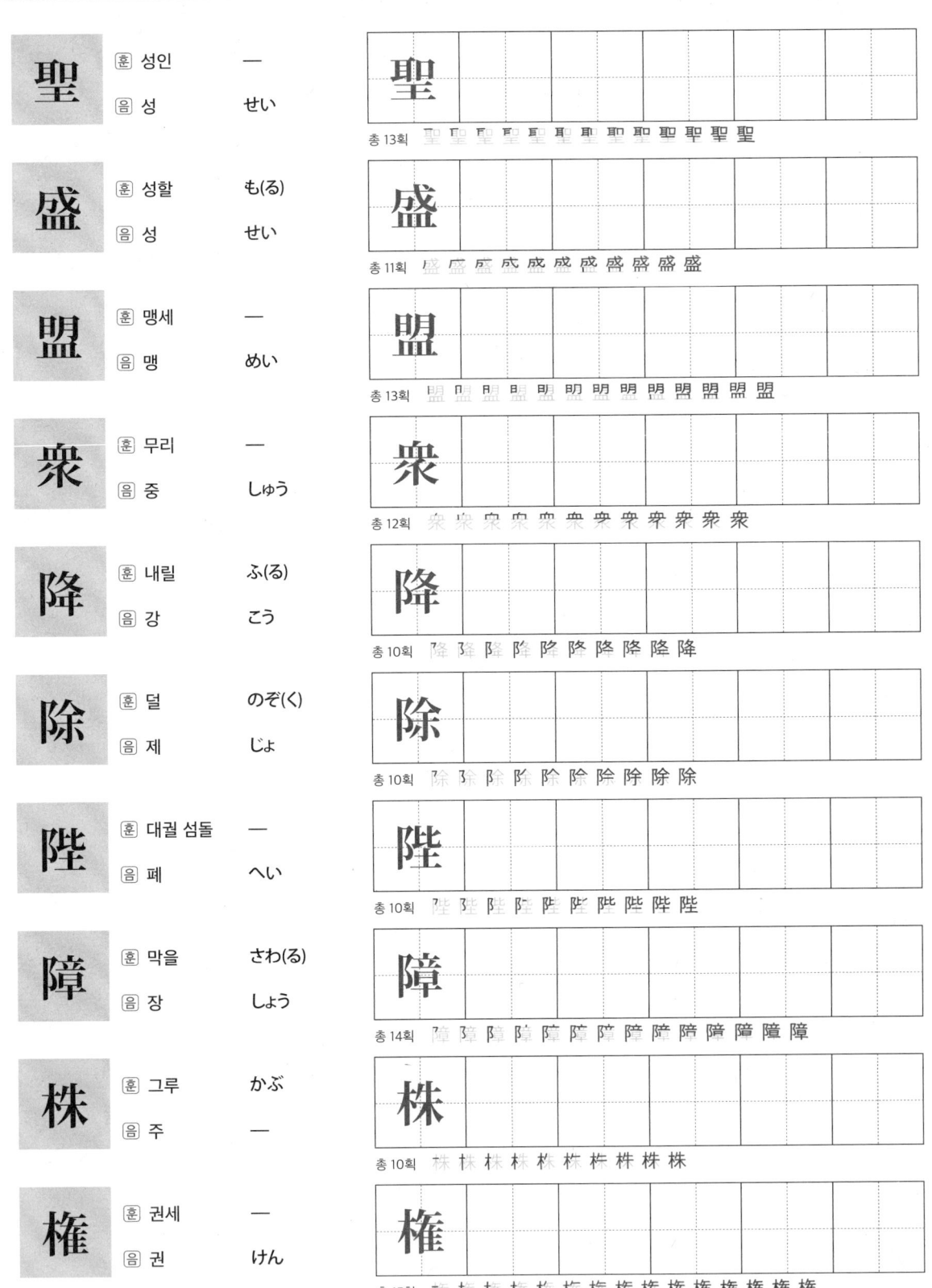

DAY 28 초등학교 6학년 한자 ④

模
- 훈: 본뜰
- 음: 모
- 一
- も

총 14획 模 模 模 模 模 模 模 模 模 模 模 模 模 模

樹
- 훈: 나무
- 음: 수
- 一
- じゅ

총 16획 樹 樹 樹 樹 樹 樹 樹 樹 樹 樹 樹 樹 樹 樹 樹 樹

DAY 29 초등학교 6학년 한자 ⑤

한자	훈	음		
我	나	아	われ	が
忠	충성	충	—	ちゅう
恩	은혜	은	—	おん
憲	법	헌	—	けん
域	지경	역	—	いき
蔵	곳간	장	くら	ぞう
裁	결단할	재	さば(く)	さい
退	물러날	퇴	しりぞ(く)	たい
遺	남길	유	—	い
幕	장막	막	—	まく

총 7획 我
총 8획 忠
총 10획 恩
총 16획 憲
총 11획 域
총 15획 蔵
총 12획 裁
총 9획 退
총 15획 遺
총 13획 幕

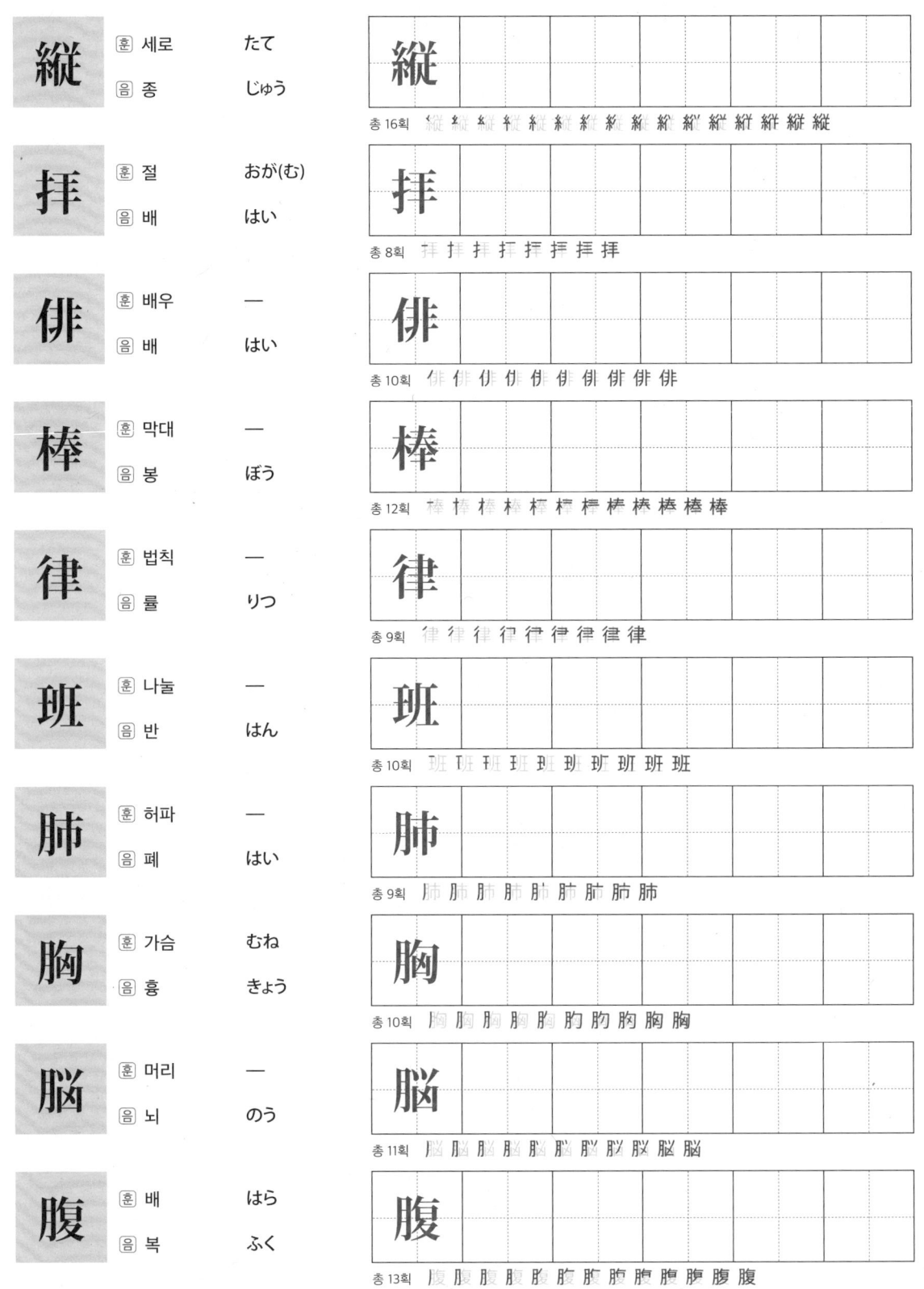

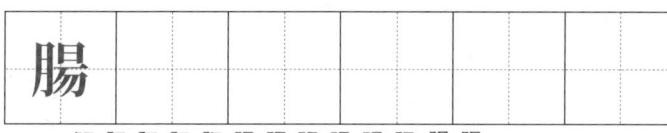

腸
- 훈: 창자 —
- 음: 장　ちょう

腸						

총 13획　腸 腸 腸 腸 腸 腸 腸 腸 腸 腸

臟
- 훈: 오장 —
- 음: 장　ぞう

臟						

총 19획　臟 臟 臟 臟 臟 臟 臟 臟 臟 臟 臟 臟 臟 臟 臟 臟

DAY 30 초등학교 6학년 한자 ⑥

한자	훈	음	읽기		획수
訪	찾을	방	たず(ねる)	ほう	총 11획
詞	말	사	―	し	총 12획
誌	기록할	지	―	し	총 14획
認	알	인	みと(める)	にん	총 14획
誠	정성	성	まこと	せい	총 13획
諸	모두	제	―	しょ	총 15획
誤	그르칠	오	あやま(る)	ご	총 14획
疑	의심할	의	うたが(う)	ぎ	총 14획
視	볼	시	―	し	총 11획
看	볼	간	―	かん	총 9획

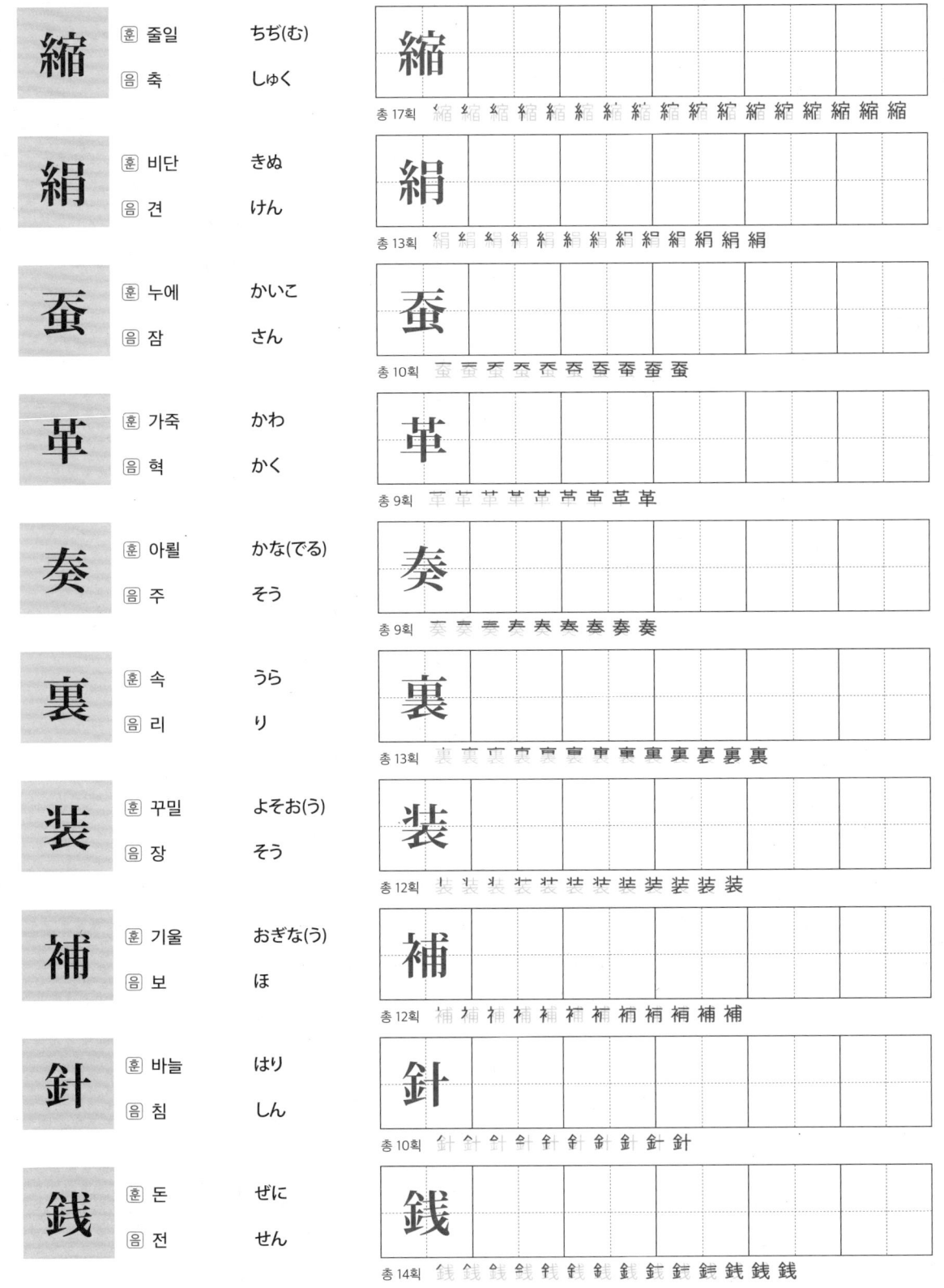

DAY 30 초등학교 6학년 한자 ⑥

鋼
- 훈 강철　はがね
- 음 강　こう

鋼

총 16획

일본어도 역시, 1위 해커스
japan.Hackers.com

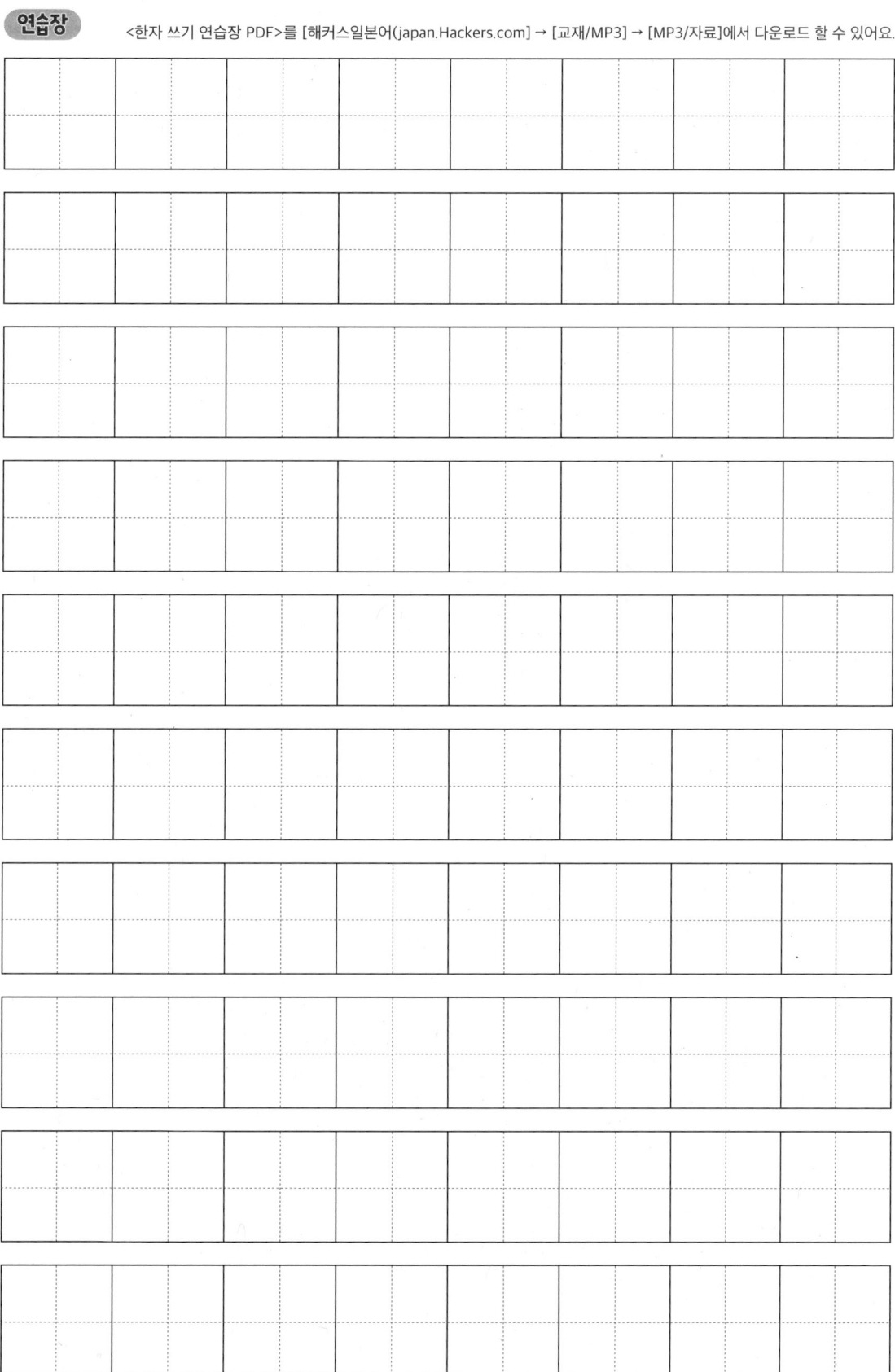

연습장 <한자 쓰기 연습장 PDF>를 [해커스일본어(japan.Hackers.com) → [교재/MP3] → [MP3/자료]에서 다운로드 할 수 있어요.

해커스일본어 japan.Hackers.com

본 교재 인강 · 단어/예문 MP3 · 일본어 문법/어휘 무료 동영상강의 · 상용한자 암기 영상 · 상용한자 암기장(PDF)
· 한자 쓰기 연습장(PDF) · 복습 퀴즈&추가 문제(PDF) · 모바일용 암기 카드(PDF)

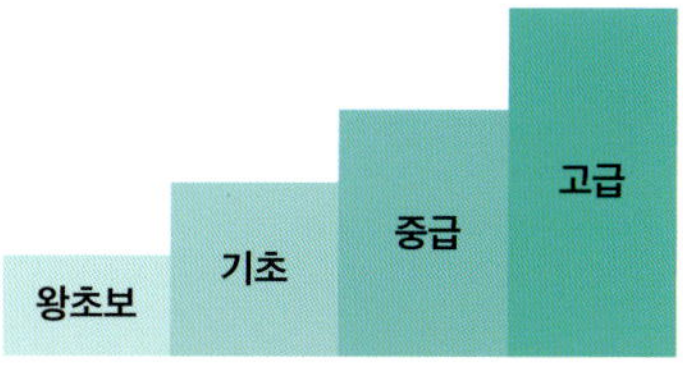

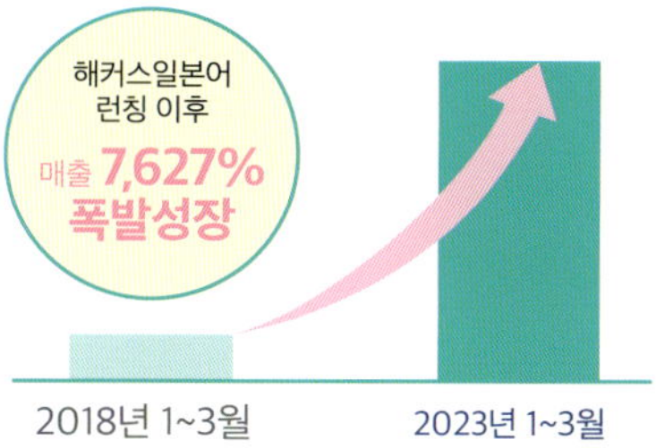

해커스일본어를 선택한 선배들의
일본어 실력 수직상승 비결!

해커스일본어와 함께라면
일본어 실력상승의 주인공은 바로 여러분입니다.

답답한 마음을 마치 사이다같이 뚫어주는 꿀팁!

해커스일본어 수강생 이*희

해커스일본어를 통해 공부하기 시작하니 그동안 잃었던 방향을 찾고 꽉 막힌 미로 속에서 지도를 찾은 기분이었고, 덕분에 혼자 공부를 하면서도 아주 만족하면서 공부를 할 수 있었던 것 같습니다. 특히나 혼자 책으로 공부했다면 절대 몰랐을 여러 선생님들의 설명들이 답답한 마음을 마치 사이다같이 뚫어주셔서 꿀팁들이 나올 때마다 마음속으로 정말 환호를 질렀습니다.

해커스일본어 수강생 오*혜

일본어 왕초보도 JLPT 자격증을 취득할 수 있었습니다.

한자의 뜻과 외우는 방법과 그 한자의 발음 등을 하나하나 자세하게 설명해 주셨고 그림과 함께 이해하기 쉽도록 강의를 진행해 주셨어요. 덕분에 한자가 들어간 단어를 보면 어느 정도 왜 이 단어가 만들어졌는지, 정확하겐 모르지만 대충 어떠한 단어겠거니 하는 유추가 가능해졌고 그게 JLPT의 시험에 많은 도움이 되었습니다.

한자를 보면 바로 나올 정도로 기억이 오래가요!

해커스일본어 수강생 감*환

해커스일본어 강의 덕에 한자들을 단순 암기로 접근하는 것이 아닌 그림으로 연상시켜 외우게 되었습니다. 그 결과, 한자에 대한 부담과 스트레스는 줄어들었고 한 번 외운 한자가 단순 암기로 했을 때보다 기억에 훨씬 더 오래 남게 되었습니다.

해커스일본어 수강생 황*희

일본어 한자 걱정 따위는 하지 않게 되었습니다!

강사님이 꼭 알아두면 좋은 한자나 닮아서 헷갈릴 수 있는 한자 등 중요한 부분만 딱딱 짚어서, 가끔 재밌는 예시도 들어주시면서 쉽게 설명해 주셔서 외우기 어려운 한자들도 쏙쏙 잘 이해되더라구요! 강사님 덕분에 한자를 외우는데 점점 재미도 들리기 시작했고, 한자 때문에 막막하기만 하던 독해 실력도 늘어나서 일석이조 같다는 생각이 들었습니다.

해커스일본어
japan.Hackers.com

더 많은 합격수기가 궁금하다면? ▶